Taekwondo

新规则下
优秀跆拳道运动员
技战术特征之研究

黄信捷◎著

台海出版社

图书在版编目（CIP）数据

新规则下优秀跆拳道运动员技战术特征之研究 / 黄
信捷著 . -- 北京：台海出版社，2025.3. -- ISBN 978-
7-5168-4127-3

Ⅰ. G886.9

中国国家版本馆 CIP 数据核字第 20253EA488 号

新规则下优秀跆拳道运动员技战术特征之研究

著　　者：黄信捷

责任编辑：戴　晨

出版发行：台海出版社
地　　址：北京市东城区景山东街 20 号　　　　　邮政编码：100009
电　　话：010-64041652（发行，邮购）
传　　真：010-84045799（总编室）
网　　址：www.taimeng.org.cn/thcbs/default.htm
E - m a i l：thcbs@126.com

经　　销：全国各地新华书店
印　　刷：三河市龙大印装有限公司
本书如有破损、缺页、装订错误，请与本社联系调换

开　　本：710 毫米 ×1000 毫米　　　　1/16
字　　数：306 千字　　　　　　　印　　张：22
版　　次：2025 年 3 月第 1 版　　　印　　次：2025 年 4 月第 1 次印刷
书　　号：ISBN 978-7-5168-4127-3

定　　价：99.00 元

前　言

2018 年，世界跆拳道联合会于突尼斯召开常务会议，并通过新竞赛规则对《跆拳道竞赛规则》和《跆拳道竞赛裁判法》进行了 8 项修改，其主要针对得分数值、违规行为判罚及黄金得分赛等规则修订，试图通过规则修订来完善使用电子护具比赛的缺失。规则的修订使跆拳道比赛更激烈、更具有观赏性及发展性，并且提高了跆拳道技术动作的使用率，使得跆拳道技术在比赛中能充分发挥与展现。

跆拳道技战术是竞赛中取得胜利的重要决定因素，在竞赛中必须掌握对手的技战术特征，将自身的技战术有效且灵活的掌握与运用，才能克敌制胜取得竞赛的胜利。技战术的研究对竞赛结果具有直接的影响力，围绕着技战术特征进行科研探究，一直是提高跆拳道运动项目竞技水平的重要环节，更是值得深入探究的课题。

跆拳道运动处于快速发展的状态，在新竞赛规则的修订下，我国对于国际优秀跆拳道运动员的技战术特征研究仍不足，我们必须及时地掌握国际上跆拳道技战术发展趋势，才能克敌制胜。借由科学化构建跆拳道运动的技战术理论，运用《跆拳道技战术指标采集与智能分析系统》之软件，对优秀跆拳道运动员技战术指标进行采集，并对优秀跆拳道运动员的技战术特征进行全面、细致的分析，为教练员及运动员的训练提供参考依据，为备战世界大赛提供更充分的准备，以达到知己知彼争取佳绩之目标。

本书运用文献资料法、录像解析法、访谈法、数理统计法等研究方法，对新规则下优秀跆拳道运动员技战术特征的基本理论进行研究，同时采用现代信息采集技术进行实证分析。经研究分析，在新规则下优秀跆拳道运动员技战术具有以下特征：第一，优秀跆拳道运动员技术以前横踢、侧踢及后横踢为主，但以后横踢、前横踢及下劈技术为主要的得分技术，而直拳、双飞踢及后横踢技术占据成功率的前三位。在双飞踢与后踢技术使用率上男子运动员显著高于女子运动员，而在前横踢、勾踢及直拳技术使用率上女子运动员显著高于男子运动员。第二，优秀跆拳道运动员在前横踢与侧踢使用率及直拳成功率上，有上升的趋势。女子运动员在后横踢、直拳的使用率与成功率上，有上升的趋势；男子运动员在前横踢使用率上有上升的趋势。第三，优秀跆拳道运动员以中位技术为主要使用与得分技术，这不同于规则修订前，另外高位技术的成功率也有提升的趋势。而女子运动员在中位技术的成功率上，也有上升的趋势。第四，优秀跆拳道运动员的战术应用以进攻为主、反击为辅，且进攻战术得分率与反击战术使用率有上升的趋势。男子运动员在防守战术使用率部分，以80千克级以上最高，其次依序为58千克级、80千克级，以68千克级为最低。第五，优秀跆拳道运动员在反击战术使用率、女子运动员在反击战术使用率、男子运动员在反击战术使用率及迎击战术成功率，都有上升的趋势。

目　录

第一章 绪 论

第一节 选题依据

一、依据世界跆拳道联合会规则的修订

世界跆拳道联合会（World Taekwondo Federation, WTF）自 2008 年北京奥运会结束后进行规则修订，于 2009 年开始国际赛事全面使用电子护具，在竞赛规则、攻击技术、攻击形态、技战术之运用及得分趋势等，皆造成很大的改变。竞技跆拳道（以下简称"跆拳道"）自使用电子护具以来，运动员因应电子护具之特性，对竞赛中技战术运用特征造成极大的影响，甚至衍生出奇异的不属于跆拳道技术的动作。针对跆拳道比赛规则存在的不足与电子护具不断改良的情况，WTF 于 2018 年 4 月 5 日在突尼斯召开常务会议，并通过发布电子护具实施后的第 12 次竞赛规则，对《跆拳道竞赛规则》和《跆拳道竞赛裁判法》进行了 8 项修改，其主要针对得分数值、违规行为判罚及黄金得分赛等规则修订，WTF 试图通过规则修订来完善使用电子护具比赛的缺失。规则的修订使跆拳道比赛更激烈、更具有观赏性及发展性，并且提高了跆拳道技术动作的使用，使得跆拳道技术在比赛中能充分地发挥与展现。

刘建在《竞赛规则演变的外部动因与发展趋势》研究中指出，竞赛规则是竞技运动的基本规范及准则。竞赛规则的产生、发展与完善，为保证竞技

运动顺利进行与竞技运动水平提高的基本要素[1]。规则的修订对于跆拳道竞赛的变化皆具有革命性的意义与重要的影响，使跆拳道发展呈现新的现象和规律，并对运动员提出了新的要求。竞赛规则的演变对训练、教练员、运动员及技战术变化皆有所影响，并指导着跆拳道的训练手段、竞赛模式及运动成绩。在世界各地跆拳道竞技水平日益趋近、竞争激烈的情况下，了解跆拳道竞赛规则的变化趋势，对跆拳道的发展具有必要性与急迫性。

二、依据技战术研究在跆拳道运动的重要地位

跆拳道属于开放性技击类运动项目，以手部、腿部形成各种基本技术动作，竞赛中以腿法为主、拳法为辅，通过步法、身法、手法及腿法的组织应用与施展，变化出多元的攻击形态。在跆拳道竞赛中，运动员主要借由技术动作攻击对手的有效得分部位，依据击打的力量与准确性判别有效得分，以总得分的高低决定比赛胜负。因此，运动员技术的优劣在比赛胜负中占有相当重要的地位，必须深入了解技术使用特征，才能在竞赛中获得更有效地发挥。但随着跆拳道运动的进步与推展，运动员技术水准与身体素质的提升，各国竞技实力不断逼近，单凭技术动作取得胜利的机会已逐渐减少，需借由技术与战术的相互搭配，才能使运动员在竞赛场上以最佳的优势与状态进行对战。

随着新规则实施与电子计分系统的使用，跆拳道的技战术特征不断地在进行转化，对于运动员的身体、心理及技战术运用，提出了更高的要求。针对跆拳道比赛技战术指标进行统计与分析，掌握其技战术应用特征及制胜规律，作为提升跆拳道运动员整体竞技水平的参考依据，更为提供运动员备战大赛的理论指导[2]。跆拳道技战术为竞赛中取得胜利的重要决定因素，竞赛中必须掌握对手的技战术特征，将自身的技战术有效且灵活的掌握与运用，才

---

① 刘建.规则演变的外部动因与发展趋势［J］.成都体育学院学报，2002（2）：63-66.

② 张楠，管健民.2016年里约奥运会跆拳道男子58千克冠军赵帅技战术特征［J］.北京体育大学学报，2017（2）：95-99.

能克敌制胜取得竞赛的胜利。技战术的研究对竞赛结果具有直接的影响力，围绕着技战术特征进行科研探究，一直是提高跆拳道运动项目竞技水平的重要环节，更是值得深入探究的课题。

三、依据跆拳道运动持续发展的需求

竞赛规则推动运动项目的发展，技战术的发展则依循竞赛规则为导向；当技战术发展的同时，又推动了竞赛规则的变革，两者之间存在着相互依存、相互推动与发展的紧密关系。竞赛规则的修订，对运动员提出了更高的要求，迫使运动员必须在技战术不断精进与创新，才能因应竞赛规则的发展需求[1][2]。跆拳道新规则的实施会影响运动员已形成的技战术体系，并引导运动员合理运用新规则的竞赛特征，使运动员形成新的技战术体系。了解新规则下跆拳道竞赛中的特征与规律，掌握新规则对比赛技战术的影响，对运动员重构新规则下的技战术体系，具有举足轻重的作用[3]。

跆拳道运动处于快速发展的状态，在新竞赛规则的修订下，我国对于国际优秀跆拳道运动员的技战术特征研究仍不足，我们必须及时地掌握国际上跆拳道技战术发展趋势，才能克敌制胜。借由科学化构建跆拳道运动的技战术理论，运用《跆拳道技战术指标采集与智能分析系统》之软件，对优秀跆拳道运动员技战术指标进行采集，并对优秀跆拳道运动员的技战术特征进行全面、细致的分析，为教练员及运动员的训练提供参考依据，为备战世界大赛提供更充分的准备，以达到知己知彼争取佳绩之目标。

---

① 虞重干，王斌.竞赛规则与竞技运动之关系［J］.上海体育学院学报，1995，19（4）：88-89.
② 张立燕.论运动竞赛规则演变与运动项目发展的相互关系［J］.科技信息，2009（22）：596-598.
③ 江炬.电子护具时代女子竞技跆拳道技战术发展趋势分析［J］.广州体育学院学报，2014（2）：77-80.

第二节　研究的目的与意义

一、研究目的

本书旨在探讨新规则的修订对国际优秀跆拳道运动员技战术特征的变化及趋势，并采用科学化的方法，在充分调研的基础上，对跆拳道运动员比赛技战术特征进行诊断与分析。从而归纳、整理出符合新规则下的技战术训练对策，为教练员及运动员的训练安排与有效调控比赛技战术的运用，提供科学化的参考依据。

二、研究意义

（一）理论意义

本书通过对跆拳道运动的规则演变与技战术特征等问题进行系统梳理，科学地归纳整理出新规则下跆拳道运动的技战术理论，运用跆拳道技战术指标采集，对跆拳道运动技战术进行诊断与分析，在一定程度上丰富和完善跆拳道运动的理论体系。

（二）实践意义

跆拳道运动属于技能主导类格斗性运动项群，运动员须具备综合技术和全面的体能、心理及智慧能力，才能在竞技场上获得较佳的应变能力与技能展现。跆拳道比赛属于短时间高强度间歇性运动，在训练上如何把握技战术的趋势与特点是非常重要的关键要素。唯有在科学的理论指导下进行训练与比赛才能获取最佳的效益。本书对跆拳道运动的技战术特征与规律等重要理论问题进行系统分析，为教练员及运动员进行科学化的训练与竞赛提供理论依据与指导，为运动员了解自身和对手特征提供了科学的评价，为争取佳绩提供了一套切合实际的建议。

第三节　研究内容

第一部分：绪论，研究世界跆拳道联盟规则修订的动因、背景与现状与发展趋势，阐述的是规则修订的作用与目的，以及对跆拳道运动员技战术的发展的重要性。故衍生出本研究论文的重要意义与实践价值。

第二部分：整理国内外有关跆拳道规则与技战术等相关文献资料，从过去研究文献中，梳理出新规则下跆拳道技战术分析的指标。基于文献综述的基础上，针对本研究具体的研究方法与内容进行详细梳理，从而形成本研究的技术路线。

第三部分：新规则下跆拳道运动员技战术特征研究。透过现代信息采集技术以科学合理的技战术分析指标，针对新规改变后的世界性赛事，对优秀跆拳道运动员技战术运用进行诊断与分析。将所得数据进行归纳、统整，探讨新规则下优秀跆拳道运动员技战术特征。

第四部分：新旧规则下优秀跆拳道运动员技战术特征比较研究。透过2018年规则变化前后的世界性赛事，对优秀跆拳道运动员进行技战术分析，运用技战术指针对比出规则变化前后，世界优秀跆拳道运动员技战术运用特征的变化。

第五部分：提高跆拳道运动员技战术水平的对策研究。根据新规则变化下优秀跆拳道运动员技战术特征，透过专家及相关运动员访谈结果，研拟出新规则下优秀跆拳道运动员技战术水平提高的策略与方法。

第六部分：对本研究论文进行总结，最终体现本研究论文的成果，从而对本研究论文创新之处进行阐述，并针对本研究的结果与不足之处，提出相应的建议。

第四节　研究的技术路线

本研究期望通过详细阐述新规则下优秀跆拳道运动员，在技术、战术指针的变化情况与特征，基于 2018 年最新竞赛规则的修订，掌握当前世界优秀跆拳道运动员技战术的运用特征。并针对新规则下优秀跆拳道运动员技战术特征，提出在新规则下跆拳道运动员技战术训练的提升策略。根据实际和研究需要，确定了研究的技术路线，如图 1-1 所示。

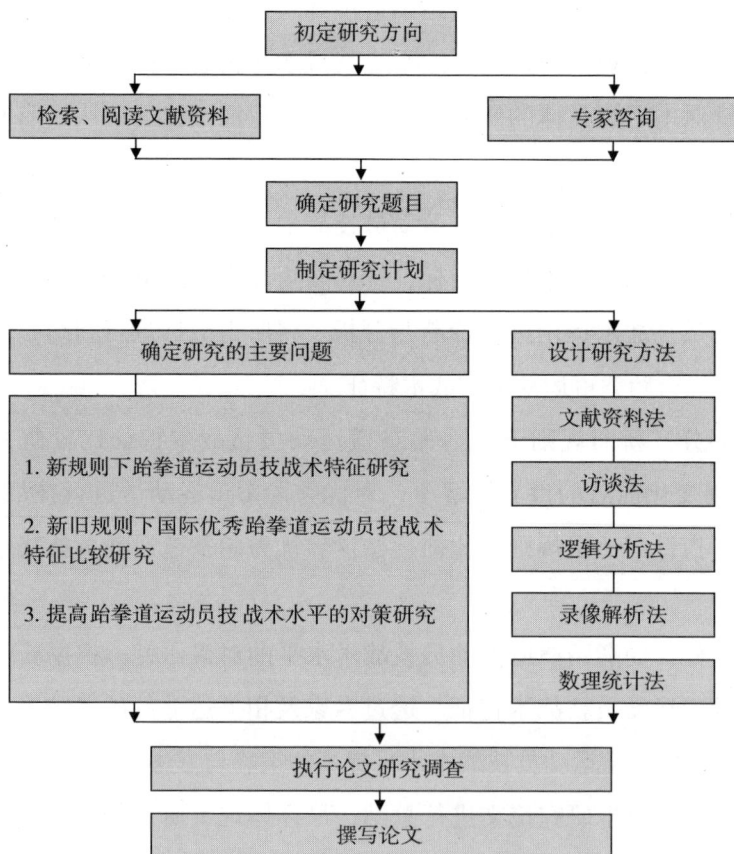

图 1-1　论文研究的技术路线图

第五节　重点、难点和创新点

一、研究重点

（1）本书的重点为归纳整理出新规则下跆拳道运动技战术的理论体系，透过该技战术分析体系，针对世界优秀跆拳道运动员进行系统性的分析。

（2）在科学系统分析新规则下优秀跆拳道运动员技战术运用情况的基础上，归纳总结出优秀跆拳道运动员技战术的运用特征，以及建构在新规则条件下提高跆拳道运动员技战术水平的对策与方法。

二、研究难点

（1）本书的难点为归纳统整出新规则下跆拳道运动技战术的理论体系，对世界优秀跆拳道运动员技战术运用特征，进行科学化与系统地诊断与分析。

（2）在跆拳道新规则修订的背景下，透过现代化信息采集技术，针对世界优秀跆拳道运动员技战术特征，如何构建出提高跆拳道运动员技战术水平的提升策略。

三、研究创新点

（1）本书的创新点在于较全面地、科学地归纳整理出新规则下跆拳道技战术特征的理论体系，以及跆拳道运动的技战术发展趋势。

（2）通过现代科技信息采集技术，在新规则背景下对世界优秀跆拳道运动员技战术运用特征进行诊断与分析，这是在新规则下的一种创新性、科学性的研究方法。

第二章　文献综述

　　本书旨在以新规则对跆拳道运动员技战术特征的影响为研究主题，并以优秀跆拳道运动员为例，针对相关文献，加以深入分析和整理，作为本书的理论基础。

第一节　跆拳道技战术的相关研究

　　跆拳道技战术相关研究的主要内容旨在探讨跆拳道技战术相关概念的厘清与发展过程，并做相关文献的整理与探讨。

一、跆拳道技术的相关研究

　　田麦久在《运动训练学》中对"运动技术"与"格斗技术"分别进行了定义及界定。运动技术，是指运动员在完成体育动作时所使用的方法，为其竞技能力水平与获得比赛胜利的重要决定因素；格斗技术，是指运动员为战胜对手所采用的技能或方法的总称，亦是运动员制胜的关键武器，且为提高运动成绩的重要因素，其技术包含：进攻、防守、反攻等三部分[①]。加拿大学者图多·博姆帕在《运动训练理论与方法》中，将"运动技术"定义为身体活动的专门手段[②]。

---

① 田麦久.运动训练学［M］.北京：人民体育出版社，2005.

② 图多·博姆帕.运动训练理论与方法［M］.马铁，译.北京：人民体育出版社，1990.

　　高谊在《跆拳道》一书中认为，跆拳道的技术具有简单且实用的特性，其基本技术是建构专项技术的精髓和灵魂。跆拳道运动员应依据攻击距离、攻击时机、战术应用和自身的身体素质条件加以变化，才能提高技术的使用性与有效性[①]。曾于久则认为，跆拳道运动员的基本技术为运动员掌握动作的合理性，而运用能力则为运动员在竞赛中，双方在姿势及状态不断改变的情况下，瞬间发动攻击动作的有效性，称之为技能[②]。技能是指运动员使用基本技术动作击中对手的能力，其技能必须具备基本技术和运用能力的结合。此外，运动员使用腿部技能是否能有效地击中对手，与选择时机、选择动作、选择部位3个要素有紧密的相关性。

　　跆拳道基本技术动作的质量与多元性、纯熟度，为跆拳道运动员的基本条件。在瞬息万变的赛场上，依照不同的时机选择合理的技术动作，击中对手有效得分的部位，使技术动作构成得分的目的，为跆拳道运动员必须具备的基本能力。但在众多的跆拳道基本技术中，在竞赛时运动员可能因为不同的训练背景、比赛经验、个人特性及专长技能等众多因素，对运动员技术动作的选择与使用时机及攻击部位也有所影响。在不同的发展时期及竞赛规则的转变下，跆拳道技术动作也不断发展创新。在多元的跆拳道技术动作中，学者及研究者从不同的视角切入，对跆拳道技术动作也做了不同的分类。

　　高谊在《跆拳道》一书中认为，在众多的跆拳道使用技术中，由于跆拳道竞赛规则的限制，能够于比赛场上有效施展的技术非常有限。在跆拳道竞赛规则导向与制约的状况下，运动员在比赛中逐渐发展出个人的特点和技术体系，与跆拳道的品势技术对比下，形成极大的差异。跆拳道技术可分类为拳法技术、步法技术及腿法技术（前踢、横踢、侧踢、推踢、下劈、勾踢、双飞踢、后踢、后旋踢、旋风踢等）三个方面[③]。

　　李德祥在《跆拳道实战绝技》一书中，从技术结构及动作功能的角度进

---

① 高谊，陈立人.跆拳道［M］.北京：北京体育大学出版社，1998.

② 曾于久.跆拳道运动员的技能及其训练［J］.中国体育科技，2015，51（2）：83-86.

③ 高谊，陈立人.跆拳道［M］.北京：北京体育大学出版社，1998.

行分类：按技术结构可分为基本技术（单一动作技术）、组合技术（将几个基本技术动作组合成连续的基本技术动作使用）和综合技术三大类；依据技术动作的功能可分为进攻技术、反击技术、防守技术、反击进攻技术、连接技术、假动作技术、攻防组合技术及攻防综合技术等[1]。邱共铮等则认为，竞赛中攻击技术动作可分为主动性攻击与被动性反击两种基本攻击技术形态，对战时经由时间差、空间差与反制技术动作进行同步迎击，依据运动员个人特性与专长技能，运用左、右脚的攻击技术及前、后脚的对战姿势变换，形成多元变异组合的攻防技术动作结构[2]。经由基本技术及组合技术的结合形成综合技术，其完整的技术结构体系为竞赛中运动员所采取选择性战术或混合性战术应战，其战术的灵活运用与发挥为克敌制胜的重要条件。

　　孙茂君的研究中，将竞技跆拳道技术体系分为三级：一级技术体系由基本技术、组合技术、综合技术构成；二级技术体系分为基本技术之实战姿势、进攻技术、反击技术、防守技术、反反击技术、连接技术、假动作技术，组合技术为进攻与进攻、进攻与防守、进攻与反击、进攻与步法、防守与防守、防守与反击、步法与反击进攻、步法与防守技术、步法与反击进攻、假动作与各种组合技术，综合技术为进攻、防守、反击进攻、反反击、假动作连接技术、组合技术的各种综合应用；三级技术体系为标准实战姿势、侧向或低位实战姿势、拳法或腿法进攻技术、拳法及腿法或步法防守技术、拳法或腿法反击、拳法或腿法反反击、步法连接与腿法连接、步法与身体或表情假动作技术等构成，而各级技术体系相互联系，构成一个完整的竞技跆拳道技术体系[3]。研究者据此汇整，如图2-1所示。

①　李德详.跆拳道实战绝技［M］.北京：北京体育大学出版社，2000.

②　邱共铮，陈淑贞，孟范武，等.2004年荷兰公开赛男子组54—58千克级金牌选手脚部得分技术分析：朱木炎选手之个案研究［C］//94年度大专体育学术专刊，2005：483-495.

③　孙茂君，赵萍.试论竞技跆拳道技术体系的构成与分类［J］.少年体育训练，2005（3）：19.

```
                                                          ┌─────────────┐
                                                       ┌─│ 标准实战姿势  │
                                         ┌─────────┐   │  └─────────────┘
                                      ┌─│ 实战姿势  │──┤  ┌─────────────┐
                                      │  └─────────┘   ├─│ 侧向实战姿势  │
                                      │                │  └─────────────┘
                                      │                │  ┌─────────────┐
                                      │                └─│ 低位实战姿势  │
                                      │                   └─────────────┘
                                      │  ┌─────────┐   ┌─────────────┐
                                      │─│ 进攻技术  │──┤─│ 拳法进攻技术  │
                        ┌───────┐     │  └─────────┘   │  └─────────────┘
                     ┌─│ 基本技术 │────┤                └─│ 腿法进攻技术  │
                     │  └───────┘     │                   └─────────────┘
                     │                │                   ┌─────────────┐
                     │                │  ┌─────────┐   ┌─│ 拳法防守技术  │
                     │                │─│ 防守技术  │──┤  └─────────────┘
                     │                │  └─────────┘   ├─│ 腿法防守技术  │
                     │                │  ┌─────────┐   │  └─────────────┘
                     │                │─│ 连接技术  │   └─│ 步法防守技术  │
                     │                │  └─────────┘      └─────────────┘
                     │                │  ┌─────────┐       ┌─────────────┐
                     │                │─│ 假动作技术 │    ┌─│ 拳法反击技术  │
                     │                │  └─────────┘     │  └─────────────┘
                     │                │  ┌─────────┐     ├─│ 腿法反击技术  │
                     │                └─│ 反击技术  │────┤  └─────────────┘
┌──────────┐         │                   └─────────┘     ├─│ 拳法反反击技术 │
│ 竞技跆拳道 │─────────┤                                    │  └─────────────┘
│  技术体系  │         │                                   └─│ 腿法反反击技术 │
└──────────┘         │                                      └─────────────┘
```

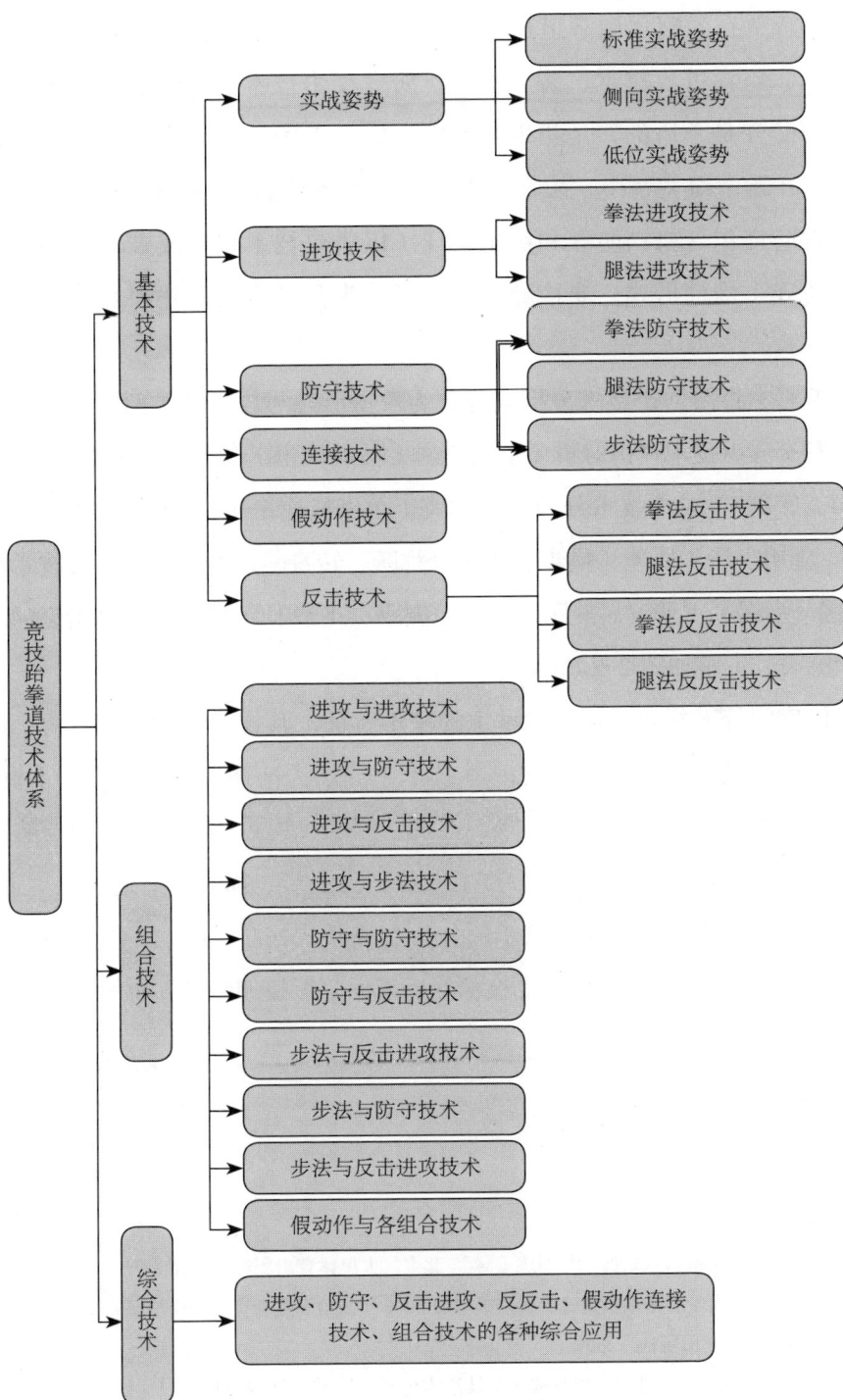

图 2-1 孙茂君竞技跆拳道技术体系结构图

　　王智慧在《现代跆拳道运动教学与训练》一书中，将跆拳道技术分为四大类，包含进攻技术、防守技术、防守反击技术、攻防技术组合，其中进攻与防守是矛盾的，是相生相克的，皆为跆拳道技术中不可或缺的技术组成。在跆拳道竞赛中，防守技术可分为接触性防守和非接触性防守两类。接触性防守包含格挡防守和截击防守（以进攻技术阻截或破坏对手的进攻作为防守）两种形式；非接触式防守可分为利用距离防守和利用角度防守两种方式[①]。

　　蔡明志将跆拳道技术分析流程分为攻击形态与攻击技术两大类，其中攻击形态又分为技术攻击时机（主动攻击、被动攻击）与作用脚（左脚、右脚、前脚、后脚），攻击技术分为攻击方式（单击或连击）、攻击部位（中位或上位）、应用步法（原地、换步、滑步、跳跃、转身、近身、跑步）及技术动作（横踢、后踢、下劈、后旋踢、前踢、侧踢、正拳）。[②] 依据蔡明志指出的技术运用分类，汇整如图 2-2 所示。

　　侯盛明等人指出，依据跆拳道的基本特征，其技术分析指标分为：进攻技术、反击技术、迎击技术之基本技术（分别为前横踢、后横踢、下劈踢、旋风踢、双飞踢、后踢、后旋踢、推踢、侧踢、钩踢、正拳）运用与防守技术（分别为格挡、闪躲）、步法技术（分别为上步、撤步、前进步、后退步、侧移步、弧形步等）及站位技术（分为左势开式、左势闭式、右势开式、右势闭式）[③]。依据侯盛明指出之技术分析指标，汇整如图 2-3 所示。

---

① 王智慧.现代跆拳道运动教学与训练［M］.北京：人民体育出版社，2006.

② 蔡明志.辅仁大学女子跆拳道选手吴燕妮参加 2006 年多哈亚运会竞赛理论与实务技术报告［M］.中国台北：辅仁大学出版社，2009.

③ 侯盛明，赵光圣，刘小城.跆拳道比赛技战术分析系统的设计与应用［J］.上海体育学院学报，2010（2）：78-84.

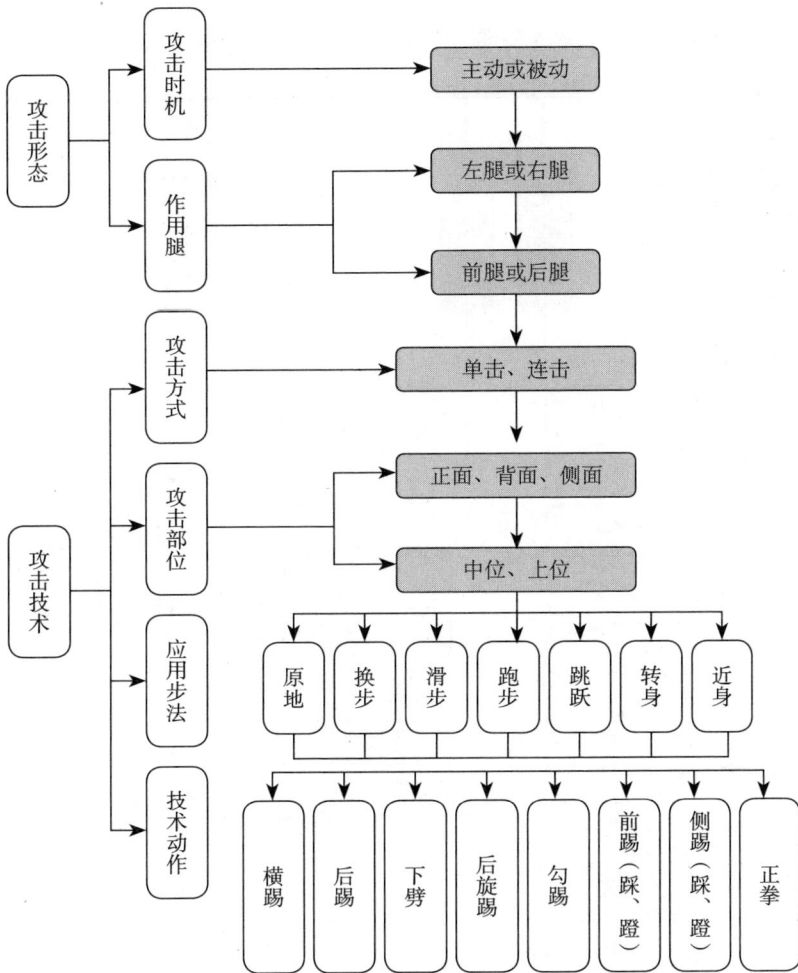

图 2-2　蔡明志跆拳道技术分析流程图

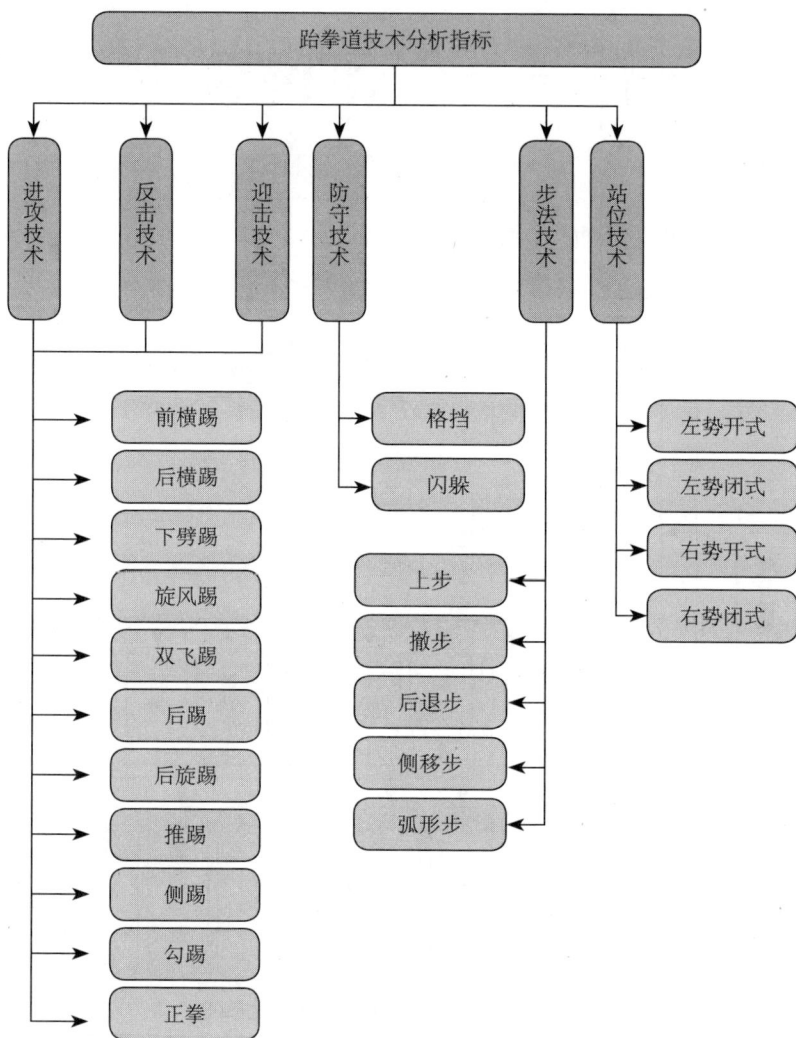

图 2-3 侯盛明跆拳道技术分析指标图

赵光圣在《跆拳道运动教程》一书中，将跆拳道竞技技术分为得分技术（即可透过攻击对手得分）和非得分技术（既可为得分技术创造使用的良机，还能限制对手得分技术的使用）两类。得分技术主要包含：跆拳道拳法技术、腿法技术；非得分技术主要包含了：实战姿势、步法技术、防守技术、闪躲技术等，其两类技术在跆拳道竞赛当中同等重要[1]。

---

[1] 赵光圣，刘宏伟.跆拳道运动教程［M］.北京：高等教育出版社，2015.

　　吴燕妮及蔡羽翔认为跆拳道技术可分为：攻击技术动作（Skill movement）与竞赛技术动作（Competition skill）[1][2]。攻击技术动作，系指跆拳道竞赛中，利用手部或腿部，以合法攻击技术动作攻击对手运动员。攻击技术动作可分为前踢（含前踩、蹬）、横踢、侧踢（含侧踩、蹬）、下劈（含内挂与外挂）、勾踢、后踢、后旋踢及正拳等攻击技术。竞赛技术动作即为跆拳道竞赛时，双方配合战术所采用的技术，分为攻击技术动作、应用步法、攻击方式（单一攻击或连续攻击）、攻击部位（正面、背面、中端及上端）等综合技能的展现。

　　过去学者从不同视角对技术定义与分类，以发现人们对技术本质理解的同异之处。技术可分为单一动作技术、组合动作技术及综合动作技术三个层面，单一动作技术包含横踢、下劈（含内挂与外挂）、后踢、后旋踢、勾踢、前踢（前踩、前蹬）、侧踢（侧踩、侧蹬）及正拳等攻击技术，组合动作技术为两种或两种以上的单一技术连贯动作的运用，综合动作技术为攻击技术种类配合攻击形态之步法运用、攻击方法、攻击部位等应用之总称。

　　依据以上文献，归纳出技术分析之操作定义，分别为：

　　①攻击形态（Attack pattern）：跆拳道竞赛中，双方对手在对峙状态下，采取主动或被动方式攻击、采用左脚或右脚进行攻击、使用前脚或后脚攻击，接着搭配战术运用的攻击模式。

　　②应用步法（Foot works）：跆拳道竞赛中，因与对手距离变化，而采用利于自身攻击或防守的位移方式，包含原地攻击、切边攻击、跳跃攻击、垫步攻击、跑步攻击、近身攻击及转身攻击等。

　　③攻击方式（Attack mode）：跆拳道竞赛中，运动员采用单一攻击、组合

①　吴燕妮，蔡明志，邱共钲.女子跆拳道优秀选手比赛之攻击形态与攻击技术分析研究：杜哈亚运女子跆拳道蝇量级金牌选手 KWON E.K. 个案研究［C］.2007 年度大专体育学术研讨会专刊，2007.

②　蔡羽翔.跆拳道比赛技术分析：以 2016 奥运亚洲资格赛女子 49 千克级金牌选手为例［D］.中国台湾：辅仁大学，2016.

攻击或综合攻击等多元变化的方式，使技术动作达到有效地施展。

④攻击部位（Attack parts）：跆拳道竞赛中，运动员采用技术动作攻击对手的身体部位，分为正面、背面、侧面、中位或上位攻击等合法攻击部位。

⑤攻击技术（Skill movement）：跆拳道竞赛中，配合攻击形态所采用的拳或腿部技术动作。例如：横踢、推踢、侧踢、下劈踢（含内挂与外挂）、后踢、后旋踢、旋风踢、勾踢、双飞踢及正拳等技术动作。

⑥有效得分（Effect point）：跆拳道对战时，以攻击技术击打对手得分部位，经由电子护具感应及裁判认定得分。

本书针对跆拳道技术动作指标，依据过去文献归纳出竞赛中技术动作的定义，分别如下：

（1）前横踢技术：前横踢技术由实战姿势启动，后脚向前垫步，随之将身体中心转移为前脚上，前腿提起膝关节并朝踢击目标展髋，小腿与地面呈近水平面、脚背绷直，向攻击目标快速击打并收回自然下放，恢复至实战准备姿势[①]。

（2）后横踢技术：后横踢技术由实战姿势启动，将身体中心转移为前脚作为支撑腿，前腿脚掌辗地内旋，后腿提起膝关节并朝踢击目标展髋，小腿与地面呈近水平面、脚背绷直，向攻击目标快速击打并迅速恢复至实战准备姿势[②]。

（3）下劈技术：下劈技术由实战姿势启动，重心转移至支撑腿，攻击腿屈膝上提至胸前，以攻击腿之膝关节为轴将小腿向上伸，以脚底击打目标后迅速恢复至实战准备姿势[③]。

---

① 黄丽.陕西省跆拳道队同级别不同水平运动员前横踢技术主要用力肌群的 sEMG 分析 [D].西安：西安体育学院，2017.

② 王新建，张志勇，刘少辉.跆拳道横踢、侧踢技术参数解析与评价指标建立 [J].体育科研，2020，41（4）：98-104.

③ 程磊.女子跆拳道运动员横踢、前踢、下劈实战动作技术的生物力学分析 [D].金华：浙江师范大学，2007.

（4）旋风踢技术：由实战姿势启动，以前腿之前脚掌为轴心，后腿抬起瞬间将中心向前腿转移，身体向后回旋转至约360°，后腿下落的同时将支撑脚蹬地以横踢技术动作进行攻击[①]。

（5）双飞踢技术：以右实战姿势启动为例，身体中心向前转移，左腿以横踢技术向前攻击，同时右腿蹬地向上起跳，左腿完成横踢动作屈膝落下时，右腿滞空完成横踢技术动作[②]。

（6）后踢技术：以前腿之前脚掌为轴心，身体重心向前腿转移的同时向后转动，后腿蹬地提起，向后方以直线式伸膝踢出，并以脚跟向对手进行攻击[③]。

（7）后旋踢技术：后旋踢技术由实战姿势启动，当攻击腿离地的同时膝关节弯曲，将身体重心以回旋方向转移，在踢击腿踢出时髋关节同时展宽，踢击腿击打瞬间将膝关节、髋关节进行最大程度的弯曲[④]。

（8）推踢技术：后腿蹬地将重心转移至前腿，随即将后腿的大腿与小腿收紧屈膝提起，以后腿之膝关节为轴心迅速向前蹬伸，利用脚掌进行攻击[⑤]。

（9）侧踢技术：由实战姿势启动，重心转移至支撑腿，随即侧身攻击腿屈膝上提，小腿向前伸至攻击目标以脚底进行击打，随之快速收回恢复至实战准备姿势[⑥]。

（10）勾踢技术：以前脚掌为轴心身体向同侧脚转动，后腿大腿向前抬起并将膝关节内扣，由外向内摆动并将小腿伸直，迅速将后腿之脚掌以横向击打对手头部[⑦]。

———————————

① 张瑞林.跆拳道［M］.北京：高等教育出版社，2005.

② 赵光圣，刘宏伟.跆拳道运动教程［M］.北京：高等教育出版社，2015.

③ 高谊，张惠欣.普通高校跆拳道课程教材［M］.天津：南开大学出版社，2011.

④ 杨小芳.跆拳道后旋踢技术动作的运动学特征分析［J］.河北体育学院学报，2016，30（3）：81-85.

⑤ 陈筑，汪爱平，杨庆辞.跆拳道［M］.北京：北京师范大学出版社，2011.

⑥ 王新建，张志勇，刘少辉.跆拳道横踢、侧踢技术参数解析与评价指标建立［J］.体育科研，2020，41（4）：98-104.

⑦ 刘卫军.跆拳道［M］.北京：高等教育出版社，2006.

（11）直拳（亦称为冲拳、正拳）技术：直拳将手指四指并拢紧握，使拳面呈现平面状态，利用拳的正面对攻击部位进行击打[①]。在跆拳道竞赛中，直拳有两种情况得以得分，一种为对手攻击时运用直拳攻击对手，且接触的同时肘关节呈现伸直状态，并具有一定的攻击力量；另一种为直接利用直拳技术攻击对手，在击中对手的同时，对手未出现攻击或反击意识。

（12）其他技术：即指在比赛过程中运用非前横踢、后横踢、下劈、后踢、后旋踢、推踢、侧踢、勾踢与直拳技术攻击对手的动作技术。由于跆拳道运动项目在使用电子护具后，衍生出许多非原有的技术攻击动作，所以本书将其归类为其他技术。

二、跆拳道战术的相关研究

"战术"原为军事学的用语。"战"字解释为战争、战斗或作战的意思；"术"字则解释为手段、策略和方法，具有学术、学问等意涵。从字面上理解，"战术"即指战争、战斗或作战中的策略、手段或方法。随着时代的转变与竞技体育的发展，"战术"也被应用到体育竞赛中，衍生为争取体育竞赛胜利的策略，丰富了各项体育竞赛的构成体系[②]。

德国学者哈雷在《训练学》中指出，所谓的运动战术是在进行体育竞赛的一门学说[③]。匈牙利学者阿尔帕得·哈纳季（1987）认为，战术是运用技术能力、身体素质等多种因素构成的表现形式。战术是在一定条件下以取得最佳成绩为目的，具合理性且有计划的比赛方案[④]。徐本力在《运动训练学》一书中认为，战术为以战胜对手为目的，而在赛前预先制定并在竞赛中灵活运用的竞赛计谋、策略、行动与方法，依据竞赛中双方的情况，正确地支配力量，有效展现己方的特长，抑制对手的特长，为战胜对手而使用合理、有效

① 刘卫军. 跆拳道［M］. 北京：北京体育大学出版社，2000.

② 刘文明. 乒乓球战术行为博弈分析的理论建构与实证研究［D］. 北京：北京体育大学，2011.

③ 哈雷. 训练学［M］. 蔡俊五，译. 北京：人民体育出版社，1985.

④ 阿尔帕得·哈纳季. 足球战略与战术［M］. 北京：人民体育出版社，1987.

的计谋、策略与行动[①]。田麦久则对运动竞技战术的定义为：在竞赛中为争夺胜利或为表现出期望的竞技水平而采取的计谋、策略和行动[②]。

每项运动在战术的特征与运用皆具有项目的特殊性，跆拳道运动属于技能主导类格斗性项群，在战术应用上具备格斗性项目的特征。田麦久在《项群训练理论》一书中认为，格斗性项目为两者之间相互对抗的项目，在竞技场上情况瞬息万变，技术运用多元，双方都处于防守和反击的状态下，唯有充分展现自身的技术和素质才能在竞赛中取得最大的优势，稍有疏失则可能遭到失败的后果[③]。因此，在格斗性项目来说，战术的应用在竞赛中具备相当重要的地位。

跆拳道战术即指在竞赛中，运动员利用现有的竞技水平有效发挥，以战胜对手为目的，所采用的计谋、行动或方法。根据竞赛中自身及对手的情况，充分发挥自身的特长，并抑制对手的特长，正确地支配力量，有效地灵活应变发挥自己的优势而战胜对手[④⑤⑥]。

蔡明志则认为，跆拳道战术属于个人的战术种类，运动员将体能、个人技能、心理智慧及经验等能力于竞赛中发挥，并充分有效运用，正确掌控对战情况，利用空间差将多元的攻击技术有效地施展。在竞赛中，根据反击与防御的时间差及攻击技术的预判，选择同步迎击、主动攻击、反击、防御、闪躲等攻击方式的运用[⑦]。

谢云认为，跆拳道竞赛中进攻与防守为相互对立与矛盾的，两者之间相互为前提，与战术共存于竞赛之中，采用进攻战术时蕴含着防守战术，使用

① 徐本力.运动训练学［M］.济南：山东出版社，1990.

② 田麦久.运动训练学［M］.北京：人民体育出版社，2005.

③ 田麦久.项群训练理论［M］.北京：人民体育出版社，1997.

④ 刘卫军.跆拳道［M］.北京：北京体育大学出版社，2000.

⑤ 孙茂君，朱海燕.对跆拳道战术运用的分析［J］.首都体育学院学报，2001（4）：88-90.

⑥ 朴永焕，汤姆·西伯尔尼.跆拳道［M］.北京：人民体育出版社，2005.

⑦ 蔡明志.我国跆拳道选手年度训练计划：以大专甲组跆拳道选手为例［J］.台湾运动教练科学学刊，2002（1）：45-60.

防守战术中又含有进攻意识，两者相互依存、相互贯通、相互影响，进攻中有防守，防守中有进攻，相互转化，形成完整、不可划分的战术体系[①]。

朴永焕、汤姆·西伯尔尼在《跆拳道》一书中指出，竞赛中运动员战术的采用是经过不断地尝试与实践中，运动员选择一套自己在任何情境下，皆能适合自己运用的独特战术。在竞赛中，能采用一套战术反复地使用来取得胜利，在动作的组合和战术运用上，都需要经过精细思考、多元变化及发展。与每位对手对战时都有相应的难度，应依据对手的特点与战术，调整自己的战术结构，将局面转变于有利自身的状态下，才能适应竞赛场上的变化与取得主导权[②]。

曾强在《基于个体差异的跆拳道战术选择及训练研究》中表示，战术的主体内容及结构体系分为智能、技能、体能、心理四个部分的结合。应强调战术训练与其他训练的相互结合，使运动员将脑部和身体的训练紧密地联系在一起，这是提高运动员训练水平的一项关键。透过专项训练的训练过程，改善和提高运动员的竞技水平，其改善程度与教练员使用的训练内容、方法和要求及运动员主观的努力程度有紧密的相关[③]。因此，在不同的训练背景下，每位运动员面对相同的对战情况，所采取的战术应用方式也有所差异，具有属于运动员自身的独特性。

综合上述，跆拳道战术是结合运动员的体能、心理、技能及智慧等综合能力所形成的，运动员在比赛时，依据对手、环境及规则等不同的情况下，应采用不同的战术类型。因此，在体能及技术占有优势的情况下，战术的运用就成为赢得胜利重要的关键。

随着跆拳道运动的发展，在不同发展时期及规则变化，跆拳道战术的形成与运用也不断地在发展、创新，且在多元的战术中也有了不同的分类。刘卫军依照跆拳道战术的表现形式，将跆拳道战术分为：直接进攻战术、压迫式强攻战术、引诱式进攻战术、防守式反击战术、抑制对手长处战术、集中

① 谢云.中国优秀女子跆拳道运动员技战术特征研究[D].北京：北京体育大学，2005.

② 朴永焕，汤姆·西伯尔尼.跆拳道[M].北京：人民体育出版社，2005.

③ 曾强.基于个体差异的跆拳道战术选择及训练研究[D].长沙：湖南师范大学，2012.

打击对手短处战术、利用对手习惯性动作进攻战术、边线战术、防守战术、体力战术、第二次进攻战术等[①]。

孙茂君指出，跆拳道战术种类可分为：进攻战术（运动员积极采取进攻手段攻击对手的有效得分部位，如先得分战术、步法战术等）、防守战术（依据对手的进攻特性利用步法移动或上肢格挡技术进行防守，如空间战术、体格战术等）、反击战术、复合进攻或复合反击[②]。

刘宏伟则将跆拳道战术分类为：技术战术（包含进攻、反击和防守）、心理战术（利用各种方法、手段，对对手施加刺激及影响）、体能战术（在跆拳道竞赛过程中，将自己的体力合理分配和使用，取得竞赛优胜的方法）、规则战术（在跆拳道竞赛过程中，充分利用规则范围内所允许的手段和方法，达到无形的得分，形成竞赛优势的策略）、克制战术（抑制对手的长处，发挥自身的长处，攻击对手弱点的比赛手段）、场地区域战术（依据自身与对手所处的场地位置和区域，选择和运用有利于自身的技术方法）等[③]。

王德新指出，运动员在竞赛过程中获胜为主要目的，于竞赛前或竞赛中依据对手的攻击特点而制定的参赛策略和合理应用技术的原则级方法，提升整体运动员竞技能力水平的关键组成要素[④]。运动战术包含了六项要素，分别为战术指导思维、战术意识、战术观念、战术认知、战术执行及战术型态。

侯盛明指出，跆拳道战术分析是根据一次有效的交手回合为基本单位，依据跆拳道的基本特征，其战术分析指标分为：进攻战术、反击战术、迎击战术、防守战术、对峙战术[⑤]。

段振华研究指出跆拳道战术指标包括：进攻战术，可分为直接性进攻（突击进攻、强列进攻）、间接性进攻（过渡式进攻、诱导式进攻）、连续性进攻

① 刘卫军.跆拳道［M］.北京：北京体育大学出版社，2000.

② 孙茂君，朱海燕.对跆拳道战术运用的分析［J］.首都体育学院学报，2001（4）：88-90.

③ 刘宏伟.社会体育指导员国家职业资格培训教材跆拳道［M］.北京：高等教育出版社，2010.

④ 王德新.现代男子拳击运动技战术特征研究［D］.上海：上海体育学院，2010.

⑤ 侯盛明，赵光圣，刘小城.跆拳道比赛技战术分析系统的设计与应用［J］.上海体育学院学报，2010，34（2）：78-84.

（两次连击、多次连击）；反击战术，可分为迎击、直接性反击、连续性反击、防守后反击（步法防守后反击、格挡防守后反击）；防守战术，可分为步法应用防守、原地防守、格挡式防守（手部格挡、身体格挡）、靠身防守。依据此研究跆拳道战术指标，汇整如图2-4所示。

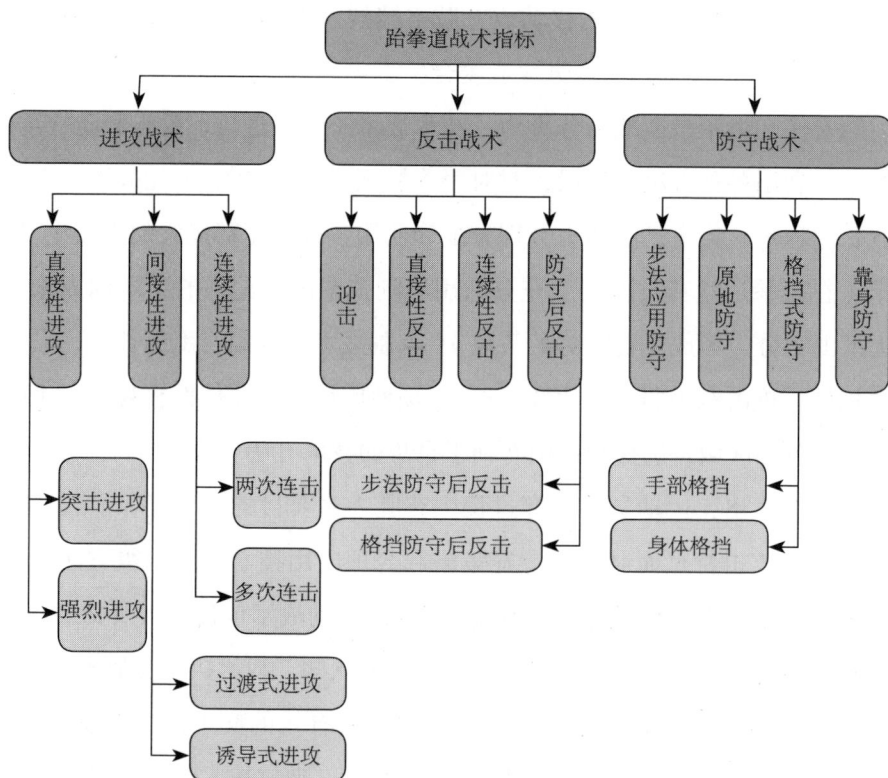

图 2-4 段振华跆拳道战术分析指标图

曾强指出，跆拳道战术体系依据特点可分为攻防性质特点、战术表现特点及战术普适性特点三大类，属于攻防性质的有进攻战术与反击战术，属于表现特点的有体力分配战术与心理战术，属于普适性的有制长战术和制短战术[①]。

曾栎骋、姚汉祷《女子跆拳道比赛攻击战术类别表之编制》将跆拳道战术分类为：假动作战术、心理战术、破坏战术、先得分战术、抢分战术、体

---

① 曾强.基于个体差异的跆拳道战术选择及训练研究［D］.长沙：湖南师范大学，2012.

力战术、体格战术、步法战术、优势战术、专长技术动作战术、空间战术等战术[①]。

　　江佳臻研究中则将跆拳道战术分类为：牵制战术（以连续动作压制对手之行动，使对手攻击技术不易施展出来，并能掌控对战之节奏，达到干扰对手的目的，提高自身于竞赛中之优势）、同拍反击战术（当对手发动攻击的同时，在第一时间进行反击动作，抑制对手的攻击动作）、压迫战术（利用步法与假动作的搭配，积极地向对手逼迫，使对手先发动攻击或将对手逼退至边界）、佯攻战术（以伪装攻击方式，试图扰乱对手对战的节奏与动作，使对手无法作出有效的判断）、突击战术（利用步法的迅速移位，以单一或连续动作攻击对手，使对手措手不及）、游击战术（以机动性方式主动攻击，利用自身的专长动作组成单一或连续的攻击，借此消耗对手的体力，造成对手心理上的压力感倍增）[②]。

　　通过以上所述，战术属于有目的性、针对性的策略、手段、方法及行动，需针对不同的竞争对手、对战状况与竞赛时间，进行策略性的考虑，使自身的优势能有效地发挥，并抑制对手的优势。跆拳道战术的类型呈现多元多样的形式，竞赛中战术的形成与应用需充分考虑双方的身体、心理与智慧素质，进行战术应用的安排。跆拳道竞赛中，战况瞬息万变，战机稍纵即逝，运动员须具备多元的战术应用能力，才能抢占先机克敌制胜。研究者依据以上文献资料，归纳统整出战术分析指标构成图，如图 2-5 所示。

①　曾栎骋，姚汉祷. 女子跆拳道比赛攻击战术类别表之编制［C］. 2013 年体育运动与休闲学术研讨会论文摘要集，2013.

②　江佳臻. 跆拳道比赛技术与战术研究［D］. 中国台湾：辅仁大学，2016.

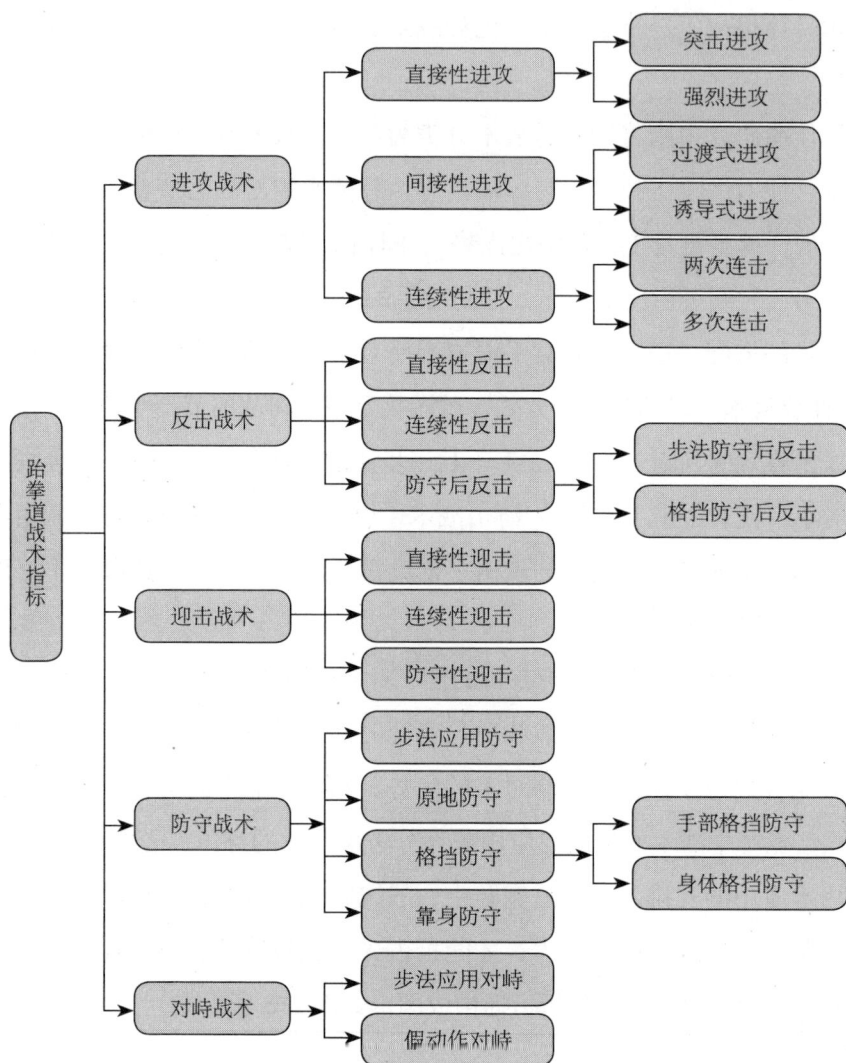

图 2-5　跆拳道战术分析指标构成图（研究者自行绘制）

第二节　跆拳道竞赛规则演变与发展相关研究

一、跆拳道竞赛规则演变的特征

竞赛规则是依据各项目的特殊性，经由国际单项协会制定的竞赛操作法则，运动竞赛皆必须遵循其准则及技术规范的总称；为了确保每位参赛运动员能在一定条件下，受到均等且公平的环境中进行竞赛，避免遭受竞赛环境和人为因素的主、客观影响，竞赛规则也需要对竞赛的技术动作及器材明确规定和限制。伴随着运动竞赛的范围持续发展与扩张，竞赛规则修订也日渐趋近于完善[①]。随着运动竞赛持续的发展与完善，运动竞赛的规则需具备更高的要求，促进运动项目的竞赛规则发展。运动竞赛规则的特征为时代性与社会性，在运动竞赛规则演变的过程中，会受到许多外在客观因素的影响，包含政治、经济和文化思想；社会生活与运动竞赛紧密联系，运动竞赛规则对其项目的竞赛发展具有密不可分的关系。竞赛规则促进运动项目的发展，为项目发展的推进力，各界体育领域学者也同时认为，竞赛规则的研究为各专项发展的突破点[②]。

跆拳道规则的演化从内容变化、意义及技战术发展等方面为导向，跆拳道竞赛规则不断革新使技术往高度、难度、力度和全面化方向发展，促进竞赛的公平性提升，也使竞赛变得更加激烈，且更具有观赏性[③]。盛世炳研究中以1992年到2010年的《跆拳道竞赛规则》进行分析。结果中指出，跆拳道竞赛规则的演变呈现变赛法、缩时间、快节奏等方向；严格控管体重级别

① 刘建和．运动竞赛学［M］．成都：四川教育出版社，1990：124-146.

② 刘卫军．跆拳道［M］．北京：北京体育大学出版社，2000.

③ 苏兴田，刘大军．从竞赛规则的演变论竞技跆拳道的发展趋向［C］．第十九届全国高校田径科研论文报告会论文专辑，2009：136-138.

和过磅时间；增加竞赛的难度与精彩性；鼓励积极进攻、抑制消极行为等特征；以修订竞赛规则为发展趋势，缩短竞赛时间、促进竞赛节奏；更加注重竞赛中的观赏性、技术的稳定性和两者之间对抗的激烈性；更加强调评判的规范性和准确性与竞赛结果的偶然性；加强了禁药使用检验的力度①。竞赛规则在多次的修订中，以得分数值修订方面最多，其次为竞赛场地与时间和犯规的判罚。而 2010 年竞赛规则的修改幅度最大，其次为 2005 年及 2008 年的规则修订。跆拳道规则修订使运动员在竞赛中的得分技术、攻防节奏、犯规性质皆发生转变，规则中攻击得分部位的修订促使攻击部位由平面转变为立体。新规则中，竞赛时间、场地的修订使竞赛中攻防密度、强度增加，提高了对跆拳道运动员体能负荷的要求。新规则的使用减少了部分人为因素的争议问题，增加了跆拳道竞赛的公平性②。通过跆拳道 2010 年新规则与旧规则对比，可发现跆拳道竞赛中运动员击打力度与击打部位的判别，是经由电子护具与计算机联系的传感系统所判辨，实际的数值对躯干得分的标准进行了量化。依据不同性别、级别设定不同的压力感测值，除了部分对躯干的人为判断因素，大大提高了竞赛的准确性与客观性，跆拳道运动使用电子护具后，使竞赛更加紧张激烈③。借由 2005 年的规则与 2012 年的新规则比较，规则变化主要集中在竞赛场地面积的缩减、竞赛时间的缩短、攻击部位的范围放宽、得分分值的提高、优势胜的比分提高、边审裁判员减少、电子护具的使用等，其目的为鼓励积极主动进攻、鼓励使用高难度技术并增加竞赛的不可预知性④。跆拳道规则与裁判法的修订内容分别为裁判法由烦琐至简洁，评价体系由粗糙到细致，竞赛记分方式和判别系统更加客观；规则修订的推进力来自运动项目发展的要求和奥运竞赛项目缩减的危机，修订的核心理念为使跆拳

---

① 盛世炳.跆拳道竞赛规则的演变及其发展趋势研究［D］.江西：江西师范大学，2013.

② 李正、李子林，刘冠男.竞赛规则变化下跆拳道竞赛规则变化分析研究［J］.体育世界,2014（8）：17-19.

③ 孙茂君.我国跆拳道竞赛改革研究［J］.体育文化导刊，2011（10）：50-54.

④ 付亮.新规则对跆拳道技战术的影响研究［J］.搏击（体育论坛），2014（8）：71-73.

道竞赛更具安全性、激烈性及精彩性，胜负的评判更具公平性、准确性、客观性，竞赛的进行更加简便、易行、顺畅[①]。

综合以上所述，跆拳道项目在 2000 年被列为奥运会正式比赛项目以来，WTF 为了跆拳道项目能在奥运会永续的发展，借由竞赛规则的修订来完善竞赛中的不足。伴随着时代背景与社会发展的需求，跆拳道竞赛规则演变特征趋向于增加竞赛的公平性与公正性、增加竞赛的激烈性与观赏性及精彩度、增加竞赛的节奏性与流畅性、提高裁判判法的准确性与客观性、增加竞赛结果的偶然性与不确定性等。为了增加竞赛的公平性与公正性，WTF 以电子设备取代人为计分，以减少人为操控的可能，并提高竞赛的公平性与客观性原则。为了提高竞赛的激烈性与观赏性及精彩度， WTF 以竞赛场的缩减、得分范围的放宽、难度技术动作分值的提高、电子护具与头盔的使用，作为竞赛规则修订的重点。为了提高竞赛的节奏性与流畅性，规则中加重了违规行为的判罚。为了提高裁判法的准确性与客观性，2009 年开始全面采用电子护具系统，并增加了录像审议，减少裁判在判罚上的问题。这些竞赛规则的修订，也提高了竞赛的偶然性与不确定性，使跆拳道竞赛规则逐渐地趋向于完善与健康的发展。

二、跆拳道竞赛规则修订的动因

运动项目的基本特性是竞赛规则修订与发展的内部主要动因，竞赛规则须具备统一的判别方法与手段。促进规则完善及修订的外部动因主要包含：运动项目在竞赛过程中的规范性及操作性需求、保证判罚的公正性及准确性需要、满足竞赛的竞技性及观赏性需要、竞赛规则相对的稳定性及技术战术发展需要等，为竞赛规则的内部动因与因素[②]。张成龙则认为，竞赛规则的修订是为了解决运动项目在竞赛中所存在的问题，其目的是促进运动项目健康的发展。竞赛规则演变的动因包含：增加竞赛的难度和精确度、增加竞赛的

① 刘宏伟.跆拳道竞赛规则与裁判法变革分析［J］.体育文化导刊，2013（4）：88-91.

② 陆文德，吴卫.气排球竞赛规则演变的内外部动因及趋势探究［J］.浙江体育科学，2006（5）：39-52.

速度和节奏、保持竞赛的连贯性和提倡道德反对不良行为、促进运动员技能提升、减少裁判在判罚上的问题 [①]。

跆拳道竞赛规则于近几年有较大的变化，其竞赛规则修订的动因包含：提高竞赛的精彩度、增加竞赛的公正性和公平性、提高竞赛的观赏性与流畅性、增加竞赛的不确定性等 [②]。

Savchenko V. 等人研究中指出，近年来 WTF 不断对跆拳道竞赛规则进行修订，主要包含以下四个因素：①运动员必须在积极参与的状态下进行竞赛；②应减少争议性的规则；③尽管已有录像回放系统的使用，仍应提高裁判执裁的质量；④跆拳道运动竞赛应让观众容易理解 [③]。

综合以上所述，研究者归纳出跆拳道竞赛规则演变的动因包含：竞赛的观赏性与商业化发展需求、提升竞赛的公平性与准确性需求、提高运动员技术水准与确保竞赛安全性需求、新器材在跆拳道运动的应用、巩固奥运会项目的需求。

（一）竞赛的观赏性与商业化发展需求

WTF 为了提高竞赛的可看性，将竞赛规则中的得分与计分法，以技术动作的难度作为区分标准，依据技术动作的难度越高分值也越高。其目的是加强运动员的攻击意识，避免竞赛中运动员得分后，即采取消极的拖延战术，严重影响竞赛的可看性与精彩度 [④]。提升运动竞赛的观赏性，能有利于运动项目商业价值的提高，促进运动项目的进步与发展。竞赛规则的修订通常情况下是针对增强竞赛激烈程度、改进服装及器材设备、增加竞赛的偶然性等方法来促进运动竞赛的观赏性。在广泛开展的运动项目与高竞技水平的竞赛中，

---

① 张成龙，黄晓强 . 篮球规则演变的动因和手段分析 [J] . 科技信息，2009（18）：204.

② 苏兴田，孙亚敏，周天跃 . 跆拳道新规则实施影响竞赛因素的相关研究 [J] . 甘肃联合大学学报（自然科学版），2008（5）：112-114.

③ SAVCHENKO V, LUKINA Y, KOVALENKO N, et al.Analysis of competitive activity of young male athletes in taekwondo WTF [J] .Спортивний вісник Придніпров'я, 2017, 11（2）：132-134.

④ 刘昭晴，相子元 . 跆拳道比赛男、女得分动作之成绩分析 [J] . 中华体育，1997（1）：89-95.

置入大量的商业营销与电视的转播，维持运动竞赛的竞技性与创造运动项目的商业价值之间的冲突，逐渐地被激化。冲突为推动运动项目不断发展的内在动力，虽然商业行为促发了体育产业的发展，并创造了运动项目的商业价值，但也使竞赛规则受到更高层次的挑战。为了迎合体育产业的市场需求，各竞技运动项目对竞赛规则进行调整、修订及完善[①]。近年来，WTF 在竞赛规则进行多次修订，修订内容包含竞赛场地缩减、竞赛时间缩短、提高难度动作得分数值、鼓励积极对战、限制消极与违反运动道德行为等，目的在于增加竞赛的观赏性与激烈性，使跆拳道运动创造更高的价值与发展。

（二）提升竞赛的公平性与准确性需求

各项目的竞赛规则都是在公平、公正的基础上建立，但实际竞赛中，仍存在着判罚的差异与争议情形。造成此情况发生的原因，往往出自人为的主观意识所致，例如裁判员对于竞赛规则不够深入了解、透彻，或是对竞赛精神掌握不够清晰；裁判员的主观意识与偏好也是影响竞赛最终结果的重要因素[②]。竞赛规则的准确性与公正性不仅是基本要求，更是所有运动员的期望，也能展现出运动竞赛中的客观规律与程度。体能类项群项目的竞赛规则也以此方向为努力的目标，主要通过提供等同条件的场地、器材，以及准确度量比赛结果这两种途径来进行[③]。WTF 竞赛规则修订内容中，2005 年从原本的三位副审改为四位；2009 年国际赛全面改用电子护具计分，且增加录像审议之判定等，皆是为了保障竞赛的公平性与公正性，并提高跆拳道竞赛中裁判判罚的准确性。

（三）提高运动员技术水准与确保竞赛安全性需求

竞赛规则与运动员技战术相适应的发展，且有助于技战术进一步的创

①　刘淑英 . 运动竞赛规则的本质特征、演变机制与发展趋势［D］. 苏州：苏州大学，2008.

②　刘淑英 . 运动竞赛规则的本质特征、演变机制与发展趋势［D］. 苏州：苏州大学，2008.

③　张婷 . 跆拳道竞赛规则修改下优秀女子运动员技战术运用研究［D］. 北京：北京体育大学，2016.

新发展。根据规则的发展，教练员与运动员在训练中依据规则演变的前提下，拟定相应的训练计划，也成了技术发展的趋势①。跆拳道为同场对抗性的格斗项目，在竞赛中，运动员之间肢体接触与对抗频繁且激烈，说明跆拳道是具有高危险性的运动。因此，在竞赛规则的限制下，可为运动员提供更安全、有保障的公平竞争。WTF 于 2005 年修订竞赛规则，将场地缩减为 10m×10m，并为维护运动员竞赛的安全性，以 7 分的差距取胜及 12 分的顶分胜，防止实力悬殊造成运动员的危险②。2013 年的竞赛规则中，针对蓄意攻击对方运动员腰部下部位，恶意规避比赛，用手攻击头部等行为，给予该运动员扣分判罚。加重对犯规行为的判罚，其目的是为维护竞赛场上运动员的安全及道德精神③。竞赛规则修订的基本原则为促进竞赛合理的发展，规则的修订迫使运动员技战术的水平提高，也增加了运动员在竞赛中的危险性，为保障运动员的安全性，以分差胜与顶分胜避免实力悬殊造成运动员的危险，并限制恶意犯规等不良行为。最新规则的电子头盔，仍是为了保障运动员的安全性及竞赛的公平性考虑，因此跆拳道竞赛规则通过不断地修订而逐渐完善。

（四）新器材在跆拳道运动的应用

在日新月异的社会中，现代体育运动的发展不单只是依靠运动项目不断地创新与提升，更依靠着科技、工艺和新材料的发展。跆拳道运动项目对新材料与科技的创新意识也逐渐增强。新材料在跆拳道运动中广泛地被应用，例如运动员的服装、护具及鞋子等④。近年来 WTF 竞赛规则中，从原本的人工计分系统于 2009 年转变为使用电子护具系统，至 2015 年电子头盔的使用，说明新器材对跆拳道运动的应用具有不断创新的影响。将科技的产物融入运

① 詹祥粉 . 田径竞赛规则演变之研究［D］. 南京：南京师范大学，2003.

② KAZEMI M, WAALEN J, MORGAN C, et al. A profile of Olympic Taekwondo competitors［J］. Journal of Sports Sciences and Medicine, 2006, 5(1): 114-121.

③ 张婷 . 跆拳道竞赛规则修改下优秀女子运动员技技术运用研究［D］. 北京：北京体育大学，2016.

④ 詹祥粉 . 田径竞赛规则演变之研究［D］. 南京：南京师范大学，2003.

动竞赛中，使跆拳道的竞赛更加客观与公平，更是跆拳道发展的推进力。

（五）巩固奥运会项目的需求

WTF 为了巩固跆拳道项目能在奥运会永续发展，在规则部分进行了修订，包含扩大竞赛场地、过磅时间提早一天、竞赛时间缩短为两分钟、加大有效得分部位、攻击力道强可加一分、头部攻击分值提升等。说明规则不断地推陈出新，目的在于促进竞赛的可看性与精彩度，以吸引更多观众的支持与参与，使跆拳道运动能在全世界推展[①]。

竞争与进取为竞技体育的生命力，WTF 希望建立一个更具竞争力的竞赛氛围，希望能将跆拳道运动推展到世界各地，不再是以往少数国家垄断跆拳道奖牌的局面。运动项目能否成为奥运会项目的重要条件为：它是否在体育运动中占有着重要的地位，其考察方向为竞技性、运动基础性、科学合理性、普及性、发展性运动的历史传承等进行探究[②]。而跆拳道竞赛规则修订就是提高其竞技性、观赏性、运动基础性、科学合理性、普及性、发展性等的重要方法之一。跆拳道运动要适应社会、经济各层面的发展，不仅是运动项目发展的需要，更是巩固奥运会发展的必然趋势。虽然跆拳道运动已成为奥运会项目，但仍然需要通过规则的不断发展与精进，来完善跆拳道项目的发展，更契合现代社会竞技体育的需求及趋势，使跆拳道运动在奥运会中永续的发展[③]。跆拳道从 2000 年纳入奥运会正式项目后，WTF 为了将跆拳道推向全世界，在竞赛规则中做了更人性化且更符合竞技性的修订。为了解跆拳道在奥运会的发展状况，研究者将历届奥运会跆拳道项目奖牌分布情况进行了统计，见表 2-1。

① 黄秀兰.最新国际跆拳道规则（2001 年 10 月公布）修改内容之分析［C］.大专体育学术专刊，2003：238-245.

② 鞠杰.现行规则下竞技跆拳道专项特征分析［J］.运动，2014（19）：46-107.

③ 张婷.跆拳道竞赛规则修改下优秀女子运动员技战术运用研究［D］.北京：北京体育大学，2016.

表 2-1　2000—2016 年奥运会跆拳道项目奖牌分布情况

地区	金(2000)	银	铜	金(2004)	银	铜	金(2008)	银	铜	金(2012)	银	铜	金(2016)	银	铜
韩国	3	1		2		2	4			1	1		2		3
中国	1			2			1		1	1	1	1	2		
美国	1			1	1			1	2			2			1
墨西哥			1		1	1	2					1		1	
中国台北				2	2	1	2					1			
英国									1	1		1	1	1	1
伊朗				1			1		1		1				1
西班牙		1								1	2			1	
土耳其					1			1	1						1
希腊	1				2		1								
古巴	1	1				1			1			1			
意大利								1			1	1			
澳大利亚	1	1													
塞尔维亚										1				1	
阿根廷										1					
阿塞拜疆														1	
科特迪瓦													1		
约旦													1		
法国			1		1	1			1	1		1		1	
俄罗斯		1									2	1			
泰国						1		1				1			1
挪威					1			1							
德国					1							1			
多米尼加									1						1
加拿大						1			1						
越南		1													
加蓬											1				
尼日尔														1	
克罗地亚							2					1			
阿富汗							1					1			
巴西							1								1
委内瑞拉						1			1						
埃及						1									1
哈萨克斯坦							1								
尼日利亚							1								

续表

地区	年份														
	2000 年			2004 年			2008 年			2012 年			2016 年		
	金	银	铜	金	银	铜	金	银	铜	金	银	铜	金	银	铜
突尼斯															1
日本		1													
哥伦比亚											1				

三、跆拳道新旧竞赛规则之对比

本书所指的新规则为 WTF 在 2018 年于突尼斯当地时间 4 月 5 日，举行世界跆拳道大会修订最新的跆拳道竞赛规则，修订的内容主要包含：使用旋转腿法有效攻击击中躯干或头部，将额外增加两分；增加了二次过磅及犯规行为判罚。最新的竞赛规则于 2018 年 6 月 1 日在罗马世界跆拳道大奖赛中开始实施。而 2017 年规则为 2016 年 WTF 举行的竞赛规则第二十七次修订说明会，并于 2017 年世锦赛开始全面实施，其规则修订内容主要针对得分数值、违规行为判罚、黄金得分赛、分差胜及录像审议修订等。为了解新规则修订前后之差异，本书以 2017 年、2018 年规则进行对比与探讨。

（一）得分数值

2017 年跆拳道竞赛规则修订中写到，竞赛之中位踢击技术分值由 2015 年旧规则的 1 分提升为 2 分。其余之合法攻击技术分值依旧比照旧规则，分别为正拳攻击技术 1 分、旋转中位踢击技术为 3 分、头部上位踢击技术为 3 分、旋转头部上位踢击技术为 4 分。2017 年规则修订内容中，将中位技术分值提高至 2 分，其目的主要是为了减少以往利用前脚攻防单调的技战术使用。

此外，2017 年规则指出，使用电子头盔之竞赛，若运动员遭击中头部击倒，且主审裁判开始读秒，但此攻击未被电子头盔采计分数，主审裁判应于完成读秒程序后提出实时录像审议（IVR），判定该攻击技术得分与否。由于电子头盔感应部位未覆盖脸部，若是运动员击中对手脸部时，电子头盔尚未计分，在新规则中，副审裁判不再举手给分，教练亦不可提出 IVR 申诉。

在新竞赛规则中，将转身技术动作分值提高至中位 4 分、上位 5 分。而其余之合法攻击技术分值依照 2017 旧规则，分别为正拳攻击技术为 1 分、中位踢击技术 2 分、上位踢击技术为 3 分。其主要修订原因为竞赛中使用旋转踢击技术的风险较高，且在旧规则中旋转踢击技术分值与其他分值差距并不大，因此大部分运动员会选择较保守的技战术运用，因此新规则中为鼓励旋转踢击技术，将其分值修订为转身中位技术分值为 4 分、上位分值为 5 分。新旧规则分值见表 2-2。

表 2-2　跆拳道新旧规则得分数值比较

使用技术	2017 竞赛规则	2018 竞赛规则
正拳	1 分	1 分
中位踢击技术	2 分	2 分
上位踢击技术	3 分	3 分
旋转中位踢击技术	3 分	4 分
旋转上位踢击技术	4 分	5 分

（二）违规行为及判罚

2015 年旧规则中违规行为判罚分为警告（Kyong-go）及扣分（Gam-jeom），以往运动员被判罚警告两次相当于扣 1 分（对手加 1 分），但在 2017 年规则中取消警告判罚，将所有违规行为（如抓、抱、倒地、出界等）一并判罚扣分（对手加 1 分）惩罚。并将违规判罚上限由原先的 5 次扣分调整至 10 次，运动员遭扣满 10 次失分则实时被判定为落败，称之为主审判定惩处胜（Win by referee's punitive declaration，简称 PUN）。违规行为包含出界、倒地、逃避或延迟比赛、抓或推对手、抬膝阻挡对手攻击、攻击腰部以下、膝盖撞击或攻击对手、离开后攻击对手、攻击倒地对手、以手部攻击对手头部、教练或选手不当行为等。

其中针对前脚长时间抬起的条例，其实在修订前已存在。今次修订主要在合法提脚的定义上，从以前的单脚凌空踢击转换单脚凌空踢击，且高于腰带以上。也就是说，凌空脚必须落地，时间才会重新计算，不论是否踢击到对手。例如，踢击到对手后已超过3秒，凌空脚未落地，则会判罚，但得分仍算。

在2017年规则中，运动员以抬脚阻挡对方攻击或格挡皆被列为违规行为，并严格执行。前者被视为以不当技术作出消极防守，后者是以不当技术阻碍对方攻击。使用侧踩或侧踢攻击对手的脚，或使用侧踩或侧踢阻挡对手攻击，或踢击腰部以下并非因为双方互相踢击时或是对手踢击连续动作时造成，任何踢击都会被判以失分。但双方小腿以下或脚部（及脚掌部位）互撞，则不属犯规之例。以往出现的一种攻击模式是先攻击对方腰部以下，破坏其体势，然后乘隙进攻，而新规则针对此类动作归类为违规动作。且两次牵制动作无论有无接续攻击动作，均需给予判罚，包括抬脚滑步两次后攻击。第二次滑步必须伴随腰部以上的踢击动作，如为瞄准腰部以下攻击需给予判罚。在任何违规行为后得分，得分必须取消并给予判罚。分辨意外事件或故意事件是主审的责任。

2017年规则中，将"抱"纳入"抓"的违规动作范围，视为"抓"的一部分，例如抓、转或摔对手；推伴随抓、抱或推伴随以钩住（HOOKING）对手的脚；手臂超过对手肩膀或腋下范围，以上行为皆属于违规行为，并给予扣分判罚。此外，以往属于犯规动作的"推"，2017年规则中将部分"推"的行为列为合法动作。例如，明显地将对手推出场外；或在对手攻击时将其推开；推对手时包含抓、勾对手的脚，或阻碍对手的正常攻击动作等，推人的选手将被判罚。排除以上违规行为，其他情况下"推"的行为是被允许的。

新规则加强了对犯规行为的判罚，运动员只要单脚越出边界就会被判定犯规，因此运动员在竞赛中必须减少退后避战的概率，增加迎击、反击与进攻的概率；且运动员对峙时间超过5秒，并未展开任何进攻动作也将被判定犯规，使运动员必须更加积极主动地进攻。新旧规则下犯规行为及判罚的修订内容，汇整见表2-3。

表 2-3　跆拳道新旧规则犯规行为及判罚的修订内容比较

犯规行为	2017 竞赛规则	2018 竞赛规则
抓、推、抱	将"推"改为合法技术，"抓"与"抱"改为扣1分	同2017年规则
出界	双脚超线为出界，判罚扣1分	单脚超线为出界，判罚扣1分
倒地	判罚扣1分	同2017年规则
抬脚阻挡	抬脚超过3秒并无任何攻击技术或低于腰部，给予判罚扣1分	同2017年规则
非合法攻击	攻击腰部以下判罚扣1分	攻击腰部以下或使用非正规技术判罚扣1分
对峙时间	对峙5秒裁判给予提醒，至10秒仍未有攻击行为给予警告	对峙时间超过5秒，判罚扣1分
扣分额度	10次扣分	同2017年规则

（三）黄金得分赛及优势判定

第四局加时赛，称之为黄金得分赛（Golden Point Round），又称突然死亡。2017年规则中将第四局时间从以往的2分钟缩减至1分钟，从以往的先得"1分"或"对方扣1分"为胜，修订为"先得1分"者获胜，或"被扣2分"者落败。双方运动员在第四局中均无得分时：以第四局电子护具感应次数为首要判定方法，感应次数最多者为胜。2017年规则中新增了"前三局取得局之优势多者获胜"，然后依照第四局中判罚总次数，最少者获胜，最后若以上两项皆相等时才是由主审及副审裁判根据第四局表现为判决之优势纪录。

新规则中，再次针对第四局加时赛进行修订，并更名为黄金赛局（Golden Round），将第四局获胜规定为先得2分为获胜方，而过去在2015年及2017年规则皆为得1分即可获胜。新规则中指出，若第四局结束后双方未得分，则以下列优先级判定获胜：第四局中有使用正拳攻击得分者获胜；若第四局双方无使用正拳攻击得分，以第四局比赛中有攻击感应次数较多者为获胜；若无，则以前三局中胜局多者为获胜；若无，则以四局中犯规总数最少犯规者为获胜。

（四）胜负判决

因应 2017 年规则中端踢击分数的提高，"分数差距胜"（Win by point gap）的分差从原先的第二局结束后，双方差距"12 分"提前结束比赛，提升至差距"20 分"，但准决赛及决赛之成人组赛事中除外。换言之，在准决赛及决赛中，第二局结束时或在第三局比赛中，双方差距 20 分或以上，仍需完成第三局的竞赛。而新规则仍继续沿用 2017 年胜负判决规则之规定。

（五）录像审议

在 2015 年旧规则中，教练仅能就对手"倒地"或"出界"的违规行为提出录像审议申诉。在 2017 年规则中，教练可针对下列情形提出录像审议申诉给予对手判罚，例如：出界、倒地、离开后攻击、攻击倒地运动员、技术分数、取消某方选手的判罚、任何技术问题或时间管理错误、主审给予判罚后忘记取消分数等。但在使用电子头盔情况下，所有头部攻击得分与否一律由电子头盔判定，若击中脸部，电子头盔未计分时，副审裁判不再举手给分，教练亦不可提出申诉。而新规则仍继续沿用 2017 年录像审议规则之规定。

第三节 跆拳道竞赛规则变化对技战术特征影响的研究

各个竞技运动项目皆是在竞赛规则的制约下进行的，技战术的发展会以竞赛规则的发展趋势为导向，技战术发展的同时又带动了竞赛规则不断的改革与创新，两者之间具有相互依存、促进及推动的紧密联系。规则的修订迫使运动员的技战术必须不断精进、创新，且新的技战术趋势往往更具有竞争性及刺激性的特性，也增加了对运动员的身体素质、心理素质、技术的稳定性等要求[1][2]。竞赛规则不断的演变推动了技战术不断创新与发展，技战术发展

---

[1] 虞重干，王斌 . 竞赛规则与竞技运动之关系［J］. 上海体育学院学报，1995，19（4）：88-89.

[2] 衣起立 . 跆拳道新规则对运动员技战术运用影响的研究［D］. 北京：首都体育学院，2014.

的盲目性具有制约作用，规则的范围抑制了技战术发展的任意性，竞赛规则是运动技战术创新求变的推动力量[①]。当运动项目发展到一定程度，会产生攻守间的失衡现象，这种失衡现象将抑制运动项目的发展，并且影响竞赛的精彩程度时，必然会迫使竞赛规则的修订，使其达到攻守平衡的目的，从而不断地向前发展。而竞赛规则演变的结果，又推动了该项运动新的技战术形成与发展，运动就这样在平衡与失衡之间循环形成螺旋式的上升[②]。

一、场地对技战术的影响

竞赛场地规格从 2001 年规则中的 12m × 12m，至 2005 年规则修订为 10m × 10m，再到 2009 年规则修订为 8m × 8m 的竞赛场地，从 2014 年开始规则修订为八角形场地。从 2001 年场地面积为 144m²，2005 年场地面积为 100m²，2009 年场地面积为 64m²，到 2014 年场地面积为 52.48m²，说明竞赛场地在不断缩减。竞赛场地的缩减有效地限制了运动员的活动范围，其目的在于增加运动员在竞赛中的积极性，迫使运动员增加对战时间，抑制运动员采用消极的游击战术对战，提高了竞赛的激烈性与精彩度。

WTF 于 2005 年进行的跆拳道竞赛规则修订，将竞赛场地从原先的 12m × 12m 缩减为 10m × 10m，使运动员在战术的意识及应用产生变化。能掌控竞赛的主动权，积极进攻得分，掌握对手心理，结合战术应用迎击与反击，战胜对手的概率就相对提高。在此规则机制条件下，对经验丰富的优秀运动员较有利，他们对于竞赛环境的适应较快，赛场的控制能力较佳，边角战术的应用能力较强，从而能在有限的时间内获取胜利[③]。2005 年的规则中，竞赛场地面积缩减使运动员在竞赛中更加积极主动，更加注意攻防间距离的掌控，以及边角战术运用的重要性提升。此外，上位技术分值的改变，运动员应加

①　徐宜芬.浅谈竞赛规则与运动技战术发展的辩证关系［J］.四川体育科学，2001（4）：26-27.

②　张立燕.论运动竞赛规则演变与运动项目发展的相互关系［J］.科技信息，2009（22）：596-598.

③　谢玉辉.跆拳道竞赛规则的修改对比赛产生的影响［J］.成都体育学院学报，2006，32（6）：87-89.

强攻击头部技术动作的能力，上位技术成为获胜的关键[①]。

有研究以 2001 年到 2014 年竞赛规则中场地的演变，分析竞赛场地面积缩小对运动员心理、技战术、大众观赏性的影响，结果发现：新规则中将场地改为八角形，运动员会受到区域形状变化，而改变攻防战术的应用，八角形场地有利于运动员在竞赛场上战术更加灵活多变，使竞赛的节奏更加激烈紧凑[②]。竞赛场地的演变，从 2005 年的 10m×10m 逐渐缩减为 8m×8m，而2014 年开始跆拳道竞赛场地的形状也随之变化，从原先的正方形场地改为八边形场地。场地的缩减对运动员的技战术运用造成极大的影响，意味着运动员竞赛中可移动的范围缩减，出界的概率也随之增加，使运动员不得不采取积极进攻的手段。竞赛场地改为八角形后，降低了边角战术的作用[③]。张婷则认为，新规则中将场地修改为八角形场地，竞赛场地面积的缩减使运动员对战时闪避与回旋的空间受到限制，促使运动员进攻与反击的机会增加。女子运动员在竞赛中战术使用更加积极主动，在连续攻防转换战术的使用率有所提升，而成功率从 2009 年世锦赛的 6.93% 上升至 2014 年大奖赛的15.09%，竞赛中对战的节奏更加激烈紧凑，大大提升了竞赛的精彩度[④]。

竞赛场地范围的缩减，表示运动员在竞赛中的有效活动空间减少，相对的也减少了运动员躲避对手方攻击的空间，迫使运动员必须在比赛中更加积极且灵活应变，更减少了过去运动员拖延时间的可能性。场地形状的改变使对抗更加激烈，且运动员的对抗次数提高。在跆拳道单一技术的得分率中，从 2012 年伦敦奥运会接近 70%，至 2015 年世锦赛的 51%，再到 2016 年里约奥运会的 43%，呈现逐渐下降的趋势。运动员在竞赛中攻击和反击的技术运用，更倾向于连击技术和双飞技术，以其压制对手来取得场地的优势[⑤]。

① 毛彦明，陈诗欣，徐台阁．跆拳道规则修订对选手比赛的影响［J］．中华体育季刊，2007（1）：92-99.

② 程俊霖．跆拳道场地的变迁对跆拳道运动发展的影响［J］．当代体育科技，2015（19）：205-206.

③ 张红．2005—2016 年规则变化对跆拳道技战术影响的研究［J］．运动训练，2017（51）：66-67.

④ 张婷．跆拳道竞赛规则修改下优秀女子运动员技战术运用研究［D］．北京：北京体育大学，2016.

⑤ 于镇豪．跆拳道竞赛规则中场地变化对技战术的影响研究［D］．北京：北京体育大学，2017.

二、分值对技战术的影响

WTF 在竞赛规则中针对得分分值经过多次的修订，而每次修订对于运动员在竞赛中技战术的运用，皆会造成极大的转变。Kazemi M 等人指出，2000年奥运会跆拳道获胜者比非获胜者更常使用进攻战术，获胜者占总使用战术 52%、女性占总使用战术 53%，且使用技术女性获奖者比男性获奖者更多元化，在男性中获奖者在第一局比赛的得分为 43%、在女性中获胜者在第一局比赛的得分只有 19%，其原因可能在第一局中，优胜者大多以试探性动作评估对手，并保留体力；整体而言，进攻战术为主要战术，男子比赛中占 57%，女子比赛中占 53%；韩国队为 2000 年奥运会团体冠军队伍，其运动员在同级别中反击战术的使用上均高于其他队伍[①]。因此，在 2000 年奥运会跆拳道项目获胜的关键要素在于使用进攻战术来营造反击得分的机会。由于 2005 年以前的规则为中位技术与上位技术皆得 1 分，竞赛中分数差距并不大，使运动员有足够的时间得以在落后的情况下追分，造成比赛的精彩度与可看性不足。WTF 于 2005 年进行跆拳道竞赛规则修订，将上位技术分值提升为 2 分，并制定竞赛的分差胜与顶分胜，使运动员在战术的意识及应用产生变化。能掌控竞赛的主动权，积极进攻得分，掌握对手心理，结合战术应用迎击与反击，战胜对手的概率就相对提高[②]。运动员因此在竞赛中更加积极主动，且更加注意攻防间距离的掌控，以及边角战术运用的重要性。此外，上位技术分值提高后，运动员加强攻击头部技术动作的使用，上位技术成为获胜的关键[③]。

Santos 等人对 2007 年世界跆拳道锦标赛进行战术分析，研究指出运动员在第三局的进攻战术使用最多；且女子运动员从第一局至第三回进攻战术的

---

① KAZEMI M, WAALEN J, MORGAN C, et al. A profile of Olympic Taekwondo competitors [J]. Journal of Sports Sciences and Medicine, 2006, 5(1): 114-121.

② 谢玉辉. 跆拳道竞赛规则的修改对比赛产生的影响 [J]. 成都体育学院学报, 2006, 32（6）: 87-89.

③ 毛彦明, 陈诗欣, 徐台阁. 跆拳道规则修订对选手比赛的影响 [J]. 中华体育季刊, 2007（1）: 92-99.

使用皆高于男子运动员①。因此，从规则修订实施后来看，要于比赛中获胜的关键便是攻击与防守的积极主动性。注意两者之间的基本防御距离与攻击变换的移动距离，以及在边角区域对抗形成时的边角战术运用，攻击角度的快速修正，与积极的加强头部上端攻击的准确性，都是教练与选手为了争取得分获胜而必须因应的项目。杨志军研究指出，2008年奥运会跆拳道运动员的腿法技术使用率与得分率虽为横踢技术最高，但下劈技术使用率仅为5%，得分率却得到13%，为排名第二的技术动作。在战术使用方面，主动进攻战术高于防守反击战术的使用率，但主动进攻战术的有效次数与成功率较防守反击战术来得低②。男子跆拳道运动员技术使用以后横踢为主，但以往得分率最高的横踢技术从过去的84%以上，下降至78.4%。而其他得分技术的使用率与种类有增加的趋势，在双飞与多飞踢的得分率增加最为明显③。女子跆拳道运动员以横踢技术的使用率与得分率最高，分别为使用率69.93%、得分率66.12%，而后踢与下劈为横踢之外，得分率较高的技术④。女子冠军运动员吴静钰的技术使用率为后横踢33.06%、前横踢29.03%及下劈20.16%为最高；得分率以后横踢46.67%、前横踢20%与下劈20%最高⑤。在2005年规则改变下，运动员虽以横踢为主要技术，但上位技术分值的改变使运动员将较着重于上位技术，此为下劈技术的使用率与得分率有所提升的原因，也是横踢技术下降的原因。

在战术方面，谯伟以2008年奥运会男子跆拳道运动员为对象，进行战术

① SANOS V, OLIVEIRA P, BERUZZI R, et al. Relationship between attack and pause in world Taekwondo championship contests: effects of gender and weight category [J]. Muscles Ligaments Tendons Journal, 2014, 4(2): 127-131.

② 谯伟. 第29届奥运会男子跆拳道比赛战术分析 [D]. 沈阳：沈阳体育学院，2011.

③ 姚强，高志红. 第29届奥运会男子跆拳道技战术特点分析 [J]. 河北体育学院学报，2009（5）：78-80.

④ 陈补林. 2008北京奥运会女子跆拳道比赛技术统计与分析 [J]. 吉林师范大学学报（自然科学版），2010（2）：146-150.

⑤ 张悦. 2008年和2012年两届奥运会吴静钰技战术特点分析 [D]. 北京：北京体育大学，2014.

分析。结果指出，跆拳道竞赛开局时运动员主动进攻有助于适应赛场情境与气氛、熟悉对手状态、寻找对战契机，可合理安排进攻或防守。开局时先取得分数者，最终获得比赛胜利的场次占绝大多数。因此，开局时先取得分数，能为后继的比赛取得更好的战术发挥，并增强对战的自信心，也是获得比赛胜利的关键。边角战术在跆拳道竞赛中占有重要的地位，当双方对峙时，是运动员调整状态、寻找战机、调控比赛节奏的关键环节；双方对峙时假动作战术占有很大的比例，主要为运动员试探对手及制造进攻契机的重要战术[①]。Ouergui 等人指出，在 2004 年与 2008 年奥运会中，运动员以防守战术为主要得分战术，且男子运动员非获胜者进攻战术的使用率比获胜者更多，占战术使用的 63%[②]。在战术应用方面，2000 年奥运会中获胜者在第一局的得分较低，而 2008 年奥运会中第一局得分者获胜概率较大，其原因为竞赛规则中，上位技术提升为 2 分。在过去的比赛中，运动员有较充裕的时间能熟悉对手的技战术特性，并且争取攻击时机反败为胜。因此，在开局时先得分能够造成对手紧张的心理，打乱对手攻击的频率及战术的思考，增加获胜的机会。虽然进攻战术为主要使用战术，但反击战术成功率高于进攻战术，说明反击战术为主要得分战术。

2008 年跆拳道竞赛规则中，将上位技术分值提升为 3 分，而后踢、旋风踢之转身技术提高为 2 分。佟岩指出，2009 年跆拳道世锦赛男子运动员技术使用率依序为前横踢 33.2%、后横踢 21.3%、下劈 12.0%、双飞踢 10.7%、侧踢 6.3%、止拳 6.2%、后踢 3.9%、后旋踢 3.6%、旋风踢 2.8%，可见横踢技术仍然是跆拳道竞赛中的核心技术；得分率依序为下劈 48.6%、后旋踢 45.5%、前横踢 25.0%、正拳 21.1%、双飞 19.7%、后横踢 19.1%、后踢 8.3%、侧踢

① 杨志军. 2008 年北京奥运会男、女跆拳道比赛技术统计与对比研究 [J]. 中国体育科技，2009(5)：50-53.

② OUERGUI I, HADDAD M, HAMMAMI N, et al. Time Motion and Technical and Tactical Analysis during Taekwondo Competition [C].Performance Optimization in Taekwondo: From Laboratory to Field, 2014: 38-45.

7.7%；总得分比例依序为前横踢 25.0%、下劈 16.2%、后横踢 19.1%、双飞踢 19.7%、后旋踢 18.2%、正拳 21.1%、侧踢 7.7%、后踢 8.3%，其中下劈与后旋踢技术的使用率低，但得分率高。运动员以主动进攻为主要战术，其使用率与成功率均高于防守反击。在三局比赛中，主动进攻战术成功率分别为 34.4%、37.4%、29.8%；防守反击战术则为 14.2%、15.6%、21.4%[①]。女子62kg 级冠军运动员的技术使用成功率则为下劈 34.61、后旋踢 17.30%、后踢 16.67%、横踢 15.62%。其冠军运动员以横踢与下劈为主要使用技术，使用率以横踢最高，但得分率与成功率皆以下劈技术最高[②]。在本届比赛中，男、女运动员皆以横踢为主要使用技术，但得分率却以下劈技术最高，其原因为分值改变后，头部攻击分值高于躯干分值所致。

方伟在研究中，以 2008 年奥运会及 2009 年世锦赛跆拳道运动员使用技术进行对比分析。结果发现，男子运动员下劈技术动作使用率增加、攻击头部技术动作使用率与得分率提升。女子运动员除了前横踢、后横踢和后踢的使用率下降，其他技术动作使用率皆有所增长，攻击头部的成功率有所增加，但差异性均不显著。战术应用上，直接反击战术、攻防转换战术与间接进攻战术的成功率皆有所提升[③]。而陈有忠研究指出，男子运动员在前横踢、下劈、后旋踢及侧踢等技术动作的使用率增加，后横踢的使用率下降；前横踢、后横踢、双飞踢、后踢的成功率下降，正拳攻击、侧踢、后旋踢、旋风踢的成功率增加，前横踢、下劈、后旋踢、正拳攻击的得分率增加，后横踢的得分率降低；击头技术的使用率、成功率和得分率均有明显增加，攻击躯干部位的技术中，采用直接进攻与间接进攻方式的成功率和得分率下降，而采用直

① 佟岩.优秀男子跆拳道运动员使用电子护具技术统计分析［J］.哈尔滨体育学院学报，2011（5）：101-104.

② 萧婉恬.2009 世界杯跆拳道赛女子 62 千克级韩国选手林秀贞技术分析之研究［D］.中国台湾：台湾体育大学，2009.

③ 方伟.跆拳道技战术发展趋势研究［D］.北京：北京体育大学，2011.

接反击与攻防转换的成功率、得分率均有增加①。在新规则和电子护具的使用下，运动员总得分数、击头的得分率与技术种类明显增加，更大量的涌现创新的击头技术，击头技术成为当今比赛中制胜的关键技术；横踢技术的得分率迅速下降，竞赛中推踢、正拳、下劈、侧踢等技术的使用率提高；延长赛时所采用的战略也产生了变化②。而江炬也认为，新规则下鼓励高难度及高位技术的运用；跆拳道竞赛中技战术趋向于技击"快、准、狠"，直接对抗激烈化；高难度与高位技术进攻的多元化；进攻、防守、反击的技战术一体化方向发展③。因此，2008 年规则中，将上位技术分值提升为 3 分后，运动员在竞赛中下劈技术的得分率与成功率皆为最高，且击头技术的使用率、成功率和得分率均有明显的增加。此外，转身技术分值改为 2 分，也使后旋踢、旋风踢的成功率有所增加。战术应用上，以主动进攻为主要战术，其使用率与成功率均高于防守反击，且直接反击战术、攻防转换战术与间接进攻战术的成功率皆有所提升。

2010 年跆拳道竞赛规则中，上位技术分值仍为 3 分，但规则中将转身技术提高至中位技术 3 分、上位技术 4 分。在过去几次规则的修订中，皆以鼓励和倡导运动员进攻和使用高位技术为主。有研究指出，2011 年世界跆拳道锦标赛中女子四个级别前两名运动员，技术使用率依序为后横踢 55.43%、前横踢 15.65%、下劈 8.93%、后踢 5.91%、侧踢 4.61%、双飞 3.56%、侧踢 2.02%、后旋 1.89%、旋风踢 1.25%；战术使用率依序为直接进攻 48.04%、直接反击 32.48%、间接进攻 9.39%、攻防转换 5.31% 和防守反击 4.79%④。而

---

① 陈有忠.电子护具对竞技跆拳道比赛男子运动员技战术的影响研究 [J].中国体育科技,2010（6）：73-76.

② 高志红，冯巨涛，任文岗.新规则和电子护具的使用对跆拳道技术应用的变化与影响 [J].中国体育科技，2010（4）：86-89.

③ 江炬.电子护具时代女子竞技跆拳道技战术发展趋势分析 [J].广州体育学院学报，2014（2）：77-80.

④ 张晨光.2011 年世界跆拳道锦标赛女子四个级别前两名技战术运用分析 [D].北京：北京体育大学，2013.

2011 年世界大学锦标赛中，男子运动员以后横踢、下劈踢与前横踢技术为主，在重级别中横踢技术的得分成功率高于其他级别运动员；而且运动员连续攻击技术的使用增加，下劈踢与前横踢技术使用皆有所提高。战术应用方面以进攻战术为主，且非获胜者在反击战术的使用高于获胜者。获胜者在战术使用率依序为直接攻击、间接攻击、后向反击、同时反攻和预期反击等。

吴燕妮等人的研究指出，规则修订后运动员在攻击形态上，并不因采用电子护具而有所改变，但在得分部位有趋向上位攻击得分为主的趋势。得分技术仍以横踢为主，但下劈技术的使用率有增多的趋势。战术战略以多样化的踢击模式，利用侧踢（侧踹）、转身动作、上位技术动作等攻击方式，配合步法的移位及手部防御技术作以降低失分，相互搭配及变换以争取最高效率的得分分值[①]。Tornello F 等人在研究中则指出，跆拳道在新规则下，运动员在比赛中战术运用以进攻战术为主，而获胜者比非获胜者的攻击动作较具备得分技术的有效性，且有更多的防守行动。因此，运动员必须提升技术动作的得分率及提高防守反击能力[②]。

2012 年伦敦奥运会中，男子跆拳道运动员以横踢技术为使用率最高之技术，但运动员对横踢技术的使用率有减少之趋势，逐渐偏向于侧踢和推踢技术。下劈技术是一项最直接、明显清晰的攻击技术，但在此届奥运会竞赛中运动员使用率较低。在此届奥运会竞赛中转身动作技术（旋风踢、后踢、后旋踢）也是使用率相对较低的技术。但男子冠军运动员在横踢得分率中，从 2008 年奥运会的 78.4%，下降至 2012 年的 68.74%，说明横踢技术的得分率有持续下降的趋势。过去高位攻击技术主要以下劈为主，在此届奥运会中，运动员使用勾踢、旋风踢和后旋踢等高位技术的使用率皆有所提升。在后踢技术与下劈技术的使用率分别为 8.67% 和 4.72%，得分率则为

---

① 吴燕妮，陈铵淑，许夆池. 跆拳道比赛采用电子护具前、后之技战术探讨［J］. 跆拳道学刊，2014（1）：59-71.

② ORNELLO F, CAPRANICA L, MINGANI C, et al. Technical-tactical analysis of youth Olympic Taekwondo combat［J］. Journal of Strength and Conditioning Research, 2014, 28(4): 1151-1157.

20.20% 和 3.03%，为横踢技术之外的两大得分技术。在战术应用方面，进攻战术的使用率为 37.17%、反击战术的使用率为 23.07%、防守战术的使用率为 21.05%，虽然进攻战术为主要应用战术，但在实际竞赛中使用进攻战术得分的难度比反击战术要大[①]。男子 58kg 级运动员的技术使用情形指出，进攻技术以横踢为主，使用率分别为后横踢 41.60% 和前横踢 27.59%，反击技术仍以横踢技术为主，使用率分别为后横踢 41.43%、前横踢 30.95%、后踢 11.90%、下劈 11.43%，且后腿反击技术无论在使用率或得分率均高于前腿；在迎击技术使用上，以后踢、下劈、前横踢与后横踢为主，且后腿迎击技术无论是使用率或得分率均高于前腿[②]。女子 49kg 级冠军运动员技术使用率依序为横踢 48.80%、前踢 27.65%、下劈 20.48%、后旋踢 7.84%、后踢 1.71%、正拳 0.86%，以横踢为主要攻击技术。得分率高低依序为下劈 52.94%、横踢 31.37%、后旋踢 7.84%。攻击得分成功率高低依序为后旋踢 50.00%、下劈 15.00%、横踢 6.99%[③]。总得分数以击头技术最高，占总得分数 82%，此竞赛中运动员主动攻击形态以躯干为主，但得分能力表现最佳为下劈技术[④]。女子 57kg 级冠军运动员在中位攻击占 87.06%；技术使用率依序为横踢 50.00%、侧踢 12.16%、滑步侧踢 25.68%；上位攻击占 12.94%，得分率为横踢 33.33%[⑤]。Avakian 指出，近年来随着新规则的变化，优秀运动员战术使用率分别为进攻 50%、防守 30%、阻截 20%，在防守战术的使用率有所提升。自从使用电子护具以来，优秀运动员在技术的得分上，需要更加精确才能得分。因此，优

---

① 陈依妹 . 2012 年伦敦奥运会跆拳道男子冠军选手技战术特点分析［J］. 文体用品与科技，2015（16）：166.

② 安迪龙 . 2012 年奥运会跆拳道男子 58kg 级技术分析［J］. 运动，2015（5）：16-17.

③ 洪诗涵，蔡明志 . 2012 年伦敦奥运会跆拳道女子组 49 千克级金牌选手比赛技术分析［J］. 跆拳道学刊，2014（1）：15-30.

④ 陈伟生，阙月清 . 2012 年奥运跆拳道女子 49 千克级金牌选手攻击躯干与头部动作得分之分析［J］. 跆拳道学刊，2015（2）：51-63.

⑤ 刘小娴，熊汉琳 . 2012 年伦敦奥运跆拳道女子组 57 千克级之技术分析曾栎骋选手 vs. 金牌选手［J］. 嘉大体育健康休闲期刊，2013（2）：128-139.

秀运动员的技术使用上，在近距离攻击与踢腿的延迟更加重要。研究表明，运动员应提高技术得分的效率、防御能力及反击能力。自 2012 年以来，运动员上位技术的使用上，占总攻击技术的 51%，而 2008 年则占 31%，上位技术的使用率有明显提高[①]。

在上位技术得分分值的修订下，可看出规则中鼓励运动员使用上位技术，2012 年奥运会男子运动员在横踢技术的使用率与得分率皆有下降之趋势，且在上位攻击技术的得分情形可看出，从以往以下劈技术为主要得分技术，逐渐发展出更多元的技术，如勾踢、后旋踢等。在女子两个级别之冠军运动员中，仍以横踢为主要攻击技术，但在其他技术的使用上有上升的趋势，且击头技术的得分率皆有所提升，说明女子运动员在技术运用上呈现更多元的全面发展。运动员主要以进攻战术和迎击战术为主，但冠军运动员在各项战术的运用较为平均，且有较强的得分能力。说明运动员在战术的使用较为全面，有别于过去以进攻或反击为主的战术应用。运动员在竞赛时，以不同的战术转换为自身制造有利的攻击契机，才能达到得分的目的。

2013 年跆拳道世锦赛男子运动员的技术使用率以侧踢 28%、前腿横踢 25%、后腿横踢 24% 的运用次数最多，其次是下劈 8%、双飞踢 5.3%、后踢 3.4%、后旋踢 2.5%；得分率以后腿横踢 18.2%、侧踢 17.3%、前腿横踢 15.2%、下劈 15.1% 得分最多。女子运动员横踢技术使用率为 49.3%，分别为前横踢 19.6%、后横踢 21.8%、高位横踢为 7.9%，其次为侧踢 36.8%、下劈 4.78%、后踢 3.36%、后旋踢 2.20%、双飞踢 1.94%、旋风踢 0.39%、正拳 0.26%；得分率以横踢最高，占总得分 45%，分别为前横踢 4%、后横踢 23%、高位横踢 18%，其次高位技术得分率为侧踢 27%、后踢 4%、后旋踢 4%、旋风踢 2%。此外，本次比赛以单腿连击技术得分共占总分 22%，是跆拳道比赛杀伤力较大、威胁性较强、得分较多的技术，也是未来跆拳道技术动作的发展趋势。而女子前四级别运动员的分析中，攻击躯干部位以横踢技术使用

---

① AVAKIAN P, MIARKA B, ACHOUR AJ. Análise de frequência das ações técnico-táticas competitivas no Taekwondo: uma revisão ［J］. Revista De Artes Marciales Asiáticas, 2016(11): 83-98.

次数最多，躯干部位得分以反击横踢最高；击头技术动作以滑步侧踢使用最多，击头得分以主动滑步侧踢技术动作最高。在 2013 年世锦赛中，侧踢使用率与得分率有明显增加，其主要原因为上位技术分值改变后，运动员上位攻击技术的使用较为全面，促使运动员以破坏性与防御性较强的侧踢技术来攻击头部。陈浩在《跆拳道新规则中分值的改变对运动员技战术的影响》研究中以 2005 年、2008 年、2010 年的竞赛规则改变后，对男子组 58 千克级、68 千克级与 80 千克以上级的技战术运用情形进行分析，并采用 2008 年奥运会、2009 年及 2013 年世锦赛等赛会进行分析[①]。结果表明，新规则中得分分值变化主要分为增加高位技术得分分值、提高对转身技术动作的分值两个方面，主要目的为鼓励使用高难技术动作。Ouergui 等人指出，新规则下跆拳道运动员 2013 年之前以中位技术使用为主，尤其是横踢技术。在技术使用方面，女子获奖者比男子获奖者在总技术使用次数多 45 次（8%）。此外，女子运动员技术使用总数大于男子和非获奖者（70 次）。获胜者在每场竞赛中，技术的平均使用次数比非获胜者少，大多数获胜的跆拳道运动员使用较少的技术和高难度技术，但技术使用的有效性与成功率较高，因此较高的技术使用率可能不是制胜的关键因素。近年来，新规则的不断修订提高了运动员在竞赛中防守战术运用的使用，而成人组的竞赛中，进攻战术的使用约占总战术使用的 50%，防守战术占 30%，阻挡破坏战术则占 20%；但对于青少年而言，进攻战术仍为竞赛中的主要战术运用，竞赛中进攻战术约占 90% 的战术使用率[②]。

2017 年规则发布后，将正向攻击躯干得分分值由原本的 1 分增加至 2 分；过去几年跆拳道运动的制胜要素为"快、高、变"，而运动员在竞赛中忽略了中位技术的运用，得分分值改变后正向腿法攻击躯干获得 2 分，势必会促使横踢技术的得分比例有所提升，也提高了运动员在竞赛中技术的全面

① 陈浩 . 2017 年版跆拳道新规则对跆拳道比赛影响概述［J］. 当代体育科技，2017（33）：179-180.
② AVAKIAN P，MIARKA B，ACHOUR AJ.Analysis of the frequency of technical-tactical actions in aekwondo: a review［J］.Revista de Artes Marciales Asiáticas，2016，11（2）：83-98.

性要求[①]。在 2017 年新规则中，将中位踢击的分数提高至 2 分，主要是针对过去在竞赛中，上位技术分值与中位技术分值的落差，且上位技术得分要求的放宽促使运动员出现怪异不属于跆拳道技术的动作，降低了竞赛的可看性与精彩度。以往必须使用三次有效的中位攻击才比得上一次上位攻击，但现在中位技术分值修订后将会提升运动员使用中位攻击的欲望，加上转身技术动作可多加 1 分，因此使用转身中位技术（后踢、旋风踢）动作可得到与上位技术相同的得分，对于技术动作使用可有更多元的选择。中位技术分值的提升其目的是增加比赛的竞争性，提高竞赛中运动员的积极度与激烈性，且对于身材处于劣势的运动员更加公平，有助于跆拳道运动的发展。但由于旋转踢击风险较大，因此大部分运动员仍倾向以保守安全的前脚技术为主的攻防模式，使转身技术动作使用率仍无法提升。因此，新规则将转身技术动作分值提高至中位 4 分、上位 5 分，将转身技术分值修订至比上位技术高，借此鼓励运动员使用转身技术动作，可望修订后能大幅提升运动员转身技术的运用。

三、分差胜和顶分胜的影响

2005 年竞赛规则中，制定了分差胜与顶分胜的规定。竞赛的分差胜是指，在竞赛中，当双方运动员比分差距达到 7 分时，终止该场比赛，且比分高者获胜。顶分制胜则指，在竞赛中，当一方运动员的分值先达到 12 分时，终止该场比赛，比分达 12 分者获胜。当这两种情况出现时，主审裁判均判定为主裁判终止比赛胜（Referee Stop Contest，简称 RSC）[②]。

2009 年竞赛规则修订后，将得分分值提高了，取消了分差胜和顶分胜的规定。孔硕研究指出，过去运动员在比分落后的情况下就难以追回分数，但在分差胜和顶分胜的规定取消后，为运动员在竞赛中增加了更多不确定性与

---

① 张红. 2005—2016 年规则变化对跆拳道技战术影响的研究［J］. 运动训练，2017（51）：66-67.

② 谢玉辉. 跆拳道竞赛规则的修改对比赛产生的影响［J］. 成都体育学院学报，2006，32（6）：87-89.

悬念，大大提升了跆拳道竞赛的观赏性与对抗性[①]。其规则修订主要是因为高难度技术分值提高，运动员在比分落后的情况下仍有追分或反败为胜的可能性。在 2009 年规则中，得分分值的修订主要为头部得 3 分及转身技术动作得 2 分，头部攻击主要有上位横踢、下劈及后旋踢等，转身技术有后踢、后旋踢及旋风踢等。而在方伟及陈有忠的研究中，比较 2008 年奥运会及 2009 年世锦赛跆拳道运动员技术使用情况中皆指出，男子运动员击头技术与下劈技术使用率有所增加，后旋踢、旋风踢的成功率增加，下劈、后旋踢得分率增加；击头技术的使用率、成功率和得分率均有明显增加[②]。而女子运动员攻击头部的成功率有所增加，但差异性均不显著[③]。分差胜与顶分胜的规定取消后，运动员必须比完三局的比赛，领先的运动员仍可能被追分甚至落败，因此无论比分领先或落后的运动员皆会使用高分值的技术动作，促使高难度技术动作的使用率有所提升。

2010 年竞赛规则中，重新恢复分差胜的规定。将分差胜制定在第 2 局比赛结束后或者第 3 局开始期间，双方运动员分差达到 12 分优势，裁判直接终止比赛，由优势者直接提前获胜。其分差胜的规则的制定主要是考虑运动员的安全性及竞赛的紧凑性，由于高分值技术动作以头部为主，运动员实力落差太大时，可能会造成运动员的危险。规则中将转身技术提高至中位技术 3 分、上位技术 4 分，若运动员在第三局开始前已落差 12 分，在第三局 2 分钟的比赛中几乎不可能反败为胜，而影响比赛的精彩性与紧凑性，因此制定了其规则。在其规则下可能使运动员在落后的情况下，能更积极地使用高技术分值的动作，以减少双方的分差来增加对战的时间；领先的运动员也能较勇于尝试高技术分值的动作。在张晨光研究中，分析世界跆拳道锦标赛中女子

---

① 孔硕.2008 年跆拳道竞赛规则对跆拳道运动员技术运用的影响研究［D］.西安：西安体育学院，2012.

② 陈有忠.电子护具对竞技跆拳道比赛男子运动员技战术的影响研究［J］.中国体育科技,2010（6）：73-76.

③ 方伟.跆拳道技战术发展趋势研究［D］.北京：北京体育大学，2011.

四个级别前两名运动员，结果发现有三个级别第二名的运动员，在后旋踢及旋风踢使用率高于第一名的运动员[①]。

而 2017 年竞赛规则中，将分差胜由 12 分提高到 20 分，并且在半决赛和决赛中不设置分差胜，使竞赛的持续时间延长，提高了竞赛的激烈性与对抗时间。其规则主要是中位技术分值提高为 2 分，各技术动作分值相差不大，因此将分差胜修订为 20 分，也增加了竞赛的不确定性。

四、违规行为判罚的影响

2005 年以前的规则中规定，运动员蓄意倒地裁判应给予警告判罚。换言之，裁判在判罚运动员倒地行为时，必须判断运动员是否属于"蓄意"倒地，增加了裁判在判罚上的困扰，并导致竞赛中教练员与运动员利用规则的漏洞取得分数。例如，运动员利用规则中踢击时失去重心而倒地不需被判罚的规定，在踢击时刻意将腿向前延伸，使身体形成平行或接近地面的姿势，踢击后利用倒地来躲避对手的反击动作。2005 年规则修订后，将倒地行为明确的规定给予警告判罚（被对手击倒或因对手犯规行为导致倒地除外），即使是运动员在攻击时倒地也必须给予判罚。使裁判在执法时更加明确客观，同时也增加了运动员使用技术的难度，并且增加了防守的重要性，使竞赛朝向正规技术的发展[②]。

在 2005 年规则中指出，因主动进攻或使用高难度技术动作而倒地的运动员，裁判应该要给予"警告"判罚。从规则中也限制了运动员高难度技术动作的运用，使跆拳道运动项目的特点无法充分获得展现，更降低了竞赛的观赏性与精彩度。2012 年规则中指出，使用高难度技术动作而倒地不给予犯规判罚的规定，由此一来也提升了运动员高难度技术动作的使用率，尤

---

① 张晨光.2011 年世界跆拳道锦标赛女子四个级别前两名技战术运用分析［D］.北京：北京体育大学，2013.

② 李大勇.跆拳道竞技比赛中新规则对技战术的影响［J］.体育世界，2014（9）：13.

其是腾空技术动作的使用，使竞赛更具有观赏性[①]。2013 年规则中指出，运动员倒地应立即给予"警告"判罚；但如果运动员倒地为对方运动员犯规行为而造成倒地，不应给予判罚，且应判罚对方运动员；运动员因使用技术动作导致对方运动员倒地，此行为重复出现应给予倒地运动员判罚；运动员使用连续变换技术动作或因失去重心而倒地，此行为重复出现应给予判罚。2015 年规则中，除因对方运动员犯规行为而倒地，不给予倒地运动员判罚，而给犯规运动员警告判罚外，其余倒地情形均给予警告判罚。比较 2013 年及 2015 年世锦赛二分之一场比赛中倒地警告判罚情形，2013 年世锦赛共计 63 次，平均每场 1.3 次；2015 年世锦赛共计 82 次，平均每场 1.7 次，由此可见倒地判罚变得更加严格。运动员对于难度技术动作的使用也有所影响，在男子运动员中，2013 年世锦赛双飞踢、旋风踢、后踢的使用率分别为 5.90%、1.30%、4.80%，2015 年世锦赛双飞踢、旋风踢、后踢的使用率分别为 1.70%、1.00%、6.50%；在女子运动员中，2013 年双飞踢、旋风踢、后踢的使用率分别为 1.60%、0.30%、4.80%，2015 年世锦赛双飞踢、旋风踢、后踢的使用率分别为 0.10%、0.20%、2.40%，倒地警告判罚力度加重后，在难度技术的使用率有下降的趋势[②]。

规则中除了对于判罚的轻重有改变之外，在犯规败的规定上也有所差异。张帅研究中指出，竞赛中所出现的犯规行为判罚分为两种，分别是警告及扣分，是由场上的主审裁判来决定判罚的[③]。警告一次相当于扣 0.5 分，扣分一次则等于扣 1 分。1998 年规则中规定，运动员警告及扣分判罚累积至 3 分时，直接由主审裁判判定该运动员为犯规败。在 2002 年规则中，如运动员在竞赛场上有不服从裁判员判罚的行为出现，主审裁判可直接判罚运动员犯规败。而 2003 年后，将犯规败的扣分数修订为运动员警告及扣分判罚累积至 4 分时

① 付亮. 新规则对跆拳道技战术的影响研究 [J]. 搏击（体育论坛），2014（8）：71-73.

② 安迪龙 .2015 年与 2013 年对比下跆拳道新规则对比赛影响的研究 [D]. 北京：北京体育大学，2016.

③ 张帅. 跆拳道规则的演变对跆拳道运动发展的影响研究 [D]. 曲阜：曲阜师范大学，2015.

为犯规败，这也使运动员无节制的利用犯规行为。2009 年规则修订后，规定运动员被判警告两次或者一次扣分时，不再扣该运动员分数，而是给对方运动员加一分。李正认为，这样的规定可有效地避免竞赛结果出现负分的状况，且双方运动员的消极行为在主审裁判口头警告后仍持续对峙的情况，裁判应判罚一方或双方运动员"警告"，使运动员必须更加积极的进攻[①]。

2017 年规则将过去的警告两次扣 1 分（对手加 1 分），修订为只要有犯规行为（如抓、抱、倒地、出界等）出现直接扣 1 分，并将违规判罚上限由原先的 5 次扣分调整至 10 次，运动员遭扣满 10 次失分即为犯规败，且将推视为合法的技术使用。因此，当双方运动员实力相近时，制造对手犯规行为的出现成为新的策略，例如使用连续攻击将对手逼出界外，或使对手重心不稳而倒地等。

新规则中加强对违规行为的判罚及规定，将出界改为单脚越出界线即为犯规；针对对峙即被动的情况，规则中指出超过 5 秒未出现攻击行为，裁判即可对运动员进行扣分；此外，竞赛中出现非正规的技术动作时，裁判应给予该运动员扣分判罚。其修订主要针对战略性避战的运动员而订定，在旧规则的比赛中，当某一方运动员在分数领先的时候，运动员会利用被动反击或拖延战术来消耗比赛时间。在旧规则中单脚出界是被允许的，促使许多运动员被逼退到边界时，单脚踩在界外使用单脚的攻击或阻挡，严重影响比赛的对抗性与精彩性。因此，在新规则单脚出界必须判罚及 5 秒内必须攻击的修订下，运动员必须更加注重防守与积极主动进攻，且出界的判罚加重后，运动员能利用连续技术将对手逼出场外，使对手遭到扣分判罚来增加胜率。从使用电子护具以来，跆拳道运动的发展出现了新的技战术，但相对的也发展出了非跆拳道正规腿法应用的技术，例如：猴子踢（Monkey Kick）、中位后旋踢、中位勾踢、中位扭踢等。由于电子护具与电子袜结构及感应的关系，且规则中明确规定使用电子护具时，对手得分不得申诉，因此造成许多运动员

---

① 李正，李子林，刘冠男.竞赛规则变化下跆拳道竞赛规则变化分析研究 [J].体育世界,2014（8）:17-19.

利用其规则的漏洞，做出不属于跆拳道正规技术的动作得分。针对这样的情况，新规则中指出，运动员使用非正规技术动作时，应给该运动员给予扣分判罚，有效地抑制了非正规技术的使用与发展，使跆拳道运动技术趋向正向的发展。

第四节　小　结

通过借鉴大量国内外的文献资料，以及对跆拳道竞技实践现况的了解，发现目前国内外跆拳道项目的技战术研究大多以竞赛中技战术运用进行分析探讨为主，对于规则演变与技战术特征的研究相对较少。跆拳道运动属于快速发展阶段，随着科技与资讯不断地进步，借由比赛技战术指标采集，深入分析跆拳道运动员技战术发展趋势，有效掌握国际优秀跆拳道运动员技战术特征，才能提高跆拳道运动的水平与发展。

跆拳道竞赛规则引领着运动项目的发展，了解新竞赛规则的发展趋势，针对规则合理安排训练计划与比赛技战术运用，更是提高跆拳道竞技水平的重要环节。本书以新规则前后的比赛录像分析，对国际优秀跆拳道运动员技战术运用现状做细致研究，以竞赛中技战术的使用率、得分率、成功率等指标，结合客观的统计方法，对技战术特征进行科学化的诊断与分析，能够更大程度地服务于竞赛需求，促进跆拳道运动项目发展的全面性，并提供教练员与运动员训练安排的参考依据。

第三章　研究对象与方法

第一节　研究对象

本书以 2017—2018 年跆拳道竞赛规则变化前后，对国际优秀运动员的技战术运用及特征为对象。论文选择 2017 年规则：2017 年世界跆拳道锦标赛、2017 年世界跆拳道大奖系列赛（拉巴特）、2017 年世界跆拳道大奖系列赛（伦敦）、2017 年世界跆拳道大奖赛决赛（阿比让），以及 2018 年规则：2018 年世界跆拳道大奖系列赛（罗马）、2018 世界跆拳道大奖系列赛（桃园）之比赛视频为对象，共计 5 个世界性国际赛会的 96 场比赛，从而完成本论文的相关研究。其国际优秀运动员定位为：世界跆拳道联合会举办之世界性跆拳道赛会前四强运动员之比赛录像。具体研究对象名单如附件二所示。

本书规则之概念界定分别为：2017 年规则以 WTF 于 2016 年 11 月 15 日发布竞赛规则修订之比赛；新规则以 WTF 于 2018 年 4 月 5 日发布竞赛规则修订之比赛。

第二节　研究方法

一、文献资料法

依据本书实际需求，研究者主要通过查阅上海体育学院图书馆内关于跆拳道、跆拳道技战术、跆拳道竞赛规则与其他相关的文献与书籍，进行汇整与记录。通过对中国知网内相关论文的检索，"跆拳道"为关键词进行检索，2015—2019 年共检索出 1449 篇文章，"跆拳道技战术"为关键词共检索出 113 篇文章，"跆拳道竞赛规则"为关键词共检索出 60 篇文章，相关文献进行汇总与归纳。并透过世界跆拳道联合会官方网站与 Science Direct、Power Quest、Sports Discus 等数据库，收集了大量国内外有关跆拳道竞赛规则及跆拳道运动技战术特点相关的文献资料、研究成果与专利及跆拳道运动的最新发展动态等，以借鉴吸取前人研究成果，为本书提供严密的理论依据。

二、录像解析法

（一）资料统计

数据统计是跆拳道技战术分析的核心，本书分别对技术之攻击形态、攻击技术、使用率、得分率、成功率与战术使用率、得分率、成功率及对抗情况进行统计与分析。

（1）攻击形态：攻击时机（进攻、反击、迎击）与作用脚（左、右、前、后脚）。

（2）攻击技术：攻击方式（单击或组合、综合）、攻击部位（中位或上位）、应用步法（原地、前进步、后退步、上步、跳跃）及技术动作（横踢、后踢、下劈、后旋踢、前踢、侧踢、正拳）。

（3）使用率：所采用技、战术使用次数与总使用次数的比例，其计算公式为：使用次数 / 总使用次数 ×100%。

（4）得分率：所采用技、战术得分与总得分的比例。其计算公式为：得分率 = 单项得分数 / 总得分数 ×100%。

（5）成功率：所采用技、战术使用次数与总得分数的比例。其计算公式为：单项使用次数 / 总得分数 ×100%。

（二）研究工具

采用上海体育学院开发的技战术分析软件《跆拳道技战术指标采集与智能分析系统》进行比赛录像分析。

三、访谈法

依据新规则下跆拳道运动技战术特征及如何提升技战术水平等相关问题，提前设计访谈提纲（如附件一），访谈曾任亚运会、奥运会代表队的教练员与运动员及有关跆拳道技战术分析的研究专家学者，进行深入的访谈及探讨，以确保本书的现实意义、合理性、科学性、可行性。为本书的理论撰写提供了理论素材与工作思路的具体人员，见表3-1。

表 3-1 专家及相关运动员访谈

序号	姓名	职称	单位	背景经历
1	蔡明志	教授	辅仁大学	2006年亚运会中国台北队总教练、辅仁大学体育系主任
2	邱共钲	教师	平镇高级中学	2004年及2008年奥运会中国台北队教练
3	王元圣	副教授	淡江大学	2008年北京奥运会中国台北队教练兼跆拳道队教练
4	陈铵溆	副教授	中国台北市立大学	中国台北市立体育学院课务组组长兼跆拳道队教练
5	宋玉麒	副教授	文化大学	2007年世锦赛第一名、2008年奥运会第三名
6	吴燕妮	助理教授	中正大学	2002年世锦赛、2005年世界大学生运动会第一名，2006年亚运会第二名
7	黄显咏	教师	西苑高级中学	2010年亚运会第一名，西苑高中跆拳道队教练
8	曾绍先	教练	厦门大学	厦门大学跆拳道队教练中国台湾跆拳道协会监事
9	申允秀	教练	釜山体育学校	韩国釜山体育学校跆拳道队总教练
10	曹允美	教练	青州市省队	韩国青州市跆拳道省会代表队教练

四、数理统计法

运用 SPSS 20.0 统计软件，对录像观察统计所得的数据进行统计处理，将所得结果分类、归纳制作成表格或其他标识，结合体育学与统计学理论对资料结果加以分析与总结。本书以独立样本 t 检定，检验新规则下优秀跆拳道运动员性别对各技战术使用率、得分率、成功率是否有差异；以单因子变异数分析，检验新规则下跆拳道运动员级别对各技战术使用率、得分率、成功率是否有差异，若各量级运动员技战术指标经单因子变异数分析后达显着性，并以 LSD 事后比较进行对比各量级的差异性。本书以相依样本 t 检定，检验新、旧规则下优秀跆拳道运动员对各技战术使用率、得分率、成功率是否有差异，显着性水平设定为 $p < 0.05$ 。

五、逻辑分析法

本书采用逻辑学中的定义、分类、归纳、演绎等方法对统计得出的技战术运用情况进行分析，深入探讨跆拳道运动技战术特征和规律。

第四章　结　果

第一节　新规则下优秀跆拳道运动员技术特征

为了解新竞赛规则下优秀跆拳道运动员得分技术使用情况，本书将运动员分为总体比较、性别比较及量级比较进行探讨，将各技术使用情况通过使用次数、使用率、得分数、得分率、得分次数及成功率进行量化比较分析，并将得分率、使用率及成功率以 SPSS 统计软件进行统计学考验。

一、新规则下优秀跆拳道运动员得分技术使用情况

得分技术为跆拳道比赛中主要的得分之基本技术，本书对 2018 年优秀跆拳道运动员单一攻击得分技术使用情况进行量化分析，分为使用次数、使用率、得分数、得分次数及成功率进行探讨，见表 4-1。

表 4-1　新规则下优秀跆拳道运动员得分技术的使用情况

技术	使用	使用率	得分	得分率	得分次数	成功率
前横踢	4221	41.77%	181	21.55%	80	1.90%
后横踢	1618	16.01%	236	28.10%	113	6.98%
下劈	610	6.04%	137	16.31%	46	7.54%
后旋踢	56	0.55%	5	0.60%	1	1.79%
双飞踢	53	0.52%	11	1.31%	5	9.43%
旋风踢	14	0.14%	0	0.00%	0	0.00%

续表

技术	使用	使用率	得分	得分率	得分次数	成功率
推踢	139	1.38%	13	1.55%	6	4.32%
侧踢	2152	21.29%	90	10.71%	44	2.04%
勾踢	257	2.54%	38	4.52%	17	6.61%
后踢	150	1.48%	48	5.71%	12	8.00%
直拳	281	2.78%	78	9.29%	78	27.76%
其他	555	5.49%	4	0.48%	2	0.36%
总计	10106	100.00%	840	100.00%	393	3.89%

依据表 4-1 所示，新规则下优秀跆拳道运动员在比赛中得分技术使用情况，首先以前横踢技术使用为最高，共计 4221 次，技术使用率为 41.77%；其次依序为侧踢 21.29%、后横踢 16.01%、下劈 6.04%、其他 5.49%、直拳 2.78%、勾踢 2.54%、后踢 1.48%、推踢 1.38%、后旋踢 0.55%、双飞踢 0.52%，以旋风踢技术使用率 0.14% 为最低。新规则下优秀跆拳道运动员在比赛中技术得分率首先以后横踢技术得分率为最高，占总得分率 21.55%；其次依序为前横踢 21.55%、下劈 16.31%、侧踢 10.71%、直拳 9.29%、后踢 5.71%、勾踢 4.52%、推踢 1.55%、双飞踢 1.31%、后旋踢 0.60%，以其他技术得分率 0.48% 为最低。新规则下跆拳道优秀运动员在比赛中技术得分成功率情况，首先以直拳技术得分成功率为最高，占总得分成功率 27.76%；其次为双飞踢 9.43%、后踢 8.00%、下劈 7.54%、后横踢 6.98%、勾踢 6.16%、推踢 4.32%、侧踢 2.04%、前横踢 1.90%、后旋踢 1.79%、其他 0.36%，以旋风踢技术得分成功率 0.00% 为最低。

由上述得知，新规则下优秀跆拳道运动员在比赛中得分技术使用情况，在运动员技术使用率前三位分别为前横踢＞侧踢＞后横踢，说明新规则下优秀跆拳道运动员以前横踢技术为主要使用之技术；而在运动员技术得分率前三位分别为后横踢＞前横踢＞下劈，说明新规则下优秀跆拳道运动员以后横踢技术为主要得分之技术；在运动员技术得分成功率前三位分别为直拳＞双飞＞后踢，说明新规则下优秀跆拳道运动员以直拳技术为关键得分之技术。

二、新规则下男、女子组优秀跆拳道运动员技术使用情况

为了解新竞赛规则下男子组、女子组优秀跆拳道运动员，在得分技术使用特征是否有差异，本书以新规则下男子组与女子组运动员得分技术使用情况，分为使用率、得分率及成功率进行量化分析。并将男子组、女子组运动员得分技术之使用率、得分率及成功率，以 SPSS 统计软件进行统计学考验。本书以独立样本 t 检验，考验男子组、女子组运动员在得分技术指标上是否有差异，显著性水准设定为 $p < 0.05$，见表 4-2。

表 4-2　新规则下男、女子组优秀跆拳道运动员技术使用情况

技术	男子				女子			
	使用	使用率	得分	得分率	使用	使用率	得分	得分率
前横踢	2076	44.24%	97	24.49%	2145	39.63%	84	18.88%
后横踢	711	15.15%	92	23.23%	907	16.76%	144	32.36%
下劈	275	5.86%	71	17.93%	335	6.19%	66	14.83%
后旋踢	35	0.75%	0	0.00%	21	0.39%	5	1.12%
双飞踢	46	0.98%	7	1.77%	7	0.13%	4	0.90%
旋风踢	5	0.11%	0	0.00%	9	0.17%	0	0.00%
推踢	79	1.68%	11	2.78%	60	1.11%	2	0.45%
侧踢	916	19.52%	44	11.11%	1236	22.83%	46	10.34%
勾踢	81	1.73%	9	2.27%	176	3.25%	29	6.52%
后踢	94	2.00%	36	9.09%	56	1.03%	12	2.70%
直拳	99	2.11%	29	7.32%	182	3.36%	49	11.01%
其他	276	5.88%	0	0.00%	279	5.15%	4	0.90%
总计	4693	100.00%	396	100.00%	5413	100.00%	445	100.00%

依据表 4-2 所示，新规则下男子组与女子组优秀跆拳道运动员在比赛中得分技术使用情况，男子组运动员首先以前横踢使用次数为最高，共计 2076 次，技术使用率为 44.24%；其次依序为侧踢 19.52%、后横踢 15.15%、其他 5.88%、下劈 5.86%、直拳 2.11%、后踢 2.00%、勾踢 1.73%、推踢 1.68%、双

飞踢0.98%、后旋踢0.75%，以旋风踢技术使用率0.11%为最低。女子组运动员首先以前横踢技术使用次数最高，技术使用率为39.63%；其次依序为侧踢22.83%、后横踢16.76%、下劈6.19%、其他5.15%、直拳3.36%、勾踢3.25%、推踢1.11%、后踢1.03%、后旋踢0.39%、旋风踢0.17%，以双飞踢技术使用率0.13%为最低。

新规则下男子组与女子组优秀跆拳道运动员在比赛中得分技术得分率情况，男子组运动员首先以前横踢技术得分率为最高，占总技术得分率24.49%；其次依序为后横踢23.29%、下劈17.97%、侧踢11.14%、后踢9.09%、直拳7.34%、推踢2.78%、勾踢2.28%、双飞1.77%，以后旋踢及其他技术得分率为最低，得分率皆为0.00%。女子组运动员首先以后横踢技术得分率为最高，占总技术得分率32.36%；其次依序为前横踢18.88%、下劈14.83%、直拳11.01%、侧踢10.34%、勾踢6.52、后旋踢1.12%、双飞踢及其他皆占0.90%、推踢0.45%，以旋风踢技术得分率0.00%为最低。

由上述得知，新规则下男子组与女子组优秀跆拳道运动员在比赛中得分技术使用情况，在男子组运动员技术使用率前三位分别为前横踢＞侧踢＞后横踢；在女子组运动员技术使用率前三位分别为前横踢＞侧踢＞后横踢，说明男子组与女子组运动员在技术使用率前三位上未存在差异性，且皆以前横踢技术为比赛中主要使用之技术。新规则下男子组与女子组运动员在比赛中得分技术得分率情况，在男子组运动员技术得分率前三位分别为前横踢＞后横踢＞下劈；在女子组运动员技术得分率前三位分别为后横踢＞前横踢＞下劈，说明男子组运动员以前横踢为主要得分之技术，而女子组运动员则以后横踢技术为主要得分技术。

为了解新规则下男子组与女子组优秀跆拳道运动员在得分技术使用率是否存在差异性，本书以独立样本t检验进行考验。结果显示，男子组与女子组运动员在技术使用率上，在前横踢、双飞踢、勾踢、后踢及直拳技术使用率$p < 0.05$，分别依序为0.04、0.02、0.01、0.00、0.04，均达统计学上的显著性差异，其余技术使用率经独立样本t检验后显示p值皆＞0.05，均未达

统计学的显著性差异，见表 4-3。

表 4-3　新规则下性别对优秀跆拳道运动员技术使用率差异性检验

技术	男	女	t	p
	$M \pm SD$	$M \pm SD$		
前横踢	0.44 ± 0.15	0.38 ± 0.14	-2.12	0.04^*
后横踢	0.15 ± 0.10	0.18 ± 0.12	1.39	0.17
下劈	0.06 ± 0.05	0.07 ± 0.06	0.92	0.36
后旋踢	0.01 ± 0.02	0.00 ± 0.01	-1.58	0.12
双飞踢	0.01 ± 0.02	0.00 ± 0.00	-2.42	0.02^*
旋风踢	0.00 ± 0.00	0.00 ± 0.01	0.48	0.64
推踢	0.02 ± 0.02	0.01 ± 0.02	-1.49	0.14
侧踢	0.20 ± 0.13	0.22 ± 0.15	0.64	0.52
勾踢	0.02 ± 0.02	0.03 ± 0.03	2.62	0.01^*
后踢	0.02 ± 0.02	0.01 ± 0.01	-3.13	0.00^*
直拳	0.02 ± 0.03	0.04 ± 0.04	2.13	0.04^*
其他	0.06 ± 0.04	0.05 ± 0.05	-0.17	0.87

注：$^*p < 0.05$。

为了解新规则下男子组与女子组优秀跆拳道运动员在技术得分率是否存在差异性，本书以独立样本 t 检验进行考验。结果显示，男子组与女子组运动员在技术得分率上，p 值皆 > 0.05，因此在各项技术得分率皆未达统计学上之显著性差异，见表 4-4。

表 4-4　新规则下性别对优秀跆拳道运动员技术得分率差异性检验

技术	男	女	t	p
	$M \pm SD$	$M \pm SD$		
前横踢	0.22 ± 0.28	0.15 ± 0.21	−1.50	0.14
后横踢	0.21 ± 0.30	0.31 ± 0.32	1.65	0.10
下劈	0.13 ± 0.23	0.12 ± 0.20	−0.20	0.84
后旋踢	0.00 ± 0.00	0.01 ± 0.06	1.00	0.32
双飞踢	0.00 ± 0.01	0.01 ± 0.04	1.02	0.31
旋风踢	0.00 ± 0.00	0.00 ± 0.00	—	—
推踢	0.04 ± 0.15	0.01 ± 0.07	−1.05	0.30
侧踢	0.09 ± 0.18	0.08 ± 0.15	−0.30	0.76
勾踢	0.02 ± 0.07	0.07 ± 0.19	1.74	0.09
后踢	0.09 ± 0.22	0.02 ± 0.08	−1.95	0.05
直拳	0.10 ± 0.23	0.13 ± 0.20	0.74	0.46
其他	0.00 ± 0.00	0.00 ± 0.03	1.00	0.32

由上述得知，新规则下男子组与女子组优秀跆拳道运动员在各技术得分率上皆未达统计学上之显著性差异，表示在新规则下虽然男子组运动员的主要得分技术前三位为前横踢、后横踢及下劈，而女子组运动员技术得分率前三为后横踢、前横踢及下劈，其在前三位得分技术排序上有所差异。但经由独立样本 t 检验后，男子组与女子组运动员的主要得分技术，并未达统计学上之差异性。因此，无论男子组或女子组运动员，其主要得分技术皆为前横踢、后横踢及下劈技术。

为了解新规则下男子组与女子组优秀跆拳道运动员在技术成功率是否存在差异性，本书以独立样本 t 检验进行考验。结果显示男子组与女子组运动员在技术得分成功率上，p 值皆 > 0.05，因此在各项技术得分成功率皆未达统计学上之显著性差异，见表 4-5。

表 4-5　新规则下性别对优秀跆拳道运动员技术成功率差异性检验

技术	男	女	t	p
	$M \pm SD$	$M \pm SD$		
前横踢	0.02 ± 0.04	0.02 ± 0.02	-1.10	0.27
后横踢	0.08 ± 0.16	0.08 ± 0.10	-0.21	0.83
下劈	0.08 ± 0.18	0.08 ± 0.17	-0.05	0.96
后旋踢	0.00 ± 0.00	$0.01 + 0.05$	1.00	0.32
双飞踢	0.00 ± 0.03	0.03 ± 0.15	1.06	0.29
旋风踢	0.00 ± 0.00	0.00 ± 0.00	—	—
推踢	0.04 ± 0.16	0.02 ± 0.14	-0.56	0.58
侧踢	0.02 ± 0.05	0.02 ± 0.04	-0.21	0.83
勾踢	0.04 ± 0.16	0.04 ± 0.12	0.10	0.92
后踢	0.08 ± 0.19	0.05 ± 0.20	-0.74	0.46
直拳	0.16 ± 0.29	0.19 ± 0.24	0.52	0.60
其他	0.00 ± 0.00	0.00 ± 0.01	1.00	0.32

由上述得知，新规则下男子组与女子组优秀跆拳道运动员在技术得分成功率上皆未达统计学上之显著性差异，则表示在新规则下虽然男子组运动员的主要技术得分成功率前三位为直拳、下劈及双飞踢，而女子组运动员技术得分成功率前三位为双飞踢、直拳及后横踢，其有所差异。但经由独立样本 t 检验后，男子组与女子组运动员的主要技术得分成功率并未达统计学上之差异性。因此，男子组与女子组优秀跆拳道运动员主要技术得分成功率为直拳及双飞踢。

三、新规则下女子组各量级优秀跆拳道运动员技术使用情况

为了解新竞赛规则下女子组各量级优秀跆拳道运动员，在得分技术使用特征是否有差异，本书以新规则下女子组 -49 千克级、-57 千克级、-67 千克级与 +67 千克级优秀跆拳道运动员得分技术使用情况，分为使用次数、使用率、得分数、得分率、得分次数及成功率进行量化分析。并将女子组各量级

优秀跆拳道运动员得分技术之使用率、得分率及成功率，以 SPSS 统计软件进行统计学考验。本书以单因子变异数分析，考验女子组各量级优秀跆拳道运动员在得分技术指标上是否有差异，显著性水准设定为 $p < 0.05$。若指标经单因子变异数分析检验后达显著差异，并以 LSD 事后比较观察女子组各量级优秀跆拳道运动员对得分技术指标的差异性。

依据表 4-6 所示，新规则下女子组各量级优秀跆拳道运动员在比赛中得分技术使用情况，在女子组 -49 千克级优秀跆拳道运动员以前横踢使用次数为最高，共计 473 次，技术使用率为 35.56%，其次依序为侧踢 23.91%、后横踢 22.33%、下劈 5.26%、其他 3.98%、直拳 3.61%、勾踢 3.23%、后踢 0.75%、推踢 0.60%、双飞踢 0.15%，以旋风踢技术使用率 0.08% 为最低。在女子组 -57 千克级优秀跆拳道运动员以前横踢使用次数为最高，共计 717 次，技术使用率为 46.32%，其次依序为侧踢 28.62%、其他 6.65%、后横踢 5.81%、下劈 4.97%、勾踢 3.49%、推踢 1.81%、后踢 0.97%、后旋踢 0.52%、直拳 0.45%、旋风踢 0.39%，以双飞踢技术使用率 0.00% 为最低。在女子组 -67 千克级优秀跆拳道运动员以前横踢使用次数为最高，共计 553 次，技术使用率为 40.10%，其次依序为侧踢 20.01%、后横踢 18.85%、下劈 6.74%、直拳 4.57%、其他 3.99%、勾踢 2.61%、后踢 1.23%、推踢 1.09%、后旋踢与双飞踢 0.36%，以旋风踢技术使用率 0.07% 为最低。在女子组 +67 千克级优秀跆拳道运动员以前横踢使用次数为最高，共计 402 次，技术使用率为 34.78%，其次依序为后横踢 22.49%、侧踢 17.21%、下劈 8.22%、其他 5.88%、直拳 5.54%、勾踢 3.72%、后踢 1.21%、后旋踢与旋风踢 0.09%，以双飞踢技术使用率 0.00% 为最低。

表 4-6　新规则下女子组各量级运动员技术使用率情况

技术	-49 千克级		-57 千克级		-67 千克级		+67 千克级	
	使用	使用率	使用	使用率	使用	使用率	使用	使用率
前横踢	473	35.56%	717	46.32%	553	40.10%	402	34.78%
后横踢	297	22.33%	90	5.81%	260	18.85%	260	22.49%
下劈	70	5.26%	77	4.97%	93	6.74%	95	8.22%
后旋踢	7	0.53%	8	0.52%	5	0.36%	1	0.09%
双飞踢	2	0.15%	0	0.00%	5	0.36%	0	0.00%
旋风踢	1	0.08%	6	0.39%	1	0.07%	1	0.09%
推踢	8	0.60%	28	1.81%	15	1.09%	9	0.78%
侧踢	318	23.91%	443	28.62%	276	20.01%	199	17.21%
勾踢	43	3.23%	54	3.49%	36	2.61%	43	3.72%
后踢	10	0.75%	15	0.97%	17	1.23%	14	1.21%
直拳	48	3.61%	7	0.45%	63	4.57%	64	5.54%
其他	53	3.98%	103	6.65%	55	3.99%	68	5.88%
总计	1330	100.00%	1548	100.00%	1379	100.00%	1156	100.00%

由上述得知，新规则下女子组各量级优秀跆拳道运动员在比赛中得分技术使用情况，女子组 -49 千克级运动员技术使用率前三位分别为前横踢＞侧踢＞后横踢；女子组 -57 千克级运动员技术使用率前三位分别为前横踢＞侧踢＞其他；女子组 -67 千克级运动员技术使用率前三位分别为前横踢＞侧踢＞后横踢；女子组 +67 千克级运动员技术使用率前三位分别为前横踢＞后横踢＞侧踢。新规则下女子组各量级运动员在技术使用率上皆以前横踢技术为第一位，说明女子组各量级运动员皆以前横踢技术为主要使用之技术。

为了解新规则下女子组各量级优秀跆拳道运动员，在比赛中得分技术使用率是否存在差异性，本书利用单因子变异数分析进行考验。结果显示女子组在各量级技术使用率上，以后横踢与直拳 $p < 0.05$ 达统计学上之显著性差异。经 LSD 事后比较得知，女子组各量级运动员在后横踢技术使用率依序为 -49 千克级＞ +67 千克级＞ -67 千克级＞ -57 千克级；女子组各量级运动

员在直拳技术使用率依序为 +67 千克级＞ -67 千克级＞ -49 千克级＞ -57 千克级（见表 4-7）。由上述得知，新规则下女子组各量级优秀跆拳道运动员在后横踢技术使用率有所差异，以女子组 -49 千克级运动员后横踢技术使用率为最高，而女子组 -67 千克级运动员则位居第二位。新规则下女子组各量级优秀跆拳道运动员在直拳技术使用率有所差异，且以女子组 +67 千克级运动员为最高。

表 4-7　新规则下女子组各量级所影响技术使用率差异检验结果

技术	-49 千克	-57 千克	-67 千克	+67 千克	F	p	事后比较
	$M \pm SD$	$M \pm SD$	$M \pm SD$	$M \pm SD$			
前横踢	0.34 ± 0.13	0.45 ± 0.14	0.39 ± 0.18	0.34 ± 0.07	1.708	0.179	
后横踢	0.24 ± 0.12	0.06 ± 0.07	0.19 ± 0.10	0.22 ± 0.10	7.58	0.00*	a＞d＞c＞b
下劈	0.05 ± 0.04	0.06 ± 0.10	0.07 ± 0.05	0.08 ± 0.03	0.65	0.587	
后旋踢	0.01 ± 0.01	0.01 ± 0.01	0.00 ± 0.01	0.00 ± 0.00	0.858	0.47	
双飞踢	0.00 ± 0.00	0.00 ± 0.00	0.00 ± 0.01	0.00 ± 0.00	1.787	0.164	
旋风踢	0.00 ± 0.00	0.00 ± 0.00	0.00 ± 0.02	0.00 ± 0.00	0.606	0.614	
推踢	0.01 ± 0.01	0.02 ± 0.02	0.01 ± 0.02	0.01 ± 0.02	0.889	0.454	
侧踢	0.23 ± 0.15	0.28 ± 0.18	0.20 ± 0.10	0.17 ± 0.14	1.409	0.253	
勾踢	0.03 ± 0.04	0.04 ± 0.03	0.03 ± 0.03	0.04 ± 0.04	0.14	0.935	
后踢	0.01 ± 0.01	0.01 ± 0.01	0.01 ± 0.02	0.01 ± 0.01	0.218	0.883	
直拳	0.04 ± 0.04	0.00 ± 0.01	0.05 ± 0.05	0.06 ± 0.05	4.763	0.006*	d＞c＞a＞b
其他	0.04 ± 0.04	0.00 ± 0.01	0.05 ± 0.05	0.06 ± 0.05	0.692	0.562	

注：*$p < 0.05$。a=-49 千克；b=-57 千克；c=-67 千克；d=+67 千克。

依据表 4-8 所示，新规则下女子组各量级优秀跆拳道运动员在比赛中得分技术得分情况，在女子组 -49 千克级优秀跆拳道运动员以后横踢技术得分为最高，占总得分率 48.11%、下劈 14.15%、直拳 11.32%、前横踢 10.38%、侧踢 5.66%、后旋踢 4.72%、勾踢 3.77%、双飞踢 1.89%，以旋风踢、推踢、后踢、其他技术得分率皆为 0.00% 最低。在女子组 -57 千克级优秀跆拳道运动员以前横踢技术得分为最高，占总得分率 22.37%，其次依序为侧踢与勾踢 18.42%、后横踢 17.11%、下劈 7.89%、后踢与其他为 5.26%、推踢与直拳 2.63%，以后旋踢、双飞踢、旋风踢技术得分率皆为 0.00% 最低。在女子组 -67 千克级优秀跆拳道运动员以后横踢技术得分为最高，占总得分率 32.17%，其次依序为下劈 20.98%、前横踢 20.28%、侧踢 11.89%、直拳 10.49、后踢 2.80%、双飞踢 1.40%，以后旋踢、旋风踢、推踢、其他技术得分率皆为 0.00% 最低。在女子组 +67 千克级优秀跆拳道运动员以后横踢技术得分为最高，占总得分率 28.33%，其次依序为前横踢 22.50%、直拳 16.67%、下劈 12.50%、勾踢 9.17%、侧踢 7.50%、后踢 3.33%，以后旋踢、双飞踢、旋风踢、推踢、其他技术得分率皆为 0.00% 最低。

表 4-8　新规则下女子组各量级运动员技术得分率情况

技术	-49 千克级		-57 千克级		-67 千克级		+67 千克级	
	得分	得分率	得分	得分率	得分	得分率	得分	得分率
前横踢	11	10.38%	17	22.37%	29	20.28%	27	22.50%
后横踢	51	48.11%	13	17.11%	46	32.17%	34	28.33%
下劈	15	14.15%	6	7.89%	30	20.98%	15	12.50%
后旋踢	5	4.72%	0	0.00%	0	0.00%	0	0.00%
双飞踢	2	1.89%	0	0.00%	2	1.40%	0	0.00%
旋风踢	0	0.00%	0	0.00%	0	0.00%	0	0.00%
推踢	0	0.00%	2	2.63%	0	0.00%	0	0.00%
侧踢	6	5.66%	14	18.42%	17	11.89%	9	7.50%
勾踢	4	3.77%	14	18.42%	0	0.00%	11	9.17%
后踢	0	0.00%	4	5.26%	4	2.80%	4	3.33%
直拳	12	11.32%	2	2.63%	15	10.49%	20	16.67%
其他	0	0.00%	4	5.26%	0	0.00%	0	0.00%
总计	106	100.00%	76	100.00%	143	100.00%	120	100.00%

由上述得知，新规则下女子组各量级优秀跆拳道运动员在比赛中技术得分率情况，女子组 -49 千克级优秀跆拳道运动员技术得分率前三位分别为后横踢＞下劈＞直拳；女子组 -57 千克级优秀跆拳道运动员技术得分率前三位分别为前横踢＞侧踢＝勾踢＞后横踢；女子组 -67 千克级优秀跆拳道运动员技术得分率前三位分别为后横踢＞下劈＞前横踢；女子组 +67 千克级优秀跆拳道运动员技术得分率前三位分别为后横踢＞前横踢＞直拳。新规则下女子组各量级优秀跆拳道运动员在技术得分率上，除女子组 -57 千克级运动员外，皆以后横踢技术得分率为第一位，而女子组 -57 千克级优秀跆拳道运动员后横踢技术得分率则排在第三位，说明女子组各量级运动员仍以后横踢技术为主要得分技术。

为了解新规则下女子组各量级优秀跆拳道运动员在比赛中技术得分率是否存在差异性，本书利用单因子变异数分析进行考验。结果显示，女子组在各量级运动员技术得分率中，p 值皆＞ 0.05 未达统计学上之显著性差异性。表示新规则下女子组各量级运动员技术得分率没有差异（见表4-9）。由上述得知，新规则下女子组各量级优秀跆拳道运动员技术得分率，虽在女子组 -57 千克级运动员以前横踢为得分率第一位之技术，与其他女子组各量级运动员技术得分率第一位有所差异，但经检验后仍未达统计学之差异性，因此新规则下女子组运动员以后横踢技术为主要得分技术。

表 4-9 新规则下女子组各量级所影响技术得分率差异检验结果

技术	-49 千克	-57 千克	-67 千克	+67 千克	F	p
	$M \pm SD$	$M \pm SD$	$M \pm SD$	$M \pm SD$		
前横踢	0.10 ± 0.16	0.15 ± 0.22	0.14 ± 0.19	0.20 ± 0.25	0.554	0.648
后横踢	0.42 ± 0.35	0.21 ± 0.34	0.33 ± 0.34	0.28 ± 0.22	0.909	0.444
下劈	0.14 ± 0.22	0.03 ± 0.08	0.22 ± 0.28	0.11 ± 0.17	1.912	0.141
后旋踢	0.03 ± 0.12	0.00 ± 0.00	0.00 ± 0.00	0.00 ± 0.00	1	0.402
双飞踢	0.01 ± 0.05	0.00 ± 0.00	0.02 ± 0.06	0.00 ± 0.00	0.68	0.569
旋风踢	0.00 ± 0.00	0.00 ± 0.00	0.00 ± 0.00	0.00 ± 0.00	—	—

技术	-49 千克	-57 千克	-67 千克	+67 千克	F	p
	$M \pm SD$	$M \pm SD$	$M \pm SD$	$M \pm SD$		
推踢	0.00 ± 0.00	0.04 ± 0.14	0.00 ± 0.00	0.00 ± 0.00	1	0.402
侧踢	0.06 ± 0.16	0.10 ± 0.14	0.10 ± 0.17	0.08 ± 0.14	0.154	0.927
勾踢	0.04 ± 0.14	0.07 ± 0.15	0.00 ± 0.00	0.16 ± 0.32	1.561	0.212
后踢	0.00 ± 0.00	0.02 ± 0.06	0.04 ± 0.13	0.02 ± 0.08	0.429	0.733
直拳	0.11 ± 0.14	0.11 ± 0.30	0.15 ± 0.19	0.15 ± 0.15	0.145	0.933
其他	0.00 ± 0.00	0.02 ± 0.06	0.00 ± 0.00	0.00 ± 0.00	1	0.402

依据表 4-10 所示，新规则下女子组各量级优秀跆拳道运动员在比赛中技术得分成功率情况，在女子组 -49 千克级优秀跆拳道运动员以双飞踢技术得分成功率为最高，占总成功率 50.00%，其次依序为直拳 25.00%、后旋踢 14.29%、后横踢 8.42%、下劈 7.14%、勾踢 4.65%、前横踢 1.06%、侧踢 0.94%，以旋风踢、推踢、后踢、其他技术得分成功率 0.00% 皆为最低。在女子组 -57 千克级优秀跆拳道运动员以直拳技术得分成功率为最高，占总成功率 28.57%，其次依序为勾踢 11.11%、后横踢与后踢 6.67%、推踢 3.57%、下劈 2.60%、其他 1.94%、侧踢 1.58%、前横踢 0.98%，以后旋踢、双飞踢、旋风踢技术得分成功率 0.00% 皆为最低。在女子组 -67 千克级优秀跆拳道运动员以直拳技术得分成功率为最高，占成功率 23.81%，其次依序为双飞踢 20.00%、下劈 10.75%、后横踢 8.08%、后踢 5.88%、侧踢 2.90%、前横踢 2.53%，以后旋踢、旋风踢、推踢、勾踢与其他技术得分成功率 0.00% 皆为最低。在女子组 +67 千克级优秀跆拳道运动员以直拳技术得分成功率为最高，占总成功率 31.25%，其次依序为勾踢 11.63%、后横踢 6.15%、下劈 5.26%、前横踢 2.74%，以后旋踢、双飞踢、旋风踢、推踢、后踢与其他技术得分成功率 0.00% 皆为最低。

表 4-10　新规则下女子组各量级运动员技术成功率情况

技术	−49 千克级		−57 千克级		−67 千克级		+67 千克级	
	得分次数	成功率	得分次数	成功率	得分次数	成功率	得分次数	成功率
前横踢	5	1.06%	7	0.98%	14	2.53%	11	2.74%
后横踢	25	8.42%	6	6.67%	21	8.08%	16	6.15%
下劈	5	7.14%	2	2.60%	10	10.75%	5	5.26%
后旋踢	1	14.29%	0	0.00%	0	0.00%	0	0.00%
双飞踢	1	50.00%	0	0.00%	1	20.00%	0	0.00%
旋风踢	0	0.00%	0	0.00%	0	0.00%	0	0.00%
推踢	0	0.00%	1	3.57%	0	0.00%	0	0.00%
侧踢	3	0.94%	7	1.58%	8	2.90%	4	2.01%
勾踢	2	4.65%	6	11.11%	0	0.00%	5	11.63%
后踢	0	0.00%	1	6.67%	1	5.88%	0	0.00%
直拳	12	25.00%	2	28.57%	15	23.81%	20	31.25%
其他	0	0.00%	2	1.94%	0	0.00%	0	0.00%
前横踢	54	4.06%	34	2.20%	70	5.08%	61	5.28%

由上述得知，新规则下女子组各量级优秀跆拳道运动员在比赛中技术得分成功率情况，在女子组 −49 千克级优秀跆拳道运动员技术得分成功率前三位分别为双飞踢＞直拳＞后旋踢；在女子组 −57 千克级优秀跆拳道运动员技术得分成功率前三位分别为直拳＞勾踢＞后横踢＝后踢；在女子组 −67 千克级优秀跆拳道运动员技术得分成功率前三位分别为直拳＞双飞踢＞下劈；在女子组 +67 千克级优秀跆拳道运动员技术得分成功率前三位分别为直拳＞勾踢＞后横踢。新规则下女子组各量级优秀跆拳道运动员在技术得分成功率上，除女子组 −49 千克级运动员外，皆以直拳技术得分成功率为第一位，而女子组 −49 千克级运动员直拳技术得分成功率则排在第二位，说明女子组各量级运动员仍以直拳技术为关键得分技术。

为了解新规则下女子组各量级优秀跆拳道运动员，在比赛中技术得分成功率是否存在差异性，本书利用单因子变异数分析进行考验。结果显示女子组在各量级优秀跆拳道运动员技术得分成功率中，p 值皆 > 0.05 均未达统计学上之显著差异，表示新规则下女子各量级运动员技术得分成功率没有差异（见表 4-11）。

表 4-11 新规则下女子组各量级所影响技术成功率差异检验结果

技术	-49 千克	-57 千克	-67 千克	+67 千克	F	p
	$M \pm SD$	$M \pm SD$	$M \pm SD$	$M \pm SD$		
前横踢	0.01 ± 0.02	0.01 ± 0.02	0.02 ± 0.03	0.03 ± 0.03	0.893	0.452
后横踢	0.09 ± 0.09	0.07 ± 0.15	0.09 ± 0.10	0.06 ± 0.05	0.28	0.839
下劈	0.13 ± 0.29	0.03 ± 0.10	0.11 ± 0.14	0.05 ± 0.10	0.791	0.505
后旋踢	0.03 ± 0.10	0.00 ± 0.00	0.00 ± 0.00	0.00 ± 0.00	1	0.402
双飞踢	0.08 ± 0.29	0.00 ± 0.00	0.03 ± 0.10	0.00 ± 0.00	0.8	0.501
旋风踢	0.00 ± 0.00	0.00 ± 0.00	0.00 ± 0.00	0.00 ± 0.00	—	—
推踢	0.00 ± 0.00	0.08 ± 0.29	0.00 ± 0.00	0.00 ± 0.00	1	0.402
侧踢	0.01 ± 0.02	0.01 ± 0.02	0.03 ± 0.05	0.03 ± 0.06	1.266	0.298
勾踢	0.01 ± 0.04	0.11 ± 0.23	0.00 ± 0.00	0.04 ± 0.08	1.913	0.141
后踢	0.00 ± 0.00	0.08 ± 0.29	0.02 ± 0.06	0.08 ± 0.29	0.542	0.656
直拳	0.19 ± 0.20	0.13 ± 0.31	0.16 ± 0.21	0.27 ± 0.24	0.718	0.546
其他	0.00 ± 0.00	0.01 ± 0.02	0.00 ± 0.00	0.00 ± 0.00	1	0.402

由上述得知，新规则下女子组各量级优秀跆拳道运动员技术得分成功率，虽在女子组 -49 千克级运动员以双飞踢技术为得分成功率第一位之技术，与其他女子组各量级运动员技术得分成功率第一位有所差异，但经检验后仍未达统计学之差异性，因此新规则下女子组运动员以直拳技术为关键得分技术。

四、新规则下男子组各量级优秀跆拳道运动员技术使用情况

为了解新竞赛规则下男子组各量级优秀跆拳道运动员，在得分技术使用特征是否有差异，本书以新规则下男子组 -58 千克级、-68 千克级、-80 千克级与 +80 千克级优秀跆拳道运动员得分技术使用情况，分为使用次数、使用

率、得分数、得分率、得分次数及成功率进行量化分析。并将男子组各量级优秀跆拳道运动员得分技术之使用率、得分率及成功率，以 SPSS 统计软件进行统计学考验。本书以单因子变异数分析，考验男子组各量级优秀跆拳道运动员在得分技术指标上是否有差异，显著性水准设定为 $p < 0.05$ 。若指标经单因子变异数分析检验后达显著差异，并以 LSD 事后比较观察男子组各量级优秀跆拳道运动员对得分技术指标的差异性。

依据表 4-12 所示，新规则下男子组各量级优秀跆拳道运动员在比赛中得分技术使用情况，在男子组 -58 千克级优秀跆拳道运动员以前横踢使用次数为最高，共计 691 次，技术使用率为 48.94%，其次依序为侧踢 19.33%、后横踢 16.22%、其他 4.60%、下劈 3.97%、后踢 2.12%、推踢 1.42%、直拳 0.92%、后旋踢与双飞踢 0.50%，以旋风踢技术使用率 0.14% 为最低。在男子组 -68 千克级优秀跆拳道运动员以前横踢使用次数为最高，共计 573 次，技术使用率为 43.12%，其次依序为侧踢 20.99%、后横踢 14.90%、其他 8.05%、下劈 6.09%、勾踢 2.18%、后踢 1.13%、双飞踢与直拳 0.98%、后旋踢 0.45%，以旋风踢技术使用率 0.08% 为最低。在男子组 -80 千克级优秀跆拳道运动员以前横踢使用次数为最高，共计 493 次，技术使用率为 41.29%，其次依序为侧踢 17.84%、后横踢 15.08%、下劈 8.71%、其他 4.77%、直拳 3.85%、后踢 2.60%、推踢 2.18%、勾踢 1.59%、双飞踢 1.09%、后旋踢 1.01%，以旋风踢技术使用率 0.00% 为最低。在男子组 +80 千克级优秀跆拳道运动员以前横踢使用次数为最高，共计 319 次，技术使用率为 42.08%，其次依序为侧踢 19.92%、后横踢 13.72%、其他 6.20%、下劈 4.49%、直拳 3.56%、推踢 2.51%、后踢 2.37%、勾踢 1.85%、双飞踢 1.72%、后旋踢 1.32%，以旋风踢技术使用率 0.26% 为最低。

表 4-12 新规则下男子组各量级运动员技术使用率情况

技术	-58 千克级		-68 千克级		-80 千克级		+80 千克级	
	使用	使用率	使用	使用率	使用	使用率	使用	使用率
前横踢	691	48.94%	573	43.12%	493	41.29%	319	42.08%
后横踢	229	16.22%	198	14.90%	180	15.08%	104	13.72%
下劈	56	3.97%	81	6.09%	104	8.71%	34	4.49%
后旋踢	7	0.50%	6	0.45%	12	1.01%	10	1.32%
双飞踢	7	0.50%	13	0.98%	13	1.09%	13	1.72%
旋风踢	2	0.14%	1	0.08%	0	0.00%	2	0.26%
推踢	20	1.42%	14	1.05%	26	2.18%	19	2.51%
侧踢	273	19.33%	279	20.99%	213	17.84%	151	19.92%
勾踢	19	1.35%	29	2.18%	19	1.59%	14	1.85%
后踢	30	2.12%	15	1.13%	31	2.60%	18	2.37%
直拳	13	0.92%	13	0.98%	46	3.85%	27	3.56%
其他	65	4.60%	107	8.05%	57	4.77%	47	6.20%
总计	1412	100.00%	1329	100.00%	1194	100.00%	758	100.00%

由上述得知，新规则下男子组各量级优秀跆拳道运动员在比赛中得分技术使用情况，男子组 -58 千克级优秀跆拳道运动员技术使用率前三位分别为前横踢＞侧踢＞后横踢；男子组 -68 千克级优秀跆拳道运动员技术使用率前三位分别为前横踢＞侧踢＞后横踢；男子组 -80 千克级优秀跆拳道运动员技术使用率前三位分别为前横踢＞侧踢＞后横踢；男子组 +80 千克级优秀跆拳道运动员技术使用率前三位分别为前横踢＞侧踢＞后横踢。新规则下男子组各量级优秀跆拳道运动员在技术使用率上皆以前横踢技术为第一位，说明男子组各量级运动员皆以前横踢技术为主要使用之技术，且在男子组各量级运动员技术使用率前三位皆为前横踢＞侧踢＞后横踢，说明男子组各量级运动员技术使用率具有相同的使用特征。

为了解新规则下男子组各量级优秀跆拳道运动员，在比赛中得分技术使用率是否存在差异性，本书利用单因子变异数分析进行考验。结果显示男子组在各量级技术使用率中，以直拳 $p < 0.05$ 达统计学上之显著性差异。经 LSD 事后比较得知，男子组各量级运动员在直拳技术使用率依序为使用率为 c > d > a > b。表示新规则下男子组各量级运动员直拳技术使用率上，以 -80 千克级运动员使用率最高，其次依序为 +80 千克级、-58 千克级，以 -68 千克级运动员为最低（见表 4-13）。

表 4-13　新规则下男子组各量级所影响技术使用率差异检验结果

技术	−58 千克	−68 千克	−80 千克	+80 千克	F	p	事后比较
	M ± SD	M ± SD	M ± SD	M ± SD			
前横踢	0.50 ± 0.19	0.43 ± 0.11	0.41 ± 0.17	0.43 ± 0.11	0.756	0.525	
后横踢	0.15 ± 0.14	0.16 ± 0.11	0.15 ± 0.10	0.14 ± 0.06	0.066	0.978	
下劈	0.04 ± 0.05	0.06 ± 0.03	0.09 ± 0.07	0.04 ± 0.04	2.538	0.069	
后旋踢	0.00 ± 0.01	0.00 ± 0.01	0.01 ± 0.02	0.02 ± 0.02	1.685	0.184	
双飞踢	0.00 ± 0.01	0.01 ± 0.01	0.01 ± 0.02	0.01 ± 0.03	0.33	0.804	
旋风踢	0.00 ± 0.00	0.00 ± 0.00	0.00 ± 0.00	0.00 ± 0.00	0.684	0.566	
推踢	0.01 ± 0.02	0.01 ± 0.01	0.02 ± 0.03	0.02 ± 0.02	1.269	0.297	
侧踢	0.21 ± 0.16	0.22 ± 0.11	0.18 ± 0.14	0.19 ± 0.12	0.224	0.879	
勾踢	0.01 ± 0.02	0.02 ± 0.02	0.02 ± 0.02	0.02 ± 0.03	0.292	0.831	
后踢	0.02 ± 0.01	0.01 ± 0.01	0.03 ± 0.03	0.03 ± 0.03	1.151	0.339	
直拳	0.01 ± 0.01	0.01 ± 0.01	0.04 ± 0.04	0.03 ± 0.04	4.802	0.006*	c > d > a > b
其他	0.04 ± 0.04	0.07 ± 0.06	0.05 ± 0.03	0.06 ± 0.04	1.233	0.309	

注：*$p < 0.05$。a=-58 千克；b=-68 千克；c=-80 千克；d=+80 千克。

由上述得知，新规则下男子组各量级优秀跆拳道运动员在直拳技术使用率有所差异，以男子组 -80 千克级与男子组 +80 千克级运动员位居前两名，说明直拳技术的使用较受重量级运动员的青睐。

依据表 4-14 所示，新规则下男子组各量级优秀跆拳道运动员在比赛中得分技术使用情况，在男子组 -58 千克级优秀跆拳道运动员以前横踢技术得分为最高，占总技术得分率 33.33%，其次依序为下劈 13.04%、后横踢与后踢 11.59%、推踢与勾踢 10.14%、侧踢 5.80%、直拳 4.35%，以后旋踢、双飞踢、旋风踢、其他技术得分率皆为 0.00% 最低。在男子组 -68 千克级优秀跆拳道运动员以后横踢技术得分为最高，占总技术得分率 36.72%，其次依序为前横踢 23.44%、侧踢 18.75%、下劈 11.72%、双飞踢与后横踢及直拳皆为 3.13%，以后旋踢、旋风踢、推踢、勾踢、其他技术得分率皆为 0.00% 最低。在男子组 -80 千克级优秀跆拳道运动员以下劈技术得分为最高，占总技术得分率 29.32%，其次依序为前横踢 21.80%、后横踢 19.55%、后踢 15.04%、直拳 9.02%、侧踢 3.01%、双飞踢 2.26%，以后旋踢、旋风踢、推踢、勾踢、其他技术得分率皆为 0.00% 最低。在男子组 +80 千克级运动员得分率以前横踢技术得分为最高，占总技术得分率 22.73%，其次依序为侧踢 18.18%、后横踢 16.67%、直拳 15.15%、下劈 12.12%、推踢与后踢皆为 6.06%、勾踢 3.03%，以后旋踢、双飞踢、旋风踢、其他技术得分率皆为 0.00% 最低。

表 4-14 新规则下男子组各量级运动员技术得分率情况

技术	-58 千克级		-68 千克级		-80 千克级		+80 千克级	
	得分	得分率	得分	得分率	得分	得分率	得分	得分率
前横踢	23	33.33%	30	23.44%	29	21.80%	15	22.73%
后横踢	8	11.59%	47	36.72%	26	19.55%	11	16.67%
下劈	9	13.04%	15	11.72%	39	29.32%	8	12.12%
后旋踢	0	0.00%	0	0.00%	0	0.00%	0	0.00%
双飞踢	0	0.00%	4	3.13%	3	2.26%	0	0.00%
旋风踢	0	0.00%	0	0.00%	0	0.00%	0	0.00%
推踢	7	10.14%	0	0.00%	0	0.00%	4	6.06%
侧踢	4	5.80%	24	18.75%	4	3.01%	12	18.18%
勾踢	7	10.14%	0	0.00%	0	0.00%	2	3.03%
后踢	8	11.59%	4	3.13%	20	15.04%	4	6.06%
直拳	3	4.35%	4	3.13%	12	9.02%	10	15.15%
其他	0	0.00%	0	0.00%	0	0.00%	0	0.00%
总计	69	100.00%	128	100.00%	133	100.00%	66	100.00%

由上述得知，新规则下男子组各量级优秀跆拳道运动员在比赛中技术得分情况，男子组 -58 千克级优秀跆拳道运动员技术得分率前三位分别为前横踢＞下劈＞后横踢与后踢；男子组 -68 千克级跆拳道运动员技术得分率前三位分别为后横踢＞前横踢＞侧踢；男子组 -80 千克级跆拳道运动员技术得分率前三位分别为下劈＞前横踢＞后横踢；男子组 +80 千克级跆拳道运动员技术得分率前三位分别为前横踢＞侧踢＞后横踢。虽在男子组各量级优秀跆拳道运动员技术得分率有所差异，但男子组各量级优秀跆拳道运动员得分技术前三位中皆有前横踢与后横踢技术，说明前横踢与后横踢技术为男子组运动员比赛中的主要得分技术，且前横踢技术为男子组 -58 千克级与 +80 千克级运动员得分率第一位，说明使用前横踢技术攻击得分的应用更受到男子组两个极端量级运动员的青睐。

为了解新规则下男子组各量级优秀跆拳道运动员，在比赛中技术得分率是否存在差异性，本书利用单因子变异数分析进行考验。结果显示，男子组在各量级技术得分率上，p 值皆＞ 0.05 均未达统计学上之显著性差异。表示新规则下男子组各量级优秀跆拳道运动员，在比赛中得分技术得分率没有差异性（见表 4-15）。

表 4-15　新规则下男子组各量级所影响技术得分率差异检验结果

技术	-58 千克	-68 千克	-80 千克	+80 千克	F	p
	$M \pm SD$	$M \pm SD$	$M \pm SD$	$M \pm SD$		
前横踢	0.26 ± 0.36	0.23 ± 0.22	0.23 ± 0.30	0.17 ± 0.23	0.235	0.872
后横踢	0.16 ± 0.35	0.22 ± 0.23	0.26 ± 0.31	0.19 ± 0.31	0.262	0.852
下劈	0.09 ± 0.19	0.21 ± 0.31	0.15 ± 0.24	0.08 ± 0.15	0.847	0.476
后旋踢	0.00 ± 0.00	0.00 ± 0.00	0.00 ± 0.00	0.00 ± 0.00	—	—
双飞踢	0.00 ± 0.00	0.00 ± 0.00	0.01 ± 0.03	0.00 ± 0.00	1	0.402
旋风踢	0.00 ± 0.00	0.00 ± 0.00	0.00 ± 0.00	0.00 ± 0.00	—	—
推踢	0.11 ± 0.29	0.00 ± 0.00	0.00 ± 0.00	0.04 ± 0.09	1.309	0.284
侧踢	0.08 ± 0.18	0.20 ± 0.18	0.01 ± 0.04	0.09 ± 0.22	2.568	0.066

技术	−58 千克	−68 千克	−80 千克	+80 千克	F	p
	$M \pm SD$	$M \pm SD$	$M \pm SD$	$M \pm SD$		
勾踢	0.05 ± 0.13	0.00 ± 0.00	0.00 ± 0.00	0.02 ± 0.06	1.39	0.258
后踢	0.06 ± 0.17	0.02 ± 0.06	0.18 ± 0.29	0.08 ± 0.29	1.119	0.352
直拳	0.10 ± 0.29	0.04 ± 0.11	0.08 ± 0.09	0.16 ± 0.33	0.557	0.646
其他	0.00 ± 0.00	0.00 ± 0.00	0.00 ± 0.00	0.00 ± 0.00	—	—

注：$^*p < 0.05$。

依据表 4-16 所示，新规则下男子组各量级优秀跆拳道运动员在比赛中技术得分成功率情况，在男子组 −58 千克级优秀跆拳道运动员以直拳技术得分成功率为最高，占总成功率 23.08%，其次依序为勾踢 15.79%、推踢 15.00%、后踢 6.67%、下劈 5.36%、、后横踢 1.75%、前横踢 1.45%、侧踢 0.73%，以后旋踢、双飞踢、旋风踢、其他技术得分成功率皆为 0.00% 为最低。在男子组 −68 千克级优秀跆拳道运动员以直拳技术得分成功率为最高，占总成功率 30.77%，其次依序为双飞踢 15.38%、后横踢 11.62%、下劈 6.17%、侧踢 4.30%、前横踢 2.44%，以后旋踢、旋风踢、推踢、勾踢、后踢、其他之技术得分成功率皆为 0.00% 为最低。在男子组 −80 千克级优秀跆拳道运动员以直拳技术得分成功率为最高，占总成功率 26.09%，其次依序为下劈 12.50%、双飞踢 7.69%、后横踢 7.22%、前横踢 2.43%、侧踢 0.94%，以后旋踢、旋风踢、推踢、勾踢、后踢、其他技术得分成功率皆为 0.00% 为最低。在男子组 +80 千克级优秀跆拳道运动员以直拳技术得分成功率为最高，占总成功率 37.04%，其次依序为推踢 10.53%、下劈 8.82%、勾踢 7.14%、后横踢 4.81%、侧踢 3.97%，以后旋踢、双飞踢、旋风踢、后踢、其他之技术得分成功率皆为 0.00% 为最低。

表 4-16　新规则下男子组各量级运动员技术成功率情况

技术	−58 千克级		−68 千克级		−80 千克级		+80 千克级	
	得分次数	成功率	得分次数	成功率	得分次数	成功率	得分次数	成功率
前横踢	10	1.45%	14	2.44%	12	2.43%	7	2.19%
后横踢	4	1.75%	23	11.62%	13	7.22%	5	4.81%
下劈	3	5.36%	5	6.17%	13	12.50%	3	8.82%
后旋踢	0	0.00%	0	0.00%	0	0.00%	0	0.00%
双飞踢	0	0.00%	2	15.38%	1	7.69%	0	0.00%
旋风踢	0	0.00%	0	0.00%	0	0.00%	0	0.00%
推踢	3	15.00%	0	0.00%	0	0.00%	2	10.53%
侧踢	2	0.73%	12	4.30%	2	0.94%	6	3.97%
勾踢	3	15.79%	0	0.00%	0	0.00%	1	7.14%
后踢	2	6.67%	1	6.67%	5	16.13%	0	0.00%
直拳	3	23.08%	4	30.77%	12	26.09%	10	37.04%
其他	0	0.00%	0	0.00%	0	0.00%	0	0.00%
总计	30	2.12%	61	4.59%	58	4.86%	34	4.49%

由上述得知，新规则下男子组各量级优秀跆拳道运动员在比赛中技术得分成功率情况，在男子组 −58 千克级优秀跆拳道运动员技术得分成功率前三位为直拳＞勾踢＞后踢；男子组 −68 千克级优秀跆拳道运动员技术得分成功率前三位为直拳＞双飞踢＞后横踢；男子组 −80 千克级优秀跆拳道运动员技术得分成功率前三位为直拳＞下劈＞双飞踢；男子组 +80 千克级优秀跆拳道运动员技术得分成功率前三位为直拳＞侧踢＞卜劈。新规则下男子组各量级优秀跆拳道运动员在技术得分成功率上皆以直拳技术为第一位，说明男子组各量级运动员以直拳技术为关键得分技术。

为了解新规则下男子组各量级优秀跆拳道运动员，在比赛中技术得分成功率是否存在差异性，本书利用单因子变异数分析进行考验。结果显示，男子组在各量级技术得分成功率上，p 值皆＞0.05 均未达统计学上之显著性差异，表示新规则下男子组各量级优秀跆拳道运动员在技术得分成功率均没有差异性（见表 4-17）。

表 4-17　新规则下男子组各量级所影响技术成功率差异检验结果

技术	−58 千克	−68 千克	−80 千克	+80 千克	F	p
	M ± SD	M ± SD	M ± SD	M ± SD		
前横踢	0.01 ± 0.02	0.03 ± 0.02	0.0 ± 0.02	0.03 ± 0.07	0.501	0.683
后横踢	0.09 ± 0.29	0.07 ± 0.08	0.09 ± 0.10	0.08 ± 0.12	0.04	0.989
下劈	0.13 ± 0.31	0.07 ± 0.10	0.07 ± 0.11	0.06 ± 0.11	0.383	0.766
后旋踢	0.00 ± 0.00	0.00 ± 0.00	0.00 ± 0.00	0.00 ± 0.00	—	—
双飞踢	0.00 ± 0.00	0.00 ± 0.00	0.02 ± 0.06	0.00 ± 0.00	1	0.402
旋风踢	0.00 ± 0.00	0.00 ± 0.00	0.00 ± 0.00	0.00 ± 0.00	—	—
推踢	0.05 ± 0.11	0.00 ± 0.00	0.00 ± 0.00	0.10 ± 0.29	1.205	0.319
侧踢	0.00 ± 0.01	0.05 ± 0.04	0.01 ± 0.04	0.03 ± 0.07	2.006	0.127
勾踢	0.13 ± 0.31	0.00 ± 0.00	0.00 ± 0.00	0.03 ± 0.10	1.634	0.196
后踢	0.06 ± 0.15	0.02 ± 0.07	0.20 ± 0.32	0.02 ± 0.07	2.683	0.058
直拳	0.13 ± 0.29	0.14 ± 0.33	0.23 ± 0.28	0.14 ± 0.25	0.325	0.807
其他	0.00 ± 0.00	0.00 ± 0.00	0.00 ± 0.00	0.00 ± 0.00	—	—

注：$^*p < 0.05$。

五、本节小结

由上述得知，在新规则下优秀跆拳道运动员技术使用率前三位分别为前横踢＞侧踢＞后横踢，且男子组与女子组运动员技术使用率前三位与总体运动员一致，但男子组与女子组运动员在前横踢技术使用率上达显著性差异，男子组运动员前横踢使用率高于女子组运动员。此外，男子组与女子组运动员在双飞踢、勾踢、后踢及直拳技术使用率达显著性差异，在双飞踢与后踢技术使用率男子组高于女子组运动员，而勾踢与直拳技术使用率女子组高于男子组运动员。在女子组各量级运动员技术使用率前三位中，女子组 −49 千克级与女子组 −67 千克级优秀跆拳道运动员技术使用率前三位与总体运动员一致，而女子组 +67 千克级优秀跆拳道运动员技术使用率前三位在顺序上有所差异，但仍以前横踢、侧踢与后横踢为技术使用率前三位。在女子组 −57

千克级优秀跆拳道运动员技术使用率第三位中与总体运动员有所差异，该量级运动员以其他技术使用率为第三位，与总体运动员以后横踢技术使用率有所差异，该量级优秀运动员后横踢技术使用率则排行技术使用率第四位。新规则下女子组各量级优秀跆拳道运动员在后横踢与直拳技术使用率有所差异，后横踢技术以女子组 -49 千克级运动员使用率为最高，而女子组 -67 千克级运动员则位居第二位；在直拳技术使用率则以女子组 +67 千克级运动员为最高。在男子组各量级运动员技术使用率前三位中皆与总体运动员一致，但在直拳技术使用率中达显著性差异，以男子组 -80 千克级与男子组 +80 千克级运动员位居前两名，说明直拳技术的使用较受重量级运动员的青睐。

新规则下优秀跆拳道运动员技术得分率前三位分别为后横踢＞前横踢＞下劈，在女子组运动员技术得分率前三位与总体运动员一致，而在男子组运动员技术得分率前三位中，以前横踢技术得分率为第一位，虽在排序上有所差异，但仍以前横踢、后横踢与下劈为主要的得分技术。在女子组各量级运动员技术得分率前三位中，除女子组 -57 千克级运动员以前横踢为第一位外，女子组其他量级运动员皆以后横踢技术得分率为第一位，而女子组该量级运动员后横踢技术得分率则排行第三位，说明女子组各量级运动员仍以后横踢技术为主要得分之技术。总体运动员以前横踢技术得分率为第二位，除女子组 -49 千克级运动员技术得分率前三位不是前横踢技术外，女子组其他量级运动员前横踢技术得分率皆在前三位内。总体运动员以下劈技术得分率为第三位，除女子组 -57 千克级与女子组 +67 千克级运动员技术得分率前三位不是下劈技术外，女子组其他量级运动员下劈技术得分率皆在前三位内。在男子组各量级运动员技术得分率前三位中，除男子组 -68 千克级与男子组 -80 千克级运动员以前横踢技术为得分率第二位外，男子组其他量级皆以前横踢技术得分率为第一位，且仅有男子组 -68 千克级运动员以后横踢技术得分率为第一位，与总体运动员相一致。在男子组各量级运动员技术得分率中，后横踢与前横踢技术得分率皆在前三位中，但在总体运动员技术得分率第三位的下劈，仅有男子组 -58 千克级与男子组 -80 千克级运动员技术得分率前三位中包含下劈技术。说明前横踢与后横踢技术为男子组运动员比赛中的主要得分技术，且前横踢技术为男子组 -58 千克级与 +80 千克级运动员得分率第一位，表示使用前横踢技术攻击得分的应用更受到男子组两个极端量级运动员的青睐。

新规则下优秀跆拳道运动员技术得分成功率前三位分别为直拳＞双飞＞后踢。在女子组各量级运动员技术得分成功率前三位中，除女子组 -49 千克级运动员以双飞踢为第一位外，女子组其他量级运动员皆以直拳技术得分成功率为第一位，而女子组该量级运动员直拳技术得分成功率则排行第二位，说明女子组各量级运动员仍以直拳技术为关键的得分技术。总体运动员技术得分成功率第二位的双飞踢技术，仅有女子组 -49 千克级与女子组 -67 千克级运动员包含在技术得分成功率前三位中。而总体运动员技术得分成功率第三位的后踢技术，仅有女子组 -57 千克级优秀跆拳道运动员包含在技术得分成功率前三位中。在男子组各量级运动员技术得分成功率中，皆以直拳技术得分成功率为第一位，与总体运动员相一致，说明男子组各量级运动员以直拳技术为关键得分之技术。总体运动员技术得分成功率第二位的双飞踢技术，仅有男子组 -68 千克级与男子组 -80 千克级运动员包含在技术得分成功率前三位中。而总体运动员技术得分成功率第三位的后踢技术，皆不在男子组各量级运动员技术得分成功率前三位中。

第二节　新规则下优秀跆拳道运动员攻击部位特征

为了解新竞赛规则下优秀跆拳道运动员技术攻击部位的运用情况，本书将运动员分为总体比较、性别比较及量级比较进行探讨，将各技术使用情况以使用次数、使用率、得分数、得分率、得分次数及成功率进行量化比较分析，并将得分率、使用率及成功率以 SPSS 统计软件进行统计学考验。

一、新规则下优秀跆拳道运动员攻击部位使用情况

在跆拳道竞赛中，双方运动员使用合理的技术攻击对方运动员头部或躯干部位，经由电子护具感应后判定得分。新规则中规定：使用手部基本技术击中躯干部位得 1 分，使用腿部基本技术击中躯干部位得 2 分，转身动作击中躯干部位得 4 分，使用腿部基本技术击中头部得 3 分，使用转身技术击中头部得 5 分。为能了解新规则下运动员基本技术的攻击部位，将分为高位技术与中位技术来分析，并以使用率、得分率及成功率进行比较。

依据表 4-18 所示，新规则下优秀跆拳道运动员在比赛中攻击部位以中位技术使用次数为最高，共计 8283 次，占总使用率 92.77%，高位技术使用率则为 7.23%。技术攻击部位得分数以中位技术为最高，共计 584 次，占总得分率 57.14%，高位技术得分率则为 42.86%。技术攻击部位得分次数以中位技术为最高，但技术攻击部位得分成功率则以高位技术为最高，占总得分成功率 16.67%，中位技术得分成功率则为 3.90%。

表 4-18　新规则下优秀跆拳道运动员攻击部位特征分析

部位	使用次数	使用率	得分	得分率	得分次数	成功率
高位	1385	7.23%	257	42.86%	85	16.67%
中位	8283	92.77%	584	57.14%	319	3.90%
总计	9668	100.00%	841	100.00%	404	0.04%

由上述得知，新规则下优秀跆拳道运动员技术攻击部位，以中位技术使用率高于高位技术使用率，说明新规则下优秀跆拳道运动员技术攻击部位以中位技术为主要使用之技术。而优秀跆拳道运动员技术攻击部位得分率仍是中位技术得分高于高位技术得分，说明新规则下优秀跆拳道运动员技术攻击部位以中位技术为主要得分之技术。但在优秀跆拳道运动员技术攻击部位得分成功率中，高位技术得分成功率高于中位技术得分成功率，说明新规则下优秀跆拳道运动员技术攻击部位以高位技术为关键得分之技术。

二、新规则下男、女子组优秀跆拳道运动员攻击部位使用情况

为了解新竞赛规则下男子组、女子组优秀跆拳道运动员，在技术攻击部位运用情况是否有差异，本书以新规则下男子组与女子组运动员技术攻击部位使用情况，分为使用率、得分率及成功率进行量化分析。并将男子组、女子组运动员技术攻击部位之使用率、得分率及成功率，以 SPSS 统计软件进行统计学考验。本书以独立样本 t 检验，考验男子组、女子组运动员在技术攻击部位指标上是否有差异，显著性水准设定为 $p < 0.05$。

依据表 4-19 所示，新规则下优秀跆拳道运动员在比赛中攻击部位使用情况，在女子组优秀跆拳道运动员以中位技术使用次数为最高，共计 4425 次，占总使用率 85.03%，高位技术使用率则为 14.97%。技术攻击部位得分数以中位技术为最高，共计 305 次，占总得分率 68.54%，高位技术得分率则为 31.46%。技术攻击部位得分次数以中位技术为最高，但技术攻击部位得分成功率则以高位技术为最高，占总得分成功率 5.91%，中位技术得分成功率则为 3.93%。在男子组优秀跆拳道运动员以中位技术使用次数为最高，共计 3858 次，占总使用率 86.42%，高位技术使用率则为 13.58%。技术攻击部位得分数以中位技术为最高，共计 279 次，占总得分率 70.45%，高位技术得分率则为 29.55%。技术攻击部位得分次数以中位技术为最高，但技术攻击部位得分成功率则以高位技术为最高，占总得分成功率 6.44%，中位技术得分成功率则为 3.76%。

表 4-19　新规则下男、女子组优秀跆拳道运动员攻击部位使用情况

性别	部位	使用次数	使用率	得分	得分率	得分次数	成功率
女	高位	779	14.97%	140	31.46%	46	5.91%
	中位	4425	85.03%	305	68.54%	174	3.93%
男	高位	606	13.58%	117	29.55%	39	6.44%
	中位	3858	86.42%	279	70.45%	145	3.76%

由上述得知，新规则下男子组、女子组优秀跆拳道运动员技术攻击部位，以中位技术使用率高于高位技术使用率，说明新规则下男子组、女子组优秀跆拳道运动员技术攻击部位，皆以中位技术为主要使用之技术。而男子组、女子组优秀跆拳道运动员技术攻击部位得分率，仍以中位技术高于高位技术得分，说明新规则下男子组、女子组优秀跆拳道运动员技术攻击部位，皆以中位技术为主要得分之技术。但在男子组、女子组优秀跆拳道运动员技术攻击部位得分成功率中，以高位技术得分成功率高于中位技术，说明新规则下优秀跆拳道运动员技术攻击部位，以高位技术为关键得分之技术。

为了解新规则下男子组、女子组优秀跆拳道运动员，在比赛中技术攻击部位使用率是否存在差异性，本书利用独立样本 t 检验进行考验。结果显示，男子组、女子组运动员在技术攻击部位使用率中，无论高位技术或中位技术 p 值皆 > 0.05，均未达统计学上之显著性差异。因此，新规则下男子组、女子组运动员攻击部位使用率皆未达显著性差异。新规则下男子组、女子组优秀跆拳道运动员在技术攻击部位得分率，无论高位技术或中位技术 p 值皆 > 0.05，均未达统计学上之显著性差异。因此，新规则下男子组、女子组运动员攻击部位得分率皆未达显著性差异。新规则下男子组、女子组优秀跆拳道运动员，在比赛中技术攻击部位得分成功率，无论高位技术或中位技术 p 值皆 > 0.05，均未达统计学上之显著性差异。因此，新规则下男子组、女子组运动员攻击部位得分成功率皆未达显著性差异（见表4-20）。

表 4-20　新规则下性别对跆拳道运动员攻击部位使用情况差异性检验

	部位		平均数	*SD*	*t*	*p*
使用率	高位	女	15.18%	7.57%	1.25	0.22
		男	13.19%	8.01%	1.25	
	中位	女	84.82%	7.57%	−1.25	0.22
		男	86.81%	8.01%	−1.25	

续表

		部位	平均数	*SD*	*t*	*p*
得分率	高位	女	26.37%	30.26%	0.81	0.42
		男	21.53%	28.59%	0.81	
	中位	女	67.38%	34.31%	−0.10	0.93
		男	68.06%	36.23%	−0.10	
成功率	高位	女	6.14%	7.28%	−0.30	0.76
		男	6.90%	15.74%	−0.30	
	中位	女	4.42%	4.25%	0.56	0.58
		男	3.97%	3.48%	0.56	

注：*$p < 0.05$。

三、新规则下女子组各量级优秀跆拳道运动员攻击部位使用情况

为了解新竞赛规则下女子组各量级优秀跆拳道运动员，在技术攻击部位运用情况是否有差异，本书以新规则下女子组 -49 千克级、-57 千克级、-67 千克级与 +67 千克级优秀跆拳道运动员技术攻击部位使用情况，分为使用次数、使用率、得分数、得分率、得分次数及成功率进行量化分析。并将女子组各量级优秀跆拳道运动员技术攻击部位之使用率、得分率及成功率，以 SPSS 统计软件进行统计学考验。本书以单因子变异数分析，考验女子组各量级优秀跆拳道运动员在技术攻击部位指标上是否有差异，显著性水准设定为 $p < 0.05$。若指标经单因子变异数分析检验后达显著差异，并以 LSD 事后比较观察女子组各量级优秀跆拳道运动员对技术攻击部位指标的差异性。

依据表 4-21 所示，新规则下女子组各量级优秀跆拳道运动员在比赛中攻击部位使用情况，女子组 -49 千克级优秀跆拳道运动员以中位技术使用次数为最高，共计 1088 次，占总使用率 85.13%，高位技术使用率则为 14.87%。女子组 -57 千克级优秀跆拳道运动员以中位技术使用次数为最高，共计 1303 次，占总使用率 86.87%，高位技术使用率则为 13.13%。女子组 -67 千克级优秀跆拳道运动员以中位技术使用次数为最高，共计 1140 次，占总使用率 85.33%，高位技术使用率则为 14.67%。女子组 +67 千克级优秀跆拳道运动员

以中位技术使用次数为最高，共计894次，占总使用率82.02%，高位技术使用率则为17.98%。新规则下女子组各量级优秀跆拳道运动员在比赛中攻击部位得分情况，女子组-49千克级优秀跆拳道运动员以中位技术得分数为最高，共计80分，占总得分率75.47%，高位技术得分率则为24.53%。女子组-57千克级优秀跆拳道运动员以中位技术得分数为最高，共计52分，占总得分率68.42%，高位技术得分率则为31.58%。女子组-67千克级优秀跆拳道运动员以中位技术得分数为最高，共计95分，占总得分率66.43%，高位技术得分率则为33.57%。女子组+67千克级优秀跆拳道运动员以中位技术得分数为最高，共计78分，占总得分率65.00%，高位技术得分率则为35.00%。新规则下女子组各量级优秀跆拳道运动员在比赛中攻击部位得分成功率情况，女子组-49千克级优秀跆拳道运动员以中位技术得分次数为最高，共计46次，占总得分成功率4.23%，高位技术得分成功率则为4.21%。女子组-57千克级优秀跆拳道运动员以中位技术得分次数为最高，共计26次，占总得分成功率2.00%，但以高位技术得分成功率4.06%为最高。女子组-67千克级优秀跆拳道运动员以中位技术得分次数为最高，共计54次，占总得分成功率4.74%，但以高位技术得分成功率8.16%为最高。女子组+67千克级优秀跆拳道运动员以中位技术得分次数为最高，共计48次，占总得分成功率5.37%，但以高位技术得分成功率7.14%为最高。

表 4-21 新规则下优秀跆拳道女子组各量级运动员攻击部位使用情况

维度	−49 千克级		−57 千克级		−67 千克级		+67 千克级	
	高位	中位	高位	中位	高位	中位	高位	中位
使用	190	1088	197	1303	196	1140	196	894
使用率	14.87%	85.13%	13.13%	86.87%	14.67%	85.33%	17.98%	82.02%
得分	26	80	24	52	48	95	42	78
得分率	24.53%	75.47%	31.58%	68.42%	33.57%	66.43%	35.00%	65.00%
得分次数	8	46	8	26	16	54	14	48
成功率	4.21%	4.23%	4.06%	2.00%	8.16%	4.74%	7.14%	5.37%

由上述得知，在新规则下女子组各量级优秀跆拳道运动员攻击部位，皆以中位技术使用率高于高位技术使用率，说明新规则下女子组各量级优秀跆拳道运动员技术攻击部位，以中位技术为主要使用之技术。而在女子组各量级优秀跆拳道运动员技术攻击部位得分率，仍以中位技术高于高位技术得分，说明新规则下女子组各量级优秀跆拳道运动员技术攻击部位，皆以中位技术为主要得分之技术。但在女子组各量级优秀跆拳道运动员技术攻击部位得分成功率中，除了女子组 -49 千克级优秀跆拳道运动员，以中位技术得分成功率高于高位技术外，女子组其他量级运动员皆以高位技术得分成功率高于中位技术得分成功率。

为了解新规则下女子组各量级优秀跆拳道运动员，在比赛中技术攻击部位使用率是否存在差异性，本书利用单因子变异数分析进行考验。经检验结果显示，女子组各量级运动员在技术攻击部位使用率中，无论高位技术或中位技术 p 值皆 > 0.05，均未达统计学上之显著性差异。因此，新规则下女子组各量级运动员攻击部位使用率皆未达显著性差异。新规则下女子组各量级优秀跆拳道运动员，在比赛中技术攻击部位得分率，检验结果显示，女子组各量级优秀跆拳道运动员在技术攻击部位得分率，无论高位技术或中位技术 p 值皆 > 0.05，均未达统计学上之显著性差异。因此，新规则下女子组各量级运动员攻击部位得分率皆未达显著性差异。新规则下女子组各量级优秀跆拳道运动员，在比赛中技术攻击部位得分成功率，检验结果显示，女子组各量级优秀跆拳道运动员在技术攻击部位得分成功率，无论高位技术或中位技术 p 值皆 > 0.05，均未达统计学上之显著性差异。因此，新规则下女子组各量级运动员攻击部位得分成功率皆未达显著性差异（见表 4-22）。

表 4-22　新规则下女子组各量级所影响攻击部位使用情况差异检验结果

维度	技术	-49 千克	-57 千克	-67 千克	+67 千克	F	p
		$M \pm SD$	$M \pm SD$	$M \pm SD$	$M \pm SD$		
使用率	高位	0.14 ± 0.08	0.15 ± 0.09	0.15 ± 0.08	0.18 ± 0.05	0.561	0.644
	中位	0.86 ± 0.08	0.85 ± 0.09	0.85 ± 0.08	0.82 ± 0.05	0.561	0.644
得分率	高位	0.26 ± 0.36	0.14 ± 0.24	0.32 ± 0.26	0.33 ± 0.33	1.053	0.379
	中位	0.74 ± 0.36	0.61 ± 0.43	0.68 ± 0.26	0.67 ± 0.33	0.255	0.858
成功率	高位	0.05 ± 0.07	0.04 ± 0.07	0.09 ± 0.07	0.07 ± 0.08	1.219	0.314
	中位	0.05 ± 0.05	0.02 ± 0.02	0.05 ± 0.04	0.05 ± 0.05	1.663	0.189

注：$^*p < 0.05$。

四、新规则下男子组各量级优秀跆拳道运动员攻击部位使用情况

为了解新竞赛规则下男子组各量级优秀跆拳道运动员，在技术攻击部位运用情况是否有差异，本书以新规则下男子组 -58 千克级、-68 千克级、-80 千克级与 +80 千克级优秀跆拳道运动员技术攻击部位使用情况，分为使用次数、使用率、得分数、得分率、得分次数及成功率进行量化分析。并将男子组各量级优秀跆拳道运动员技术攻击部位之使用率、得分率及成功率，以 SPSS 统计软件进行统计学考验。本书以单因子变异数分析，考验男子组各量级优秀跆拳道运动员在技术攻击部位指标上是否有差异，显著性水准设定为 $p < 0.05$。若指标经单因子变异数分析检验后达显著差异，并以 LSD 事后比较观察男子组各量级优秀跆拳道运动员对技术攻击部位指标的差异性。

依据表 4-23 所示，新规则下男子组各量级优秀跆拳道运动员在比赛中攻击部位使用情况，男子组 -58 千克级优秀跆拳道运动员以中位技术使用次数为最高，共计 1215 次，占总使用率 89.40%，高位技术使用率则为 10.60%。男子组 -68 千克级优秀跆拳道运动员以中位技术使用次数为最高，共计 1066 次，占总使用率 86.60%，高位技术使用率则为 13.40%。男子组 -80 千克级优秀跆拳道运动员以中位技术使用次数为最高，共计 944 次，占总使用率

81.91%，高位技术使用率则为 18.06%。男子组 +80 千克级优秀跆拳道运动员以中位技术使用次数为最高，共计 633 次，占总使用率 87.67%，高位技术使用率则为 12.33%。新规则下男子组各量级优秀跆拳道运动员在比赛中攻击部位得分情况，男子组 -58 千克级优秀跆拳道运动员以中位技术得分数为最高，共计 45 分，占总得分率 65.22%，高位技术得分率则为 34.78%。男子组 -68 千克级优秀跆拳道运动员以中位技术得分数为最高，共计 104 分，占总得分率 81.25%，高位技术得分率则为 18.75%。男子组 -80 千克级优秀跆拳道运动员以中位技术得分数为最高，共计 76 分，占总得分率 57.14%，高位技术得分率则为 42.86%。男子组 +80 千克级优秀跆拳道运动员以中位技术得分数为最高，共计 54 分，占总得分率 81.82%，高位技术得分率则为 18.18%。新规则下男子组各量级优秀跆拳道运动员在比赛中攻击部位得分成功率情况，男子组 -58 千克级优秀跆拳道运动员以中位技术得分次数为最高，共计 22 次，占总得分成功率 1.81%，但以高位技术得分成功率 5.56% 为最高。男子组 -68 千克级优秀跆拳道运动员以中位技术得分次数为最高，共计 53 次，占总得分成功率 4.97% 为最高，高位技术得分成功率则为 4.85%。男子组 -80 千克级优秀跆拳道运动员以中位技术得分次数为最高，共计 39 次，占总得分成功率 4.13%，但以高位技术得分成功率 9.13% 为最高。男子组 +80 千克级优秀跆拳道运动员以中位技术得分次数为最高，共计 31 次，占总得分成功率 4.90% 为最高，高位技术得分成功率则为 4.49%。

表 4-23　新规则下优秀跆拳道男子组各量级运动员攻击部位使用情况

维度	-58 千克级		-68 千克级		-80 千克级		+80 千克级	
	高位	中位	高位	中位	高位	中位	高位	中位
使用	144	1215	165	1066	208	944	89	633
使用率	10.60%	89.40%	13.40%	86.60%	18.06%	81.91%	12.33%	87.67%
得分	24	45	24	104	57	76	12	54
得分率	34.78%	65.22%	18.75%	81.25%	42.86%	57.14%	18.18%	81.82%
得分次数	8	22	8	53	19	39	4	31
成功率	5.56%	1.81%	4.85%	4.97%	9.13%	4.13%	4.49%	4.90%

由上述得知，在新规则下男子组各量级优秀跆拳道运动员攻击部位，皆以中位技术使用率高于高位技术使用率，说明新规则下男子组各量级优秀跆拳道运动员技术攻击部位，以中位技术为主要使用之技术。而在女子组各量级优秀跆拳道运动员技术攻击部位得分率，仍以中位技术高于高位技术得分，说明新规则下男子组各量级优秀跆拳道运动员技术攻击部位，皆以中位技术为主要得分之技术。但在男子组各量级优秀跆拳道运动员技术攻击部位得分成功率中，除了男子组 -68 千克级与男子组 +80 千克级优秀跆拳道运动员，以中位技术得分成功率高于高位技术得分成功率外，男子组其他量级运动员皆以高位技术得分成功率高于中位技术得分成功率。

为了解新规则下男子组各量级优秀跆拳道运动员，在比赛中技术攻击部位使用率是否存在差异性，本书利用单因子变异数分析进行考验。经检验结果显示，男子组各量级运动员在技术攻击部位使用率中，无论高位技术或中位技术 p 值皆 > 0.05，均未达统计学上之显著性差异。因此，新规则下男子组各量级运动员攻击部位使用率皆未达显著性差异。新规则下男子组各量级优秀跆拳道运动员，在比赛中技术攻击部位得分率，检验结果显示，男子组各量级优秀跆拳道运动员在技术攻击部位得分率，无论高位技术或中位技术 p 值皆 > 0.05，均未达统计学上之显著性差异。因此，新规则下男子组各量级运动员攻击部位得分率皆未达显著性差异。新规则下男子组各量级优秀跆拳道运动员，在比赛中技术攻击部位得分成功率，检验结果显示，男子组各量级优秀跆拳道运动员在技术攻击部位得分成功率，无论高位技术或中位技术 p 值皆 > 0.05，均未达统计学上之显著性差异。因此，新规则下男子组各量级运动员攻击部位得分成功率皆未达显著性差异（见表4-24）。

表 4-24 新规则下男子组各量级所影响攻击部位使用情况差异检验结果

维度	部位	−58 千克 $M \pm SD$	−68 千克 $M \pm SD$	−80 千克 $M \pm SD$	+80 千克 $M \pm SD$	F	p
使用率	高位	0.10 ± 0.09	0.13 ± 0.07	0.18 ± 0.08	0.12 ± 0.07	2.347	0.086
	中位	0.90 ± 0.09	0.87 ± 0.07	0.82 ± 0.08	0.88 ± 0.07	2.347	0.086
得分率	高位	0.26 ± 0.29	0.22 ± 0.34	0.24 ± 0.30	0.14 ± 0.22	0.378	0.769
	中位	0.66 ± 0.35	0.69 ± 0.40	0.68 ± 0.36	0.69 ± 0.39	0.023	0.995
成功率	高位	0.07 ± 0.10	0.03 ± 0.04	0.06 ± 0.09	0.11 ± 0.29	0.473	0.703
	中位	0.02 ± 0.02	0.05 ± 0.04	0.04 ± 0.03	0.05 ± 0.04	2.332	0.087

注：$^*p < 0.05$。

五、本节小结

由上述得知，在新规则下优秀跆拳道运动员技术攻击部位使用率以中位技术为最高，且男子组与女子组运动员技术攻击部位使用率皆以中位技术为最高，在男子组与女子组各量级运动员技术攻击部位使用率仍以中位技术为最高，说明新规则下运动员技术攻击部位以中位技术的使用为主。在新规则下优秀跆拳道运动员技术攻击部位得分率方面，总体运动员以中位技术为最高，且男子组与女子组运动员技术攻击部位得分率皆以中位技术为最高，在男子组与女子组各量级运动员技术攻击部位得分率仍以中位技术为最高，说明新规则下运动员技术攻击部位以中位技术的使用为主。在新规则下优秀跆拳道运动员技术攻击部位得分成功率方面，总体运动员以高位技术为最高，且男子组与女子组运动员技术攻击部位得分成功率皆以高位技术为最高，但在女子组 −49 千克级与男子组 −68 千克级和 +80 千克级运动员技术攻击部位得分成功率以中位技术为最高，经单因子变异数分析检验后未达显著差异性。因此，新规则下运动员技术攻击部位得分成功率，仍以高位技术为关键的技术攻击得分部位。

第三节　新规则下优秀跆拳道运动员站位技术特征

为了解新竞赛规则下优秀跆拳道运动员站位技术运用情况，本书将运动员分为总体比较、性别比较及量级比较进行探讨，将各站位技术使用情况以使用次数、使用率、得分数、得分率、得分次数及成功率进行量化比较分析，并将得分率、使用率及成功率以 SPSS 统计软件进行统计学考验。

一、新规则下优秀跆拳道运动员站位技术使用情况

跆拳道站位技术属于非得分技术，但在站位特性中能了解运动员在竞赛中与对手站位的特性，以及主要得分的站位特性。本书以新规则下优秀运动员站位技术之使用次数、使用率、得分数及得分率进行探讨。

依据表 4-25 所示，新规则下优秀跆拳道运动员在比赛中站位技术使用情况，以左势开式站位技术使用次数最高，共计 3842 次，使用率为 28.61%；其次依序为右势开式 26.74%、右势闭式 23.15%，以左势闭式站位技术 21.49% 为最低。新规则下优秀跆拳道运动员在比赛中站位技术得分率情况，以右势开式站位技术最高，共计 34.20%；其次为左势开式 28.18%、右势闭式 24.08%，以左势闭式站位技术 13.54 为最低。

表 4-25　新规则下优秀跆拳道运动员使用站位统计表

指标	左势开式	左势闭式	右势开式	右势闭式	累计
使用	3842	2885	3591	3109	13427
使用率	28.61%	21.49%	26.74%	23.15%	100.00%
得分	206	99	250	176	731
得分率	28.18%	13.54%	34.20%	24.08%	100.00%

由上述得知，新规则下优秀跆拳道运动员站位技术运用，在运动员站位技术使用率方面以左势开式为最高，但运动员在站位技术得分率方面则以右势开式为最高，因此新规则下运动员以左势开式为主要使用之站位技术，但以右势开式为主要得分之站位技术。

二、新规则下男、女子组优秀跆拳道运动员站位技术使用情况

为了解新竞赛规则下男子组、女子组优秀跆拳道运动员，在站位技术使用特征是否有差异，本书以新规则下男子组与女子组运动员站位技术使用情况，分为使用率、得分率及成功率进行量化分析。并将男子组、女子组运动员站位技术之使用率、得分率及成功率，以 SPSS 统计软件进行统计学考验。本书以独立样本 t 检验，考验男子组、女子组运动员在站位技术指标上是否有差异，显著性水准设定为 $p < 0.05$ 。

依据表 4-26 所示，新规则下优秀跆拳道运动员在比赛中站位技术使用情况，在新规则下男子组运动员以左势闭式站位技术使用次数最高，共计 2398 次，使用率为 37.87%；其次依序为左势开式 21.76%、右势开式 20.97%，以右势闭式站位技术 19.39% 为最低。在新规则下女子组运动员以左势开式站位技术使用次数最高，共计 2464 次，使用率为 34.73%；其次依序为右势开式 31.90%、右势闭式 26.51%，以左势闭式站位技术 6.86% 为最低。新规则下优秀跆拳道运动员在比赛中站位技术得分率情况，男子组运动员以右势开式站位技术得分率最高，共计 34.10%；其次为左势开式 23.70%、右势闭式 21.39%，以右势闭式站位技术得分率 20.81% 为最低。在新规则下女子组运动员以右势开式站位技术得分率最高，共计 34.29%；其次为左势开式 32.21%、右势闭式 27.01%，以左势闭式站位技术得分率 6.49% 为最低。

表 4-26　新规则下优秀跆拳道男、女子运动员站位技术使用情况

性别	指标	左势开式	左势闭式	右势开式	右势闭式	累计
男子	使用	1378	2398	1328	1228	6332
	使用率	21.76%	37.87%	20.97%	19.39%	100.00%
	得分	82	74	118	72	346
	得分率	23.70%	21.39%	34.10%	20.81%	100.00%
女子	使用	2464	487	2263	1881	7095
	使用率	34.73%	6.86%	31.90%	26.51%	100.00%
	得分	124	25	132	104	385
	得分率	32.21%	6.49%	34.29%	27.01%	100.00%

由上述得知，新规则下优秀跆拳道运动员在比赛中站位技术使用情况，男子组优秀跆拳道运动员以左势闭式站位技术使用率为最高，而女子组优秀跆拳道运动员则以左势开式之站位技术使用率为最高。新规则下优秀跆拳道运动员在比赛中站位技术得分率情况，男子组与女子组运动员皆以右势开式站位技术得分率最高，因此男子组运动员以左势闭式为主要使用站位技术，而女子组运动员则以左势开式为主要使用站位技术，但男子组、女子组运动员皆以右势开式为主要得分之站位技术。

为了解新规则下优秀跆拳道运动员在不同性别中的站位技术使用率是否有差异，本书以独立样本 t 检验进行考验。结果显示，男性、女性运动员在站位技术使用率上，左势闭式与右势开式站位技术使用率 $p < 0.05$，达统计学之显著性差异，说明男性与女性运动员在左势闭式与右势开式站位技术使用率有所差异。其余站位技术使用率经独立样本 t 检验后，结果显示 $p > 0.05$，均未达统计学上之显著性差异。男性、女性运动员在站位技术得分率上，左势闭式站位技术得分率 $p < 0.05$，达统计学之显著性差异，说明男性与女性运动员在左势闭式站位技术得分率有所差异。其余站位技术得分率经独立样本 t 检验后，结果显示 $p > 0.05$，均未达统计学上之显著性差异（见表 4-27）。

表 4-27 新规则下优秀跆拳道男、女子运动员站位技术使用率统计分析

指标	站位	性别	平均数	SD	t	P
使用率	左势开式	女	0.34	0.34	1.81	0.07
		男	0.22	0.29	1.81	
	左势闭式	女	0.07	0.07	−5.06	0.00*
		男	0.35	0.38	−5.06	
	右势开式	女	0.36	0.34	2.38	0.02*
		男	0.21	0.28	2.38	
	右势闭式	女	0.23	0.30	0.18	0.86
		男	0.22	0.30	0.18	
得分率	左势开式	女	0.27	0.33	0.94	0.35
		男	0.21	0.31	0.94	
	左势闭式	女	0.06	0.12	−3.37	0.00*
		男	0.24	0.36	−3.37	
	右势开式	女	0.36	0.39	1.16	0.25
		男	0.27	0.34	1.16	
	右势闭式	女	0.25	0.29	1.27	0.21
		男	0.17	0.30	1.27	

三、新规则下女子组各量级优秀跆拳道运动员站位技术使用情况

为了解新竞赛规则下女子组各量级优秀跆拳道运动员，在站位技术使用特征是否有差异，本书以新规则下女子组 -49 千克级、-57 千克级、-67 千克级与 +67 千克级优秀跆拳道运动员站位技术使用情况，分为使用次数、使用率、得分数、得分率、得分次数及成功率进行量化分析。并将女子组各量级优秀跆拳道运动员站位技术之使用率、得分率及成功率，以 SPSS 统计软件进行统计学考验。本书以单因子变异数分析，考验女子组各量级优秀跆拳道运动员在站位技术指标上是否有差异，显著性水准设定为 $p < 0.05$。若指标经单因子变异数分析检验后达显著差异，并以 LSD 事后比较观察女子组各量级优秀跆拳道运动员对站位技术指标的差异性。

依据表 4-28 所示，新规则下女子组优秀跆拳道运动员比赛站位技术使用情况，女子组 -49 千克级运动员以左势开式站位技术使用次数为最高，共计708 次，使用率为 39.86%，其次依序为右势开式 37.84%、右势闭式 12.11%，以左势闭式站位技术 10.19% 为最低。在新规则下女子组 -49 千克级运动员站位技术得分情况中，以右势开式站位技术的得分率为最高，得分率为40.59%，其次依序为左势开式 35.64%%、右势闭式 14.85%，以左势闭式站位技术 8.91% 为最低。

表 4-28　新规则下女子组各量级优秀跆拳道运动员站位技术使用情况

级别	指标	左势开式	左势闭式	右势开式	右势闭式	累计
-49 千克	使用	708	181	672	215	1776
	使用率	39.86%	10.19%	37.84%	12.11%	100.00%
	得分	36	9	41	15	101
	得分率	35.64%	8.91%	40.59%	14.85%	100.00%
-57 千克	使用	508	23	337	1103	1971
	使用率	25.77%	1.17%	17.10%	55.96%	100.00%
	得分	17	2	10	28	57
	得分率	29.82%	3.51%	17.54%	49.12%	100.00%
-67 千克	使用	672	99	662	339	1772
	使用率	37.92%	5.59%	37.36%	19.13%	100.00%
	得分	33	5	41	40	119
	得分率	27.73%	4.20%	34.45%	33.61%	100.00%
+67 千克	使用	576	184	592	224	1576
	使用率	36.55%	11.68%	37.56%	14.21%	100.00%
	得分	38	9	40	21	108
	得分率	35.19%	8.33%	37.04%	19.44%	100.00%

由上述可得知，在新规则下女子组 -49 千克级运动员以左势开式站位技术使用率为最高，但以右势开式站位技术得分率为最高，因此左势开式为女子组 -49 千克级运动员主要使用的站位技术，而右势开式为主要得分的站位

技术。

　　在新规则下女子组 -57 千克级优秀跆拳道运动员比赛站位技术使用情况，以右势闭式使用次数为最高，共计 1103 次，使用率为 55.96%，其次依序为左势开式 25.77%、右势开式 17.10%，以左势闭式 1.17% 为最低。在新规则下女子组 -57 千克级优秀跆拳道运动员比赛站位技术得分情况中，以右势闭式站位技术得分率为最高，得分率为 49.12%，其次依序为左势开式 29.82%、右势开式 17.54%，以左势闭式 3.51% 为最低。由上述得知，在新规则下女子组 -57 千克级运动员以右势闭式站位技术使用率与得分率皆为最高，因此女子组 -57 千克级运动员主要使用与得分的站位技术，皆为右势闭式站位技术。

　　在新规则下女子组 -67 千克级优秀跆拳道运动员比赛站位技术使用情况，以左势开式使用次数为最高，共计 672 次，使用率为 37.92%，其次依序为右势开式 37.36%、右势闭式 19.13%，以左势闭式 5.59% 为最低。在新规则下女子组 -67 千克级优秀跆拳道运动员比赛站位技术得分情况中，以右势开式站位技术得分率为最高，得分率为 34.45%，其次依序为右势闭式 33.61%、左势开式 27.73%，以左势闭式 4.20% 为最低。由上述可得知，在新规则下女子组 -67 千克级运动员以左势开式站位技术使用率为最高，但以右势开式站位技术得分率为最高，因此左势开式为女子组 -67 千克级运动员主要使用的站位技术，而右势开式为主要得分的站位技术。

　　在新规则下女子组 +67 千克级优秀跆拳道运动员比赛站位技术使用情况，以右势开式使用次数最高，共计 592 次，使用率为 37.56%，其次依序为左势开式 36.55%、右势闭式 14.21%，以左势闭式 11.68% 为最低。在新规则下女子组 -67 千克级优秀跆拳道运动员比赛站位技术得分情况中，以右势开式站位技术得分率为最高，得分率为 37.04%，其次依序为左势开式 35.19%、右势闭式 19.44%，以左势闭式 8.33% 为最低。由上述得知，在新规则下女子组 +67 千克级运动员以右势开式站位技术使用率与得分率皆为最高，因此女子组 +67 千克级运动员主要使用与得分的站位技术，皆为右势开式站位技术。

　　为了解新规则下女子组各量级优秀跆拳道运动员，在比赛中站位技术使用特征是否有差异，本书利用单因子变异数分析，对女子组各量级比赛中站位技术使用率及得分率进行考验。在女子组各量级优秀跆拳道运动员站位技术使用率，经单因子变异数分析考验后，结果显示，在左势闭式、右势闭式站位技术使用率 $p < 0.05$，达统计学之显著性差异。经 LSD 事后比较后结果显示，女子组各量级优秀跆拳道运动员，在左势闭式站位技术使用率以女子组 +67 千克级运动员为最高，其次依序为女子组 -49 千克级、女子组 -57 千克级，以女子组 -67 千克级运动员为最低；在右势闭式站位技术使用率以女子组 -57 千克级运动员为最高，其次依序为女子组 -67 千克级、女子组 +67 千克级，以女子组 -49 千克级运动员为最低。在女子组各量级优秀跆拳道运动员站位技术得分率，经单因子变异数分析考验后，结果显示，在女子组各量级优秀跆拳道运动员站位技术得分率 p 值皆 > 0.05 未达显著性差异（见表4-29）。

表 4-29　新规则下女子组各量级所影响站位技术差异检验结果

维度	技术	-49	-57	-67	+67	F	p	事后比较
		$M \pm SD$	$M \pm SD$	$M \pm SD$	$M \pm SD$			
使用率	左势开式	0.39 ± 0.30	0.26 ± 0.42	0.38 ± 0.38	0.32 ± 0.24	0.334	0.801	
	左势闭式	0.11 ± 0.07	0.01 ± 0.02	0.06 ± 0.05	0.11 ± 0.07	8.209	0.00*	d > a > b > c
	右势开式	0.38 ± 0.30	0.27 ± 0.42	0.37 ± 0.38	0.41 ± 0.28	0.377	0.77	
	右势闭式	0.12 ± 0.07	0.46 ± 0.46	0.19 ± 0.26	0.15 ± 0.12	3.747	0.018*	b > c > d > a
得分率	左势开式	0.27 ± 0.38	0.25 ± 0.40	0.27 ± 0.29	0.31 ± 0.26	0.066	0.978	
	左势闭式	0.08 ± 0.15	0.02 ± 0.05	0.06 ± 0.13	0.08 ± 0.15	0.649	0.588	
	右势开式	0.54 ± 0.44	0.27 ± 0.43	0.26 ± 0.27	0.38 ± 0.36	1.391	0.258	
	右势闭式	0.12 ± 0.19	0.22 ± 0.33	0.41 ± 0.30	0.24 ± 0.30	2.215	0.10	

注：*$p < 0.05$。a=-49 千克；b=-57 千克；c=-67 千克；d=+67 千克。

四、新规则下男子组各量级优秀跆拳道运动员站位技术使用情况

为了解新竞赛规则下男子组各量级优秀跆拳道运动员，在站位技术使用特征是否有差异，本书以新规则下男子组 -58 千克级、-68 千克级、-80 千克级与 +80 千克级优秀跆拳道运动员站位技术使用情况，分为使用次数、使用率、得分数、得分率、得分次数及成功率进行量化分析。并将男子组各量级优秀跆拳道运动员站位技术之使用率、得分率及成功率，以 SPSS 统计软件进行统计学考验。本书以单因子变异数分析，考验男子组各量级优秀跆拳道运动员在站位技术指标上是否有差异，显著性水准设定为 $p < 0.05$。若指标经单因子变异数分析检验后达显著差异，并以 LSD 事后比较观察男子组各量级优秀跆拳道运动员对站位技术指标的差异性。

依据表 4-30 所示，新规则下男子组优秀跆拳道运动员比赛站位技术使用情况，男子组 -58 千克级优秀运动员以左势闭式站位技术使用次数为最高，共计 1459 次，使用率为 76.79%，其次依序为右势开式 14.00%、左势开式 7.42%，以右势闭式 1.79% 为最低。在新规则下男子组 -58 千克级优秀跆拳道运动员比赛站位技术得分情况，以左势闭式站位技术得分率为最高，得分率为 60.42%，其次依序为右势开式 29.17%、左势开式 10.42%，以右势闭式 0.00% 为最低。由上述得知，在新规则下男子组 -58 千克级运动员以左势闭式站位技术使用率与得分率皆为最高，因此男子组 -58 千克级运动员主要使用与得分的站位技术，皆为左势闭式站位技术。

表 4-30　新规则下男子组各级别优秀跆拳道运动员站位技术使用情况

级别	指标	左势开式	左势闭式	右势开式	右势闭式	累计
-58 千克	使用	141	1459	266	34	1900
	使用率	7.42%	76.79%	14.00%	1.79%	100.00%
	得分	5	29	14	0	48
	得分率	10.42%	60.42%	29.17%	0.00%	100.00%

级别	指标	左势开式	左势闭式	右势开式	右势闭式	累计
-68千克	使用	559	237	414	568	1778
	使用率	31.44%	13.33%	23.28%	31.95%	100.00%
	得分	27	2	34	48	111
	得分率	24.32%	1.80%	30.63%	43.24%	100.00%
-80千克	使用	361	541	335	352	1589
	使用率	22.72%	34.05%	21.08%	22.15%	100.00%
	得分	30	40	45	12	127
	得分率	23.62%	31.50%	35.43%	9.45%	100.00%
+80千克	使用	317	161	313	274	1065
	使用率	29.77%	15.12%	29.39%	25.73%	100.00%
	得分	20	3	25	12	60
	得分率	33.33%	5.00%	41.67%	20.00%	100.00%

在新规则下男子组 -68 千克级优秀跆拳道运动员比赛站位技术使用情况，以右势闭式站位技术使用次数为最高，共计 568 次，使用率为 31.95%，其次依序为左势开式 31.44%、右势开式 23.28%、以左势闭式 13.33% 为最低。在新规则下男子组 -68 千克级优秀跆拳道运动员比赛站位技术得分情况，以右势闭式站位技术得分率为最高，得分率为 43.24%，其次依序为右势开式 30.63%、左势开式 24.32%，以左势闭式 1.80% 为最低。由上述得知，在新规则下男子组 -68 千克级运动员以右势闭式站位技术使用率与得分率皆为最高，因此男子组 -68 千克级运动员主要使用与得分的站位技术，皆为右势闭式站位技术。

在新规则下男子组 -80 千克级优秀跆拳道运动员在比赛中站位技术使用情况，以左势闭式站位技术使用次数为最高，共计 541 次，使用率为 34.05%，其次依序为左势开式 22.72%、右势闭式 22.15%，以右势开式 21.08% 为最低。在新规则下男子组 -80 千克级优秀跆拳道运动员比赛站位技术得分情况，以右势开式站位技术得分率为最高，得分率为 35.43%，其次依序为左势闭式 31.50%、左势开式 23.62%，以右势闭式 9.45% 为最低。由上述可得知，在新规则下男子组 -80 千克级运动员以左势闭式站位技术使用率为最高，但以右势开式站位技术得分率为最高，因此左势闭式为男子组 -80 千克级运动员主要使用的站位技术，而右势开式为主要得分的站位技术。

在新规则下男子组 +80 千克级优秀跆拳道运动员在比赛中站位技术使用情况，以左势开式使用次数最高，共计 317 次，使用率为 29.77%，其次依序为右势开式 29.39%、右势闭式 25.73%，以左势闭式 15.12% 为最低。在新规则下男子组 +80 千克级优秀跆拳道运动员在比赛中站位技术得分情况，以右势开式站位技术得分率为最高，得分率为 41.67%，其次依序为左势开式 33.33%、右势闭式 20.00%，以左势闭式 5.00% 为最低。由上述可得知，在新规则下男子组 +80 千克级运动员以左势开式站位技术使用率为最高，但以右势开式站位技术得分率为最高，因此左势开式为男子组 +80 千克级运动员主要使用的站位技术，而右势开式为主要得分的站位技术。

为了解新规则下男子组各量级优秀跆拳道运动员，在比赛中站位技术使用特征是否有差异，本书利用单因子变异数分析，对男子组各量级比赛中站位技术使用率及得分率进行考验。在男子组各量级优秀跆拳道运动员站位技术使用率，经单因子变异数分析考验后，结果显示，左势闭式、右势闭式站位技术使用率 $p < 0.05$，达统计学之显著性差异。经 LSD 事后比较后结果显示，男子组各量级优秀跆拳道运动员，在左势闭式站位技术使用率以男子组 -58 千克级运动员为最高，其次依序为男子组 -80 千克级、男子组 +80 千克级，以男子组 -68 千克级为最低；在右势闭式站位技术使用率以男子组 -68 千克级为最高，其次依序为男子组 -80 千克级、男子组 +80 千克级，以男子组 -58 千克级为最低。在男子组各量级优秀跆拳道运动员站位技术得分率，经单因子变异数分析考验后，结果显示，在左势闭式、右势闭式站位技术得分率 $p < 0.05$，达统计学之显著性差异。经 LSD 事后比较后结果显示，男子组各量级优秀跆拳道运动员，在左势闭式站位技术得分率以男子组 -58 千克

级运动员为最高，其次依序为男子组 +80 千克级、男子组 -80 千克级，以男子组 -68 千克级为最低；在右势闭式站位技术得分率以男子组 -68 千克级为最高，其次依序为男子组 +80 千克级、男子组 -80 千克级，以男子组 -58 千克级为最低（见表 4-31）。

表 4-31　新规则下男子组各量级所影响站位技术差异检验结果

维度	技术	-58	-68	-80	+80	F	p	事后比较
		$M \pm SD$	$M \pm SD$	$M \pm SD$	$M \pm SD$			
使用率	左势开式	0.13 ± 0.22	0.28 ± 0.38	0.21 ± 0.26	0.27 ± 0.30	0.622	0.604	
	左势闭式	0.72 ± 0.29	0.16 ± 0.31	0.31 ± 0.34	0.23 ± 0.32	7.491	0.00*	a > c > d > b
	右势开式	0.13 ± 0.23	0.21 ± 0.34	0.21 ± 0.26	0.27 ± 0.29	0.51	0.677	
	右势闭式	0.02 ± 0.01	0.35 ± 0.39	0.28 ± 0.35	0.23 ± 0.21	3.128	0.035*	b > c > d > a
得分率	左势开式	0.12 ± 0.22	0.20 ± 0.33	0.17 ± 0.22	0.35 ± 0.41	1.281	0.293	
	左势闭式	0.54 ± 0.41	0.02 ± 0.06	0.28 ± 0.32	0.13 ± 0.31	6.535	0.001*	a > d > c > b
	右势开式	0.26 ± 0.39	0.22 ± 0.35	0.35 ± 0.31	0.25 ± 0.34	0.296	0.828	
	右势闭式	0.00 ± 0.00	0.48 ± 0.40	0.11 ± 0.23	0.10 ± 0.20	8.398	0.00*	b > d > c > a

注：$^*p < 0.05$。a=-58 千克；b=-68 千克；c=-80 千克；d=+80 千克。

五、本节小结

由上述得知，在新规则下优秀跆拳道运动员站位技术使用率以左势开式为最高，女子组运动员与总体运动员一致，皆以左势开式站位技术使用率为最高，但在男子组运动员则以左势闭式站位技术使用率为最高，且男子组与女子组运动员左势闭式与右势开式站位技术使用率，达统计学之显著性差异。在女子组各量级运动员站位技术使用率中，除女子组 -57 千克级与女子组 +67 千克级运动员外，女子组其他量级皆以左势开式站位技术使用率为最高，且左势开式站位技术使用率在女子组未出现差异性。而女子组 -57 千克级运动员站位技术使用率以右势闭式为最高、女子组 +67 千克级运动员站位技术使用率以右势开式为最高，且在左势闭式与右势闭式站站位技术使用率达统计学之显著性差异，左势闭式站位技术使用率以女子组 +67 千克级为最高。在男子组各量级运动员站位技术使用率中，仅有男子组 +80 千克级运动员以左势开式站位技术使用率为最高，但左势开式站位技术使用率在男子组未出现差异性。在男子组运动员左势闭式与右势闭式站位技术使用率达统计学之显著性差异，左势闭式站位技术使用率以男子组 -58 千克级为最高，右势闭式站位技术使用率以男子组 -68 千克级为最高。说明大部分优秀跆拳道运动员以左势站位技术使用率为主，而女子组运动员以开式为主要站位技术，男子组运动员则以闭式为主要站位技术。

在新规则下，优秀跆拳道运动员站位技术得分率以右势开式为最高，且男子组与女子组运动员皆以右势开式站位技术得分率为最高，但男子组与女子组运动员左势闭式站位技术得分率达统计学之显著性差异，且男子组高于女子组。女子组各量级运动员站位技术得分率，除女子组 -57 千克级运动员以右势闭式站位技术得分率为最高外，女子组其他量级皆以右势开式站位技术得分率为最高。男子组各量级运动员站位技术得分率，除男子组 -58 千克级与男子组 -68 千克级运动员外，男子组其他量级皆以右势开式站位技术得分率为最高，男子组 -58 千克级以左势闭式站位技术得分率为最高、男子组 -68 千克级以右势闭式站位技术得分率为最高，且左势闭式与右势闭式得分率达统计学之显著性差异。说明大部分优秀跆拳道运动员皆以右势开式为主要得分的站位技术，除男子组 -58 千克级运动员外，其他量级运动员皆以右势为主要得分的站位技术，而除女子组 -57 千克级、男子组 -58 千克级与男子组 -68 千克级运动员外，其他量级皆以开式为主要得分之站位技术。

第四节　新规则下优秀跆拳道运动员战术特征

为了解新竞赛规则下优秀跆拳道运动员战术使用情况，本书将运动员分为总体比较、性别比较及量级比较进行探讨，将各战术使用情况以使用次数、使用率、得分数、得分率、得分次数及成功率进行量化比较分析，并将得分率、使用率及成功率以 SPSS 统计软件进行统计学考验。

一、新规则下优秀跆拳道运动员战术使用情况

跆拳道比赛中，战术运用是促成有效得分关键要素之一，本书以 2018 年优秀跆拳道运动员战术使用情况进行量化分析，利用运动员战术使用次数、使用率、得分数、得分率、得分次数及成功率进行探讨。对男、女子组运动员战术使用情况进行独立样本 t 检验比较，对各量级运动员进行单因子变异数分析进行差异性检验。

依据表 4-32 所示，新规则下优秀跆拳道运动员在比赛中战术使用情况，优秀跆拳道运动员以进攻战术使用次数为最高，共计 3404 次，占总使用率 31.03%，其次依序为反击 27.33%、迎击 24.49%、防守 16.94%，以对峙战术使用率 0.21% 为最低。新规则下优秀跆拳道运动员在比赛中战术得分情况，以进攻战术得分数为最高，占总体战术得分率的 63.78%，其次依序为反击 19.01%、迎击 17.09%、防守 0.12%，以对峙战术得分率 0.00% 为最低。新规则下优秀跆拳道运动员在比赛中战术得分成功率情况，以进攻战术得分成功率为最高，占总体战术得分成功率的 7.46%，其次依序为反击 2.54%、迎击 2.46%、防守 0.05%，以对峙战术得分成功率 0.00% 为最低。

表 4-32　新规则下优秀跆拳道运动员使用战术使用情况

战术	进攻	反击	迎击	防守	对峙	累计
使用	3404	2998	2687	1858	23	10970
使用率	31.03%	27.33%	24.49%	16.94%	0.21%	100.00%
得分	530	158	142	1	0	831
得分率	63.78%	19.01%	17.09%	0.12%	0.00%	100.00%
得分次数	254	76	66	1	0	397
成功率	7.46%	2.54%	2.46%	0.05%	0.00%	3.62%

由上述得知，新规则下优秀跆拳道运动员在比赛中战术使用情况，以进攻战术使用率为最高，说明优秀跆拳道运动员以进攻战术为主要使用之战术。在新规则下优秀跆拳道运动员战术得分情况，以进攻战术得分率为最高，说明优秀跆拳道运动员以进攻战术为主要得分之战术。在新规则下优秀跆拳道运动员战术得分成功率情况，以进攻战术得分成功率为最高，说明优秀跆拳道运动员以进攻战术为关键得分战术。

二、新规则下男、女子组优秀跆拳道运动员战术使用情况

为了解新竞赛规则下男子组、女子组优秀跆拳道运动员，在战术使用特征是否有差异，本书以新规则下男子组与女子组运动员战术使用情况，分为使用率、得分率及成功率进行量化分析。并将男子组、女子组运动员战术之使用率、得分率及成功率，以 SPSS 统计软件进行统计学考验。本书以独立样本 t 检验，考验男子组、女子组运动员在战术指标上是否有差异，显著性水准设定为 $p < 0.05$。

依据表 4-33 所示，新规则下男子组与女子组优秀跆拳道运动员在比赛中战术使用情况，男子组优秀跆拳道运动员以进攻战术使用次数为最高，共计 1625 次，占总使用率 31.20%，其次依序为反击 28.57%、迎击 22.17%、防守 17.99%，以对峙战术使用率 0.08% 为最低。女子组优秀跆拳道运动员以进攻战术使用次数为最高，共计 1779 次最高，占总使用率 30.88%，其次依

序为迎击 26.59%、反击 26.21%、防守 15.99%，以对峙战术使用率 0.33% 为最低。新规则下男子组与女子组优秀跆拳道运动员在比赛中战术得分情况，男子组优秀跆拳道运动员以进攻战术得分数为最高，占总体战术得分率的 63.52%，其次依序为迎击 19.64%、反击 16.58%、防守 0.26%，以对峙战术得分率 0.00% 为最低。女子组优秀跆拳道运动员以进攻战术得分数为最高，占总体战术得分率的 64.01%，其次依序为反击 21.18%、迎击 14.81%、防守与对峙战术皆得分率 0.00% 为最低。新规则下男子组与女子组优秀跆拳道运动员在比赛中战术得分成功率情况，男子组优秀跆拳道运动员以进攻战术得分成功率为最高，占总体战术得分成功率的 6.95%；其次依序为迎击 3.03%、反击 2.08%、防守 0.11%，以对峙战术得分成功率 0.00% 为最低。女子组优秀跆拳道运动员以进攻战术得分成功率为最高，占总体战术得分成功率的 7.93%；其次依序为反击 2.98%、迎击 2.02%、防守及对峙战术皆得分成功率 0.00% 为最低。

表 4-33 新规则下男、女子组优秀跆拳道运动员战术使用情况

性别	指标	进攻	反击	迎击	防守	对峙	累计
男子	使用	1625	1488	1155	937	4	5209
	使用率	31.20%	28.57%	22.17%	17.99%	0.08%	100.00%
	得分	249	65	77	1	0	392
	得分率	63.52%	16.58%	19.64%	0.26%	0.00%	100.00%
	得分次数	113	31	35	1	0	180
	成功率	6.95%	2.08%	3.03%	0.11%	0.00%	3.46%
女子	使用	1779	1510	1532	921	19	5761
	使用率	30.88%	26.21%	26.59%	15.99%	0.33%	100.00%
	得分	281	93	65	0	0	439
	得分率	64.01%	21.18%	14.81%	0.00%	0.00%	100.00%
	得分次数	141	45	31	0	0	217
	成功率	7.93%	2.98%	2.02%	0.00%	0.00%	3.77%

由上述得知，新规则下男子组与女子组优秀跆拳道运动员在比赛中战术使用情况，以进攻战术使用率为最高，说明优秀跆拳道运动员以进攻战术为主要使用之战术。在新规则下男子组与女子组优秀跆拳道运动员战术得分情况，以进攻战术得分率为最高，说明优秀跆拳道运动员以进攻战术为主要得分之战术。在新规则下，男子组与女子组优秀跆拳道运动员战术得分成功率情况，以进攻战术得分成功率为最高，说明优秀跆拳道运动员以进攻战术为关键得分之战术。

为了解新规则下男子组、女子组优秀跆拳道运动员，在比赛中战术使用情况是否存在差异性，本书以独立样本 t 检验进行考验。结果显示，男子组、女子组优秀跆拳道运动员战术使用率中，无论进攻、反击、迎击、防守或对峙战术的比较，p 值皆 > 0.05，均未达统计学上之显著性差异。因此，新规则下男子组、女子组优秀跆拳道运动员比赛战术使用率皆未达显著性差异。新规则下男子组、女子组优秀跆拳道运动员比赛战术得分率方面，性别变项经独立样本 t 检验进行考验后，结果显示，男子组、女子组优秀跆拳道运动员在比赛战术得分率中，无论进攻、反击、迎击、防守或对峙战术的比较，p 值皆 > 0.05，均未达统计学上之显著性差异。因此，男子组、女子组优秀跆拳道运动员在比赛战术得分率皆未达显著性差异。此外，对峙战术中平均值过低，故无法进行统计学比较。新规则下男子组、女子组优秀跆拳道运动员在比赛战术得分成功率方面，性别变项经独立样本 t 检验进行考验后，结果显示，男子组、女子组优秀跆拳道运动员在比赛战术得分成功率中，无论进攻、反击、迎击、防守或对峙战术的比较，p 值皆 > 0.05。因此，男子组、女子组优秀跆拳道运动员在比赛战术得分成功率皆未达显著性差异。此外，因为对峙战术中平均值过低，故无法进行统计学比较。见表 4-34。

表 4-34　新规则下性别对优秀跆拳道运动员战术使用情况检验结果

维度	战术	性别	平均数	SD	t	p
使用率	进攻	男	0.33	0.15	−0.30	0.77
		女	0.34	0.18	−0.30	
	反击	男	0.25	0.14	−0.56	0.58
		女	0.27	0.15	−0.56	
	迎击	男	0.26	0.14	1.59	0.12
		女	0.21	0.15	1.59	
	防守	男	0.16	0.10	−1.20	0.23
		女	0.18	0.09	−1.20	
	对峙	男	0.00	0.01	1.52	0.13
		女	0.00	0.00	1.52	
得分率	进攻	男	0.60	0.37	0.55	0.58
		女	0.55	0.40	0.55	
	反击	男	0.19	0.29	0.39	0.70
		女	0.17	0.29	0.39	
	迎击	男	0.15	0.26	−0.39	0.70
		女	0.17	0.27	−0.39	
	防守	男	0.00	0.00	−1.00	0.32
		女	0.00	0.02	−1.00	
	对峙	男	0.00	0.00	—	—
		女	0.00	0.00	—	
成功率	进攻	男	0.09	0.08	0.73	0.47
		女	0.08	0.08	0.73	
	反击	男	0.03	0.04	0.79	0.43
		女	0.02	0.04	0.79	
	迎击	男	0.02	0.04	0.56	0.58
		女	0.02	0.03	0.56	
	防守	男	0.00	0.00	−1.00	0.32
		女	0.00	0.00	−1.00	
	对峙	男	0.00	0.00	—	—
		女	0.00	0.00	—	

三、新规则下女子组各量级优秀跆拳道运动员战术使用情况

为了解新竞赛规则下女子组各量级优秀跆拳道运动员，在战术使用特征是否有差异，本书以新规则下女子组 -49 千克级、-57 千克级、-67 千克级与 +67 千克级优秀跆拳道运动员战术使用情况，分为使用次数、使用率、得分数、得分率、得分次数及成功率进行量化分析。并将女子组各量级优秀跆拳道运动员战术之使用率、得分率及成功率，以 SPSS 统计软件进行统计学考验。本书以单因子变异数分析，考验女子组各量级优秀跆拳道运动员在战术指标上是否有差异，显著性水准设定为 $p < 0.05$ 。若指标经单因子变异数分析检验后达显著差异，并以 LSD 事后比较观察女子组各量级优秀跆拳道运动员对战术指标的差异性。

依据表 4-35 所示，新规则下女子组各量级优秀跆拳道运动员在比赛中战术使用情况，女子组 -49 千克级优秀跆拳道运动员以进攻战术使用次数为最高，共计 412 次，占总使用率 29.62%，其次依序为迎击 27.68%、反击 25.23%、防守 17.40%，以对峙战术使用率 0.07% 为最低。女子组 -57 千克级优秀跆拳道运动员以进攻战术使用次数为最高，共计 471 次，占总使用率 29.66%，其次依序为迎击 28.97%、反击 26.20%、防守 14.48%，以对峙战术使用率 0.69% 为最低。女子组 -67 千克级优秀跆拳道运动员以进攻战术使用次数为最高，共计 488 次，占总使用率 32.62%，其次依序为迎击 26.87%、反击 26.20%、防守 14.30%，以对峙战术使用率 0.00% 为最低。女子组 +67 千克级优秀跆拳道运动员以进攻战术使用次数为最高，共计 408 次，占总使用率 31.73%，其次依序为反击 27.29%、迎击 22.16%、防守 18.27%，以对峙战术使用率 0.54% 为最低。

新规则下女子组各量级优秀跆拳道运动员在比赛中战术得分情况，女子组 -49 千克级优秀跆拳道运动员以进攻战术得分数为最高，占总体战术得分率的 70.30%，其次依序为反击 20.79%、迎击 8.91%，以防守与对峙战术得分率 0.00% 为最低。女子组 -57 千克级优秀跆拳道运动员以进攻战术得分数为

最高，占总体战术得分率的 73.33%，其次依序为迎击 14.67%、反击 12.00%，以防守与对峙战术得分率 0.00% 为最低。女子组 -67 千克级优秀跆拳道运动员以进攻战术得分数为最高，占总体战术得分率的 51.05%，其次依序为反击 28.67%、迎击 20.28%，以防守与对峙战术得分率 0.00% 为最低。女子组 +67 千克级优秀跆拳道运动员以进攻战术得分数为最高，占总体战术得分率的 68.33%，其次依序为反击 18.33%、迎击 13.33%，以防守与对峙战术得分率 0.00% 为最低。

新规则下女子组各量级优秀跆拳道运动员在比赛中战术得分成功率情况，女子组 -49 千克级优秀跆拳道运动员以进攻战术得分成功率为最高，占总体战术得分成功率的 8.93%，其次依序为反击 3.42%、迎击 1.04%，以防守与对峙战术得分成功率 0.00% 为最低。女子组 -57 千克级优秀跆拳道运动员以进攻战术得分成功率为最高，占总体战术得分成功率的 5.10%，其次依序为迎击 1.30%、反击 0.96%，以防守与对峙战术得分成功率 0.00% 为最低。女子组 -67 千克级优秀跆拳道运动员以进攻战术得分成功率为最高，占总体战术得分成功率的 7.38%，其次依序为反击 4.85%、迎击 3.48%，以防守与对峙战术得分成功率 0.00% 为最低。女子组 +67 千克级优秀跆拳道运动员以进攻战术得分成功率为最高，占总体战术得分成功率的 10.78%，其次依序为反击 2.85%、迎击 2.46%，以防守与对峙战术得分成功率 0.00% 为最低。

表 4-35　新规则下女子各量级优秀跆拳道运动员战术使用情况

量级	维度	进攻	反击	迎击	防守	对峙	累计
-49 千克	使用	412	351	385	242	1	1391
	使用率	29.62%	25.23%	27.68%	17.40%	0.07%	100.00%
	得分	71	21	9	0	0	101
	得分率	70.30%	20.79%	8.91%	0.00%	0.00%	100.00%
	得分次数	37	12	4	0	0	53
	成功率	8.98%	3.42%	1.04%	0.00%	0.00%	3.81%

续表

量级	维度	进攻	反击	迎击	防守	对峙	累计
-57千克	使用	471	416	460	230	11	1588
	使用率	29.66%	26.20%	28.97%	14.48%	0.69%	100.00%
	得分	55	9	11	0	0	75
	得分率	73.33%	12.00%	14.67%	0.00%	0.00%	100.00%
	得分次数	24	4	6	0	0	34
	成功率	5.10%	0.96%	1.30%	0.00%	0.00%	2.14%
-67千克	使用	488	392	402	214	0	1496
	使用率	32.62%	26.20%	26.87%	14.30%	0.00%	100.00%
	得分	73	41	29	0	0	143
	得分率	51.05%	28.67%	20.28%	0.00%	0.00%	100.00%
	得分次数	36	19	14	0	0	69
	成功率	7.38%	4.85%	3.48%	0.00%	0.00%	4.61%
+67千克	使用	408	351	285	235	7	1286
	使用率	31.73%	27.29%	22.16%	18.27%	0.54%	100.00%
	得分	82	22	16	0	0	120
	得分率	68.33%	18.33%	13.33%	0.00%	0.00%	100.00%
	得分次数	44	10	7	0	0	61
	成功率	10.78%	2.85%	2.46%	0.00%	0.00%	4.74%

由上述得知，新规则下女子组各量级优秀跆拳道运动员在比赛中战术使用情况，以进攻战术使用率为最高，说明优秀跆拳道运动员以进攻战术为主要使用之战术。在新规则下女子组各量级优秀跆拳道运动员战术得分情况，以进攻战术得分率为最高，说明优秀跆拳道运动员以进攻战术为主要得分之战术。在新规则下女子组各量级优秀跆拳道运动员战术得分成功率情况，以进攻战术得分成功率为最高，说明优秀跆拳道运动员以进攻战术为关键得分之战术。

为了解新规则下女子组各量级优秀跆拳道运动员，在比赛中战术使用情况是否存在差异性，本书利用单因子变异数分析进行考验。结果显示，女子组各量级优秀跆拳道运动员在比赛战术使用率中，无论进攻、反击、迎击、防守或对峙战术的比较，p值皆＞0.05，均未达统计学上之显著性差异。因此，女子组各量级优秀跆拳道运动员在战术运用使用率上不存在统计学上的差异性。新规则下女子组各量级优秀跆拳道运动员，在比赛中战术得分率方面，本书以单因子变异数分析进行考验后，结果显示，女子组各量级优秀跆拳道运动员在比赛战术得分率中，无论进攻、反击、迎击、防守或对峙战术的比较，p值皆＞0.05，均未达统计学上之显著性差异。因此，新规则下女子组各量级优秀跆拳道运动员在战术得分率上不存在统计学上的差异性。新规则下女子组各量级优秀跆拳道运动员，在比赛中战术成功率方面，本书以单因子变异数分析进行考验后，结果显示，女子组各量级优秀跆拳道运动员在比赛战术得分成功率中，无论进攻、反击、迎击、防守或对峙战术的比较，p值皆＞0.05，均未达统计学上之显著性差异。因此，新规则下女子组各量级优秀跆拳道运动员在比赛战术得分成功率上不存在统计学上的差异性（见表4-36）。

表4-36　新规则下女子各量级所影响战术使用情况差异性检验

维度	战术	−49千克	−57千克	−67千克	+67千克	F	p
		$M \pm SD$	$M \pm SD$	$M \pm SD$	$M \pm SD$		
使用率	进攻	0.31 ± 0.12	0.32 ± 0.18	0.36 ± 0.21	0.33 ± 0.10	0.262	0.852
	反击	0.25 ± 0.08	0.24 ± 0.16	0.25 ± 0.18	0.26 ± 0.12	0.038	0.99
	迎击	0.27 ± 0.14	0.29 ± 0.18	0.25 ± 0.17	0.22 ± 0.07	0.532	0.662
	防守	0.17 ± 0.11	0.14 ± 0.13	0.14 ⊥ 0.06	0.18 ± 0.07	0.634	0.597
	对峙	0.00 ± 0.00	0.01 ± 0.02	0.00 ± 0.00	0.01 ± 0.01	1.128	0.348
得分率	进攻	0.76 ± 0.27	0.45 ± .43	0.58 ± .37	0.60 ± .36	1.466	0.237
	反击	0.15 ± 0.19	0.05 ± 0.16	0.29 ± 0.32	0.28 ± 0.39	1.975	0.132
	迎击	0.09 ± 0.18	0.25 ± 0.38	0.13 ± 0.22	0.12 ± 0.20	0.858	0.47
	防守	0.00 ± .00	0.00 ± 0.00	0.00 ± 0.00	0.00 ± 0.00	—	—
	对峙	0.00 ± 0.00	0.00 ± 0.00	0.00 ± 0.00	0.00 ± 0.00	—	—

续表

维度	战术	−49 千克	−57 千克	−67 千克	+67 千克	F	p
		M ± SD	M ± SD	M ± SD	M ± SD		
成功率	进攻	0.10 ± 0.08	0.05 ± 0.05	0.08 ± 0.07	0.12 ± 0.10	1.93	0.139
	反击	0.03 ± 0.04	0.01 ± 0.02	0.05 ± 0.05	0.02 ± 0.03	1.789	0.163
	迎击	0.01 ± 0.02	0.02 ± 0.05	0.04 ± 0.06	0.03 ± 0.04	0.984	0.409
	防守	0.00 ± 0.00	0.00 ± 0.00	0.00 ± 0.00	0.00 ± 0.00	—	—
	对峙	0.00 ± 0.00	0.00 ± 0.00	0.00 ± 0.00	0.00 ± 0.00	—	—

四、新规则下男子组各量级优秀跆拳道运动员战术使用情况

为了解新竞赛规则下男子组各量级优秀跆拳道运动员，在战术使用特征是否有差异，本书以新规则下男子组 −58 千克级、−68 千克级、−80 千克级与 +80 千克级优秀跆拳道运动员战术使用情况，分为使用次数、使用率、得分数、得分率、得分次数及成功率进行量化分析。并将男子组各量级优秀跆拳道运动员战术之使用率、得分率及成功率，以 SPSS 统计软件进行统计学考验。本书以单因子变异数分析，考验男子组各量级优秀跆拳道运动员在战术指标上是否有差异，显著性水准设定为 $p < 0.05$ 。若指标经单因子变异数分析检验后达显著差异，并以 LSD 事后比较观察男子组各量级优秀跆拳道运动员对战术指标的差异性。

依据表 4-37 所示，新规则下男子组各量级优秀跆拳道运动员在比赛中战术使用情况，男子组 −58 千克级优秀跆拳道运动员以进攻战术使用次数为最高，共计 451 次，占总使用率 29.77%，其次依序为反击 27.59%、迎击 24.95%、防守 17.69%，以对峙战术使用率 0.00% 为最低。男子组 −68 千克级优秀跆拳道运动员以反击战术使用次数为最高，共计 507 次，占总使用率 35.33%，其次依序为进攻 30.10%、迎击 20.91%、防守 13.52%，以对峙战术使用率 0.14% 为最低。男子组 −80 千克级优秀跆拳道运动员以进攻战术使用次数为最高，共计 427 次，占总使用率 32.01%，其次依序为反击 26.39%、迎

击 23.24%、防守 18.22%，以对峙战术使用率 0.15% 为最低。男子组 +80 千克级优秀跆拳道运动员以进攻战术使用次数为最高，共计 315 次，占总使用率 34.05%，其次依序为防守 25.08、反击 22.81%、迎击 18.05%，以对峙战术使用率 0.00% 为最低。

表 4-37　新规则下男子组各量级优秀跆拳道运动员战术使用情况

量级	维度	进攻	反击	迎击	防守	对峙	累计
-58 千克	使用	451	418	378	268	0	1515
	使用率	29.77%	27.59%	24.95%	17.69%	0.00%	100.00%
	得分	38	3	27	0	0	68
	得分率	55.88%	4.41%	39.71%	0.00%	0.00%	100.00%
	得分次数	17	1	11	0	0	29
	成功率	3.77%	0.24%	2.91%	0.00%	0.00%	1.91%
-68 千克	使用	432	507	300	194	2	1435
	使用率	30.10%	35.33%	20.91%	13.52%	0.14%	100.00%
	得分	86	27	15	0	0	128
	得分率	67.19%	21.09%	11.72%	0.00%	0.00%	100.00%
	得分次数	40	13	7	0	0	60
	成功率	9.26%	2.56%	2.33%	0.00%	0.00%	4.18%
-80 千克	使用	427	352	310	243	2	1334
	使用率	32.01%	26.39%	23.24%	18.22%	0.15%	100.00%
	得分	83	21	26	0	0	130
	得分率	63.85%	16.15%	20.00%	0.00%	0.00%	100.00%
	得分次数	37	10	10	0	0	57
	成功率	8.67%	2.84%	3.23%	0.00%	0.00%	4.27%
+80 千克	使用	315	211	167	232	0	925
	使用率	34.05%	22.81%	18.05%	25.08%	0.00%	100.00%
	得分	42	14	9	1	0	66
	得分率	63.64%	21.21%	13.64%	1.52%	0.00%	100.00%
	得分次数	19	7	7	1	0	34
	成功率	6.03%	3.32%	4.19%	0.43%	0.00%	3.68%

新规则下男子组各量级优秀跆拳道运动员在比赛中战术得分情况，男子组 -58 千克级优秀跆拳道运动员以进攻战术得分数为最高，占总体战术得分率的 55.88%，其次依序为迎击 39.71%、反击 4.41%，以防守与对峙战术得分率 0.00% 为最低。男子组 -68 千克级优秀跆拳道运动员以进攻战术得分数为最高，占总体战术得分率的 67.19%，其次依序为反击 21.09%、迎击 11.72%，以防守与对峙战术得分率 0.00% 为最低。男子组 -80 千克级优秀跆拳道运动员以进攻战术得分数为最高，占总体战术得分率的 63.85%，其次依序为迎击 20.00%、反击 16.15%，以防守与对峙战术得分率 0.00% 为最低。男子组 +80 千克级优秀跆拳道运动员以进攻战术得分数为最高，占总体战术得分率的 63.64%，其次依序为反击 21.21%、迎击 13.64%、防守 1.52%，以对峙战术得分率 0.00% 为最低。

新规则下男子组各量级优秀跆拳道运动员在比赛中战术得分成功率情况，男子组 -58 千克级优秀跆拳道运动员以进攻战术得分成功率为最高，占总体战术得分成功率的 3.77%，其次依序为迎击 2.91%、反击 0.24%，以防守与对峙战术得分成功率 0.00% 为最低。男子组 -68 千克级优秀跆拳道运动员以进攻战术得分成功率为最高，占总体战术得分成功率的 9.26%，其次依序为反击 2.56%、迎击 2.33%，以防守与对峙战术得分成功率 0.00% 为最低。男子组 -80 千克级优秀跆拳道运动员以进攻战术得分成功率为最高，占总体战术得分成功率的 8.67%，其次依序为迎击 3.23%、反击 2.84%，以防守与对峙战术得分成功率 0.00% 为最低。男子组 +80 千克级优秀跆拳道运动员以进攻战术得分成功率为最高，占总体战术得分成功率的 6.03%，其次依序为迎击 4.19%、反击 3.32%、防守 0.43%，以对峙战术得分成功率 0.00% 为最低。

由上述得知，新规则下男子组各量级优秀跆拳道运动员在比赛中战术使用情况，除男子组 -68 千克级优秀跆拳道运动员以反击战术使用率为最高外，男子组其他量级皆以进攻战术使用率为最高，说明男子组各量级优秀跆拳道运动员以进攻战术为主要使用之战术。在新规则下，男子组各量级优秀跆拳道运动员战术得分情况，以进攻战术得分率为最高，说明男子组各量级优秀跆拳道运动员以进攻战术为主要得分之战术。在新规则下，男子组各量级优秀跆拳道运动员战术得分成功率情况，以进攻战术得分成功率为最高，说明男子组各量级优秀跆拳道运动员以进攻战术为关键得分之战术。

为了解新规则下男子组各量级优秀跆拳道运动员，在比赛中战术使用情况是否存在差异性，本书利用单因子变异数分析进行考验。结果显示，男子组各量级优秀跆拳道运动员在比赛战术使用率中，无论进攻、反击、迎击或对峙战术的比较，p 值皆 > 0.05，均未达统计学上之显著性差异。而在防守战术的使用率中，$p < 0.05$ 达显著性差异，经 LSD 事后比较后得知，男子组各量级优秀跆拳道运动员防守战术使用率中依序为 +80 千克级 $>$ -58 千克级 $>$ -80 千克级 $>$ -68 千克级运动员。因此，新规则下男子组各量级运动员，在防守战术使用率上存在统计学上的差异性，且以男子组 +80 千克级优秀跆拳道运动员防守战术使用率为最高。新规则下男子组各量级优秀跆拳道运动员，在比赛中战术得分率方面，本书以单因子变异数分析进行考验后，结果显示，男子组各量级优秀跆拳道运动员在比赛战术得分率中，无论进攻、反击、迎击、防守或对峙战术的比较，p 值皆 > 0.05，均未达统计学上之显著性差异。因此，新规则下男子组各量级优秀跆拳道运动员在比赛战术得分率上不存在统计学上的差异性。新规则下男子组各量级优秀跆拳道运动员，在比赛中战术成功率方面，本书以单因子变异数分析进行考验后，结果显示，男子组各量级优秀跆拳道运动员在比赛战术得分成功率中，无论进攻、反击、迎击、防守或对峙战术的比较，p 值皆 > 0.05，均未达统计学上之显著性差异。因此，新规则下男子组各量级优秀跆拳道运动员在比赛战术得分成功率上，不存在统计学上的差异性。见表 4-38。

表 4-38 新规则下各量级所影响战术使用情况差异性检验

维度	战术	-58 千克	-68 千克	-80 千克	+80 千克	F	p	事后比较
		$M \pm SD$	$M \pm SD$	$M \pm SD$	$M \pm SD$			
使用率	进攻	0.33 ± 0.18	0.33 ± 0.22	0.35 ± 0.19	0.35 ± 0.15	0.04	0.989	
	反击	0.26 ± 0.13	0.32 ± 0.17	0.25 ± 0.13	0.23 ± 0.16	0.901	0.448	
	迎击	0.23 ± 0.21	0.21 ± 0.12	0.23 ± 0.15	0.18 ± 0.11	0.316	0.814	
	防守	0.18 ± 0.09	0.14 ± 0.06	0.17 ± 0.07	0.24 ± 0.12	2.867	0.047*	d > a > c > b
	对峙	0.00 ± 0.00	0.00 ± 0.00	0.00 ± 0.00	0.00 ± 0.00	0.947	0.426	
得分率	进攻	0.63 ± 0.41	0.60 ± 0.37	0.52 ± 0.41	0.46 ± 0.43	0.433	0.731	
	反击	0.04 ± 0.12	0.26 ± 0.28	0.15 ± 0.29	0.25 ± 0.38	1.584	0.207	
	迎击	0.25 ± 0.31	0.06 ± 0.12	0.25 ± 0.38	0.11 ± 0.16	1.57	0.21	
	防守	0.00 ± 0.00	0.00 ± 0.00	0.00 ± 0.00	0.01 ± 0.05	1	0.402	
	对峙	0.00 ± 0.00	0.00 ± 0.00	0.00 ± 0.00	0.00 ± 0.00	—	—	
成功率	进攻	0.05 ± 0.05	0.08 ± 0.06	0.12 ± 0.12	0.06 ± 0.06	1.784	0.164	
	反击	0.00 ± 0.01	0.02 ± 0.02	0.03 ± 0.04	0.03 ± 0.05	2.156	0.107	
	迎击	0.02 ± 0.03	0.02 ± 0.04	0.02 ± 0.03	0.03 ± 0.04	0.449	0.719	
	防守	0.00 ± 0.00	0.00 ± 0.00	0.00 ± 0.00	0.00 ± 0.01	1	0.402	
	对峙	0.00 ± 0.00	0.00 ± 0.00	0.00 ± 0.00	0.00 ± 0.00	—	—	

注：$^*p < 0.05$。a=-58 千克、b=-68 千克、c=-80 千克、d=+80 千克。

五、本节小结

由上述得知，在新规则下优秀跆拳道运动员比赛中战术使用率以进攻战术为最高，而男子组与女子组优秀跆拳道运动员比赛战术使用率皆以进攻战术为最高，且女子组各量级优秀跆拳道运动员比赛战术使用率仍以进攻战术为最高，与总体运动员比赛战术使用情况一致。在男子组各量级优秀跆拳道运动员比赛战术使用率中，除男子组 -68 千克级运动员以反击战术使用率为最高外，男子组其他量级皆以进攻战术使用率为最高，但进攻战术经差异检验后未达统计学之差异，说明男子组各量级优秀跆拳道运动员以进攻战术为主要使用之战术。新规则下男子组各量级优秀跆拳道运动员在防守战术使用率有所差异，经比较后得知，其使用率依序为 +80 千克级 > -58 千克级 > -80 千克级 > -68 千克级运动员，说明在男子组最重量级与最轻量级对于防守战术的使用较为一般。

在新规则下运动员比赛中战术得分率以进攻战术为最高，男子组与女子组优秀跆拳道运动员比赛战术得分率皆以进攻战术为最高，而女子组各量级优秀跆拳道运动员比赛战术得分率仍以进攻战术为最高，且男子组各量级优秀跆拳道运动员比赛战术得分率依然以进攻战术为最高，皆与总体运动员比赛战术得分情况一致。说明在新规则下无论在性别或量级变项中，运动员皆以进攻战术为主要得分之战术。

在新规则下优秀跆拳道运动员比赛中战术得分成功率以进攻战术为最高，男子组与女子组优秀跆拳道运动员比赛战术得分成功率皆以进攻战术为最高，与总体运动员比赛战术得分成功率情况一致。说明新规则下优秀跆拳道运动员比赛战术得分成功率情况，无论是在性别还是量级变项中，皆以进攻战术为关键得分之战术。

第五节　新旧规则下优秀跆拳道运动员技术特征比较

为了解新规则修订后对于优秀跆拳道运动员，在得分技术使用特征是否有所差异，本书以 2017、2018 年竞赛规则下优秀跆拳道运动员得分技术使用情况，分为使用率、得分率及成功率进行量化分析。并将 2017、2018 年竞赛规则下优秀跆拳道运动员得分技术之使用率、得分率及成功率，以 SPSS 统计软件进行统计学考验。本书以相依样本 t 检验，考验 2017、2018 年竞赛规则下优秀跆拳道运动员在得分技术指标上是否有差异，显著性水准设定为 $p < 0.05$。

一、新旧规则下优秀跆拳道运动员技术使用情况比较

依据图 4-1 所示，跆拳道优秀运动员在比赛中总体得分技术使用率，在 2017 年规则下仍以前横踢技术最高，为 40.66%，其次依序为、侧踢 19.37%、后横踢 16.04%、其他 6.85%、下劈 6.35%、勾踢 3.20%、直拳 2.81%、后踢 1.77%、推踢 1.49%、双飞踢 0.79%、后旋踢 0.45%，以旋风踢 0.22% 为最低；在 2018 年规则下依然以前横踢技术使用率最高，为 41.77%，其次依序为侧踢 21.29%、后横踢 16.01%、下劈 6.04%、其他 5.49%、直拳 2.78%、勾踢 2.54%、后踢 1.48%、推踢 1.38%、后旋踢 0.55%、双飞踢 0.52%，以旋风踢 0.14% 为最低。

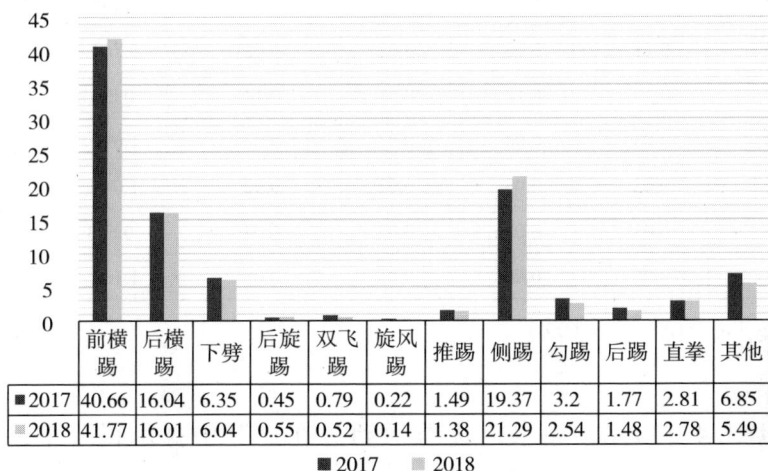

	前横踢	后横踢	下劈	后旋踢	双飞踢	旋风踢	推踢	侧踢	勾踢	后踢	直拳	其他
■2017	40.66	16.04	6.35	0.45	0.79	0.22	1.49	19.37	3.2	1.77	2.81	6.85
▨2018	41.77	16.01	6.04	0.55	0.52	0.14	1.38	21.29	2.54	1.48	2.78	5.49

■ 2017　▨ 2018

图 4-1　新旧规则下优秀跆拳道运动员技术使用率情况

由上述得知，在 2017、2018 年规则下优秀跆拳道运动员使用技术前三位皆以前横踢技术使用率最高，皆以侧踢技术使用率为第二位，皆以后横踢技术使用率为第三位。在新旧规则下，优秀跆拳道运动员技术使用率在前横踢与侧踢及后旋踢使用率有上升的趋势，而在后横踢、下劈、双飞踢、旋风踢、推踢、勾踢、后踢、直拳与其他技术则有下降的趋势。

为了解在 2017、2018 年竞赛规则下，优秀跆拳道运动员在得分技术使用率上是否存在差异性，本书以相依样本 t 检验进行考验。检验结果显示，在

两届竞赛规则下，优秀跆拳道运动员在技术使用率上 $p > 0.05$，均未达统计学上之显著性差异（见表 4-39）。

表 4-39　新旧规则所影响各技术使用率的差异检验结果

技术	2017 年规则		2018 年规则		t	p
	M	SD	M	SD		
前横踢	0.40	0.13	0.41	0.15	-0.436	0.664
后横踢	0.16	0.10	0.16	0.11	0.001	0.999
下劈	0.06	0.06	0.06	0.05	-0.033	0.974
后旋踢	0.00	0.01	0.01	0.01	-0.89	0.376
双飞踢	0.01	0.02	0.01	0.02	1.687	0.095
旋风踢	0.00	0.01	0.00	0.01	0.896	0.373
推踢	0.01	0.02	0.01	0.02	0.264	0.792
侧踢	0.19	0.12	0.21	0.14	-0.831	0.408
勾踢	0.03	0.04	0.03	0.03	1.628	0.107
后踢	0.02	0.03	0.02	0.02	1.044	0.299
直拳	0.03	0.04	0.03	0.04	-0.683	0.496
其他	0.06	0.05	0.05	0.05	1.166	0.247

注：$^*p < 0.05$ （N=192）。

依据图 4-2 所示，跆拳道优秀运动员在比赛中技术得分率，在 2017 年规则下则以后横踢为最高，为 28.32%，其次依序为前横踢 26.67%、下劈 13.40%、侧踢 12.22%、勾踢 6.82%、直拳 6.11%、后踢 2.47%、双飞踢 2.35%、其他 0.94%、后旋踢 0.47%、推踢 0.24%，以旋风踢 0.00% 为最低。在 2018 年规则下仍以后横踢最高，为 28.10%，其次依序为前横踢 21.55%、下劈 16.31%、侧踢 10.71%、直拳 9.29%、后踢 5.71%、勾踢 4.52%、推踢 1.55%、双飞踢 1.31%、后旋踢 0.60%、其他 0.48%，以旋风踢 0.00% 为最低。

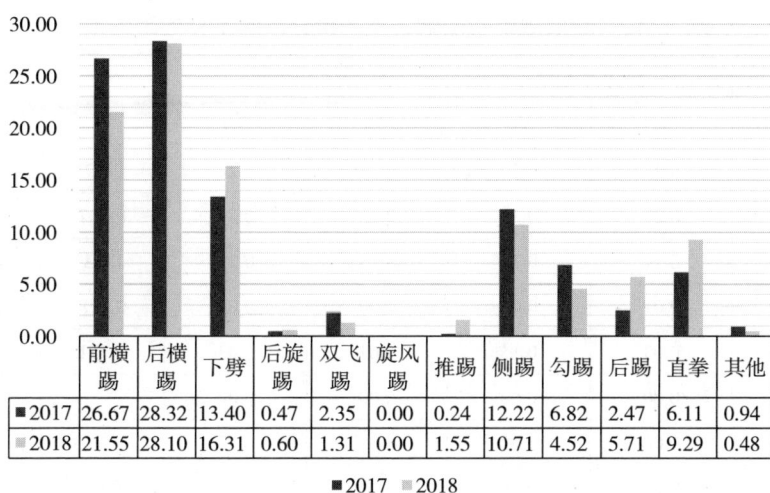

	前横踢	后横踢	下劈	后旋踢	双飞踢	旋风踢	推踢	侧踢	勾踢	后踢	直拳	其他
■2017	26.67	28.32	13.40	0.47	2.35	0.00	0.24	12.22	6.82	2.47	6.11	0.94
2018	21.55	28.10	16.31	0.60	1.31	0.00	1.55	10.71	4.52	5.71	9.29	0.48

■2017　■2018

图 4-2　新旧规则下优秀跆拳道运动员技术得分率情况

由上述得知，新旧规则下优秀跆拳道运动员技术得分率，2017、2018年规则下皆以后横踢得分率最高；两届规则中皆以前横踢技术得分率为第二位；而且皆以下劈技术得分率为第三位。新旧规则下优秀跆拳道运动员技术得分率，在下劈、后旋踢、推踢、后踢与直拳技术得分率有上升的趋势，但在前横踢、后横踢、双飞踢、侧踢、勾踢与其他技术得分率有下降的趋势。

为了解 2017、2018 年竞赛规则下优秀跆拳道运动员，在技术得分率上是否存在差异性，本书以相依样本 t 检验进行考验。检验结果显示，在两届竞赛规则下，优秀跆拳道运动员在技术得分率上 $p > 0.05$，均未达统计学上之显著性差异，见表 4-40。

表 4-40　新旧规则所影响各技术得分率的差异检验结果

技术	2017 年规则		2018 年规则		t	p
	M	SD	M	SD		
前横踢	0.23	0.29	0.18	0.24	1.07	0.287
后横踢	0.29	0.33	0.26	0.31	0.607	0.545
下劈	0.11	0.22	0.13	0.22	-0.537	0.593
后旋踢	0.01	0.06	0.00	0.04	0.218	0.828
双飞踢	0.03	0.15	0.01	0.03	1.751	0.083
旋风踢	0.00	0.00	0.00	0.00	—	—
推踢	0.00	0.02	0.02	0.12	-1.713	0.09
侧踢	0.09	0.19	0.09	0.16	0.01	0.992
勾踢	0.05	0.14	0.04	0.15	0.21	0.834
后踢	0.03	0.11	0.05	0.17	-1.147	0.254
直拳	0.08	0.20	0.11	0.21	-1.014	0.313
其他	0.01	0.10	0.00	0.02	1.085	0.281

注：$^*p < 0.05$　（N=192）。

依据图 4-3 所示，新旧规则下跆拳道优秀运动员在比赛中总体得分技术成功率，在 2017 年规则下以直拳最高，占 20.08%，其次为双飞踢 13.70%、勾踢 8.47%、后横踢 7.85%、下劈 6.50%、后踢 4.29%、侧踢 2.86%、前横踢 2.72%、推踢 0.73%、其他 0.63%，以后旋踢及旋风踢 0.00% 为最低。在 2018 年规则下依然以直拳最高，占 27.76%，其次为双飞踢 9.43%、后踢 8.00%、下劈 7.54%、后横踢 6.98%、勾踢 6.61%、推踢 4.32%、侧踢 2.04%、前横踢 1.90%、后旋踢 1.79%、其他 0.36%，以旋风踢 0.00% 为最低。

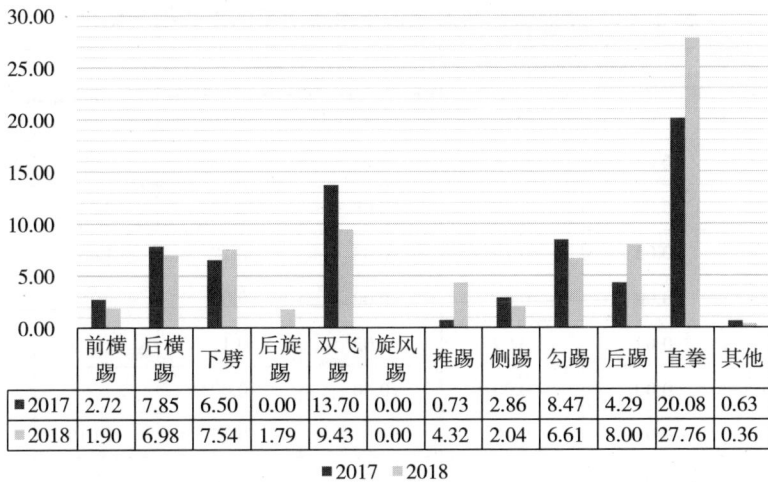

	前横踢	后横踢	下劈	后旋踢	双飞踢	旋风踢	推踢	侧踢	勾踢	后踢	直拳	其他
■2017	2.72	7.85	6.50	0.00	13.70	0.00	0.73	2.86	8.47	4.29	20.08	0.63
■2018	1.90	6.98	7.54	1.79	9.43	0.00	4.32	2.04	6.61	8.00	27.76	0.36

■2017　■2018

图 4-3　新旧规则下优秀跆拳道运动员技术得分成功率情况

由上述得知，新旧规则下优秀跆拳道运动员技术得分成功率，在2017、2018年规则中皆以直拳为最高；两届规则中皆以双飞踢技术得分成功率为第二位；技术得分成功率第三位在两届规则中有所差异，2017年规则为勾踢、2018年规则为下劈。新旧规则下优秀跆拳道运动员技术得分成功率，在下劈、后旋踢、推踢、后踢与直拳技术得分成功率上有上升的趋势，而前横踢、后横踢、双飞踢、侧踢、勾踢与其他技术得分成功率上则有下降的趋势。

为了解2017、2018年竞赛规则下，优秀跆拳道运动员在技术得分成功率上是否存在差异性，本书以相依样本 t 检验进行考验。检验结果显示，在两届竞赛规则下优秀跆拳道运动员，在技术得分成功率上 $p > 0.05$，均未达统计学上之显著性差异（见表4-41）。

表 4-41　新旧规则所影响各技术成功率的差异检验结果

技术	2017 年规则		2018 年规则		*t*	*p*
	M	*SD*	*M*	*SD*		
前横踢	0.03	0.04	0.02	0.03	1.149	0.254
后横踢	0.08	0.09	0.08	0.13	−0.314	0.755
下劈	0.05	0.10	0.08	0.17	−1.436	0.154
后旋踢	0.00	0.03	0.00	0.03	0	1
双飞踢	0.02	0.09	0.02	0.11	0.553	0.581
旋风踢	0.00	0.00	0.00	0.00	—	—
推踢	0.01	0.10	0.03	0.15	−1.019	0.311
侧踢	0.02	0.06	0.02	0.04	0.162	0.872
勾踢	0.04	0.14	0.04	0.14	0.12	0.905
后踢	0.04	0.16	0.06	0.20	−1.023	0.309
直拳	0.13	0.26	0.17	0.26	−1.205	0.231
其他	0.01	0.03	0.00	0.01	1.513	0.133

注：$^{*}p < 0.05$　（N=192）

二、新旧规则下女子组优秀跆拳道运动员得分技术使用情况比较

为了解新规则修订后对于女子组优秀跆拳道运动员，在得分技术使用特征是否有所差异，本书以 2017、2018 年竞赛规则下女子组运动员得分技术使用情况，分为使用率、得分率及成功率进行量化分析。并将 2017、2018 年竞赛规则下女子组运动员得分技术之使用率、得分率及成功率，以 SPSS 统计软件进行统计学考验。本书以相依样本 t 检验，考验 2017、2018 年竞赛规则下女子组运动员在得分技术指标上是否有差异，显著性水准设定为 $p < 0.05$。

依据图 4-4 所示，新旧规则下女子组优秀跆拳道运动员在比赛中总体技术使用率，在 2017 年规则下以前横踢技术最高，为 36.67%，其次依序为侧踢 22.11%、后横踢 16.19%、其他 7.05%、下劈 7.03%、勾踢 3.97%、直拳 3.16%、推踢 1.55%、后踢 1.42%、后旋踢 0.46%、双飞踢 0.27%，以旋风踢

0.10% 为最低。在 2018 年规则下依然以前横踢技术为最高，为 39.63%，其次依序为侧踢 22.83%、后横踢 16.76%、下劈 6.19%、其他 5.15%、直拳 3.36%、勾踢 3.25%、后踢 1.03%、推踢 1.11%、后旋踢 0.39%、旋风踢 0.17%，以双飞踢 0.13% 为最低。

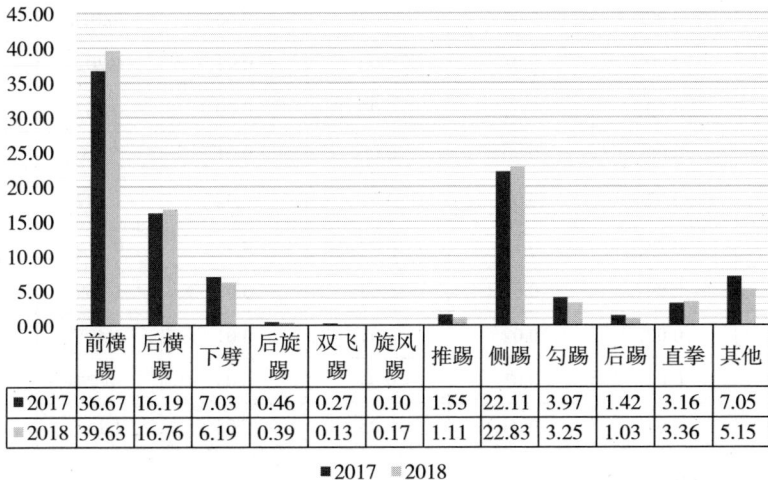

	前横踢	后横踢	下劈	后旋踢	双飞踢	旋风踢	推踢	侧踢	勾踢	后踢	直拳	其他
■2017	36.67	16.19	7.03	0.46	0.27	0.10	1.55	22.11	3.97	1.42	3.16	7.05
▧2018	39.63	16.76	6.19	0.39	0.13	0.17	1.11	22.83	3.25	1.03	3.36	5.15

■2017 ▧2018

图 4-4 新旧规则下女子组优秀跆拳道运动员技术使用率情况

由上述得知，新旧规则下女子组优秀跆拳道运动员技术使用率，在 2017、2018 年规则中皆以前横踢为最高，皆以侧踢技术使用率为第二位，且皆以后横踢技术使用率为第三位。新旧规则下女子组优秀跆拳道运动员技术使用率，在前横踢、后横踢、旋风踢、侧踢及直拳技术有上升的趋势，而下劈、后旋踢、双飞踢、推踢、勾踢、后踢及其他技术使用率则有下降的趋势。

为了解 2017、2018 年竞赛规则下，女子组优秀跆拳道运动员在得分技术使用率上是否存在差异性，本书以相依样本 t 检验进行考验。检验结果显示，在两届竞赛规则下女子组优秀跆拳道运动员，在得分技术使用率上 $p > 0.05$，均未达统计学上之显著性差异（见表 4-42）。

表 4-42　新旧规则所影响女子组各技术使用率差异检验结果

技术	2017 年规则		2018 年规则		*t*	*p*
	M	*SD*	*M*	*SD*		
前横踢	0.37	0.11	0.38	0.14	−0.369	0.714
后横踢	0.17	0.10	0.18	0.12	−0.595	0.555
下劈	0.07	0.06	0.07	0.06	−0.022	0.983
后旋踢	0.00	0.01	0.00	0.01	0.202	0.841
双飞踢	0.00	0.02	0.00	0.00	0.567	0.573
旋风踢	0.00	0.00	0.00	0.01	−0.5	0.619
推踢	0.02	0.02	0.01	0.02	1.147	0.257
侧踢	0.22	0.13	0.22	0.15	0.015	0.988
勾踢	0.04	0.05	0.03	0.03	1.069	0.291
后踢	0.02	0.02	0.01	0.01	1.435	0.158
直拳	0.03	0.03	0.04	0.04	−1.24	0.221
其他	0.07	0.04	0.05	0.05	1.146	0.257

注：*$p < 0.05$ （$N=96$）。

依据图 4-5 所示，新旧规则下女子组优秀跆拳道运动员在比赛中总体技术得分率，在 2017 年规则下则以后横踢得分率为最高，为 24.94%，其次依序为前横踢 21.58%、侧踢 17.75%、下劈 12.95%、勾踢 9.35%、直拳 8.39%、后踢 2.16%、后旋踢及双飞踢 0.96%、推踢及其他 0.48%，以旋风踢 0.00% 为最低。在 2018 年规则下仍以后横踢得分率最高，为 32.36%，其次依序为前横踢 18.88%、下劈 14.83%、直拳 11.01%、侧踢 10.34%、勾踢 6.52%、后踢 2.70%、后旋踢 1.12%、双飞踢及其他 0.90%、推踢 0.45%，以旋风踢 0.00% 为最低。

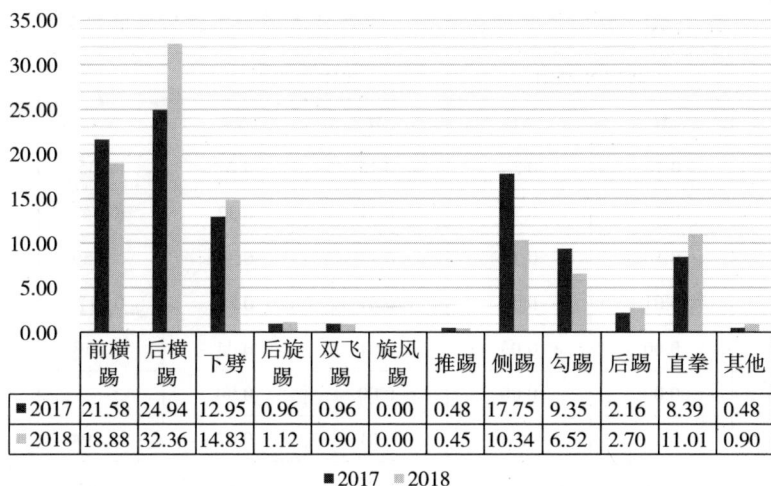

图 4-5　新旧规则下女子组优秀跆拳道运动员技术得分率情况

　　由上述得知，新旧规则下女子组优秀跆拳道运动员技术得分率，2017、2018 年规则中皆以后横踢技术为最高，皆以前横踢技术得分率为第二位，但在技术得分率第三位中两届规则有所差异，2017 年规则以侧踢技术得分率为第三位，2018 年规则以下劈技术得分率为第三位。新旧规则下女子优秀运动员技术得分率，在后横踢、下劈、后旋踢、后踢、直拳及其他技术得分率有上升的趋势，而在前横踢、双飞踢、推踢、侧踢与勾踢技术得分率有下降的趋势。

　　为了解 2017、2018 年竞赛规则下，女子组优秀跆拳道运动员在技术得分率上是否存在差异性，本书以相依样本 t 检验进行考验。检验结果显示，在两届竞赛规则下女子组优秀跆拳道运动员在技术得分率上 $p > 0.05$，均未达统计学上之显著性差异（见表 4-43）。

表 4-43 新旧规则所影响女子组各技术得分率差异检验结果

技术	2017 年规则		2018 年规则		*t*	*p*
	M	*SD*	*M*	*SD*		
前横踢	0.18	0.24	0.15	0.21	0.735	0.466
后横踢	0.28	0.34	0.31	0.32	−0.547	0.587
下劈	0.10	0.21	0.12	0.20	−0.559	0.579
后旋踢	0.01	0.08	0.01	0.06	0.217	0.829
双飞踢	0.00	0.03	0.01	0.04	−0.418	0.678
旋风踢	0.00	0.00	0.00	0.00	—	—
推踢	0.00	0.03	0.01	0.07	−0.594	0.555
侧踢	0.11	0.21	0.08	0.15	0.803	0.426
勾踢	0.06	0.16	0.07	0.19	−0.205	0.839
后踢	0.04	0.14	0.02	0.08	0.683	0.498
直拳	0.12	0.26	0.13	0.20	−0.167	0.868
其他	0.00	0.01	0.00	0.03	−0.699	0.488

注：$^*p < 0.05$ （N=96）。

依据图 4-6 所示，新旧规则下女子组优秀跆拳道运动员在比赛中总体技术成功率，在 2017 年规则下则以直拳技术成功率为最高，占 23.18%，其次为双飞踢 15.38%、勾踢 8.95%、后横踢 6.33%、下劈 5.36%、后踢 4.41%、侧踢 3.41%、前横踢 2.28%、推踢 1.35%、其他 0.30%，以后旋踢及旋风踢 0.00% 为最低。在 2018 年规则下以双飞踢技术成功率最高，占 28.57%，其次依序为直拳 26.92%、后横踢 7.50%、勾踢 7.39%、下劈 6.57%、后踢 5.36%、侧踢 1.78%、前横踢 1.72%、推踢 1.67%、其他 0.72%，以后旋踢及旋风踢 0.00% 为最低。

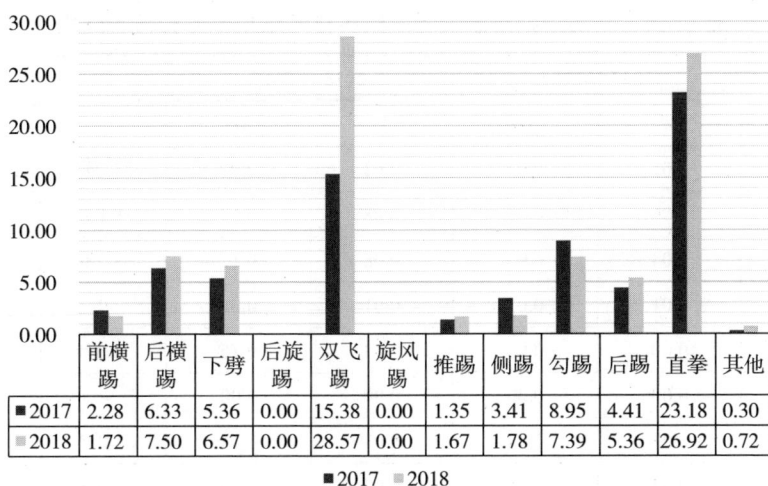

	前横踢	后横踢	下劈	后旋踢	双飞踢	旋风踢	推踢	侧踢	勾踢	后踢	直拳	其他
■2017	2.28	6.33	5.36	0.00	15.38	0.00	1.35	3.41	8.95	4.41	23.18	0.30
■2018	1.72	7.50	6.57	0.00	28.57	0.00	1.67	1.78	7.39	5.36	26.92	0.72

■2017 ■2018

图 4-6　新旧规则下女子组优秀跆拳道运动员技术得分成功率情况

由上述得知，新旧规则下女子组优秀跆拳道运动员技术得分成功率，在两届规则中有所差异，2017 年规则以直拳技术得分成功率为最高，2018 年规则以双飞踢技术得分成功率为最高；2017 年规则以双飞踢技术得分成功率为第二位，2018 年规则以直拳技术得分成功率为第二位；2017 年规则以勾踢技术得分成功率为第三位，2018 年规则以后横踢技术得分成功率为第三位。新旧规则下女子组优秀跆拳道运动员技术得分成功率，在后横踢、下劈、双飞踢、推踢、后踢、直拳及其他技术成功率有上升的趋势，而在前横踢、侧踢与勾踢技术得分成功率有下降的趋势。

为了解 2017、2018 年竞赛规则下，女子组优秀跆拳道运动员在技术得分成功率上是否存在差异性，本书以相依样本 t 检验进行考验。检验结果显示，在两届竞赛规则下女子组优秀跆拳道运动员在技术得分成功率上 $p > 0.05$，均未达统计学上之显著性差异（见表 4-44）。

表 4-44　新旧规则所影响女子组各技术成功率差异检验结果

技术	2017 年规则		2018 年规则		t	p
	M	SD	M	SD		
前横踢	0.02	0.03	0.02	0.02	1.04	0.304
后横踢	0.06	0.08	0.08	0.10	−0.838	0.406
下劈	0.04	0.08	0.08	0.17	−1.286	0.205
后旋踢	0.01	0.05	0.01	0.05	0	1
双飞踢	0.00	0.03	0.03	0.15	−1.078	0.286
旋风踢	0.00	0.00	0.00	0.00	—	—
推踢	0.02	0.14	0.02	0.14	0	1
侧踢	0.03	0.06	0.02	0.04	0.741	0.462
勾踢	0.04	0.09	0.04	0.12	−0.157	0.876
后踢	0.05	0.20	0.05	0.20	0.024	0.981
直拳	0.15	0.27	0.19	0.24	−0.768	0.446
其他	0.00	0.01	0.00	0.01	0.198	0.844

注：*p < 0.05 （N=96）。

三、新旧规则下男子组优秀跆拳道运动员得分技术使用情况比较

为了解新规则修订后对于男子组优秀跆拳道运动员，在得分技术使用特征是否有所差异，本书以 2017、2018 年竞赛规则下男子组运动员得分技术使用情况，分为使用率、得分率及成功率进行量化分析。并将 2017、2018 年竞赛规则下男子组运动员得分技术之使用率、得分率及成功率，以 SPSS 统计软件进行统计学考验。本书以相依样本 t 检验，考验 2017、2018 年竞赛规则下男子组运动员在得分技术指标上是否有差异，显著性水准设定为 p < 0.05。

依据图 4-7 所示，新旧规则下男子组优秀跆拳道运动员在比赛中总体技术使用率，在 2017 年规则下以前横踢技术最高，为 44.95%，其次依序为侧踢 16.41%、后横踢 15.87%、其他 6.64%、下劈 5.62%、直拳 2.44%、勾踢 2.37%、后踢 2.14%、推踢 1.42%、双飞踢 1.35%、后旋踢 0.43%，以旋风踢

0.34% 为最低。在 2018 年规则下依然以前横踢技术最高，为 44.24%，其次依序为侧踢 19.52%、后横踢 15.15%、其他 5.88%、下劈 5.86%、直拳 2.11%、后踢 2.00%、推踢 1.68%、勾踢 1.37%、双飞踢 0.98%、后旋踢 0.75%，以旋风踢 0.11% 为最低。

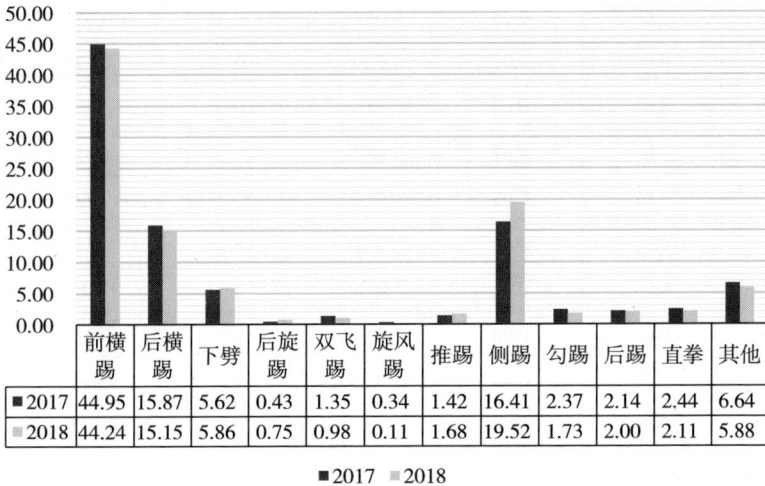

	前横踢	后横踢	下劈	后旋踢	双飞踢	旋风踢	推踢	侧踢	勾踢	后踢	直拳	其他
2017	44.95	15.87	5.62	0.43	1.35	0.34	1.42	16.41	2.37	2.14	2.44	6.64
2018	44.24	15.15	5.86	0.75	0.98	0.11	1.68	19.52	1.73	2.00	2.11	5.88

■2017 ■2018

图 4-7 新旧规则下男子组优秀跆拳道运动员技术使用率情况

由上述得知，新旧规则下男子组优秀跆拳道运动员得分技术使用率，2017、2018 年规则中皆以前横踢技术为使用率最高的技术，皆以侧踢技术使用率为第二位，皆以后横踢技术使用率为第三位。新旧规则下男子组优秀跆拳道运动员得分技术使用率，在下劈、后旋踢、推踢与侧踢技术使用率有上升的趋势，而在前横踢、后横踢、双飞踢、旋风踢、勾踢、后踢、直拳与其他技术使用率有下降的趋势。

为了解 2017、2018 年竞赛规则下，男子组优秀跆拳道运动员在得分技术使用率上是否存在差异性，本书以相依样本 t 检验进行考验。检验结果显示，在两届竞赛规则下男子组优秀跆拳道运动员在技术使用率上 $p > 0.05$，均未达统计学上之显著性差异（见表 4-45）。

表 4-45　　新旧规则所影响男子组各技术使用率差异检验结果

技术	2017 年规则		2018 年规则		t	p
	M	SD	M	SD		
前横踢	0.44	0.14	0.44	0.15	-0.24	0.811
后横踢	0.16	0.10	0.15	0.10	0.781	0.439
下劈	0.06	0.05	0.06	0.05	-0.025	0.98
后旋踢	0.00	0.01	0.01	0.02	-1.174	0.246
双飞踢	0.02	0.03	0.01	0.02	1.6	0.116
旋风踢	0.00	0.01	0.00	0.00	1.55	0.128
推踢	0.01	0.02	0.02	0.02	-0.721	0.475
侧踢	0.17	0.10	0.20	0.13	-1.265	0.212
勾踢	0.03	0.04	0.02	0.02	1.321	0.193
后踢	0.02	0.03	0.02	0.02	0.27	0.788
直拳	0.03	0.04	0.02	0.03	0.419	0.677
其他	0.06	0.06	0.06	0.04	0.535	0.595

注：$^*p < 0.05$　（N=96）。

依据图 4-8 所示，新旧规则下男子组优秀跆拳道运动员在比赛中总体技术得分率上，2017 年规则下以前横踢与后横踢技术得分率为最高，皆为 31.57%，其次依序为下劈 13.82%、侧踢 6.91%、勾踢 4.38%、直拳 3.92%、双飞踢 3.69%、后踢 2.76%、其他 1.38%，以后旋踢、旋风踢及推踢 0.00% 为最低。在 2018 年规则下仍以前横踢得分率为最高，为 24.49%，其次依序为后横踢 23.23%、下劈 17.93%、侧踢 11.11%、后踢 9.09%、直拳 7.23%、推踢 2.78%、勾踢 2.27%、双飞踢 1.77，以后旋踢、旋风踢及其他 0.00% 为最低。

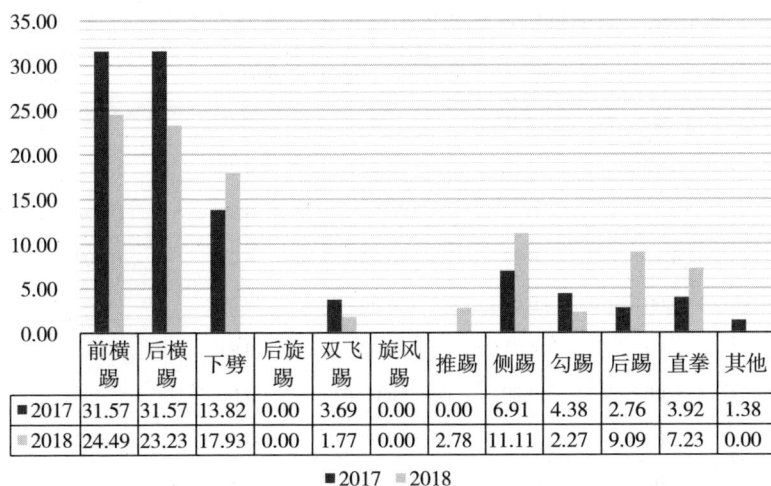

	前横踢	后横踢	下劈	后旋踢	双飞踢	旋风踢	推踢	侧踢	勾踢	后踢	直拳	其他
2017	31.57	31.57	13.82	0.00	3.69	0.00	0.00	6.91	4.38	2.76	3.92	1.38
2018	24.49	23.23	17.93	0.00	1.77	0.00	2.78	11.11	2.27	9.09	7.23	0.00

图 4-8　新旧规则下男子组优秀跆拳道运动员技术得分率情况

　　由上述得知，新旧规则下男子组优秀跆拳道运动员技术得分率，2017 年规则中以前横踢与后横踢技术并列为得分率最高的技术，2018 年规则中则以前横踢技术得分率为最高的技术；2018 年规则中以后横踢技术得分率为第二位；两届规则中皆以下劈技术得分率为第三位。新旧规则下男子组优秀跆拳道运动员得分技术得分率，在下劈、推踢、侧踢、后踢与直拳技术得分率有上升的趋势，而在前横踢、后横踢、双飞踢、勾踢与其他技术得分率则有下降的趋势。

　　为了解 2017、2018 年竞赛规则下，男子组优秀跆拳道运动员在技术得分率上是否存在差异性，本书以相依样本 t 检验进行考验。检验结果显示，在两届竞赛规则下男子组优秀跆拳道运动员在技术得分率上 $p > 0.05$，均未达统计学上之显著性差异（见表 4-46）。

表 4-46　新旧规则所影响男子组各技术得分率差异检验结果

技术	2017 年规则		2018 年规则		t	p
	M	SD	M	SD		
前横踢	0.27	0.32	0.22	0.28	0.779	0.44
后横踢	0.29	0.32	0.21	0.30	1.326	0.191
下劈	0.12	0.22	0.13	0.23	−0.202	0.841
后旋踢	0.00	0.00	0.00	0.00	—	—
双飞踢	0.06	0.21	0.00	0.01	1.94	0.058
旋风踢	0.00	0.00	0.00	0.00	—	—
推踢	0.00	0.00	0.04	0.15	−1.622	0.112
侧踢	0.06	0.16	0.09	0.18	−0.925	0.36
勾踢	0.03	0.10	0.02	0.07	0.881	0.383
后踢	0.02	0.08	0.09	0.22	−1.943	0.058
直拳	0.04	0.11	0.10	0.23	−1.449	0.154
其他	0.03	0.15	0.00	0.00	1.266	0.212

注：$^{*}p < 0.05$　（N=96）。

依据图 4-9 所示，新旧规则下男子组优秀跆拳道运动员技术得分成功率，在 2017 年规则下以直拳最高，占 15.74%，其次为双飞踢 13.33%、后横踢 9.53%、下劈 8.03%、勾踢 7.62%、后踢 4.21%、前横踢 3.11%、侧踢 2.06%、其他 1.02%，以后旋踢、旋风踢及推踢 0.00% 为最低。在 2018 年规则下以直拳最高，占 29.29%，其次依序为后踢 9.57%、下劈 8.73%、双飞踢 6.52%、推踢及后横踢 6.33%、勾踢 4.94%、侧踢 2.40%、前横踢 2.07%，以后旋踢、旋风踢及其他 0.00% 为最低。

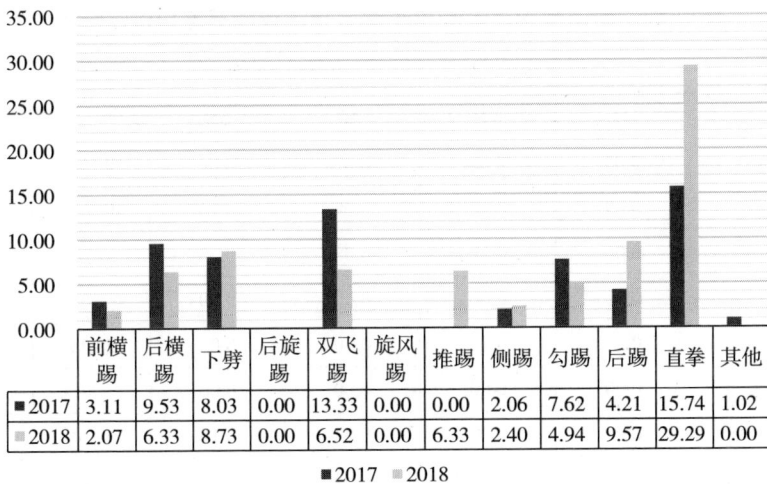

图 4-9　新旧规则下男子组优秀跆拳道运动员技术成功率情况

由上述得知，新旧规则下男子组优秀跆拳道运动员，2017、2018 年规则中皆以直拳技术得分成功率为最高的技术；在技术得分成功率第二位中，两届规则有所差异，2017 年规则中以双飞踢技术为得分成功率第二位，2018 年规则中以后踢技术为得分成功率第二位；在技术得分成功率第三位中，两届规则仍有所差异，2017 年规则中以后横踢技术为得分成功率第三位，2018 年规则中则以下劈技术为得分成功率第三位。新旧规则下男子组优秀跆拳道运动员在下劈、推踢、侧踢、后踢与直拳技术得分成功率有上升的趋势，而在前横踢、后横踢、双飞踢、勾踢与其他技术得分成功率有下降的趋势。

为了解 2017、2018 年竞赛规则下男子组优秀跆拳道运动员，在技术得分成功率上是否存在差异性，本书以相依样本 t 检验进行考验。检验结果显示，两届竞赛规则下男子组优秀跆拳道运动员在技术得分成功率上，除双飞踢技术得分成功率 $p < 0.05$，达统计学上之显著性差异外，其余技术得分成功率 $p > 0.05$，未达统计学上之显著性差异（见表 4-47）。

表 4-47　新旧规则所影响男子组各技术成功率差异检验结果

技术	2017 年规则		2018 年规则		t	p
	M	SD	M	SD		
前横踢	0.03	0.05	0.02	0.04	0.699	0.488
后横踢	0.09	0.10	0.08	0.16	0.133	0.895
下劈	0.06	0.12	0.08	0.18	−0.707	0.483
后旋踢	0.00	0.00	0.00	0.00	—	—
双飞踢	0.04	0.12	0.00	0.03	2.415	0.02*
旋风踢	0.00	0.00	0.00	0.00	—	—
推踢	0.00	0.00	0.04	0.16	−1.68	0.1
侧踢	0.02	0.05	0.02	0.05	−0.578	0.566
勾踢	0.04	0.16	0.04	0.16	0.247	0.806
后踢	0.02	0.09	0.08	0.19	−1.995	0.052
直拳	0.10	0.25	0.16	0.29	−0.922	0.361
其他	0.01	0.04	0.00	0.00	1.542	0.13

注：$^*p < 0.05$ （$N=96$）。

四、新旧规则下女子组各量级优秀跆拳道运动员得分技术使用情况比较

为了解新规则修订后对于女子组各量级优秀跆拳道运动员，在得分技术使用特征是否有所差异，本书以 2017、2018 年竞赛规则下女子组各量级运动员得分技术使用情况，分为使用率、得分率及成功率进行量化分析。并将 2017、2018 年竞赛规则下女子组各量级运动员得分技术之使用率、得分率及成功率，以 SPSS 统计软件进行统计学考验。本书以相依样本 t 检验，考验 2017、2018 年竞赛规则下女子组各量级运动员在得分技术指标上是否有差异，显著性水准设定为 $p < 0.05$。

（一）女子组 -49 千克级运动员

依据图 4-10 所示，新旧规则下女子组 -49 千克级优秀跆拳道运动员技术使用率，在 2017 年规则下以前横踢最高，为 38.54%，其次依序为侧踢 23.21%、后横踢 14.82%、下劈 7.66%、其他 7.09%、勾踢 2.96%、直拳 2.24%、推踢 1.88%、后踢 0.94%、后旋踢 0.43%、双飞踢 0.14%，以旋风踢 0.07% 为最低。在 2018 年规则下以前横踢最高，为 35.56%，其次依序为侧踢 23.91%、后横踢 22.33%、下劈 5.26%、其他 3.98%、直拳 3.61%、勾踢 3.23%、后踢 0.75%、推踢 0.60%、后旋踢 0.53%、双飞踢 0.15%，以旋风踢 0.08% 为最低。

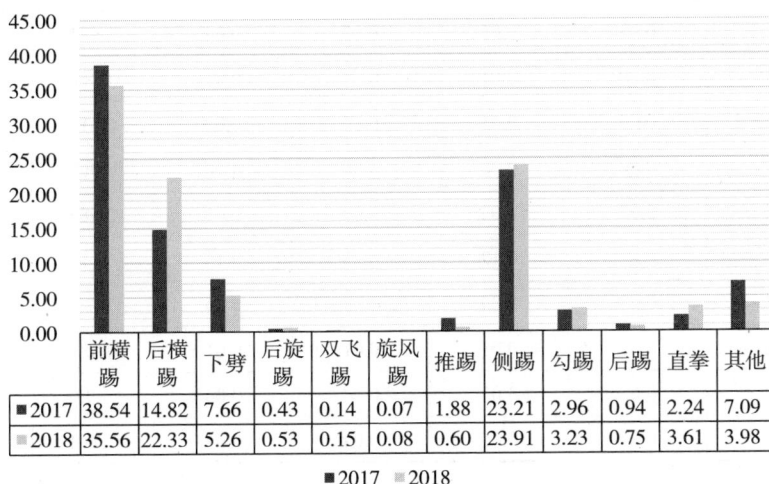

	前横踢	后横踢	下劈	后旋踢	双飞踢	旋风踢	推踢	侧踢	勾踢	后踢	直拳	其他
2017	38.54	14.82	7.66	0.43	0.14	0.07	1.88	23.21	2.96	0.94	2.24	7.09
2018	35.56	22.33	5.26	0.53	0.15	0.08	0.60	23.91	3.23	0.75	3.61	3.98

图 4-10 新旧规则下女子组 -49 千克级优秀跆拳道运动员得分技术使用率情况

由上述得知，新旧规则下女子组 -49 千克级优秀跆拳道运动员得分技术使用率，在 2017、2018 年规则下皆以前横踢技术为使用率最高的技术，皆以侧踢技术使用率为第二位，且皆以后横踢技术使用率为第三位。新旧规则下女子组 -49 千克级优秀跆拳道运动员得分技术使用率，在后横踢、后旋踢、双飞踢、旋风踢、侧踢、勾踢与直拳技术使用率皆有上升的趋势，而在前横踢、下劈、推踢、后踢与其他技术使用率则有下降的趋势。

为了解 2017、2018 年竞赛规则下女子组 -49 千克级优秀跆拳道运动员，在得分技术使用率上是否存在差异性，本书以相依样本 t 检验进行考验。检验结果显示，两届竞赛规则下女子组 -49 千克级优秀跆拳道运动员在得分技术使用率上，除推踢技术使用率 $p < 0.05$，达统计学上之显著性差异外，其余技术使用率 $p > 0.05$，未达统计学上之显著性差异（见表 4-48）。

表 4-48　新旧规则所影响女子组 -49 千克级运动员各技术使用率差异检验

技术	2017 年规则		2018 年规则		t	p
	M	SD	M	SD		
前横踢	0.38	0.11	0.34	0.13	0.668	0.518
后横踢	0.16	0.06	0.24	0.12	-1.877	0.087
下劈	0.08	0.05	0.05	0.04	1.441	0.177
后旋踢	0.00	0.01	0.01	0.01	-0.835	0.421
双飞踢	0.00	0.01	0.00	0.00	0.117	0.909
旋风踢	0.00	0.00	0.00	0.00	0.062	0.951
推踢	0.02	0.02	0.01	0.01	2.586	0.025*
侧踢	0.22	0.12	0.23	0.15	-0.11	0.914
勾踢	0.03	0.04	0.03	0.04	-0.296	0.773
后踢	0.01	0.01	0.01	0.01	0.386	0.707
直拳	0.02	0.03	0.04	0.04	-1.924	0.081
其他	0.07	0.05	0.04	0.04	1.194	0.257

注：*$p < 0.05$　（$N=24$）。

依据图 4-11 所示，新旧规则下女子组 -49 千克级优秀跆拳道运动员技术得分率，在 2017 年规则下以前横踢技术得分率为最高，为 31.03%，其次依序为后横踢 29.31%、勾踢 15.52%、下劈 10.34%、侧踢及直拳 6.90%，后旋踢、双飞踢、旋风踢、推踢、后踢及其他 0.00% 为最低。在 2018 年规则下以后横踢技术得分率最高，为 48.11%，其次依序为下劈 14.15%、直拳 11.32%、前横踢 10.38%、侧踢 5.66%、后旋踢 4.72%、勾踢 3.77%、双飞踢 1.89%，以后踢、旋风踢、推踢及其他 0.00% 为最低。

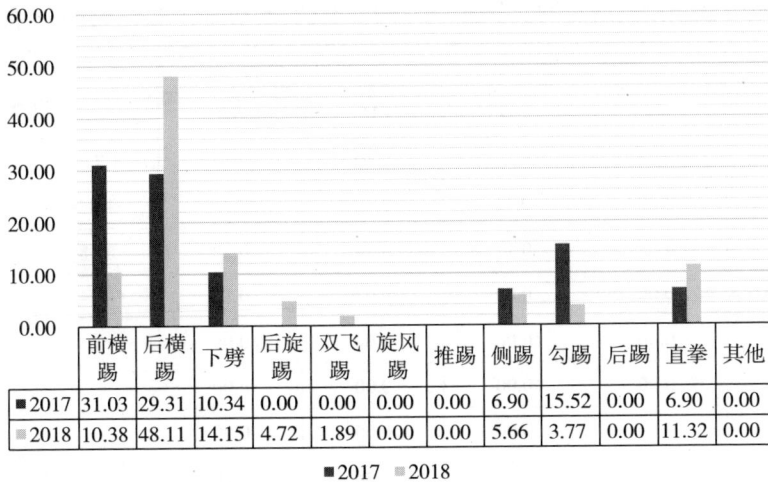

	前横踢	后横踢	下劈	后旋踢	双飞踢	旋风踢	推踢	侧踢	勾踢	后踢	直拳	其他
■2017	31.03	29.31	10.34	0.00	0.00	0.00	0.00	6.90	15.52	0.00	6.90	0.00
▨2018	10.38	48.11	14.15	4.72	1.89	0.00	0.00	5.66	3.77	0.00	11.32	0.00

■2017　▨2018

图 4-11　新旧规则下女子组 -49 千克级优秀跆拳道运动员技术得分率情况

由上述得知，新旧规则下女子组 -49 千克级优秀跆拳道运动员技术得分率，在 2017、2018 年规则中技术得分率最高之技术皆有所差异，2017 年规则中以前横踢技术得分率为最高，在 2018 年规则中则以后横踢技术得分率为最高；在技术得分率第二位中两届规则仍有所差异，在 2017 年规则中以后横踢技术得分率为第二位，2018 年规则中则以下劈技术得分率为第二位；技术得分率第三位两届规则中依然有所差异，2017 年规则中以勾踢技术得分率为第三位，2018 年规则中则以直拳技术得分率为第三位。新旧规则下女子组 -49 千克级优秀跆拳道运动员技术得分率，在后横踢、下劈、后旋踢、双飞与直拳技术得分率有上升的趋势，而在前横踢、侧踢与勾踢技术得分率则有下降的趋势。

为了解 2017、2018 年竞赛规则下，女子组 -49 千克级优秀跆拳道运动员在技术得分率上是否存在差异性，本书以相依样本 t 检验进行考验。检验结果显示，两届竞赛规则下女子组 -49 千克级优秀跆拳道运动员在技术得分率上，技术得分率 $p > 0.05$，未达统计学上之显著性差异（见表 4-49）。

表 4-49　新旧规则所影响女子组 -49 千克级优秀运动员各技术得分率差异检验

技术	2017 年规则		2018 年规则		t	p
	M	SD	M	SD		
前横踢	0.28	0.31	0.10	0.16	1.779	0.103
后横踢	0.30	0.32	0.42	0.35	−1.059	0.312
下劈	0.07	0.17	0.14	0.22	−0.684	0.508
后旋踢	0.00	0.00	0.03	0.12	−1	0.339
双飞踢	0.00	0.00	0.00	0.05	−1	0.339
旋风踢	0.00	0.00	0.00	0.00	—	—
推踢	0.00	0.00	0.00	0.00	—	—
侧踢	0.06	0.11	0.06	0.16	0.011	0.991
勾踢	0.08	0.20	0.04	0.14	0.504	0.624
后踢	0.00	0.00	0.00	0.00	—	—
直拳	0.11	0.29	0.11	0.14	0.042	0.967
其他	0.00	0.00	0.00	0.00	—	—

注：$^{*}p < 0.05$ （N=24）。

依据图 4-12 所示，新旧规则下女子组 -49 千克级优秀跆拳道运动员技术得分成功率，在 2017 年规则下以直拳技术得分成功率为最高，占 25.81%，其次为勾踢 17.07%、后横踢 7.32%、下劈 3.77%、前横踢 2.81%、侧踢 1.25%，以后旋踢、双飞踢、旋风踢、推踢、后踢及其他 0.00% 为最低。在 2018 年规则下以双飞踢技术成功率为最高，占 50.00%，其次依序为直拳 25.00%、后旋踢 14.29%、后横踢 8.42%、下劈 7.14%、勾踢 4.65%、前横踢 1.06%、侧踢 0.94%，以推踢、后踢、旋风踢及其他 0.00% 为最低。

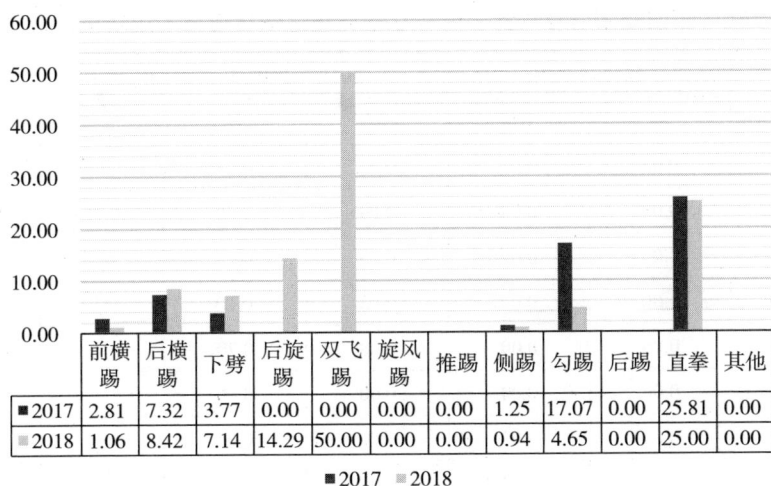

	前横踢	后横踢	下劈	后旋踢	双飞踢	旋风踢	推踢	侧踢	勾踢	后踢	直拳	其他
■2017	2.81	7.32	3.77	0.00	0.00	0.00	0.00	1.25	17.07	0.00	25.81	0.00
2018	1.06	8.42	7.14	14.29	50.00	0.00	0.00	0.94	4.65	0.00	25.00	0.00

■2017　■2018

图 4-12　新旧规则下女子组 -49 千克级优秀跆拳道运动员技术成功率情况

由上述得知，新旧规则下女子组 -49 千克级优秀跆拳道运动员技术得分成功率，在两届规则中有所差异，2017 年规则中以直拳技术成功率为最高，2018 年规则中以双飞踢技术成功率为最高；在技术得分成功率第二位仍有所差异，2017 年规则中以勾踢技术得分成功率为第二位，2018 年规则中则以直拳技术得分成功率为第二位；在技术得分成功率第三位依然有所差异，2017 年规则中以后横踢技术得分成功率为第三位，2018 年规则中则以后旋踢为技术得分成功率为第三位。新旧规则下女子组 -49 千克级优秀跆拳道运动员技术得分成功率，在后横踢、下劈、后旋踢及双飞踢技术得分成功率有上升的趋势，而在前横踢、侧踢、勾踢与直拳技术得分成功率有下降的趋势。

为了解 2017、2018 年竞赛规则下女子组 -49 千克级优秀跆拳道运动员，在技术得分成功率上是否存在差异性，本书以相依样本 t 检验进行考验。检验结果显示，两届竞赛规则下女子组 -49 千克级优秀跆拳道运动员在技术得分成功率上，技术得分率 $p > 0.05$，未达统计学上之显著性差异（见表4-50）。

表 4-50　新旧规则所影响女子组 -49 千克级运动员各技术成功率差异检验

技术	2017 年规则		2018 年规则		F	p
	M	SD	M	SD		
前横踢	0.02	0.03	0.01	0.02	1.325	0.212
后横踢	0.08	0.08	0.09	0.09	−0.753	0.467
下劈	0.04	0.07	0.13	0.29	−0.97	0.353
后旋踢	0.00	0.00	0.03	0.10	−1	0.339
双飞踢	0.00	0.00	0.08	0.29	−1	0.339
旋风踢	0.00	0.00	0.00	0.00	—	—
推踢	0.00	0.00	0.00	0.00	—	—
侧踢	0.01	0.02	0.01	0.02	1.037	0.322
勾踢	0.03	0.09	0.01	0.04	0.54	0.6
后踢	0.00	0.00	0.00	0.00	—	—
直拳	0.12	0.24	0.19	0.20	−1.009	0.335
其他	0.00	0.00	0.00	0.00	—	—

注：$^*p < 0.05$　（N=24）

（二）女子组 -57 千克级运动员

依据图 4-13 所示，新旧规则下女子组 -57 千克级优秀跆拳道运动员得分技术使用率，在 2017 年规则下以前横踢技术使用率为最高，为 34.56%，其次依序为侧踢 26.39%、后横踢 14.47%、其他 8.24%、下劈 5.26%、勾踢 4.64%、直拳 2.91%、后踢 1.37%、推踢 1.18%、后旋踢 0.62%，以双飞踢及旋风踢 0.00% 为最低。在 2018 年规则下依然以前横踢技术使用率为最高，为 33.12%，其次依序为侧踢 20.46%、其他 4.76%、后横踢 4.16%、下劈 3.56%、勾踢 2.49%、推踢 1.29%、后踢 0.69%、后旋踢 0.37%、直拳 0.32%、旋风踢 0.28%，以双飞踢 0.00% 为最低。

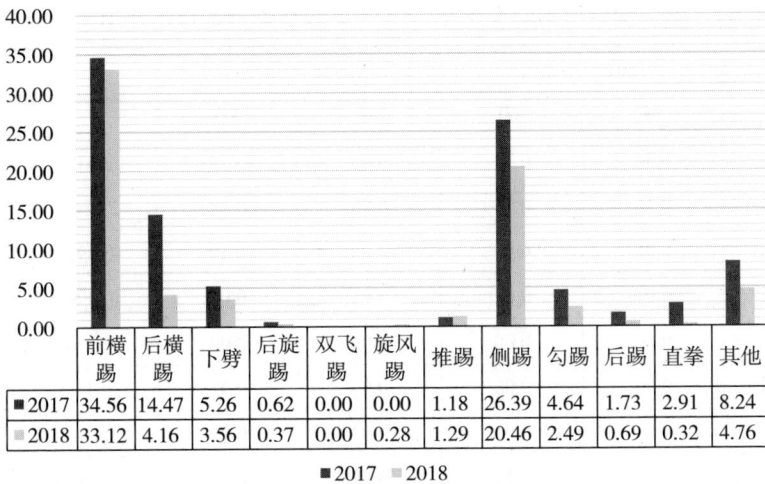

	前横踢	后横踢	下劈	后旋踢	双飞踢	旋风踢	推踢	侧踢	勾踢	后踢	直拳	其他
■2017	34.56	14.47	5.26	0.62	0.00	0.00	1.18	26.39	4.64	1.73	2.91	8.24
■2018	33.12	4.16	3.56	0.37	0.00	0.28	1.29	20.46	2.49	0.69	0.32	4.76

■2017 ■2018

图 4-13 新旧规则下女子组 -57 千克级优秀跆拳道运动员技术使用率情况

由上述得知，新旧规则下女子组 -57 千克级优秀跆拳道运动员得分技术使用率，两届规则中皆以前横踢技术使用率为最高，皆以侧踢技术使用率为第二位，第三位中皆有所差异，2017 年规则中以后横踢技术使用率为第三位，而 2018 年规则中则以其他技术使用率为第三位。新旧规则下女子组 -57 千克级优秀跆拳道运动员得分技术使用率，在旋风踢与推踢技术使用率有上升的趋势，而在前横踢、后横踢、下劈、后旋踢、侧踢、勾踢、后踢、直拳与其他技术使用率有下降的趋势。

为了解 2017、2018 年竞赛规则下，女子组 -57 千克级优秀跆拳道运动员在得分技术使用率上是否存在差异性，本书以相依样本 t 检验进行考验。检验结果显示，两届竞赛规则下女子组 -57 千克级优秀跆拳道运动员在得分技术使用率上，在后横踢与直拳技术使用率中 $p < 0.05$，达统计学上之显著性差异，其余技术使用率 $p > 0.05$，未达统计学上之显著性差异（见表 4-51）。

表 4-51　新旧规则所影响女子组 -57 千克级运动员各技术使用率差异检验

技术	2017 年规则		2018 年规则		t	p
	M	SD	M	SD		
前横踢	0.34	0.12	0.45	0.14	−2.338	0.039
后横踢	0.16	0.13	0.06	0.07	2.986	0.012[*]
下劈	0.05	0.03	0.06	0.10	−0.492	0.632
后旋踢	0.01	0.01	0.01	0.01	0.386	0.707
双飞踢	0.00	0.00	0.00	0.00	—	—
旋风踢	0.00	0.00	0.00	0.02	−1	0.339
推踢	0.01	0.02	0.02	0.02	−0.686	0.507
侧踢	0.26	0.17	0.28	0.18	−0.295	0.773
勾踢	0.05	0.03	0.04	0.03	0.787	0.448
后踢	0.02	0.03	0.01	0.01	1.112	0.29
直拳	0.03	0.03	0.00	0.01	2.861	0.015[*]
其他	0.07	0.06	0.06	0.08	0.194	0.849

注：[*]$p < 0.05$ （N=24）。

依据图 4-14 所示，新旧规则下女子组 -57 千克级优秀跆拳道运动员技术得分率，在 2017 年规则下以侧踢技术得分率为最高，为 32.98%，其次依序为后横踢及下劈 19.15%、前横踢 11.70%、直拳 7.45%、后旋踢 4.26%、勾踢 3.19%、推踢 2.13%，以双飞踢、旋风踢、后踢及其他 0.00% 为最低。在 2018 年规则下以前横踢技术得分率为最高，为 22.37%，其次依序为侧踢及勾踢 18.24%、后横踢 17.11%、下劈 7.89%、后踢及其他 5.26%、推踢及直拳 2.63%，以后旋踢、双飞踢及旋风踢 0.00% 为最低。

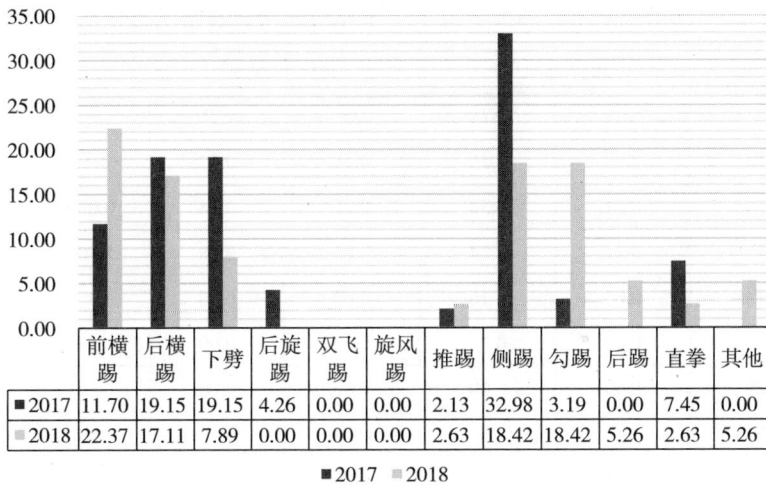

图 4-14　新旧规则下女子组 -57 千克级优秀跆拳道运动员技术得分率情况

由上述得知，新旧规则下女子组 -57 千克级优秀跆拳道运动员技术得分率，2017、2018 年规则下技术得分率皆有所差异，2017 年规则以侧踢技术得分率为最高，2018 年规则中则以前横踢技术得分率为最高；在技术得分率第二位中两届规则中仍有所差异，2017 年规则中以后横踢、下劈技术并列为技术得分率第二位，2018 年规则中则以侧踢、勾踢技术并列为技术得分率第二位。新旧规则下女子组 -57 千克级优秀跆拳道运动员技术得分率，在前横踢、推踢、勾踢、后踢与其他技术得分率有上升的趋势，而在后横踢、下劈、侧踢与直拳技术得分率有下降的趋势。

为了解 2017、2018 年竞赛规则下，女子组 -57 千克级优秀跆拳道运动员在技术得分率上是否存在差异性，本书以相依样本 t 检验进行考验。检验结果显示，两届竞赛规则下女子组 -57 千克级优秀跆拳道运动员，在技术得分率上 $p > 0.05$，均未达统计学上之显著性差异（见表 4-52）。

表 4-52　新旧规则所影响女子组 -57 千克级运动员各技术得分率差异检验

技术	2017 年规则		2018 年规则		F	p
	M	SD	M	SD		
前横踢	0.07	0.13	0.15	0.22	−1.425	0.182
后横踢	0.21	0.34	0.21	0.34	0.009	0.993
下劈	0.17	0.24	0.03	0.08	1.709	0.115
后旋踢	0.05	0.16	0.00	0.00	1	0.339
双飞踢	0.00	0.00	0.00	0.00	—	—
旋风踢	0.00	0.00	0.00	0.00	—	—
推踢	0.02	0.05	0.04	0.14	−0.581	0.573
侧踢	0.21	0.34	0.10	0.14	0.931	0.372
勾踢	0.04	0.14	0.07	0.15	−0.474	0.645
后踢	0.00	0.00	0.02	0.06	−1	0.339
直拳	0.15	0.30	0.11	0.30	0.29	0.777
其他	0.00	0.00	0.02	0.06	−1	0.339

注：$^*p < 0.05$ （$N=24$）。

依据图 4-15 所示，新旧规则下女子组 -57 千克级优秀跆拳道运动员技术得分成功率，在 2017 年规则下以直拳技术得分成功率为最高，占 16.67%，其次为下劈 7.89%、推踢 5.88%、侧踢 3.94%、后横踢 3.83%、勾踢 1.49%、前横踢 1.00%，以后旋踢、双飞踢、旋风踢、后踢及其他 0.00% 为最低。在 2018 年规则下仍以直拳技术得分成功率为最高，占 28.57%，其次依序为勾踢 11.11%、后横踢及后踢 6.67%、推踢 3.57%、下劈 2.60%、其他 1.94%、侧踢 1.58%、前横踢 0.98%，以后旋踢、双飞踢及旋风踢 0.00% 为最低。

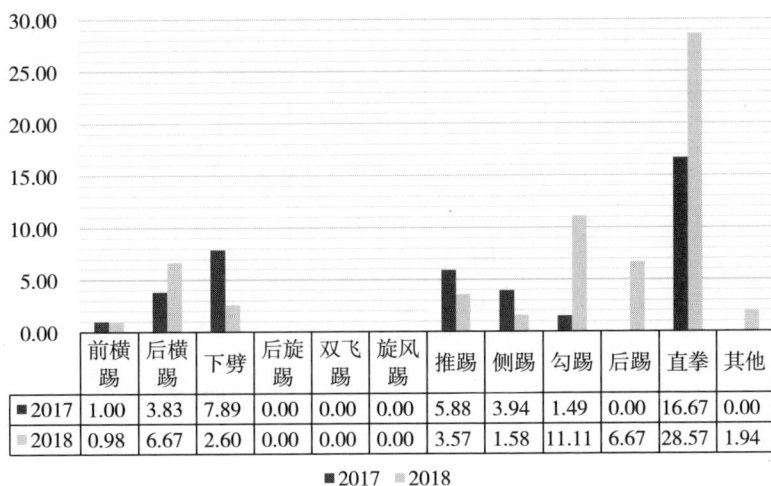

图 4-15　新旧规则下女子组 -57 千克级优秀跆拳道运动员技术得分成功率情况

由上述得知，新旧规则下女子组 -57 千克级优秀跆拳道运动员技术得分成功率，在 2017、2018 年规则中皆以直拳技术得分成功率为最高；在技术得分成功率第二位两届规则有所差异，2017 年规则中以下劈技术得分成功率为第二位，2018 年规则中则以勾踢技术得分成功率为第二位；在技术得分成功率第三位中两届规则仍有所差异，2017 年规则中以推踢技术得分成功率为第三位，2018 年规则中则以后横踢及后踢技术得分成功率并列为第三位。新旧规则下女子组 -57 千克级优秀跆拳道运动员技术得分成功率，在后横踢、勾踢、后踢、直拳与其他技术得分成功率有上升的趋势，而在前横踢、下劈、推踢与侧踢技术得分成功率则有下降的趋势。

为了解 2017、2018 年竞赛规则下，女子组 -57 千克级优秀跆拳道运动员在技术得分成功率上是否存在差异性，本书以相依样本 t 检验进行考验。检验结果显示，两届竞赛规则下女子组 -57 千克级优秀跆拳道运动员，在技术得分成功率上 $p > 0.05$，均未达统计学上之显著性差异（见表 4-53）。

表 4-53　新旧规则所影响女子组 -57 千克级优秀运动员各技术成功率差异检验

技术	2017 年规则		2018 年规则		F	p
	M	SD	M	SD		
前横踢	0.01	0.02	0.01	0.02	0.156	0.879
后横踢	0.04	0.06	0.07	0.15	-0.742	0.474
下劈	0.06	0.09	0.03	0.10	0.712	0.491
后旋踢	0.03	0.10	0.00	0.00	1	0.339
双飞踢	0.00	0.00	0.00	0.00	—	—
旋风踢	0.00	0.00	0.00	0.00	—	—
推踢	0.08	0.29	0.08	0.29	0	1
侧踢	0.03	0.04	0.01	0.02	0.764	0.461
勾踢	0.02	0.06	0.11	0.23	-1.296	0.222
后踢	0.00	0.00	0.08	0.29	-1	0.339
直拳	0.19	0.33	0.13	0.31	0.482	0.639
其他	0.00	0.00	0.01	0.02	-1	0.339

注：$^*p < 0.05$ （$N=24$）。

（三）女子组 -67 千克级运动员

依据图 4-16 所示，新旧规则下女子组 -67 千克级优秀跆拳道运动员得分技术使用率，在 2017 年规则下以前横踢得分技术使用率为最高，为 36.44%，其次依序为侧踢 17.98%、后横踢 17.89%、下劈 7.90%、其他 7.04%、直拳 4.47%、勾踢 3.14%、后踢 1.71%、推踢 1.52%、双飞踢 1.05%、后旋踢 0.57%，以旋风踢 0.29% 为最低。在 2018 年规则下以前横踢得分技术使用率为最高，为 40.10%，其次依序为侧踢 20.01%、后横踢 18.58%、下劈 6.74%、直拳 4.57%、其他 3.99%、勾踢 2.61%、后踢 1.23%、推踢 1.09%、后旋踢及双飞踢 0.36%，以旋风踢 0.07% 为最低。

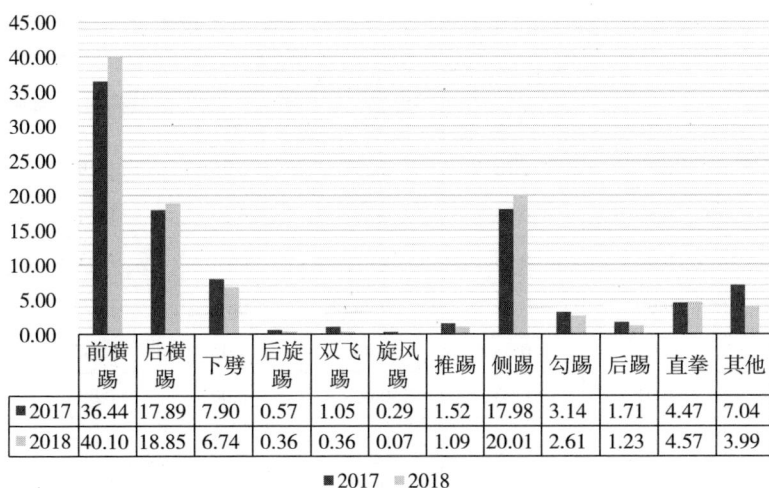

图 4-16 新旧规则下女子组 -67 千克级优秀跆拳道运动员技术使用率情况

由上述得知，新旧规则下女子组 -67 千克级优秀跆拳道运动员得分技术使用率，2017、2018 年规则中皆以前横踢技术使用率为最高；在得分技术使用率第二位中两届规则有所差异，2017 年规则中以后横踢与侧踢技术使用率并列为第二位，2018 年规则中则以侧踢技术使用率为第二位；而 2018 年规则中以后横踢技术使用率为第三位。新旧规则下女子组 -67 千克级优秀跆拳道运动员得分技术使用率，在前横踢、后横踢、侧踢与直拳技术使用率有上升的趋势，而在下劈、后旋踢、双飞踢、旋风踢、推踢、勾踢、后踢与其他技术使用率则有下降的趋势。

为了解 2017、2018 年竞赛规则下，女子组 -67 千克级优秀跆拳道运动员在得分技术使用率是否存在差异性，本书以相依样本 t 检验进行考验。检验结果显示，两届竞赛规则下女子组 -57 千克级优秀跆拳道运动员在其他技术使用率 $p < 0.05$，达统计学上之显著性差异，其余得分技术使用率 $p > 0.05$，均未达统计学上之显著性差异（见表 4-54）。

表 4-54　新旧规则所影响女子组 -67 千克级运动员各技术使用率差异检验

技术	2017 年规则		2018 年规则		t	p
	M	SD	M	SD		
前横踢	0.37	0.12	0.39	0.18	−0.292	0.776
后横踢	0.19	0.08	0.19	0.10	−0.248	0.809
下劈	0.07	0.06	0.07	0.05	−0.157	0.878
后旋踢	0.00	0.01	0.00	0.01	0.273	0.79
双飞踢	0.01	0.03	0.00	0.01	0.542	0.599
旋风踢	0.01	0.00	0.00	0.00	0.89	0.393
推踢	0.01	0.01	0.01	0.02	0.742	0.474
侧踢	0.19	0.12	0.20	0.10	−0.243	0.813
勾踢	0.03	0.03	0.03	0.03	0.707	0.495
后踢	0.02	0.02	0.01	0.02	0.523	0.611
直拳	0.04	0.04	0.05	0.05	−0.329	0.748
其他	0.04	0.04	0.05	0.05	2.431	0.033*

注：$^*p < 0.05$ （N=24）。

依据图 4-17 所示，新旧规则下女子组 -67 千克级优秀跆拳道运动员技术得分率，在 2017 年规则下以后横踢技术得分率为最高，为 26.56%，其次依序为前横踢 20.31%、侧踢 16.41%、直拳 12.50%、下劈 11.72%、勾踢 3.13%、其他 1.56%，以后旋踢、旋风踢、推踢 0.00% 为最低。在 2018 年规则下以后横踢技术得分率为最高，为 32.17%，其次依序为下劈 20.98%、前横踢 20.28%、侧踢 11.89%、直拳 10.49%、后踢 2.80%、双飞踢 1.40%，以后旋踢、旋风踢、推踢、勾踢及其他 0.00% 为最低。

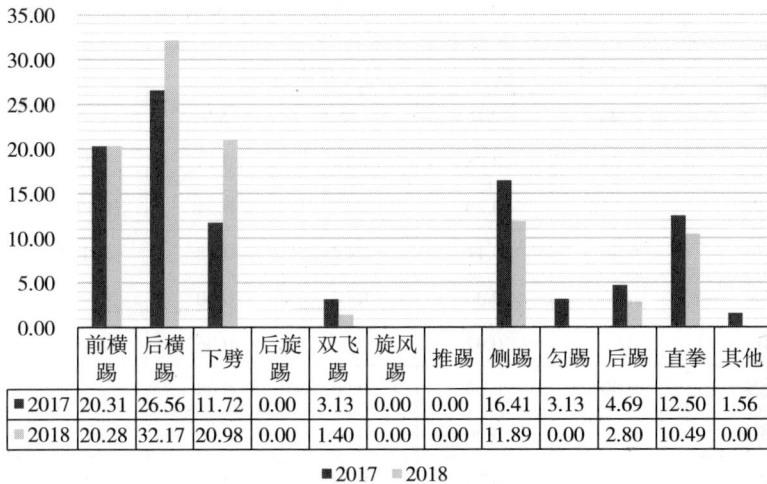

	前横踢	后横踢	下劈	后旋踢	双飞踢	旋风踢	推踢	侧踢	勾踢	后踢	直拳	其他
■2017	20.31	26.56	11.72	0.00	3.13	0.00	0.00	16.41	3.13	4.69	12.50	1.56
■2018	20.28	32.17	20.98	0.00	1.40	0.00	0.00	11.89	0.00	2.80	10.49	0.00

■2017 ■2018

图 4-17　新旧规则下女子组 -67 千克级优秀跆拳道运动员技术得分率情况

由上述得知，新旧规则下女子组 -67 千克级优秀跆拳道运动员技术得分率，在 2017、2018 年规则中皆以后横踢技术得分率为最高；在技术得分率第二位中两届规则有所差异，2017 年规则中以前横踢技术得分率为第二位，2018 年规则中则以下劈技术得分率为第二位；而技术得分率第三位在两届规则中仍有所差异，2017 年规则中以侧踢技术得分率为第三位，2018 年规则中则以前横踢技术得分率为第三位。新旧规则下女子组 -67 千克级优秀跆拳道运动员技术得分率，在后横踢与下劈技术得分率有上升的趋势，而在前横踢、双飞踢、侧踢、勾踢、后踢、直拳与其他技术得分率有下降的趋势。

为了解 2017、2018 年竞赛规则下，女子组 -67 千克级优秀跆拳道运动员在技术得分率是否存在差异性，本书以相依样本 t 检验进行考验。检验结果显示，两届竞赛规则下女子组 -67 千克级优秀跆拳道运动员，在技术得分率上 $p > 0.05$，均未达统计学上之显著性差异（见表 4-55）。

表 4-55 新旧规则所影响女子组 -67 千克级运动员各技术得分率差异检验

技术	2017 年规则		2018 年规则		*t*	*p*
	M	*SD*	*M*	*SD*		
前横踢	0.26	0.28	0.14	0.19	1.082	0.302
后横踢	0.35	0.29	0.33	0.34	0.135	0.895
下劈	0.04	0.11	0.22	0.28	−2.184	0.051
后旋踢	0.00	0.00	0.00	0.00	—	—
双飞踢	0.02	0.07	0.02	0.06	0.039	0.97
旋风踢	0.00	0.00	0.00	0.00	—	—
推踢	0.00	0.00	0.00	0.00	—	—
侧踢	0.10	0.16	0.10	0.17	0.081	0.937
勾踢	0.02	0.06	0.00	0.00	1.245	0.239
后踢	0.09	0.22	0.04	0.13	0.714	0.49
直拳	0.11	0.18	0.15	0.19	−0.466	0.65
其他	0.02	0.00	0.00	0.00	1	0.339

注：$^{*}p < 0.05$ （$N=24$）。

依据图 4-18 所示，新旧规则下女子组 -67 千克级优秀跆拳道运动员技术得分成功率，在 2017 年规则下以直拳技术得分成功率为最高，占 34.04%，其次依序为后踢 11.11%、后横踢 9.04%、勾踢 6.06%、下劈 6.02%、侧踢 5.29%、前横踢 3.13%、其他 1.35%，以后旋踢、双飞踢、旋风踢及推踢 0.00% 为最低。在 2018 年规则下以直拳技术得分成功率为最高，占 23.81%，其次依序为双飞踢 20.00%、下劈 10.75%、后横踢 8.08%、后踢 5.88%、侧踢 2.90%、前横踢 2.53%，以后旋踢、旋风踢、推踢、勾踢及其他 0.00% 为最低。

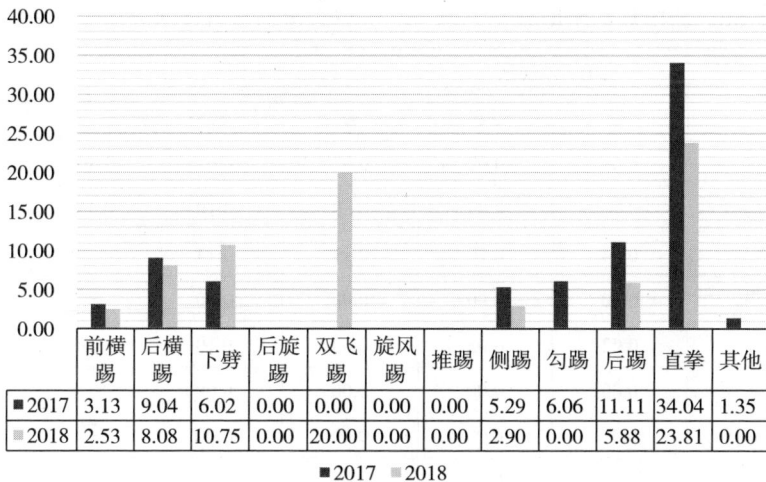

	前横踢	后横踢	下劈	后旋踢	双飞踢	旋风踢	推踢	侧踢	勾踢	后踢	直拳	其他
■2017	3.13	9.04	6.02	0.00	0.00	0.00	0.00	5.29	6.06	11.11	34.04	1.35
■2018	2.53	8.08	10.75	0.00	20.00	0.00	0.00	2.90	0.00	5.88	23.81	0.00

■2017　■2018

图 4-18　新旧规则下女子组 -67 千克级优秀跆拳道运动员技术成功率情况

由上述得知，新旧规则下女子组 -67 千克级优秀跆拳道运动员技术得分成功率，在 2017、2018 年规则中皆以直拳技术得分成功率为最高；技术得分成功率第二位在两届规则中有所差异，2017 年规则中以后踢技术得分成功率为第二位，2018 年规则中则以双飞踢技术得分成功率为第二位；而技术得分成功率第三位在两届规则中仍有所差异，2017 年规则中以后横踢技术得分成功率为第三位，2018 年规则中则以下劈技术得分成功率为第三位。新旧规则下女子组 -67 千克级优秀跆拳道运动员技术得分成功率，在下劈与双飞踢技术得分成功率有上升的趋势，而在前横踢、后横踢、侧踢、勾踢、后踢、直拳与其他技术得分成功率则有下降的趋势。

为了解 2017、2018 年竞赛规则下，女子组 -67 千克级优秀跆拳道运动员在技术得分成功率是否存在差异性，本书以相依样本 t 检验进行考验。检验结果显示，两届竞赛规则下女子组 -67 千克级优秀跆拳道运动员，在技术得分成功率上 $p > 0.05$，均未达统计学上之显著性差异（见表 4-56）。

表 4-56　新旧规则所影响女子组 -67 千克级运动员各技术成功率差异检验

维度	2017 年规则		2018 年规则		t	p
	M	SD	M	SD		
前横踢	0.03	0.02	0.02	0.03	1.153	0.273
后横踢	0.10	0.08	0.09	0.10	0.192	0.852
下劈	0.04	0.10	0.11	0.14	−1.293	0.223
后旋踢	0.00	0.00	0.00	0.00	—	—
双飞踢	0.02	0.05	0.03	0.10	−0.385	0.708
旋风踢	0.00	0.00	0.00	0.00	—	—
推踢	0.00	0.00	0.00	0.00	—	—
侧踢	0.04	0.10	0.03	0.05	0.407	0.692
勾踢	0.03	0.08	0.00	0.00	1.421	0.183
后踢	0.10	0.29	0.02	0.06	1	0.339
直拳	0.23	0.32	0.16	0.21	0.58	0.574
其他	0.01	0.02	0.00	0.00	1	0.339

注：$^*p < 0.05$（$N=24$）。

（四）女子组 +67 千克级运动员

依据图 4-19 所示，新旧规则下女子组 +67 千克级优秀跆拳道运动员得分技术使用率，在 2017 年规则下以前横踢技术使用率为最高，为 37.47%，其次依序为后横踢 19.07%、侧踢 18.40%、下劈 7.87%、勾踢 5.43%、其他 5.10%、直拳 3.44%、推踢 1.66%、后踢 1.33%、后旋踢与旋风踢 0.11%，以双飞踢 0.00% 为最低。在 2018 年规则下以前横踢技术使用率为最高，为 34.78%，其次依序为后横踢 22.49%、侧踢 17.21%、下劈 8.22%、其他 5.88%、直拳 5.54%、勾踢 3.72%、后踢 1.21%、推踢 0.78%、后旋踢与旋风踢 0.09%，以双飞踢 0.00% 为最低。

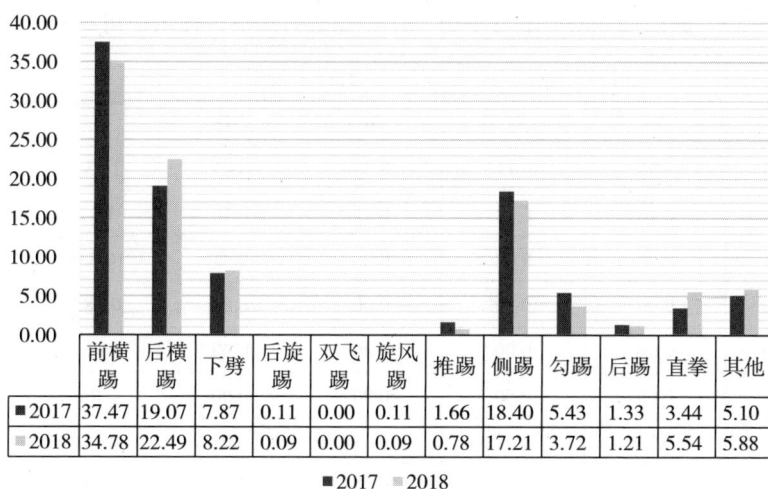

	前横踢	后横踢	下劈	后旋踢	双飞踢	旋风踢	推踢	侧踢	勾踢	后踢	直拳	其他
■ 2017	37.47	19.07	7.87	0.11	0.00	0.11	1.66	18.40	5.43	1.33	3.44	5.10
▨ 2018	34.78	22.49	8.22	0.09	0.00	0.09	0.78	17.21	3.72	1.21	5.54	5.88

■2017 ▨2018

图 4-19 新旧规则下女子组 +67 千克级优秀跆拳道运动员技术使用率情况

由上述得知，新旧规则下女子组 +67 千克级优秀跆拳道运动员得分技术使用率，在 2017、2018 年规则中皆以前横踢技术使用率为最高，皆以后横踢技术使用率为第二位，皆以侧踢技术使用率为第三位。新旧规则下女子组 +67 千克级优秀跆拳道运动员得分技术使用率，在后横踢、下劈、直拳与其他技术使用率有上升的趋势，而在前横踢、后旋踢、旋风踢、推踢、侧踢、勾踢与后踢技术使用率有下降的趋势。

为了解 2017、2018 年竞赛规则下女子组 +67 千克级优秀跆拳道运动员，在得分技术使用率上是否存在差异性，本书以相依样本 t 检验进行考验。检验结果显示，两届竞赛规则下女子组 +67 千克级优秀跆拳道运动员，在得分技术使用率上，以直拳技术使用率 $p < 0.05$，达统计学上之显著性差异，其余技术使用率 $p > 0.05$，未达统计学上之显著性差异（见表 4-57）。

表 4-57　新旧规则所影响女子组 +67 千克级运动员各技术使用率差异检验

技术	2017 年规则		2018 年规则		t	p
	M	SD	M	SD		
前横踢	0.39	0.11	0.34	0.07	1.731	0.111
后横踢	0.16	0.12	0.22	0.10	−1.176	0.265
下劈	0.07	0.08	0.08	0.03	−0.535	0.604
后旋踢	0.00	0.00	0.00	0.00	0.385	0.707
双飞踢	0.00	0.00	0.00	0.00	—	—
旋风踢	0.00	0.00	0.00	0.00	0	1
推踢	0.01	0.01	0.01	0.02	0.451	0.66
侧踢	0.20	0.12	0.17	0.14	0.584	0.571
勾踢	0.06	0.08	0.04	0.04	0.969	0.353
后踢	0.01	0.02	0.01	0.01	0.697	0.5
直拳	0.02	0.03	0.06	0.05	−2.261	0.045*
其他	0.06	0.04	0.07	0.06	−0.519	0.614

注：*$p < 0.05$ （N=24）。

依据图 4-20 所示，新旧规则下女子组 +67 千克级优秀跆拳道运动员技术得分率，在 2017 年规则下以后横踢技术得分率为最高，为 22.78%，其次依序为前横踢 21.52%、侧踢与勾踢 17.72%、下劈 11.39%、直拳 5.60%、后踢 3.80%，以后旋踢、双飞踢、旋风踢、推踢及其他 0.00% 为最低。在 2018 年规则下仍以后横踢技术使用率为最高，为 28.33%，其次依序为前横踢 22.50%、直拳 16.67%、下劈 12.50%、勾踢 9.17%、侧踢 7.50%、后踢 3.33%，以后旋踢、双飞踢、旋风踢、推踢及其他 0.00% 为最低。

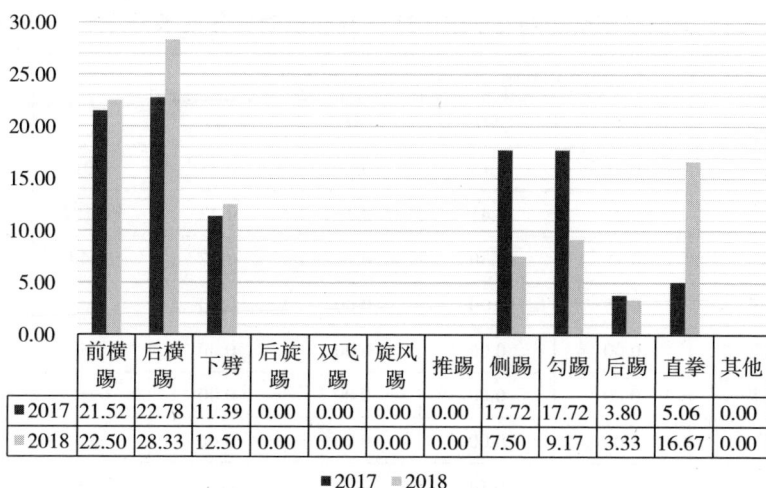

	前横踢	后横踢	下劈	后旋踢	双飞踢	旋风踢	推踢	侧踢	勾踢	后踢	直拳	其他
■2017	21.52	22.78	11.39	0.00	0.00	0.00	0.00	17.72	17.72	3.80	5.06	0.00
■2018	22.50	28.33	12.50	0.00	0.00	0.00	0.00	7.50	9.17	3.33	16.67	0.00

■2017 ■2018

图 4-20 新旧规则下女子组 +67 千克级优秀跆拳道运动员技术得分率情况

由上述得知，新旧规则下女子组 +67 千克级优秀跆拳道运动员技术得分率，在 2017、2018 年规则中皆以后横踢技术得分率为最高，皆以前横踢技术得分率为第二位；而两届规则中技术得分率第三位皆有所差异，2017 年规则中以侧踢与勾踢技术并列为技术得分率第三位，2018 年规则中则以直拳技术得分率为第三位。新旧规则下女子组 +67 千克级优秀跆拳道运动员技术得分率，在前横踢、后横踢、下劈与直拳技术得分率有上升的趋势，而在侧踢、勾踢及后踢技术得分率则有下降的趋势。

为了解 2017、2018 年竞赛规则下女子组 +67 千克级优秀跆拳道运动员在技术得分率是否存在差异性，本书以相依样本 t 检验进行考验。检验结果显示，两届竞赛规则下女子组 +67 千克级优秀跆拳道运动员，在技术得分率上 $p > 0.05$，均未达统计学上之显著性差异（见表 4-58）。

表 4-58　新旧规则所影响女子组 +67 千克级运动员各技术得分率差异检验

技术	2017 年规则		2018 年规则		t	p
	M	SD	M	SD		
前横踢	0.11	0.15	0.20	0.25	−1.014	0.332
后横踢	0.26	0.41	0.28	0.22	−0.184	0.857
下劈	0.12	0.30	0.11	0.17	0.114	0.912
后旋踢	0.00	0.00	0.00	0.00	—	—
双飞踢	0.00	0.00	0.00	0.00	—	—
旋风踢	0.00	0.00	0.00	0.00	—	—
推踢	0.00	0.00	0.00	0.00	—	—
侧踢	0.09	0.14	0.08	0.14	0.143	0.889
勾踢	0.10	0.21	0.16	0.32	−0.539	0.601
后踢	0.05	0.17	0.02	0.08	0.491	0.633
直拳	0.11	0.30	0.15	0.15	−0.398	0.698
其他	0.00	0.00	0.00	0.00	—	—

注：$^*p < 0.05$（N=24）。

依据图 4-21 所示，新旧规则下女子组 +67 千克级优秀跆拳道运动员技术成功率，在 2017 年规则下以勾踢技术得分成功率为最高，占 14.29%，其次为直拳 12.90%、后踢 8.33%、后横踢 5.23%、下劈 4.23%、侧踢 4.22%、前横踢 2.37%，以后旋踢、双飞踢、旋风踢、推踢及其他 0.00% 为最低。在 2018 年规则下则以直拳技术得分成功率为最高，占 31.25%，其次依序为勾踢 11.63%、后横踢 6.15%、下劈 5.26%、前横踢 2.74%、侧踢 2.01%，以后旋踢、双飞踢、旋风踢、推踢、后踢及其他 0.00% 为最低。

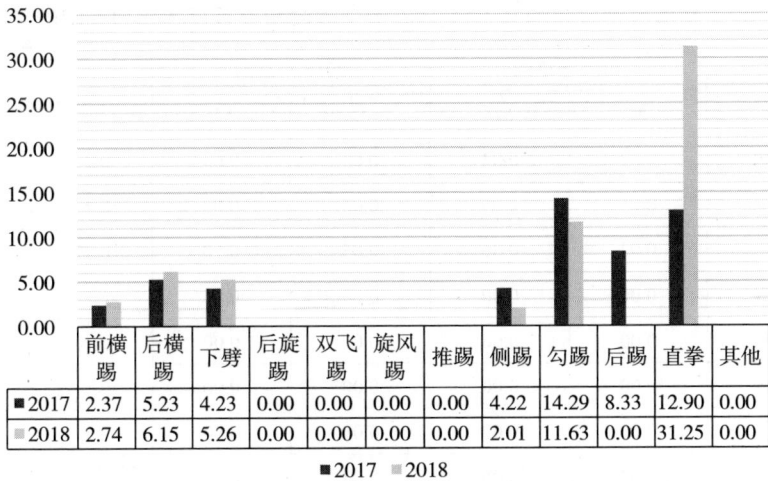

	前横踢	后横踢	下劈	后旋踢	双飞踢	旋风踢	推踢	侧踢	勾踢	后踢	直拳	其他
■2017	2.37	5.23	4.23	0.00	0.00	0.00	0.00	4.22	14.29	8.33	12.90	0.00
2018	2.74	6.15	5.26	0.00	0.00	0.00	0.00	2.01	11.63	0.00	31.25	0.00

■2017 ■2018

图 4-21 新旧规则下女子组 +67 千克级优秀跆拳道运动员技术成功率情况

由上述得知，新旧规则下女子组 +67 千克级优秀跆拳道运动员技术得分成功率，在两届规则中有所差异，2017 年规则中以勾踢技术得分成功率为最高，2018 年规则中以直拳技术得分成功率为最高；在技术得分成功率第二位皆有所差异，2017 年规则中以直拳技术得分成功率为第二位，2018 年规则中以勾踢技术得分成功率为第二位；而技术得分成功率第三位仍有所差异，2017 年规则中以后踢技术得分成功率为第三位，2018 年规则中以后横踢技术得分成功率为第三位。新旧规则下女子组 +67 千克级优秀跆拳道运动员技术得分成功率，在前横踢、后横踢、下劈与直拳技术得分成功率有上升的趋势，而在侧踢、勾踢与后踢技术得分成功率有下降的趋势。

为了解 2017、2018 年竞赛规则下女子组 +67 千克级优秀跆拳道运动员，在技术得分成功率是否存在差异性，本书以相依样本 t 检验进行考验。检验结果显示，两届竞赛规则下女子组 +67 千克级优秀跆拳道运动员，在技术得分成功率上，以直拳技术得分成功率 $p < 0.05$，达统计学上之显著性差异，其余技术使用率 $p > 0.05$，未达统计学上之显著性差异（见表 4-59）。

表 4-59　新旧规则所影响女子组 +67 千克级运动员各技术成功率的差异检验

技术	2017 年规则		2018 年规则		t	p
	M	SD	M	SD		
前横踢	0.02	0.03	0.03	0.03	−0.371	0.718
后横踢	0.05	0.09	0.06	0.05	−0.445	0.665
下劈	0.02	0.06	0.05	0.10	−0.779	0.453
后旋踢	0.00	0.00	0.00	0.00	—	—
双飞踢	0.00	0.00	0.00	0.00	—	—
旋风踢	0.00	0.00	0.00	0.00	—	—
推踢	0.00	0.00	0.00	0.00	—	—
侧踢	0.04	0.06	0.03	0.06	0.037	0.971
勾踢	0.07	0.13	0.04	0.08	0.741	0.474
后踢	0.08	0.29	0.08	0.29	0	1
直拳	0.04	0.12	0.27	0.24	−2.613	0.024*
其他	0.00	0.00	0.00	0.00	—	—

注：*$p < 0.05$ （N=24）。

五、新旧规则下男子组各量级优秀跆拳道运动员技术使用情况比较

为了解新规则修订后，对于男子组各量级优秀跆拳道运动员在得分技术使用特征是否有所差异，本书以 2017、2018 年竞赛规则下男子组各量级运动员得分技术使用情况，分为使用率、得分率及成功率进行量化分析。并将 2017、2018 年竞赛规则下男子组各量级运动员得分技术之使用率、得分率及成功率，以 SPSS 统计软件进行统计学考验。本书以相依样本 t 检验，考验 2017、2018 年竞赛规则下男子组各量级运动员在得分技术指标上是否有差异，显著性水准设定为 $p < 0.05$。

（一）男子组 -58 千克级运动员

依据图 4-22 所示，新旧规则下男子组 -58 千克级优秀跆拳道运动员得分技术使用率，在 2017 年规则下以前横踢技术使用率为最高，为 50.57%，其次依序为后横踢 16.53%、侧踢 12.27%、其他 8.27%、下劈 4.50%、后踢 2.62%、直拳 2.05%、推踢 1.06%、双飞踢与勾踢 0.57%，以后旋踢与旋风踢 0.49% 为最低。在 2018 年规则下仍以前横踢技术使用率为最高，为 48.94%，其次依序为侧踢 19.33%、后横踢 16.22%、其他 4.60%、下劈 3.97%、后踢 2.12%、推踢 1.42%、勾踢 1.35%、直拳 0.92%、后旋踢及双飞踢 0.50%，以旋风踢 0.14% 为最低。

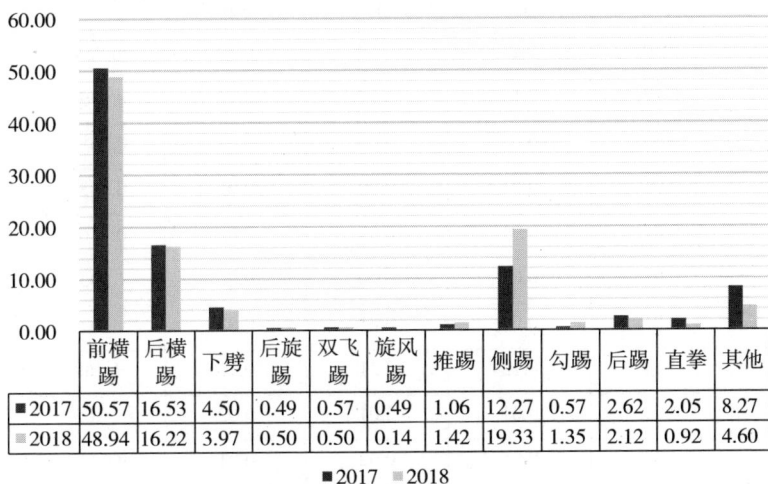

	前横踢	后横踢	下劈	后旋踢	双飞踢	旋风踢	推踢	侧踢	勾踢	后踢	直拳	其他
■2017	50.57	16.53	4.50	0.49	0.57	0.49	1.06	12.27	0.57	2.62	2.05	8.27
■2018	48.94	16.22	3.97	0.50	0.50	0.14	1.42	19.33	1.35	2.12	0.92	4.60

■2017 ■2018

图 4-22 新旧规则下男子组 -58 千克级优秀跆拳道运动员技术使用率情况

由上述得知，新旧规则下男子组 -58 千克级优秀跆拳道运动员技术使用率，在 2017、2018 年规则中皆以前横踢技术使用率为最高；得分技术使用率第二位在两届规则中有所差异，2017 年规则中以后横踢技术使用率为第二位，2018 年规则中则以侧踢技术使用率为第二位；得分技术使用率第三位在两届规则中仍有所差异，2017 年规则中以侧踢技术使用率为第三位，而 2018 年规则中则以后横踢技术使用率为第三位。新旧规则下男子组 -58 千克级优秀跆拳道运动员得分技术使用率，在后旋踢、推踢、侧踢与勾踢技术使用率有上升的趋势，而在前横踢、后横踢、下劈、双飞踢、旋风踢、后踢、直拳与其他技术使用率则有下降的趋势。

为了解 2017、2018 年竞赛规则下男子组 -58 千克级优秀跆拳道运动员，在得分技术使用率上是否存在差异性，本书以相依样本 t 检验进行考验。检验结果显示，两届竞赛规则下男子组 -58 千克级优秀跆拳道运动员，在得分技术使用率上 $p > 0.05$，均未达统计学上之显著性差异（见表 4-60）。

表 4-60　新旧规则所影响男子组 -58 千克级运动员各技术使用率差异检验

技术	2017 年规则		2018 年规则		t	p
	M	SD	M	SD		
前横踢	0.49	0.11	0.50	0.19	-0.054	0.958
后横踢	0.17	0.14	0.15	0.14	0.669	0.517
下劈	0.04	0.05	0.04	0.05	0.255	0.804
后旋踢	0.01	0.01	0.00	0.01	0.353	0.73
双飞踢	0.01	0.01	0.00	0.00	0.786	0.448
旋风踢	0.01	0.01	0.00	0.00	1.093	0.298
推踢	0.01	0.01	0.01	0.02	-0.67	0.517
侧踢	0.13	0.12	0.21	0.16	-1.468	0.17
勾踢	0.01	0.01	0.01	0.02	-1.365	0.2
后踢	0.03	0.05	0.02	0.01	0.644	0.533
直拳	0.02	0.03	0.01	0.01	1.355	0.203
其他	0.08	0.06	0.04	0.04	1.427	0.181

注：$^*p < 0.05$（$N=24$）。

依据图 4-23 所示，新旧规则下男子组 -58 千克级优秀跆拳道运动员技术得分率，在 2017 年规则下以前横踢技术得分率为最高，为 35.92%，其次依序为后横踢 33.98%、下劈 23.30%、后踢 2.91%、双飞踢及直拳 1.94%，以后旋踢、旋风踢、推踢、侧踢、勾踢及其他 0.00% 为最低。在 2018 年规则下仍以前横踢技术得分率为最高，为 33.33%，其次依序为下劈 13.04%、后横踢与后踢 11.59%、推踢与勾踢 10.14%、侧踢 5.80%、直拳 4.35%，以后旋踢、双飞踢、旋风踢及其他 0.00% 为最低。

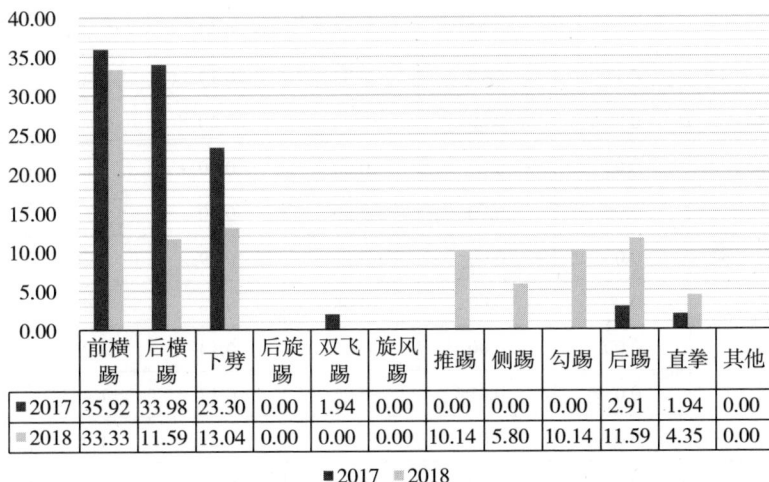

	前横踢	后横踢	下劈	后旋踢	双飞踢	旋风踢	推踢	侧踢	勾踢	后踢	直拳	其他
2017	35.92	33.98	23.30	0.00	1.94	0.00	0.00	0.00	0.00	2.91	1.94	0.00
2018	33.33	11.59	13.04	0.00	0.00	0.00	10.14	5.80	10.14	11.59	4.35	0.00

图 4-23 新旧规则下男子组 -58 千克级优秀跆拳道运动员技术得分率情况

由上述得知，新旧规则下男子组 -58 千克级优秀跆拳道运动员技术得分率，在 2017、2018 年规则中皆以前横踢技术得分率为最高；在技术得分率第二位中两届规则有所差异，2017 年规则中以后横踢技术得分率为第二位，2018 年规则中则以下劈技术得分率为第二位；技术得分率第三位在两届规则中仍有所差异，2017 年规则中以下劈技术得分率为第三位，2018 年规则中则以后横踢与后踢技术得分率为第三位。新旧规则下男子组 -58 千克级优秀跆拳道运动员技术得分率，在推踢、侧踢、勾踢、后踢与直拳技术得分率有上升的趋势，而在前横踢、后横踢、下劈与双飞踢技术得分率则有下降的趋势。

为了解 2017、2018 年竞赛规则下，男子组 -58 千克级优秀跆拳道运动员在技术得分率是否存在差异性，本书以相依样本 t 检验进行考验。检验结果显示，两届竞赛规则下男子组 -58 千克级优秀跆拳道运动员，在得分技术使用率上 $p > 0.05$，均未达统计学上之显著性差异（见表 4-61）。

表 4-61　新旧规则所影响男子组 -58 千克级运动员各技术得分率差异检验

技术	2017 年规则		2018 年规则		t	p
	M	SD	M	SD		
前横踢	0.40	0.37	0.26	0.36	0.867	0.405
后横踢	0.31	0.35	0.16	0.35	0.884	0.395
下劈	0.15	0.19	0.09	0.19	1.366	0.199
后旋踢	0.00	0.00	0.00	0.00	—	—
双飞踢	0.02	0.07	0.00	0.00	1	0.339
旋风踢	0.00	0.00	0.00	0.00	—	—
推踢	0.00	0.00	0.11	0.29	-1.267	0.231
侧踢	0.00	0.00	0.08	0.18	-1.472	0.169
勾踢	0.00	0.00	0.05	0.13	-1.367	0.199
后踢	0.03	0.11	0.06	0.17	-1.483	0.166
直拳	0.01	0.04	0.10	0.29	-1.065	0.31
其他	0.00	0.00	0.00	0.00	—	—

注：*$p < 0.05$（N=24）。

依据图 4-24 所示，新旧规则下男子组 -58 千克级优秀跆拳道运动员技术得分成功率，在 2017 年规则下以下劈技术得分成功率为最高，占 14.55%，其次为后横踢 8.42%、直拳 8.00%、后踢 3.13%、前横踢 2.91%，以后旋踢、双飞踢、旋风踢、推踢、侧踢、勾踢及其他 0.00% 为最低。在 2018 年规则下则以直拳技术得分成功率为最高，占 23.08%，其次依序为勾踢 15.79%、推踢 15.00%、后踢 6.67%、下劈 5.36%、后横踢 1.75%、前横踢 1.45%、侧踢 0.73%，以后旋踢、双飞踢、旋风踢及其他 0.00% 为最低。

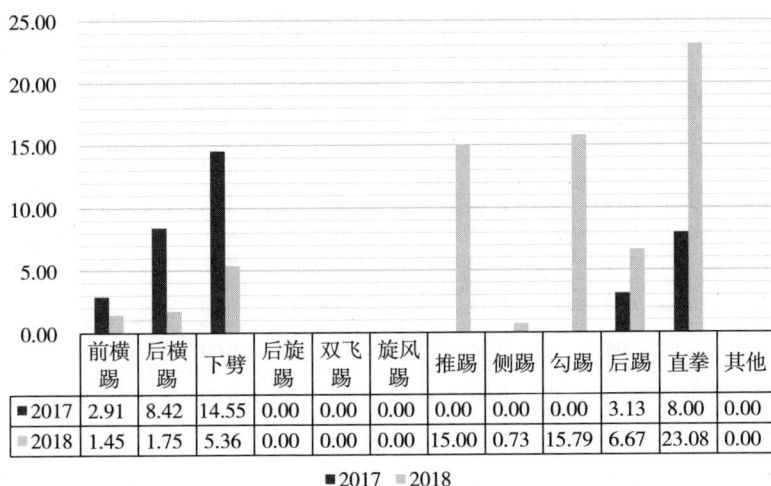

	前横踢	后横踢	下劈	后旋踢	双飞踢	旋风踢	推踢	侧踢	勾踢	后踢	直拳	其他
■2017	2.91	8.42	14.55	0.00	0.00	0.00	0.00	0.00	0.00	3.13	8.00	0.00
2018	1.45	1.75	5.36	0.00	0.00	0.00	15.00	0.73	15.79	6.67	23.08	0.00

■2017　2018

图 4-24　新旧规则下男子组 -58 千克级优秀跆拳道运动员技术成功率情况

由上述得知，新旧规则下男子组 -58 千克级优秀跆拳道运动员技术得分成功率，在 2017、2018 年规则中皆有所差异，2017 年规则中以下劈技术得分成功率为最高，而 2018 年规则中则以直拳技术得分成功率为最高；在技术得分成功率第二位中两届规则仍有所差异，2017 年规则中以后横踢技术得分成功率为第二位，而 2018 年规则中则以勾踢技术得分成功率为第二位；在技术得分成功率第三位中两届依然有所差异，2017 年规则中以直拳技术得分成功率为第三位，2018 年规则中则以推踢技术得分成功率为第三位。新旧规则下男子组 -58 千克级优秀跆拳道运动员技术得分成功率，在推踢、侧踢、勾踢、后踢与直拳技术得分成功率有上升的趋势，而在前横踢、后横踢与下劈技术得分成功率有下降的趋势。

为了解 2017、2018 年竞赛规则下，男子组 -58 千克级优秀跆拳道运动员在技术得分成功率是否存在差异性，本书以相依样本 t 检验进行考验。检验结果显示，两届竞赛规则下男子组 -58 千克级优秀跆拳道运动员，在技术得分成功率上 $p > 0.05$，均未达统计学上之显著性差异（见表 4-62）。

表 4-62　新旧规则所影响男子组 -58 千克级运动员各技术成功率差异检验

技术	2017 年规则		2018 年规则		t	p
	M	SD	M	SD		
前横踢	0.03	0.04	0.01	0.02	1.95	0.077
后横踢	0.07	0.07	0.09	0.29	−0.239	0.815
下劈	0.10	0.16	0.13	0.31	−0.348	0.735
后旋踢	0.00	0.00	0.00	0.00	—	—
双飞踢	0.04	0.14	0.00	0.00	1	0.339
旋风踢	0.00	0.00	0.00	0.00	—	—
推踢	0.00	0.00	0.05	0.11	−1.465	0.171
侧踢	0.00	0.00	0.00	0.01	−1.474	0.169
勾踢	0.00	0.00	0.13	0.31	−1.347	0.208
后踢	0.01	0.03	0.06	0.15	−1.393	0.191
直拳	0.06	0.19	0.13	0.29	−0.646	0.532
其他	0.00	0.00	0.00	0.00	—	—

注：$^{*}p < 0.05$ （N =24）。

（二）男子组 -68 千克级运动员

依据图 4-25 所示，新旧规则下男子组 -68 千克级优秀跆拳道运动员得分技术使用率，在 2017 年规则下以前横踢技术使用率为最高，为 50.55%，其次依序为后横踢 16.56%、侧踢 16.40%、下劈 4.89%、其他 4.10%、直拳 2.05%、勾踢 1.81%、后踢 1.50%、双飞踢 0.95%、推踢 0.63%、后旋踢 0.32%，以旋风踢 0.24% 为最低。在 2018 年规则下仍以前横踢技术使用率为最高，为 43.12%，其次依序为侧踢 20.99%、后横踢 14.90%、其他 8.05%、下劈 6.09%、勾踢 2.18%、后踢 1.13%、推踢 1.05%、双飞踢及直拳 0.98%、后旋踢 0.45%，以旋风踢 0.08% 为最低。

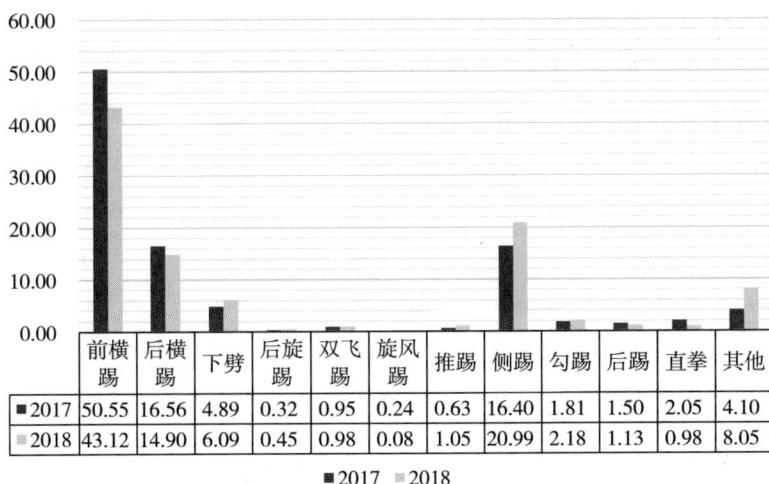

	前横踢	后横踢	下劈	后旋踢	双飞踢	旋风踢	推踢	侧踢	勾踢	后踢	直拳	其他
■2017	50.55	16.56	4.89	0.32	0.95	0.24	0.63	16.40	1.81	1.50	2.05	4.10
2018	43.12	14.90	6.09	0.45	0.98	0.08	1.05	20.99	2.18	1.13	0.98	8.05

■2017 2018

图 4-25 新旧规则下男子组 -68 千克级优秀跆拳道运动员技术使用率情况

由上述得知，新旧规则下男子组 -68 千克级优秀运动员得分技术使用率，在 2017、2018 年规则中皆以前横踢技术使用率为最高；在技术使用率第二位中两届规则有所差异，2017 年规则以后横踢技术使用率为第二位，2018 年规则中则以侧踢技术使用率为第二位；技术使用率第三位在两届规则中仍有所差异，2017 年规则中以侧踢技术使用率为第三位，2018 年规则中则以后横踢技术使用率为第三位。新旧规则下男子组 -68 千克级优秀跆拳道运动员得分技术使用率，在下劈、后旋踢、双飞踢、推踢、侧踢、勾踢与其他技术使用率有上升的趋势，而在前横踢、后横踢、旋风踢、旋风踢、后踢与直拳技术使用率有下降的趋势。

为了解 2017、2018 年竞赛规则下，男子组 -68 千克级优秀跆拳道运动员在得分技术使用率是否存在差异性，本书以相依样本 t 检验进行考验。检验结果显示，两届竞赛规则下男子组 -68 千克级优秀跆拳道运动员，在得分技术使用率上 $p > 0.05$，均未达统计学上之显著性差异（见表 4-63）。

表 4-63　新旧规则所影响男子组 -68 千克级运动员各技术使用率差异检验

技术	2017 年规则		2018 年规则		t	p
	M	SD	M	SD		
前横踢	0.49	0.14	0.43	0.11	1.333	0.209
后横踢	0.16	0.11	0.16	0.11	0.044	0.966
下劈	0.05	0.05	0.06	0.03	−0.413	0.688
后旋踢	0.00	0.00	0.00	0.01	−0.44	0.668
双飞踢	0.01	0.03	0.01	0.01	1.307	0.218
旋风踢	0.00	0.01	0.00	0.00	0.749	0.47
推踢	0.01	0.02	0.01	0.01	−0.043	0.966
侧踢	0.18	0.09	0.22	0.11	−0.967	0.354
勾踢	0.02	0.02	0.02	0.02	−0.144	0.888
后踢	0.02	0.02	0.01	0.01	0.552	0.592
直拳	0.02	0.03	0.01	0.01	1.695	0.118
其他	0.04	0.03	0.07	0.06	−1.477	0.168

注：$^*p < 0.05$ （N=24）。

依据图 4-26 所示，新旧规则下男子组 -68 千克级优秀跆拳道运动员技术得分率，在 2017 年规则下以后横踢技术得分率为最高，为 39.32%，其次依序为前横踢 27.35%、下劈 12.82%、侧踢 8.55%、直拳 4.27%、双飞踢 3.42%、后踢 2.56%、勾踢 1.71%，以后旋踢、旋风踢、推踢、其他 0.00% 为最低。在 2018 年规则下仍以后横踢技术得分率为最高，为 36.72%，其次依序为前横踢 23.44%、侧踢 18.75%、下劈 11.72%、双飞踢与后踢及直拳 3.13%，以后旋踢、旋风踢、推踢、勾踢及其他 0.00% 最低。

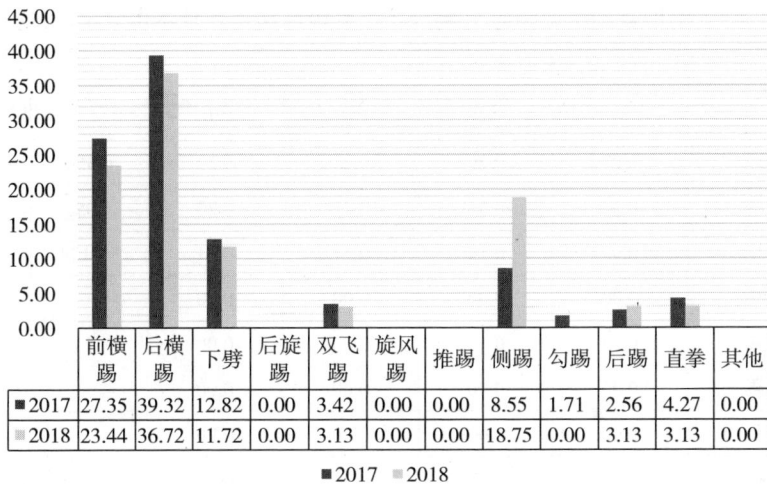

	前横踢	后横踢	下劈	后旋踢	双飞踢	旋风踢	推踢	侧踢	勾踢	后踢	直拳	其他
■2017	27.35	39.32	12.82	0.00	3.42	0.00	0.00	8.55	1.71	2.56	4.27	0.00
2018	23.44	36.72	11.72	0.00	3.13	0.00	0.00	18.75	0.00	3.13	3.13	0.00

■2017　2018

图 4-26　新旧规则下男子组 -68 千克级优秀跆拳道运动员技术得分率情况

　　由上述得知，新旧规则下男子组 -68 千克级优秀跆拳道运动员技术得分率，在 2017、2018 年规则中皆是以后横踢技术得分率为最高，皆以前横踢技术得分率为第二位；在技术得分率第三位中两届规则有所差异，2017 年规则中以下劈技术得分率为第三位，2018 年规则中则以侧踢技术得分率为第三位。新旧规则下男子组 -68 千克级优秀跆拳道运动员技术得分率，在侧踢与后踢技术得分率有上升的趋势，而在前横踢、后横踢、下劈、双飞踢、勾踢与直拳技术得分率有下降的趋势。

　　为了解 2017、2018 年竞赛规则下，男子组 -68 千克级优秀跆拳道运动员在技术得分率上是否存在差异性，本书以相依样本 t 检验进行考验。检验结果显示，两届竞赛规则下男子组 -68 丅克级优秀跆拳道运动员，在技术得分率上 $p > 0.05$，均未达统计学上之显著性差异（见表 4-64）。

表 4-64　新旧规则所影响男子组 -68 千克级运动员各技术得分率差异检验

技术	2017 年规则		2018 年规则		t	p
	M	SD	M	SD		
前横踢	0.27	0.29	0.23	0.22	0.354	0.73
后横踢	0.34	0.31	0.22	0.23	1.058	0.313
下劈	0.09	0.14	0.21	0.31	−1.124	0.285
后旋踢	0.00	0.00	0.00	0.00	—	—
双飞踢	0.03	0.10	0.00	0.00	1	0.339
旋风踢	0.00	0.00	0.00	0.00	—	—
推踢	0.00	0.00	0.00	0.00	—	—
侧踢	0.11	0.17	0.20	0.18	−1.483	0.166
勾踢	0.02	0.08	0.00	0.00	1	0.339
后踢	0.02	0.07	0.02	0.06	0.116	0.91
直拳	0.03	0.05	0.04	0.11	−0.399	0.698
其他	0.00	0.00	0.00	0.00	—	—

注：$^{*}p < 0.05$　（N=24）。

依据图 4-27 所示，新旧规则下男子组 -68 千克级优秀跆拳道运动员技术得分成功率，在 2017 年规则下以直拳技术得分成功率为最高，占 19.23%，其次为后横踢 10.48%、下劈 8.06%%、后踢 5.26%、勾踢 4.35%、侧踢 2.40%、前横踢 2.18%，以后旋踢、双飞踢、旋风踢、推踢及其他 0.00% 为最低。在 2018 年规则下仍以直拳技术得分成功率为最高，占 30.77%，其次依序为双飞踢 15.38%、后横踢 11.62%、后踢 6.67%、下劈 6.17%、侧踢 4.30%、前横踢 2.44%，以后旋踢、旋风踢、推踢、勾踢及其他 0.00% 为最低。

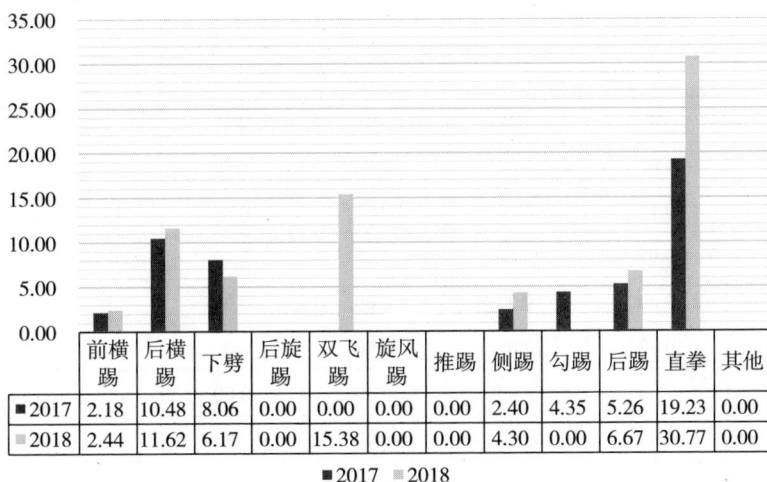

	前横踢	后横踢	下劈	后旋踢	双飞踢	旋风踢	推踢	侧踢	勾踢	后踢	直拳	其他
■2017	2.18	10.48	8.06	0.00	0.00	0.00	0.00	2.40	4.35	5.26	19.23	0.00
■2018	2.44	11.62	6.17	0.00	15.38	0.00	0.00	4.30	0.00	6.67	30.77	0.00

■2017 ■2018

图 4-27　新旧规则下男子组 -68 千克级优秀跆拳道运动员技术成功率情况

由上述得知，新旧规则下男子组 -68 千克级优秀跆拳道运动员技术得分成功率，在 2017、2018 年规则中皆以直拳技术得分成功率为最高；在技术得分成功率中两届规则有所差异，2017 年规则中以后横踢技术得分成功率为第二位，2018 年规则中则以双飞踢技术得分成功率为第二位；在技术得分成功率第三位中两届规则仍有所差异，2017 年规则中以下劈技术得分成功率为第三位，2018 年规则中则以后横踢技术得分成功率为第三位。新旧规则下男子组 -68 千克级优秀跆拳道运动员技术得分成功率，在前横踢、后横踢、双飞踢、侧踢、后踢与直拳技术得分成功率有上升的趋势，而在下劈与勾踢技术得分成功率有下降的趋势。

为了解 2017、2018 年竞赛规则下，男子组 -68 千克级优秀跆拳道运动员在技术得分成功率上是否存在差异性，本书以相依样本 t 检验进行考验。检验结果显示，两届竞赛规则下男子组 -68 千克级优秀跆拳道运动员，在得分技术使用率上，以侧踢技术得分成功率 $p < 0.05$，达统计学上显著性差异，而其余技术得分成功率 $p > 0.05$，均未达统计学上之显著性差异（见表 4-65）。

表 4-65 新旧规则所影响男子组 -68 千克级运动员各技术成功率差异检验

技术	2017 年规则		2018 年规则		t	p
	M	SD	M	SD		
前横踢	0.02	0.02	0.03	0.02	-0.702	0.497
后横踢	0.12	0.13	0.07	0.08	1.058	0.313
下劈	0.07	0.11	0.07	0.10	-0.109	0.915
后旋踢	0.00	0.00	0.00	0.00	—	—
双飞踢	0.02	0.08	0.00	0.00	1	0.339
旋风踢	0.00	0.00	0.00	0.00	—	—
推踢	0.00	0.00	0.00	0.00	—	—
侧踢	0.02	0.03	0.05	0.04	-2.654	0.022*
勾踢	0.03	0.10	0.00	0.00	1	0.339
后踢	0.04	0.14	0.02	0.07	0.432	0.674
直拳	0.11	0.20	0.14	0.33	-0.247	0.81
其他	0.00	0.00	0.00	0.00	—	—

注：*$p < 0.05$ （N=24）。

（三）男子组 -80 千克级运动员

依据图 4-28 所示，新旧规则下男子组 -80 千克级优秀跆拳道运动员得分技术使用率，在 2017 年规则下以前横踢技术使用率为最高，为 38.68%，其次依序为侧踢 21.37%、后横踢 10.56%、其他 7.60%、下劈 7.26%、勾踢 4.22%、直拳 3.46%、推踢 2.28%、双飞踢 2.03%、后踢 1.86%，以后旋踢与旋风踢 0.34% 为最低。在 2018 年规则下以前横踢技术使用率为最高，为 41.29%，其次依序为侧踢 17.84%、后横踢 15.08%、下劈 8.71%、其他 4.77%、直拳 3.85%、后踢 2.60%、推踢 2.18%、勾踢 1.59%、双飞踢 1.09%、后旋踢 1.01%，以旋风踢 0.00% 为最低。

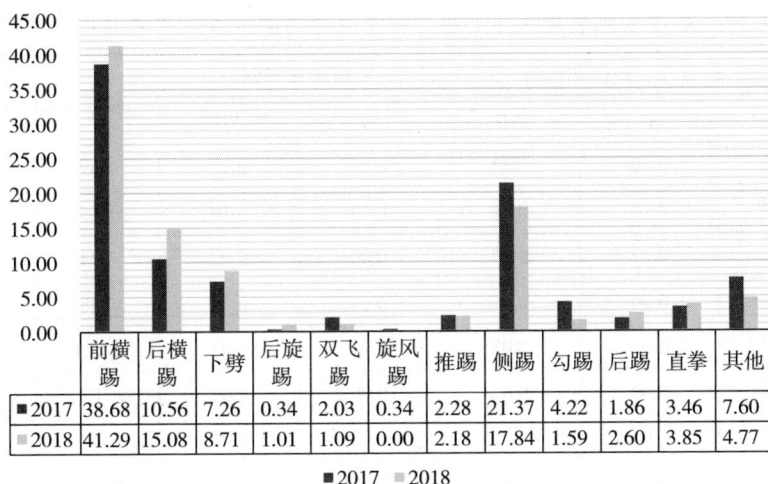

图4-28 新旧规则下男子组-80千克级优秀跆拳道运动员技术使用率情况

由上述得知，新旧规则下男子组-80千克级优秀跆拳道运动员得分技术使用率，在2017、2018年规则中皆以前横踢技术使用率为最高，皆以侧踢技术使用率为第二位，皆以后横踢技术使用率为第三位。新旧规则下男子组-80千克级优秀跆拳道运动员得分技术使用率，在前横踢、后横踢、下劈、后旋踢、后踢与直拳技术使用率有上升的趋势，而在双飞踢、旋风踢、推踢、侧踢、勾踢与其他技术使用率有下降的趋势。

为了解2017、2018年竞赛规则下，男子组-80千克级优秀跆拳道运动员在得分技术使用率是否存在差异性，本书以相依样本 t 检验进行考验。检验结果显示，两届竞赛规则下男子组-80千克级优秀跆拳道运动员，在得分技术使用率上 $p > 0.05$，均未达统计学上之显著性差异（见表4-66）。

表 4-66　　新旧规则所影响男子组 -80 千克级运动员各技术使用率差异检验

技术	2017 年规则		2018 年规则		t	p
	M	SD	M	SD		
前横踢	0.39	0.13	0.41	0.17	-0.391	0.703
后横踢	0.10	0.04	0.15	0.10	-1.559	0.147
下劈	0.07	0.07	0.09	0.07	-0.449	0.662
后旋踢	0.00	0.01	0.01	0.02	-0.881	0.397
双飞踢	0.02	0.03	0.01	0.02	1.074	0.306
旋风踢	0.00	0.02	0.00	0.00	1	0.339
推踢	0.02	0.02	0.02	0.03	0.068	0.947
侧踢	0.21	0.06	0.18	0.14	0.819	0.43
勾踢	0.05	0.06	0.02	0.02	2.016	0.069
后踢	0.02	0.02	0.03	0.03	-0.629	0.542
直拳	0.03	0.05	0.04	0.04	-0.351	0.732
其他	0.07	0.06	0.05	0.03	1.233	0.243

注：$^*p < 0.05$ （N=24）。

依据图 4-29 所示，新旧规则下男子组 -80 千克级优秀跆拳道运动员技术得分率，在 2017 年规则下以前横踢技术得分率为最高，为 38.10%，其次依序为后横踢 17.69%、侧踢 13.61%、下劈 12.24%、勾踢 6.12%、直拳 5.44%、后踢 4.08%、双飞踢及其他 1.36%，以后旋踢、旋风踢及推踢 0.00% 为最低。在 2018 年规则下则以下劈技术得分率为最高，为 29.32%，其次依序为前横踢 21.80%、后横踢 19.55%、后踢 15.04%、直拳 9.02%、侧踢 3.01%、双飞踢 2.26%，以后旋踢、旋风踢、推踢、勾踢及其他 0.00% 为最低。

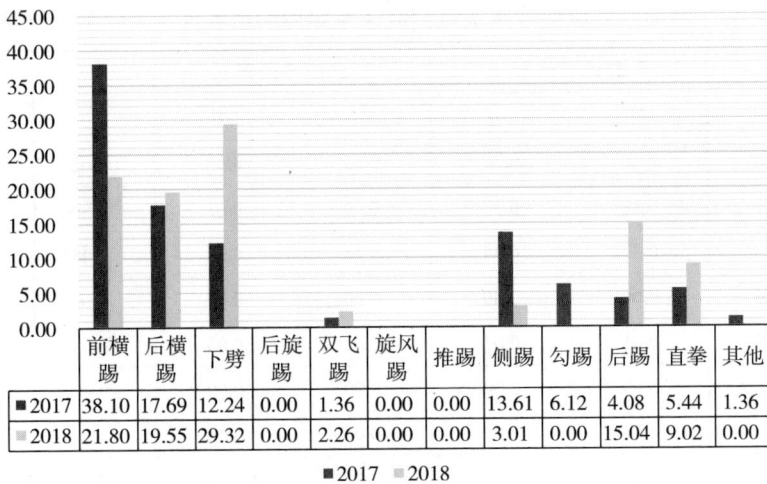

图 4-29　新旧规则下男子组 -80 千克级优秀跆拳道运动员技术得分率情况

由上述得知，新旧规则下男子组 -80 千克级优秀跆拳道运动员技术得分率，在 2017、2018 年规则中两届皆有所差异，2017 年规则下以前横踢技术得分率为最高，而 2018 年规则中则以下劈技术得分率为最高；在技术得分率第二位中两届规则有所差异，2017 年规则中以后横踢技术得分率为第二位，2018 年规则中则以前横踢技术得分率为第二位；在技术得分率第三位两届规则中仍有所差异，2017 年规则中以侧踢技术得分率为第三位，而 2018 年规则中则以后横踢技术得分率为第三位。新旧规则下男子组 -80 千克级优秀跆拳道运动员技术得分率，在后横踢、下劈、双飞踢、后踢与直拳技术得分率有上升的趋势，而在前横踢、侧踢、勾踢与其他技术得分率有下降的趋势。

为了解 2017、2018 年竞赛规则下，男子组 -80 千克级优秀跆拳道运动员在技术得分率上是否存在差异性，本书以相依样本 t 检验进行考验。检验结果显示，两届竞赛规则下男子组 -80 千克级优秀跆拳道运动员，在技术得分率上 $p > 0.05$，均未达统计学上之显著性差异（见表 4-67）。

表 4-67 新旧规则所影响男子组 -80 千克级运动员各技术得分率差异检验

技术	2017 年规则		2018 年规则		t	p
	M	SD	M	SD		
前横踢	0.26	0.25	0.23	0.30	0.262	0.799
后横踢	0.18	0.27	0.26	0.31	−0.749	0.47
下劈	0.22	0.34	0.15	0.24	0.548	0.595
后旋踢	0.00	0.00	0.00	0.00	—	—
双飞踢	0.01	0.03	0.01	0.03	−1	0.339
旋风踢	0.00	0.00	0.00	0.00	—	—
推踢	0.00	0.00	0.00	0.00	—	—
侧踢	0.14	0.26	0.01	0.04	1.716	0.114
勾踢	0.05	0.11	0.00	0.00	1.452	0.174
后踢	0.04	0.10	0.18	0.29	−1.499	0.162
直拳	0.10	0.17	0.08	0.09	0.253	0.805
其他	0.01	0.05	0.00	0.00	1	0.339

注：$^*p < 0.05$ （N=24）。

依据图 4-30 所示，新旧规则下男子组 -80 千克级优秀跆拳道运动员技术得分成功率，在 2017 年规则下以直拳技术得分成功率为最高，占 19.51%，其次为后横踢 10.40%、后踢 9.09%、勾踢 8.00%、下劈 6.98%、前横踢 5.46%、侧踢 3.95%、其他 1.11%，以后旋踢、双飞踢、旋风踢及推踢 0.00% 为最低。在 2018 年规则下仍以直拳技术得分成功率为最高，占 26.09%，其次依序为后踢 16.13%、下劈 12.50%、双飞踢 7.69%、后横踢 7.22%、前横踢 2.43%、侧踢 0.94%，以后旋踢、旋风踢、推踢、勾踢及其他 0.00% 为最低。

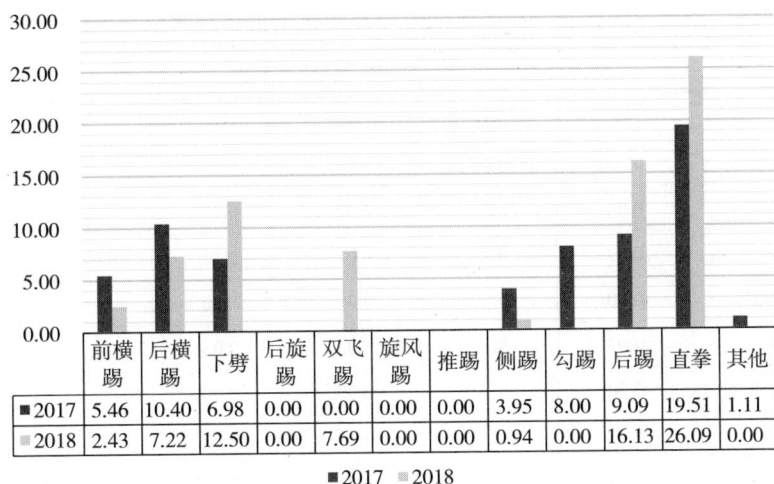

	前横踢	后横踢	下劈	后旋踢	双飞踢	旋风踢	推踢	侧踢	勾踢	后踢	直拳	其他
■2017	5.46	10.40	6.98	0.00	0.00	0.00	0.00	3.95	8.00	9.09	19.51	1.11
■2018	2.43	7.22	12.50	0.00	7.69	0.00	0.00	0.94	0.00	16.13	26.09	0.00

■2017　■2018

图 4-30　新旧规则下男子组 -80 千克级优秀跆拳道运动员技术成功率情况

由上述得知，新旧规则下男子组 -80 千克级优秀跆拳道运动员技术得分成功率，在 2017、2018 年规则中皆是直拳技术得分成功率为最高；在技术成功率第二位中两届规则有所差异，2017 年规则以后横踢技术得分成功率为第二位，2018 年规则中则以下劈技术得分成功率为第二位；在技术得分成功率第三位中两届规则仍有所差异，2017 年规则中以后踢技术得分成功率为第三位，2018 年规则中则以双飞踢技术得分成功率为第三位。新旧规则下男子组 -80 千克级优秀跆拳道运动员技术得分成功率，在下劈、双飞踢、后踢与直拳技术得分成功率有上升的趋势，而在前横踢、后横踢、侧踢、勾踢与其他技术得分成功率则有下降的趋势。

为了解 2017、2018 年竞赛规则下，男子组 -80 千克级优秀跆拳道运动员在技术得分成功率是否存在差异性，本书以相依样本 t 检验进行考验。检验结果显示，两届竞赛规则下男子组 -80 千克级优秀跆拳道运动员，在技术得分成功率上 $p > 0.05$，均未达统计学上之显著性差异（见表 4-68）。

表 4-68　新旧规则所影响男子组 -80 千克级运动员各技术成功率的差异检验

技术	2017 年规则		2018 年规则		*t*	*p*
	M	*SD*	*M*	*SD*		
前横踢	0.05	0.07	0.02	0.02	1.354	0.203
后横踢	0.08	0.09	0.09	0.10	-0.377	0.714
下劈	0.07	0.12	0.07	0.11	0.022	0.983
后旋踢	0.00	0.00	0.00	0.00	—	—
双飞踢	0.03	0.10	0.02	0.06	1	0.339
旋风踢	0.00	0.00	0.00	0.00	—	—
推踢	0.00	0.00	0.00	0.00	—	—
侧踢	0.05	0.10	0.01	0.04	1.172	0.266
勾踢	0.03	0.08	0.00	0.00	1.474	0.168
后踢	0.04	0.11	0.20	0.32	-2.041	0.066
直拳	0.09	0.14	0.23	0.28	-1.646	0.128
其他	0.02	0.07	0.00	0.00	1	0.339

注：*$p < 0.05$ （N=24）。

（四）男子组 +80 千克级运动员

依据图 4-31 所示，新旧规则下男子组 +80 千克级优秀跆拳道运动员得分技术使用率，在 2017 年规则下以前横踢技术使用率为最高，为 36.29%，其次依序为后横踢 21.99%、侧踢 15.36%、其他 6.75%、下劈 6.09%、勾踢 3.31%、后踢 2.91%、双飞踢 2.25%、直拳 2.12%、推踢 1.99%、后旋踢 0.66%，以旋风踢 0.26% 为最低。在 2018 年规则下仍以前横踢技术使用率为最高，为 42.08%，其次依序为侧踢 19.92%、后横踢 13.72%、其他 6.20%、下劈 4.49%、直拳 3.56%、推踢 2.51%、后踢 2.37%、勾踢 1.85%、双飞踢 1.72%、后旋踢 1.32%，以旋风踢 0.26% 为最低。

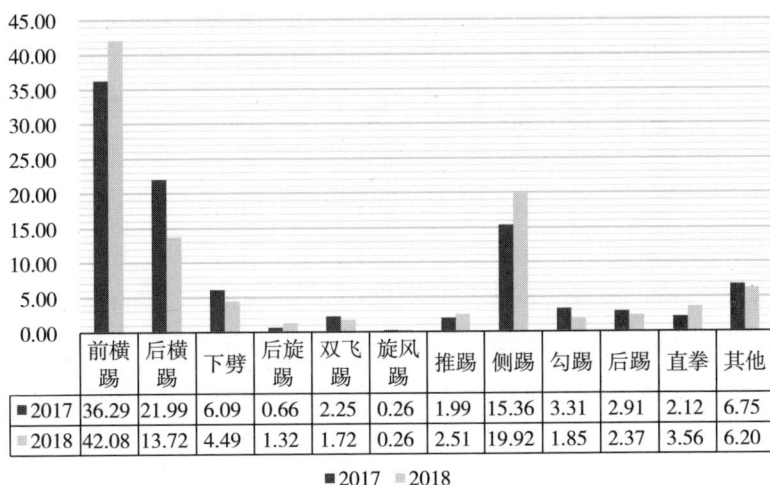

	前横踢	后横踢	下劈	后旋踢	双飞踢	旋风踢	推踢	侧踢	勾踢	后踢	直拳	其他
■2017	36.29	21.99	6.09	0.66	2.25	0.26	1.99	15.36	3.31	2.91	2.12	6.75
■2018	42.08	13.72	4.49	1.32	1.72	0.26	2.51	19.92	1.85	2.37	3.56	6.20

■2017　■2018

图 4-31　新旧规则下男子组 +80 千克级优秀跆拳道运动员技术使用率情况

由上述得知，新旧规则下男子组 +80 千克级优秀跆拳道运动员得分技术使用率，在 2017、2018 年规则中皆以前横踢技术使用率为最高；在得分技术使用率第二位中两届规则有所差异，2017 年规则中以后横踢技术使用率为第二位，而 2018 年规则中则以侧踢技术使用率为第二位；在得分技术使用率第三位中两届规则仍有所差异，2017 年规则中以侧踢技术使用率为第三位，而 2018 年规则中则以后横踢技术使用率为第三位。在前横踢、后旋踢、推踢、侧踢与直拳技术使用率有上升的趋势，而在后横踢、下劈、双飞踢、勾踢、后踢与其他技术使用率则有下降的趋势。

为了解 2017、2018 年竞赛规则下，男子组 +80 千克级优秀跆拳道运动员在得分技术使用率是否存在差异性，本书以相依样本 t 检验进行考验。检验结果显示，两届竞赛规则下男子组 +80 千克级优秀跆拳道运动员，在得分技术使用率上，以后横踢技术使用率 $p < 0.05$，达统计学上之显著性差异，而其余得分技术使用率 $p > 0.05$，均未达统计学上之显著性差异（见表 4-69）。

表 4-69　新旧规则所影响男子组 +80 千克级运动员各技术使用率差异检验

技术	2017 年规则		2018 年规则		t	p
	M	SD	M	SD		
前横踢	0.37	0.13	0.43	0.11	−1.042	0.32
后横踢	0.22	0.07	0.14	0.06	2.469	0.031*
下劈	0.06	0.05	0.04	0.04	0.805	0.438
后旋踢	0.01	0.01	0.02	0.02	−1.028	0.326
双飞踢	0.03	0.04	0.01	0.03	0.934	0.37
旋风踢	0.00	0.01	0.00	0.00	−0.065	0.949
推踢	0.02	0.02	0.02	0.02	−2.18	0.052
侧踢	0.16	0.11	0.19	0.12	−0.66	0.523
勾踢	0.03	0.04	0.02	0.03	0.679	0.511
后踢	0.03	0.03	0.03	0.03	−0.183	0.858
直拳	0.03	0.05	0.03	0.04	−0.534	0.604
其他	0.06	0.07	0.06	0.04	−0.081	0.937

注：*$p < 0.05$（N=24）。

依据图 4-32 所示，新旧规则下男子组 +80 千克级优秀跆拳道运动员技术得分率，在 2017 年规则下以后横踢技术得分率为最高，为 44.78%，其次依序为前横踢 17.91%、双飞踢与勾踢 11.94%、其他 5.97%、下劈 4.48%、直拳 2.99%，以后旋踢、旋风踢、推踢、侧踢、后踢 0.00% 为最低。在 2018 年规则下则以前横踢技术得分率为最高，为 22.73%，其次依序为侧踢 18.18%、后横踢 16.67%、直拳 15.15%、下劈 12.12%、推踢与后踢 6.06%、勾踢 3.03%，以后旋踢、双飞踢、旋风踢、其他 0.00% 为最低。

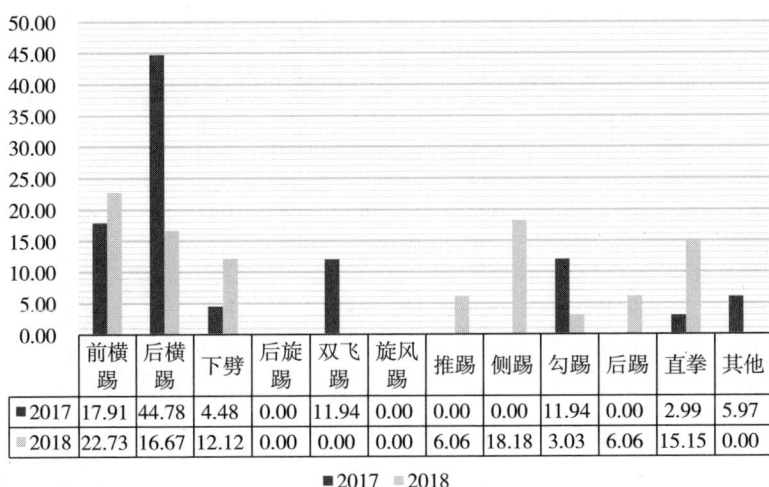

	前横踢	后横踢	下劈	后旋踢	双飞踢	旋风踢	推踢	侧踢	勾踢	后踢	直拳	其他
■2017	17.91	44.78	4.48	0.00	11.94	0.00	0.00	0.00	11.94	0.00	2.99	5.97
2018	22.73	16.67	12.12	0.00	0.00	0.00	6.06	18.18	3.03	6.06	15.15	0.00

■2017 ■2018

图 4-32 新旧规则下男子组 +80 千克级优秀跆拳道运动员技术得分率情况

由上述得知，新旧规则下男子组 +80 千克级优秀跆拳道运动员技术得分率，在 2017、2018 年规则中有所差异，2017 年规则以后横踢技术得分率为最高，2018 年规则中则以前横踢技术得分率为最高；技术得分率第二位中两届规则仍有所差异，2017 年规则中以前横踢技术得分率为第二位，2018 年规则中则以侧踢技术为第二位；技术得分率第三位在两届规则中依然存在差异性，2017 年规则中以双飞踢与勾踢技术得分率并列为第三位，2018 年规则中则以后横踢技术得分率为第三位。在前横踢、下劈、推踢、侧踢、后踢与直拳技术得分率有上升的趋势，而在后横踢、双飞踢、勾踢与其他技术得分率则有下降的趋势。

为了解 2017、2018 年竞赛规则下，男子组 +80 千克级优秀跆拳道运动员在技术得分率上是否存在差异性，本书以相依样本 t 检验进行考验。检验结果显示，两届竞赛规则下男子组 +80 千克级优秀跆拳道运动员，在技术得分率上 $p > 0.05$，均未达统计学上之显著性差异（见表 4-70）。

表 4-70　新旧规则所影响男子组 +80 千克级运动员各技术得分率差异检验

技术	2017 年规则		2018 年规则		F	p
	M	SD	M	SD		
前横踢	0.16	0.35	0.17	0.23	−0.052	0.96
后横踢	0.34	0.35	0.19	0.31	1.609	0.136
下劈	0.04	0.12	0.08	0.15	−0.714	0.49
后旋踢	0.00	0.00	0.00	0.00	—	—
双飞踢	0.19	0.39	0.00	0.00	1.672	0.123
旋风踢	0.00	0.00	0.00	0.00	—	—
推踢	0.00	0.00	0.04	0.09	−1.472	0.169
侧踢	0.00	0.00	0.09	0.22	−1.474	0.169
勾踢	0.06	0.15	0.02	0.06	0.969	0.354
后踢	0.00	0.00	0.08	0.29	−1	0.339
直拳	0.03	0.10	0.16	0.33	−1.246	0.239
其他	0.09	0.29	0.00	0.00	1.122	0.286

注：$^*p < 0.05$（$N=24$）。

依据图 4-33 所示，新旧规则下男子组 +80 千克级优秀跆拳道运动员技术得分成功率，在 2017 年规则下以直拳技术得分成功率为最高，占 12.50%，其次依序为勾踢 12.00%、后横踢 9.04%、其他 3.92%、下劈 2.17%、前横踢 1.82%，以后旋踢、双飞踢、旋风踢、推踢、侧踢、后踢 0.00% 为最低。在 2018 年规则下仍以直拳技术得分成功率为最高，占 37.04%，其次依序为推踢 10.53%、下劈 8.82%、勾踢 7.14%、后横踢 4.81%、侧踢 3.97%、前横踢 2.19%，以后旋踢、双飞踢、旋风踢、后踢及其他 0.00% 为最低。

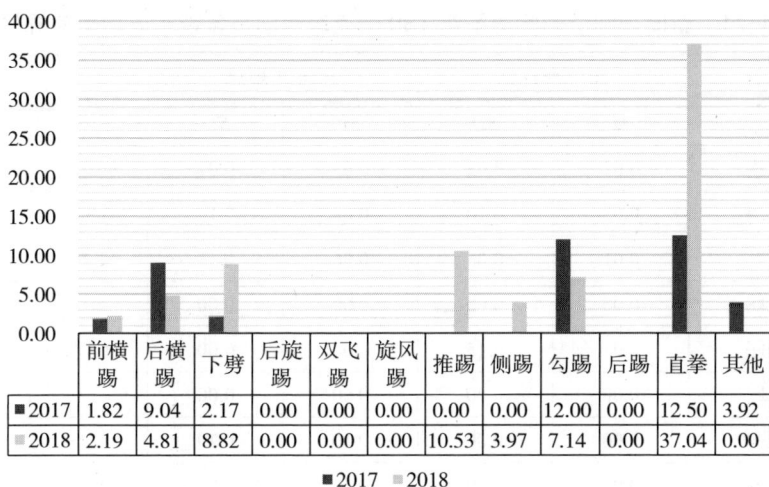

图 4-33 新旧规则下男子组 +80 千克级优秀跆拳道运动员技术成功率情况

由上述得知，新旧规则下男子组 +80 千克级优秀跆拳道运动员技术成功率，在 2017、2018 年规则中皆以直拳技术得分成功率为最高；技术成功率第二位在两届规则中有所差异，2017 年规则中以勾踢技术得分成功率为第二位，而 2018 年规则中则以推踢技术得分成功率为第二位；技术成功率第三位在两届规则中仍有所差异，2017 年规则中以后横踢技术得分成功率为第三位，2018 年规则中则以下劈技术得分成功率为第三位。在前横踢、下劈、推踢、侧踢与直拳技术得分成功率有上升的趋势，而在后横踢、勾踢与其他技术得分成功率有下降的趋势。

为了解 2017、2018 年竞赛规则下男子组 +80 千克级优秀跆拳道运动员在技术得分成功率上是否存在差异性，本书以相依样本 t 检验进行考验。检验结果显示，两届竞赛规则下男子组 +80 千克级优秀跆拳道运动员，在技术得分成功率上 $p > 0.05$，均未达统计学上之显著性差异（见表 4-71）。

表 4-71　新旧规则所影响男子组 +80 千克级运动员各技术成功率差异检验

技术	2017 年规则		2018 年规则		*t*	*p*
	M	*SD*	*M*	*SD*		
前横踢	0.02	0.03	0.03	0.07	−0.773	0.456
后横踢	0.08	0.10	0.08	0.12	0.071	0.945
下劈	0.01	0.05	0.06	0.11	−1.157	0.272
后旋踢	0.00	0.00	0.00	0.00	—	—
双飞踢	0.08	0.15	0.00	0.00	1.872	0.088
旋风踢	0.00	0.00	0.00	0.00	—	—
推踢	0.00	0.00	0.10	0.29	−1.239	0.241
侧踢	0.00	0.00	0.03	0.07	−1.482	0.167
勾踢	0.12	0.30	0.03	0.10	0.942	0.367
后踢	0.00	0.00	0.02	0.07	−1	0.339
直拳	0.17	0.39	0.14	0.25	0.186	0.856
其他	0.02	0.05	0.00	0.00	1.257	0.235

注：*$p < 0.05$（$N=24$）。

六、本节小结

（一）新旧规则下优秀跆拳道运动员技术使用率之差异

由上述得知，新旧规则下优秀跆拳道运动员，总体得分技术使用率在前横踢、侧踢、后旋踢技术使用率有上升的趋势，而在前横踢技术使用率中女子组运动员、女子组 -67 千克级、男子组 -80 千克级、男子组 +80 千克级运动员皆有上升的趋势；侧踢技术使用率在总体运动员、女子组运动员、男子组运动员、女子组 -49 千克级、女子组 -67 千克级、男子组 -58 千克级、男子组 -68 千克级、男子组 +80 千克级运动员皆有上升的趋势；后旋踢技术使用率中在总体运动员、男子组运动员、女子组 -49 千克级、男子组 -58 千克级、男子组 -68 千克级、男子组 -80 千克级、男子组 +80 千克级运动员皆有上升的趋势。总体运动员在其他、勾踢、直拳、推踢、双飞踢、旋风踢技术使用率有下降的趋势，在其他技术使用率中总体运动员、女子组运动员、男子组运动员、女子组 -49 千克级、女子组 -57 千克级、女子组 -67 千克级、男子组 -58 千克级、男子组 -80 千克级、男子组 +80 千克级运动员，在新规则中皆有下降的趋势，且在女子组 -67 千克级运动员其他技术使用率中 $p < 0.05$，有显著性的下降；勾踢技术使用率中在总体运动员、女子组运动员、男子组运动员、女子组 -57 千克级、女子组 -67 千克级、女子组 +67 千克级、男子组 -80 千克级、男子组 +80 千克级运动员，在新规则中皆有所下降的趋势；旋风踢技术使用率在总体运动员、男子组运动员、女子组 -67 千克级、女子组 +67 千克级、男子组 -58 千克级、男子组 -68 千克级、男子组 -80 千克级运动员，在新规则中皆有下降的趋势；双飞踢技术使用率在总体运动员、女子组运动员、男子组运动员、女子组 -67 千克级、男子组 -58 千克级、男子组 -80 千克级、男子组 +80 千克级运动员，在新规则中皆有下降的趋势；直拳技术使用率在总体运动员、男子组运动员、女子组 -57 千克级、男子组 -58 千克级、男子组 -68 千克级，在新规则中皆有下降的趋势，且在女子组 -57 与 +67 千克级运动员直拳技术使用率 $p < 0.05$，女子组 -57 千克级运动员有显著性下降，而 +67 千克级运动员则为显著性提高；推踢技术使用率在总体运动员、女子组运动员、女子组 -49 千克级、女子组 -67 千克级、女子组 +67 千克级、男子组 -80 千克级运动员，在新规则中皆有下降的趋势，且在女子组 -49 千克级推踢技术使用率 $p < 0.05$，有显著性下降的趋势；此外，在后横踢技术使用率中，女子组 -57 千克级、男子组 -80 千克级运动员 $p < 0.05$，后横踢技术使用率有显著性下降的趋势。

（二）新旧规则下优秀跆拳道运动员技术得分率之差异

新旧规则下优秀跆拳道运动员，总体技术得分率在下劈、推踢、后踢、后旋踢、直拳技术得分率皆有上升的趋势，而下劈技术得分率在总体运动员、女子组运动员、男子组运动员、女子组 -49 千克级、女子组 -67 千克级、女

子组 +67 千克级、男子组 -80 千克级、男子组 +80 千克级运动员皆有上升的趋势；后踢技术得分率在总体运动员、女子组运动员、男子组运动员、女子组 -57 千克级、男子组 -58 千克级、男子组 -68 千克级、男子组 -80 千克级、男子组 +80 千克级运动员皆有上升的趋势；直拳技术得分率在总体运动员、女子组运动员、男子组运动员、女子组 -49 千克级、女子组 +67 千克级、男子组 -58 千克级、男子组 -80 千克级、男子组 +80 千克级运动员皆有上升的趋势；推踢技术得分率总体运动员、男子组运动员、女子组 -57 千克级、男子组 -58 千克级、男子组 +80 千克级运动员皆有上升的趋势；后旋踢技术得分率在总体运动员、女子组运动员、女子组 -49 千克级运动员皆有上升的趋势。新旧规则下优秀跆拳道运动员，总体技术得分率在勾踢、前横踢、双飞踢、侧踢、后横踢、其他技术皆有下降的趋势，而勾踢技术得分率总体运动员、女子组运动员、男子组运动员、女子组 -49 千克级、女子组 -67 千克级、女子组 +67 千克级、男子组 -68 千克级、男子组 -80 千克级、男子组 +80 千克级运动员皆有下降的趋势；前横踢技术得分率在总体运动员、女子组运动员、男子组运动员、女子组 -49 千克级、女子组 -67 千克级、男子组 -58 千克级、男子组 -68 千克级、男子组 -80 千克级运动员皆有下降的趋势；双飞踢技术得分率在总体运动员、女子组运动员、男子组运动员、女子组 -67 千克级、男子组 -58 千克级、男子组 -68 千克级、男子组 +80 千克级运动员皆有下降的趋势；侧踢技术得分率在总体运动员、女子组运动员、女子组 -49 千克级、女子组 -57 千克级、女子组 -67 千克级、女子组 +67 千克级、男子组 -80 千克级运动员皆有下降的趋势；后横踢技术得分率在总体运动员、男子组运动员、女子组 -57 千克级、男子组 -58 千克级、男子组 -68 千克级、男子组 +80 千克级运动员皆有下降的趋势；其他技术得分率在总体运动员、男子组运动员、女子组 -67 千克级、男子组 -80 千克级、男子组 +80 千克级运动员皆有下降的趋势。

（三）新旧规则下优秀跆拳道运动员技术得分成功率之差异

新旧规则下优秀跆拳道运动员，总体技术得分成功率在直拳、下劈、后踢、推踢、后旋踢技术皆有上升的趋势，而在直拳技术得分成功率总体运动员、女子组运动员、男子组运动员、女子组 -57 千克级、女子组 +67 千克级、男子组 -58 千克级、男子组 -68 千克级、男子组 -80 千克级、男子组 +80 千克级运动员皆有上升的趋势，且女子组 +67 千克级运动员直拳技术得分成功率 $p < 0.05$，有显著性的上升；下劈技术得分成功率在总体运动员、女子组运动员、男子组运动员、女子组 -49 千克级、女子组 -67 千克级、女子组 +67 千克级、男子组 -80 千克级、男子组 +80 千克级运动员皆有上升的趋势；后踢技术得分成功率在总体运动员、女子组运动员、男子组运动员、女子组 -57 千克级、男子组 -58 千克级、男子组 -68 千克级、男子组 -80 千克级运动员皆有上升的趋势；推踢技术得分成功率在总体运动员、女子组运动员、男子组运动员、男子组 -58 千克级、男子组 +80 千克级运动员皆有上升的趋势；后旋踢技术得分成功率在总体运动员、女子组 -49 千克级运动员皆有上升的趋势。

新旧规则下优秀跆拳道运动员，总体技术得分成功率在勾踢、前横踢、侧踢、后横踢、其他、双飞踢技术皆有下降的趋势，而勾踢技术得分成功率在总体运动员、女子组运动员、男子组运动员、女子组 -49 千克级、女子组 -67 千克级、女子组 +67 千克级、男子组 -68 千克级、男子组 -80 千克级、男子组 +80 千克级运动员皆有下降的趋势；前横踢技术得分成功率在总体运动员、女了组运动员、男子组运动员、女子组 -49 千克级、女子组 -57 千克级、女子组 -67 千克级、男 -58 千克级、男子组 -80 千克级运动员皆有下降的趋势；侧踢技术得分成功率在总体运动员、女子组运动员、女子组 -49 千克级、女子组 -57 千克级、女子组 -67 千克级、女子组 +67 千克级、男子组 -80 千克级运动员皆有下降的趋势；后横踢技术得分成功率在总体运动员、男子组运动员、女子组 -67 千克级、男子组 -58 千克级、男子组 -80 千克级、男子组 +80 千克级运动员皆有下降的趋势；其他技术得分成功率在总体运动员、男子组运动员、女子组 -67 千克级、男子组 -80 千克级、男子组 +80 千克级运动员皆有下降的趋势；双飞踢技术得分成功率在总体运动员、男子组运动员皆有下降的趋势，且男子组运动员在双飞踢技术得分成功率 $p < 0.05$，有显著性的下降。

由上述得知，新旧规则下优秀跆拳道运动员，总体得分技术使用率在前横踢、侧踢、后旋踢技术使用率有上升的趋势，女子组运动员、女子组 -67 千克级运动员，除后旋踢外其他两项技术皆有所提升；男子组运动员、女子 -49 千克级、男子 -58 与 -68 千克级运动员除前横踢外，其他两项皆有所提升；男子组 -80 与 +80 千克级运动员除侧踢技术外其他两项皆有所提升；而女子 -57 千克级三项技术皆未有提升。总体运动员技术得分率方面，在下劈、推踢、后踢、后旋踢、直拳技术皆有上升的趋势，下劈技术得分率除女子组 -57 千克级、男子组 -58 与 -68 千克级外，其他组别皆有所提升；后踢技术得分率除女子组 -49 与 -67 级 +67 千克级外，其他组别皆有所提升；直拳技术得分率除女子组 -57 与 -67 千克级、男子 -68 千克级外，其他组别皆有所提升；推踢技术得分率在男子组运动员、女子组 -57 千克级、男子组 -58 与 +80 千克级运动员皆有所提升；后旋踢得分率在女子组与女子组 -49 千克级运动员有提升外，其他组别皆未有提升。总体运动员技术得分成功率在直拳、下劈、后踢、推踢、后旋踢皆有上升的趋势，直拳技术得分成功率除女子 -49 与 -67 千克级运动员外，其他组别皆有所提升；下劈技术得分成功率除女子组 -57 千克级、男子组 -58 与 -68 千克级运动员外，其他组别皆有所提升；后踢技术得分成功率除女子组 -49 与 -67 及 +67 千克以上、男子组 -58 与 +80 千克级运动员外，其他组别皆有所提升；推踢技术得分成功率在女子与男子组运动员、男子组 -58 与 +80 千克级运动员有所提升；后旋踢技术得分成功率在女子组 -49 千克级运动员有所提升。

第六节　新旧规则下优秀跆拳道运动员攻击部位特征比较

一、新旧规则下优秀跆拳道运动员攻击部位使用情况

为了解新规则修订后对于优秀跆拳道运动员，在技术攻击部位使用特征是否有所差异，本书以 2017、2018 年竞赛规则下优秀跆拳道运动员技术攻击部位使用情况，分为使用率、得分率及成功率进行量化分析。并将 2017、2018 年竞赛规则下运动员技术攻击部位之使用率、得分率及成功率，以 SPSS 统计软件进行统计学考验。本书以相依样本 t 检验，考验 2017、2018 年竞赛规则下优秀跆拳道运动员在技术攻击部位指标上是否有差异，显著性水准设定为 $p < 0.05$ 。

依据图 4-34 所示，新旧规则下优秀跆拳道运动员攻击部位使用情况，在 2017 年规则下优秀跆拳道运动员以中位技术使用率为最高，占 86.01%，高位技术使用率则为 13.99%；在 2018 年规则下优秀跆拳道运动员以中位技术使用率为最高，占 92.77%，高位技术使用率则为 7.23%。新旧规则下优秀跆拳道运动员攻击部位得分率，在 2017 年规则下优秀跆拳道运动员以中位技术得分率为最高，占 69.99%，高位技术得分率则为 30.01%；在 2018 年规则下优秀跆拳道运动员以中位技术得分率为最高，占 57.14%，高位技术得分率则为 42.86%。新旧规则下优秀跆拳道运动员攻击部位得分成功率，在 2017 年规则下优秀跆拳道运动员以高位技术得分成功率为最高，占 6.80%，中位技术得分成功率则为 4.23%；在 2018 年规则下优秀跆拳道运动员以高位技术得分成功率为最高，占 6.14%，中位技术得分成功率则为 3.85%。

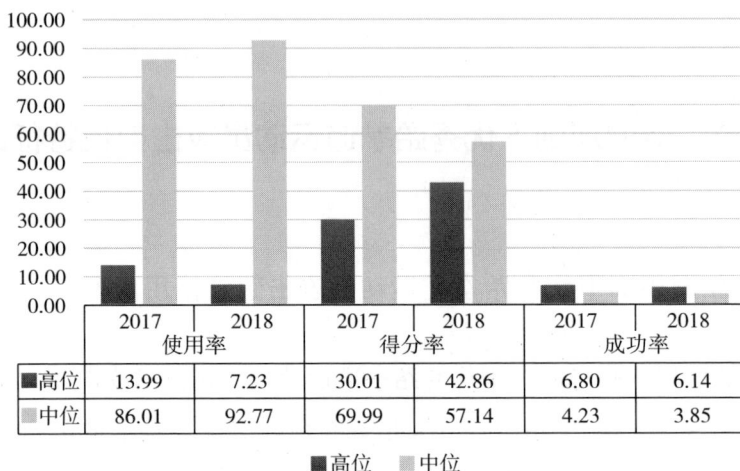

	使用率		得分率		成功率	
	2017	2018	2017	2018	2017	2018
高位	13.99	7.23	30.01	42.86	6.80	6.14
中位	86.01	92.77	69.99	57.14	4.23	3.85

■高位 ■中位

图 4-34　新旧规则下优秀跆拳道运动员攻击部位使用情况

由上述得知，新旧规则下优秀跆拳道运动员攻击部位使用情况，在 2017、2018 年竞赛规则中优秀跆拳道运动员皆以中位技术使用率为最高，且在 2018 年规则下优秀跆拳道运动员中位技术使用率有提升的趋势，而在高位技术使用率则有下降的趋势。新旧规则下优秀运动员攻击部位得分率，在 2017、2018 年竞赛规则中优秀跆拳道运动员皆以中位技术得分率为最高，且在 2018 年规则下优秀跆拳道运动员高位技术得分率有上升的趋势，而在中位技术得分率则有下降的趋势。新旧规则下优秀运动员攻击部位得分成功率，在 2017、2018 年竞赛规则中优秀跆拳道运动员皆以高位技术得分成功率为最高，而在 2018 年规则下高位与中位技术成功率皆有下降的趋势。

为了解 2017、2018 年竞赛规则下，优秀跆拳道运动员在攻击部位使用率上是否存在差异性，本书以相依样本 t 检验进行考验。检验结果显示，在两届竞赛规则下优秀跆拳道运动员在攻击部位使用率、得分率及成功率上 $p > 0.05$，均未达统计学上之显著性差异（见表 4-72）。

表 4-72 新旧规则所影响攻击部位使用情况的差异检验结果

维度		2017 年规则		2018 年规则		t	p
		M	SD	M	SD		
使用率	高位	0.14	0.07	0.14	0.08	−0.308	0.759
	中位	0.86	0.07	0.86	0.08	0.308	0.759
得分率	高位	0.25	0.32	0.24	0.29	0.136	0.892
	中位	0.67	0.37	0.68	0.35	−0.12	0.905
成功率	高位	0.07	0.10	0.07	0.12	0.136	0.892
	中位	0.04	0.04	0.04	0.04	0.466	0.642

注：$^*p < 0.05$（N=192）。

二、新旧规则下女子组优秀跆拳道运动员攻击部位使用情况

为了解新规则修订后对于女子组优秀跆拳道运动员，在技术攻击部位使用特征是否有所差异，本书以 2017、2018 年竞赛规则下女子组运动员技术攻击部位使用情况，分为使用率、得分率及成功率进行量化分析。并将 2017、2018 年竞赛规则下女子组运动员技术攻击部位之使用率、得分率及成功率，以 SPSS 统计软件进行统计学考验。本书以相依样本 t 检验，考验 2017、2018 年竞赛规则下女子组运动员在技术攻击部位指标上是否有差异，显著性水准设定为 $p < 0.05$。

依据图 4-35 所示，新旧规则下女子组优秀跆拳道运动员攻击部位使用情况，在 2017 年规则下女子组优秀跆拳道运动员以中位技术使用率为最高，占 85.10%，高位技术使用率则为 14.90%；在 2018 年规则下女子组优秀跆拳道运动员以中位技术使用率为最高，占 85.03%，高位技术使用率则为 14.97%。新旧规则下女子组优秀跆拳道运动员攻击部位得分率，在 2017 年规则下女子组优秀跆拳道运动员以中位技术得分率为最高，占 66.58%，高位技术得分率则为 33.42%；在 2018 年规则下女子组优秀跆拳道运动员仍以中位技术得分率为最高，占 68.54%，高位技术得分率则为 31.46%。新旧规则下女子组优秀跆

拳道运动员攻击部位得分成功率，在 2017 年规则下女子组优秀跆拳道运动员以高位技术得分成功率为最高，占 6.56%，中位技术得分成功率则为 3.97%；在 2018 年规则下女子组优秀跆拳道运动员以高位技术得分成功率为最高，为 5.91%，中位技术得分成功率则为 3.93%。

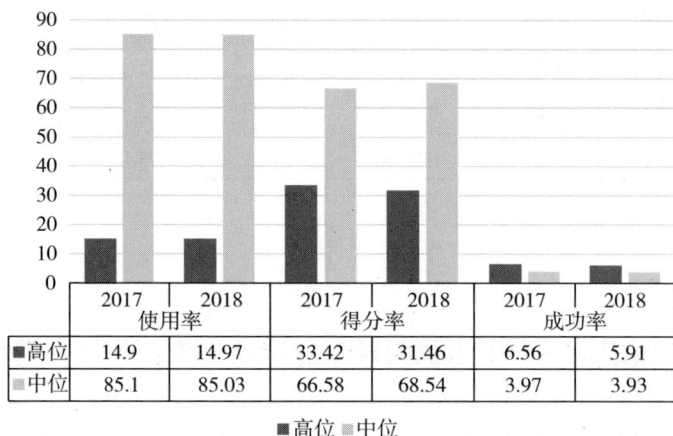

	2017	2018	2017	2018	2017	2018
	使用率		得分率		成功率	
■高位	14.9	14.97	33.42	31.46	6.56	5.91
▩中位	85.1	85.03	66.58	68.54	3.97	3.93

■高位 ▩中位

图 4-35　新旧规则下女子组优秀跆拳道运动员攻击部位使用情况

由上述得知，新旧规则下女子组优秀跆拳道运动员攻击部位使用情况，在 2017、2018 年竞赛规则中女子组运动员皆以中位技术使用率为最高；在 2018 年规则下女子组运动员高位技术使用率有上升的趋势，而中位技术使用率则有下降的趋势。新旧规则下优秀运动员攻击部位得分率，在 2017、2018 年竞赛规则下女子组优秀跆拳道运动员皆以中位技术得分率为最高，且在中位技术得分率有上升的趋势，而在高位技术得分率则有下降的趋势。新旧规则下优秀运动员攻击部位成功率，在 2017、2018 年竞赛规则下女子组优秀跆拳道运动员皆以高位技术成功率为最高，在 2018 年规则下高位与中位技术成功率皆有下降的趋势。

为了解 2017、2018 年竞赛规则下女子组优秀跆拳道运动员，在攻击部位使用率上是否存在差异性，本书以相依样本 t 检验进行考验。检验结果显示，在两届竞赛规则下女子组优秀跆拳道运动员，在攻击部位使用率、得分率及成功率上 $p > 0.05$，均未达统计学上之显著性差异（见表 4-73）。

表 4-73　新旧规则所影响女子组运动员攻击部位使用情况差异检验

维度		2017 年规则		2018 年规则		t	p
		M	SD	M	SD		
使用率	高位	0.15	0.07	0.15	0.08	-0.409	0.684
	中位	0.85	0.07	0.85	0.08	0.409	0.684
得分率	高位	0.26	0.36	0.26	0.30	0.015	0.988
	中位	0.65	0.41	0.67	0.34	-0.28	0.78
成功率	高位	0.05	0.06	0.06	0.07	-0.7	0.488
	中位	0.04	0.04	0.04	0.04	-0.196	0.845

注：$^*p < 0.05$ （N=192）。

三、新旧规则下男子组优秀跆拳道运动员攻击部位使用情况

为了解新规则修订后对于男子组优秀跆拳道运动员，在技术攻击部位使用特征是否有所差异，本书以 2017、2018 年竞赛规则下男子组运动员技术攻击部位使用情况，分为使用率、得分率及成功率进行量化分析。并将 2017、2018 年竞赛规则下男子组运动员技术攻击部位之使用率、得分率及成功率，以 SPSS 统计软件进行统计学考验。本书以相依样本 t 检验，考验 2017、2018 年竞赛规则下男子组运动员在技术攻击部位指标上是否有差异，显著性水准设定为 $p < 0.05$。

依据图 4-36 所示，新旧规则下男子组优秀跆拳道运动员攻击部位使用情况，在 2017 年规则下男子组优秀跆拳道运动员以中位技术使用率为最高，占 86.98%，高位技术使用率则为 13.02%。在 2018 年规则下男子组优秀跆拳道运动员仍以中位技术使用率为最高，占 86.42%，高位技术使用率则为 13.58%。新旧规则下男子组优秀跆拳道运动员攻击部位得分率，在 2017 年规则下男子组优秀跆拳道运动员以中位技术得分率为最高，占 73.10%，高位技术得分率则为 26.90%。在 2018 年规则下男子组优秀跆拳道运动员以中位技术得分率为最高，占 70.45%，高位技术得分率则为 29.55%。新旧规则下男子

组优秀跆拳道运动员攻击部位得分成功率，在 2017 年规则下男子组优秀跆拳道运动员以高位技术得分成功率为最高，占 7.10%，中位技术得分成功率则为 4.50%。在 2018 年规则下男子组优秀跆拳道运动员以高位技术得分成功率为最高，占 6.44%，中位技术得分成功率则为 3.76%。

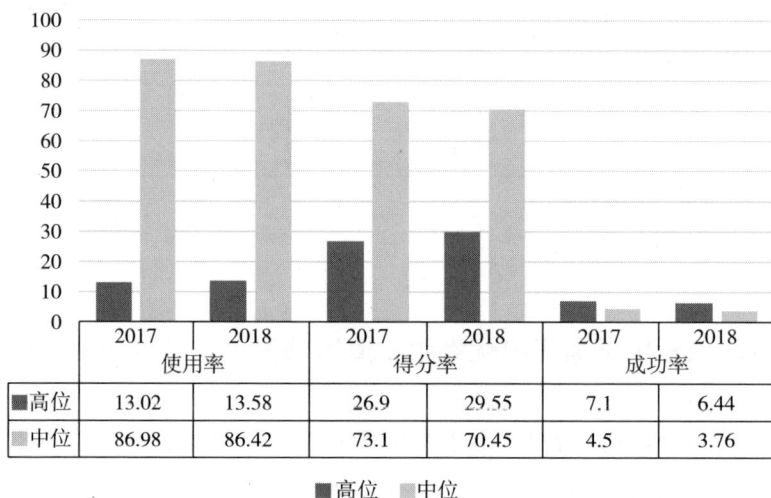

	使用率		得分率		成功率	
	2017	2018	2017	2018	2017	2018
高位	13.02	13.58	26.9	29.55	7.1	6.44
中位	86.98	86.42	73.1	70.45	4.5	3.76

■高位 ■中位

图 4-36　新旧规则下男子组优秀跆拳道运动员攻击部位使用情况

由上述得知，新旧规则下男子组优秀跆拳道运动员攻击部位使用情况，在 2017、2018 年竞赛规则中男子组优秀跆拳道运动员皆以中位技术使用率为最高，但在 2018 年规则下男子组运动员中位技术使用率有下降的趋势，高位技术使用率则有上升的趋势。新旧规则下男子组运动员攻击部位得分率，在 2017、2018 年竞赛规则中男子组运动员皆以中位技术得分率为最高，且在中位技术得分率有上升的趋势，而在高位技术得分率则有下降的趋势。新旧规则下男子组运动员攻击部位得分成功率，在 2017、2018 年竞赛规则中男子组运动员皆以高位技术得分成功率为最高，在 2018 年规则下高位与中位技术得分成功率皆有下降的趋势。

为了解 2017、2018 年竞赛规则下，男子组优秀跆拳道运动员在攻击部位使用率上是否存在差异性，本书以相依样本 t 检验进行考验。检验结果显示，在两届竞赛规则下男子组优秀跆拳道运动员，在攻击部位使用率、得分率及成功率上 $p > 0.05$，均未达统计学上之显著性差异（见表4-74）。

表4-74　新旧规则所影响男子组运动员攻击部位使用情况差异检验

维度		2017 年规则		2018 年规则		t	p
		M	SD	M	SD		
使用率	高位	0.13	0.07	0.13	0.08	−0.023	0.982
	中位	0.87	0.07	0.87	0.08	0.023	0.982
得分率	高位	0.23	0.28	0.22	0.29	0.182	0.856
	中位	0.69	0.34	0.68	0.36	0.131	0.897
成功率	高位	0.08	0.12	0.07	0.16	0.516	0.608
	中位	0.05	0.04	0.04	0.03	1.001	0.322

注：$^*p < 0.05$（N=96）。

四、新旧规则下女子组各量级优秀跆拳道运动员攻击部位使用情况

为了解新规则修订后对于女子组各量级优秀跆拳道运动员，在技术攻击部位使用特征是否有所差异，本书以 2017、2018 年竞赛规则下女子组各量级运动员技术攻击部位使用情况，分为使用率、得分率及成功率进行量化分析。并将 2017、2018 年竞赛规则下女子组各量级运动员技术攻击部位之使用率、得分率及成功率，以 SPSS 统计软件进行统计学考验。本书以相依样本 t 检验，考验 2017、2018 年竞赛规则下女子组各量级运动员在技术攻击部位指标上是否有差异，显著性水准设定为 $p < 0.05$。

（一）女子 –49 千克级运动员

依据图 4-37 所示，新旧规则下女子组 -49 千克级优秀跆拳道运动员攻击部位使用情况，在 2017 年规则下女子组 -49 千克级优秀跆拳道运动员以中位技术使用率为最高，占 81.94%，高位技术使用率则为 18.06%；在 2018

年规则下女子组-49千克级优秀跆拳道运动员以中位技术使用率为最高，占85.13%，高位技术使用率则为14.87%。新旧规则下女子组-49千克级优秀跆拳道运动员攻击部位得分率，在2017年规则下女子组-49千克级优秀跆拳道运动员技术得分率以中位技术为最高，占53.45%，高位技术得分率则为46.55%。在2018年规则下女子组-49千克级优秀跆拳道运动员技术得分率仍以中位技术为最高，占75.47%，高位技术得分率则为24.53%。新旧规则下女子组-49千克级优秀跆拳道运动员攻击部位得分成功率，在2017年规则下女子组-49千克级优秀跆拳道运动员技术得分成功率则以高位技术为最高，占7.73%，中位技术得分成功率则为3.22%。在2018年规则下女子组-49千克级优秀跆拳道运动员技术得分成功率则以中位技术为最高，占4.23%，高位技术得分成功率则为4.21%。

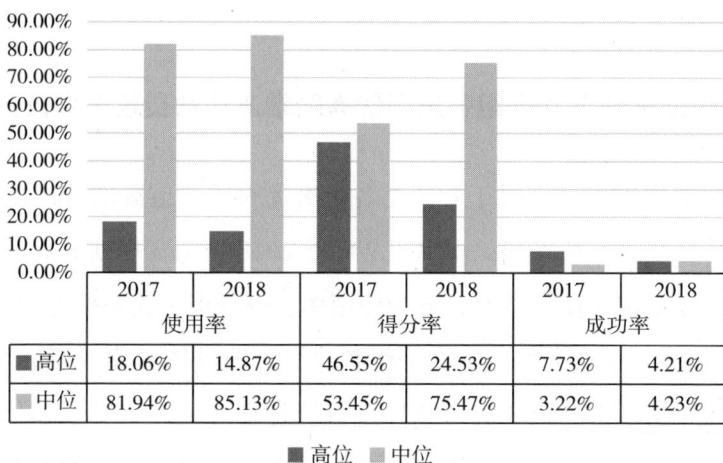

	使用率		得分率		成功率	
	2017	2018	2017	2018	2017	2018
高位	18.06%	14.87%	46.55%	24.53%	7.73%	4.21%
中位	81.94%	85.13%	53.45%	75.47%	3.22%	4.23%

图 4-37　新旧规则下女子-49千克级优秀跆拳道运动员攻击部位情况

由上述得知，新旧规则下女子组-49千克级优秀跆拳道运动员攻击部位使用情况，在2017、2018年竞赛规则中女子组-49千克级优秀跆拳道运动员皆以中位技术使用率为最高，且在2018年规则下女子组-49千克级优秀跆拳道运动员中位技术使用率有提升的趋势，而在高位技术使用率则有下降的趋势。新旧规则下女子组-49千克级优秀运动员攻击部位得分率，在

2017、2018 年竞赛规则中女子组 -49 千克级优秀跆拳道运动员皆以中位技术得分率为最高，且在 2018 年规则下优秀跆拳道运动员中位技术得分率有上升的趋势，而在高位技术得分率则有下降的趋势。新旧规则下女子组 -49 千克级优秀运动员攻击部位得分成功率，在 2017 年竞赛规则中女子组 -49 千克级优秀跆拳道运动员以高位技术得分成功率为最高，而在 2018 年规则下中位技术得分成功率高于高位技术得分成功率，且中位技术得分成功率有上升的趋势。

（二）女子 -57 千克级运动员

依据图 4-38 所示，新旧规则下女子组 -57 千克级优秀跆拳道运动员攻击部位使用情况，在 2017 年规则下女子组 -57 千克级优秀跆拳道运动员以中位技术使用率为最高，占 88.31%，高位技术使用率则为 11.69%；在 2018 年规则下女子组 -57 千克级优秀跆拳道运动员以中位技术使用率为最高，占 86.87%，高位技术使用率则为 13.13%。新旧规则下女子组 -57 千克级优秀跆拳道运动员攻击部位得分率，在 2017 年规则下女子组 -57 千克级优秀跆拳道运动员技术得分率以中位技术为最高，占 60.64%，高位技术得分率则为 39.36%。在 2018 年规则下女子组 -57 千克级优秀跆拳道运动员技术得分率仍以中位技术为最高，占 68.42%，高位技术得分率则为 31.58%。新旧规则下女子组 -57 千克级优秀跆拳道运动员攻击部位得分成功率，在 2017 年规则下女子组 -57 千克级优秀跆拳道运动员技术得分成功率则以高位技术为最高，占 7.45%，中位技术得分成功率则为 2.63%。在 2018 年规则下女子组 -57 千克级优秀跆拳道运动员技术得分成功率仍以高位技术为最高，占 4.06%，中位技术得分成功率则为 2.00%。

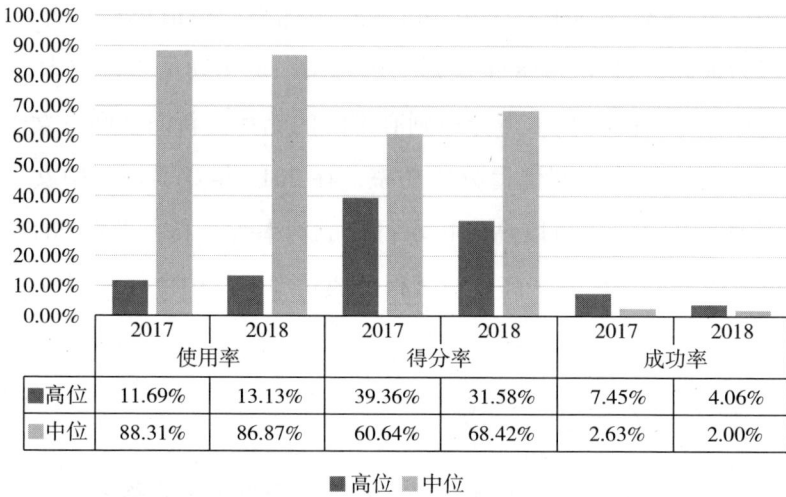

	2017	2018	2017	2018	2017	2018
	使用率		得分率		成功率	
高位	11.69%	13.13%	39.36%	31.58%	7.45%	4.06%
中位	88.31%	86.87%	60.64%	68.42%	2.63%	2.00%

■高位　■中位

图 4-38　新旧规则下女子 -57 千克级优秀跆拳道运动员攻击部位情况

由上述得知，新旧规则下女子组 -57 千克级优秀跆拳道运动员攻击部位使用情况皆以中位技术使用率为最高，但在 2018 年规则下女子组 -57 千克级优秀跆拳道运动员高位技术使用率有上升的趋势，而在中位技术使用率则有下降的趋势。新旧规则下女子组 -57 千克级优秀运动员攻击部位得分率皆以中位技术得分率为最高，且在 2018 年规则下女子组 -57 千克级优秀跆拳道运动员中位技术得分率有上升的趋势，而在高位技术得分率则有下降的趋势。新旧规则下女子组 -57 千克级优秀运动员攻击部位得分成功率皆以高位技术得分成功率为最高，而在 2018 年规则下女子组 -57 千克级优秀跆拳道运动员中位技术与高位技术得分成功率皆有下降的趋势。

（三）女子 -67 千克级运动员

依据图 4-39 所示，新旧规则下女子组 -67 千克级优秀跆拳道运动员攻击部位使用情况，在 2017 年规则下女子组 -67 千克级优秀跆拳道运动员以中位技术使用率为最高，占 84.19%，高位技术使用率则为 15.81%。在 2018 年规则下女子组 -67 千克级优秀跆拳道运动员以中位技术使用率为最高，占 85.33%，高位技术使用率则为 14.67%。新旧规则下女子组 -67 千克级优秀跆拳道运动员攻击部位得分率，在 2017 年规则下女子组 -67 千克级优秀跆拳道运动员技术得分率以中位技术为最高，占 79.07%，高位技术得分率则为 20.93%。在 2018 年规则下女子组 -67 千克级优秀跆拳道运动员技术得分率仍以中位技术为最高，占 66.43%，高位技术得分率则为 33.57%。新旧规则下女子组 -67 千克级优秀跆拳道运动员攻击部位得分成功率，在 2017 年规则下女子组 -67 千克级优秀跆拳道运动员技术得分成功率则以中位技术为最高，占 6.94%，高位技术得分成功率则为 5.73%。在 2018 年规则下女子组 -67 千克级优秀跆拳道运动员技术得分成功率则以高位技术为最高，占 8.16%，中位技术得分成功率则为 4.74%。

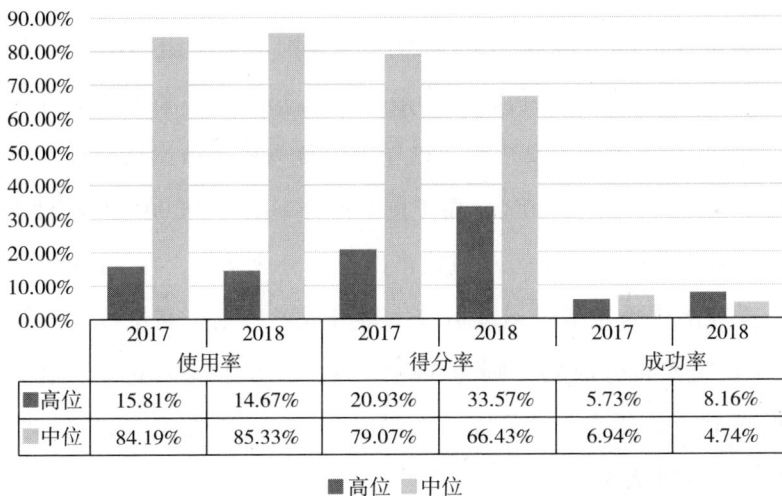

	使用率		得分率		成功率	
	2017	2018	2017	2018	2017	2018
高位	15.81%	14.67%	20.93%	33.57%	5.73%	8.16%
中位	84.19%	85.33%	79.07%	66.43%	6.94%	4.74%

■高位 　■中位

图 4-39　新旧规则下女子 -67 千克级优秀跆拳道运动员攻击部位情况

由上述得知，新旧规则下女子组 -67 千克级优秀跆拳道运动员攻击部位使用情况皆以中位技术使用率为最高，且在 2018 年规则下女子组 -67 千克级优秀跆拳道运动员中位技术使用率有提升的趋势，而在高位技术使用率则有下降的趋势。新旧规则下女子组 -67 千克级优秀运动员攻击部位得分率皆以中位技术得分率为最高，但在 2018 年规则下女子组 -67 千克级优秀跆拳道运动员中位技术得分率有下降的趋势，而在高位技术得分率则有上升的趋势。新旧规则下女子组 -67 千克级优秀运动员攻击部位得分成功率，在 2017 年竞

赛规则中女子组 -67 千克级优秀跆拳道运动员以中位技术得分成功率为最高，而在 2018 年规则下高位技术得分成功率高于中位技术得分成功率，且高位技术得分成功率有上升的趋势。

（四）女子 +67 千克级运动员

依据图 4-40 所示，新旧规则下女子组 +67 千克级优秀跆拳道运动员攻击部位使用情况，在 2017 年规则下女子组 +67 千克级优秀跆拳道运动员以中位技术使用率为最高，占 85.75%，高位技术使用率则为 14.25%。在 2018 年规则下女子组 +67 千克级优秀跆拳道运动员以中位技术使用率为最高，占 82.02%，高位技术使用率则为 17.98%。新旧规则下女子组 +67 千克级优秀跆拳道运动员攻击部位得分率，在 2017 年规则下女子组 +67 千克级优秀跆拳道运动员技术得分率以中位技术为最高，占 74.58%，高位技术得分率则为 25.42%。在 2018 年规则下女子组 +67 千克级优秀跆拳道运动员技术得分率仍以中位技术为最高，占 65.00%，高位技术得分率则为 35.00%。新旧规则下女子组 +67 千克级优秀跆拳道运动员攻击部位得分成功率，在 2017 年规则下女子组 +67 千克级优秀跆拳道运动员技术得分成功率则以高位技术为最高，占 4.17%，中位技术得分成功率则为 3.88%。在 2018 年规则下女子组 +67 千克级优秀跆拳道运动员技术得分成功率仍以高位技术为最高，占 7.14%，中位技术得分成功率则为 5.37%。

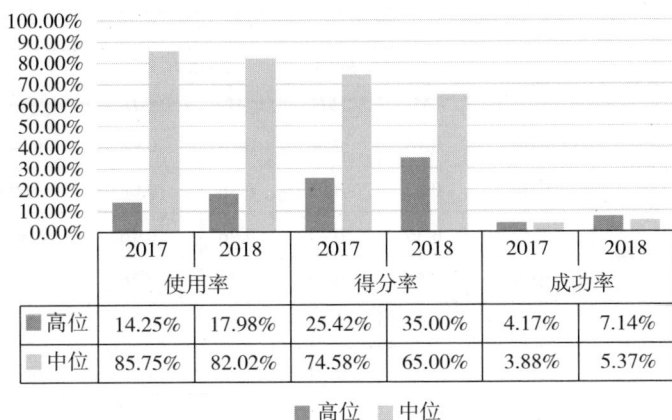

图 4-40 新旧规则下女子 +67 千克级优秀跆拳道运动员攻击部位情况

由上述得知，新旧规则下女子组 +67 千克级优秀跆拳道运动员攻击部位使用情况皆以中位技术使用率为最高，但在 2018 年规则下女子组 +67 千克级优秀跆拳道运动员中位技术使用率有下降的趋势，而在高位技术使用率则有上升的趋势。新旧规则下女子组 +67 千克级优秀运动员攻击部位得分率皆以中位技术得分率为最高，但在 2018 年规则下女子组 +67 千克级优秀跆拳道运动员中位技术得分率有下降的趋势，而在高位技术得分率则有上升的趋势。新旧规则下女子组 +67 千克级优秀运动员攻击部位得分成功率皆以高位技术得分成功率为最高，且在 2018 年规则下中位技术与高位技术得分成功率皆有上升的趋势。

为了解 2017、2018 年竞赛规则下女子组各量级优秀跆拳道运动员，在攻击部位使用率、得分率、成功率是否存在差异性，本书以相依样本 t 检验进行考验。检验结果显示，在两届竞赛规则下优秀跆拳道运动员，在攻击部位使用率、得分率及成功率上 $p > 0.05$，均未达统计学上之显著性差异（见表 4-75）。

表 4-75　新旧规则所影响女子各量级运动员攻击部位使用情况差异检验

量级	维度	部位	2017 年规则		2018 年规则		*t*	*p*
			M	*SD*	*M*	*SD*		
-49 千克	使用率	高位	0.18	0.06	0.14	0.08	1.269	0.231
		中位	0.82	0.06	0.86	0.08	-1.269	0.231
	得分率	高位	0.39	0.41	0.26	0.36	0.827	0.426
		中位	0.53	0.42	0.74	0.36	-1.247	0.238
	成功率	高位	0.07	0.07	0.05	0.07	0.932	0.371
		中位	0.03	0.04	0.05	0.05	-0.987	0.345
-57 千克	使用率	高位	0.12	0.04	0.15	0.09	-0.929	0.373
		中位	0.88	0.04	0.85	0.09	0.929	0.373
	得分率	高位	0.34	0.38	0.14	0.24	1.561	0.147
		中位	0.58	0.41	0.61	0.43	-0.181	0.86
	成功率	高位	0.06	0.07	0.04	0.07	0.915	0.38
		中位	0.03	0.03	0.02	0.02	0.402	0.696
-67 千克	使用率	高位	0.14	0.08	0.15	0.08	-0.235	0.818
		中位	0.86	0.08	0.85	0.08	0.235	0.818
	得分率	高位	0.15	0.31	0.32	0.26	-1.438	0.178
		中位	0.85	0.31	0.68	0.26	1.438	0.178
	成功率	高位	0.04	0.06	0.09	0.07	-1.469	0.17
		中位	0.07	0.05	0.05	0.04	1.031	0.325
+67 千克	使用率	高位	0.14	0.09	0.18	0.05	-0.992	0.343
		中位	0.86	0.09	0.82	0.05	0.992	0.343
	得分率	高位	0.18	0.35	0.33	0.33	-1.166	0.268
		中位	0.65	0.45	0.67	0.33	-0.111	0.913
	成功率	高位	0.03	0.05	0.07	0.08	-1.716	0.114
		中位	0.04	0.05	0.05	0.05	-0.622	0.547

注：$^*p < 0.05$（$N=96$）。

五、新旧规则下男子组各量级优秀跆拳道运动员攻击部位使用情况

为了解新规则修订后对于男子组各量级优秀跆拳道运动员，在技术攻击部位使用特征是否有所差异，本书以 2017、2018 年竞赛规则下男子组各量级运动员技术攻击部位使用情况，分为：使用率、得分率及成功率进行量化分析。并将 2017、2018 年竞赛规则下男子组各量级运动员技术攻击部位之使用率、得分率及成功率，以 SPSS 统计软件进行统计学考验。本书以相依样本 t 检验，考验 2017、2018 年竞赛规则下男子组各量级运动员在技术攻击部位指标上是否有差异，显著性水准设定为 $p < 0.05$。

（一）男子 -58 千克级运动员

依据图 4-41 所示，新旧规则下男子组 -58 千克级优秀跆拳道运动员攻击部位使用情况，在 2017 年规则下男子组 -58 千克级优秀跆拳道运动员以中位技术使用率为最高，占 89.00%，高位技术使用率则为 11.00%。在 2018 年规则下男子 -58 千克级优秀跆拳道运动员以中位技术使用率最高，占 89.40%，高位技术使用率则为 10.60%。新旧规则下男子组 -58 千克级优秀跆拳道运动员攻击部位得分率，在 2017 年规则下男子组 -58 千克级优秀跆拳道运动员技术得分率以中位技术为最高，占 68.27%，高位技术得分率则为 31.73%。在 2018 年规则下男子组 -58 千克级优秀跆拳道运动员技术得分率仍以中位技术为最高，占 65.22%，高位技术得分率则为 34.78%。新旧规则下男子组 -58 千克级优秀跆拳道运动员攻击部位得分成功率，在 2017 年规则下男子组 -58 千克级优秀跆拳道运动员技术得分成功率以高位技术为最高，占 8.73%，中位技术得分成功率则为 3.53%。在 2018 年规则下男子组 -58 千克级优秀跆拳道运动员技术得分成功率以高位技术为最高，占 5.56%，中位技术得分成功率则为 1.81%。

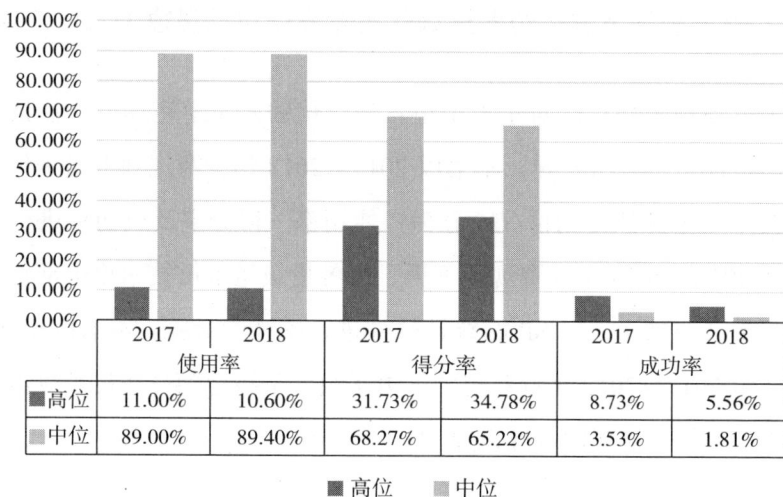

图 4-41　新旧规则下男子 -58 千克级优秀跆拳道运动员攻击部位情况

由上述得知，新旧规则下男子组 -58 千克级优秀跆拳道运动员攻击部位使用情况，在 2017、2018 年竞赛规则中男子组 -58 千克级优秀跆拳道运动员皆以中位技术使用率为最高，且在 2018 年规则下男子组 -58 千克级优秀跆拳道运动员中位技术使用率有提升的趋势，而在高位技术使用率则有下降的趋势。新旧规则下男子组 -58 千克级优秀运动员攻击部位得分率，在 2017、2018 年竞赛规则中男子组 -58 千克级优秀跆拳道运动员皆以中位技术得分率为最高，但在 2018 年规则下男子组 -58 千克级优秀跆拳道运动员中位技术得分率有下降的趋势，而在高位技术得分率则有上升的趋势。新旧规则下男子组 -58 千克级优秀运动员攻击部位得分成功率，在 2017、2018 年竞赛规则中男子组 -58 千克级优秀跆拳道运动员皆以高位技术得分成功率为最高，但在 2018 年规则下男子组 -58 千克级优秀跆拳道运动员中位技术与高位技术得分成功率皆有下降的趋势。

（二）男子 -68 千克级运动员

依据图 4-42 所示，新旧规则下男子组 -68 千克级优秀跆拳道运动员攻击部位使用情况，在 2017 年规则下男子组 -68 千克级优秀跆拳道运动员以中位技术使用率为最高，占 88.07%，高位技术使用率则为 11.93%。在 2018 年规则下男子 -68 千克级优秀跆拳道运动员以中位技术使用率最高，占 86.60%，高位技术使用率则为 13.40%。新旧规则下男子组 -68 千克级优秀跆拳道运动员攻击部位得分率，在 2017 年规则下男子组 -68 千克级优秀跆拳道运动员技术得分率以中位技术为最高，占 74.36%，高位技术得分率则为 25.64%。在 2018 年规则下男子组 -68 千克级优秀跆拳道运动员技术得分率仍以中位技术为最高，占 81.25%，高位技术得分率则为 18.75%。新旧规则下男子组 -68 千克级优秀跆拳道运动员攻击部位得分成功率，在 2017 年规则下男子组 -68 千克级优秀跆拳道运动员技术得分成功率以高位技术为最高，占 6.80%，中位技术得分成功率则为 4.15%。在 2018 年规则下男子组 -68 千克级优秀跆拳道运动员技术得分成功率以高位技术为最高，占 4.97%，高位技术得分成功率则为 4.85%。

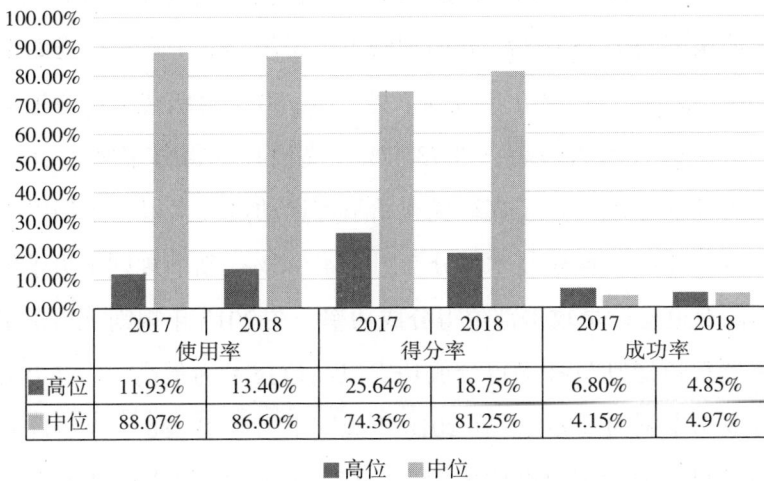

	使用率		得分率		成功率	
	2017	2018	2017	2018	2017	2018
■高位	11.93%	13.40%	25.64%	18.75%	6.80%	4.85%
▨中位	88.07%	86.60%	74.36%	81.25%	4.15%	4.97%

■高位　▨中位

图 4-42　新旧规则下男子 -68 千克级优秀跆拳道运动员攻击部位情况

由上述得知，新旧规则下男子组 -68 千克级优秀跆拳道运动员攻击部位使用情况皆以中位技术使用率为最高，但在 2018 年规则下男子组 -68 千克级优秀跆拳道运动员中位技术使用率有下降的趋势，而在高位技术使用率则有上升的趋势。新旧规则下男子组 -68 千克级优秀运动员攻击部位得分率皆以中位技术得分率为最高，且在 2018 年规则下男子组 -68 千克级优秀跆拳道运动员中位技术得分率有上升的趋势，而在高位技术得分率则有下降的趋势。新旧规则下男子组 -68 千克级优秀运动员攻击部位得分成功率，在 2017 年竞赛规则中男子组 -68 千克级优秀跆拳道运动员以高位技术得分成功率为最高，但在 2018 年规则下男子组 -68 千克级优秀跆拳道运动员以中位技术得分成功率为最高，且在 2018 年规则下男子组 -68 千克级优秀跆拳道运动员中位技术得分成功率有上升的趋势，而高位技术得分成功率则有下降的趋势。

（三）男子 -80 千克级运动员

依据图 4-43 所示，新旧规则下男子组 -80 千克级优秀跆拳道运动员攻击部位使用情况，在 2017 年规则下男子组 -80 千克级优秀跆拳道运动员以中位技术使用率为最高，占 85.00%，高位技术使用率则为 15.00%。在 2018 年规则下男子 -80 千克级优秀跆拳道运动员以中位技术使用率最高，占 81.94%，高位技术使用率则为 18.06%。新旧规则下男子组 -80 千克级优秀跆拳道运动员攻击部位得分率，在 2017 年规则下男子组 -80 千克级优秀跆拳道运动员技术得分率以中位技术为最高，占 73.47%，高位技术得分率则为 26.53%。在 2018 年规则下男子组 -80 千克级优秀跆拳道运动员技术得分率仍以中位技术为最高，占 57.14%，高位技术得分率则为 42.86%。新旧规则下男子组 -80 千克级优秀跆拳道运动员攻击部位得分成功率，在 2017 年规则下男子组 -80 千克级优秀跆拳道运动员技术得分成功率以高位技术为最高，占 7.78%，中位技术得分成功率则为 6.03%。在 2018 年规则下男子组 -80 千克级优秀跆拳道运动员技术得分成功率以高位技术为最高，占 9.13%，中位技术得分成功率则为 4.13%。

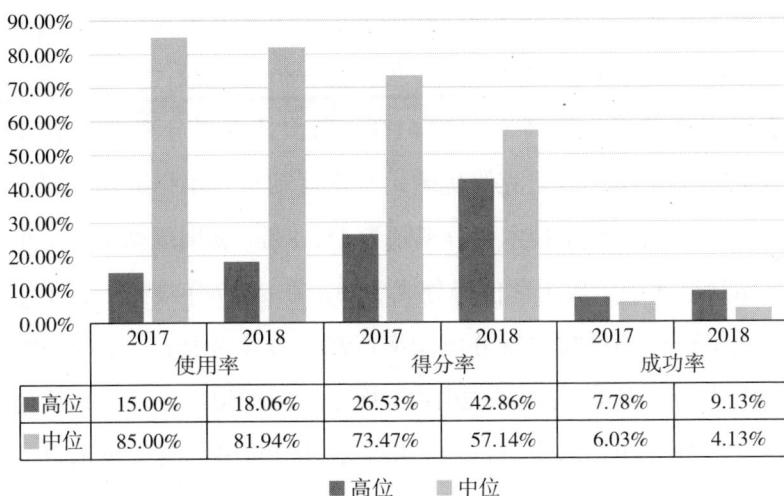

	使用率		得分率		成功率	
	2017	2018	2017	2018	2017	2018
■高位	15.00%	18.06%	26.53%	42.86%	7.78%	9.13%
▨中位	85.00%	81.94%	73.47%	57.14%	6.03%	4.13%

■高位 ▨中位

图 4-43 新旧规则下男子 -80 千克级优秀跆拳道运动员攻击部位情况

由上述得知，新旧规则下男子组 -80 千克级优秀跆拳道运动员攻击部位使用情况皆以中位技术使用率为最高，但在 2018 年规则下男子组 -80 千克级优秀跆拳道运动员中位技术使用率有下降的趋势，而在高位技术使用率则有上升的趋势。新旧规则下男子组 -80 千克级优秀运动员攻击部位得分率皆以中位技术得分率为最高，但在 2018 年规则下男子组 -80 千克级优秀跆拳道运动员中位技术得分率有下降的趋势，而在高位技术得分率则有上升的趋势。新旧规则下男子组 -80 千克级优秀运动员攻击部位得分成功率皆以高位技术得分成功率为最高，且在 2018 年规则下男子组 -80 千克级优秀跆拳道运动员高位技术得分成功率有上升的趋势，而在中位技术得分成功率则有下降的趋势。

（四）男子 +80 千克级运动员

依据图 4-44 所示，新旧规则下男子组 +80 千克级优秀跆拳道运动员攻击部位使用情况，在 2017 年规则下男子组 +80 千克级优秀跆拳道运动员以中位技术使用率为最高，占 85.01%，高位技术使用率则为 14.99%。在 2018 年规则下男子 +80 千克级优秀跆拳道运动员以中位技术使用率最高，占 87.67%，高位技术使用率则为 12.33%。新旧规则下男子组 +80 千克级优秀跆拳道运动员攻击部位得分率，在 2017 年规则下男子组 +80 千克级优秀跆拳道运动员技术得分率以中位技术为最高，占 77.61%，高位技术得分率则为 22.39%。在 2018 年规则下男子组 +80 千克级优秀跆拳道运动员技术得分率仍以中位技术为最高，占 81.82%，高位技术得分率则为 18.18%。新旧规则下男子组 +80 千克级优秀跆拳道运动员攻击部位得分成功率，在 2017 年规则下男子组 +80 千克级优秀跆拳道运动员技术得分成功率以高位技术为最高，占 4.59%，中位技术得分成功率则为 4.37%。在 2018 年规则下男子组 +80 千克级优秀跆拳道运动员技术得分成功率以中位技术为最高，占 4.90%，高位技术得分成功率则为 4.49%。

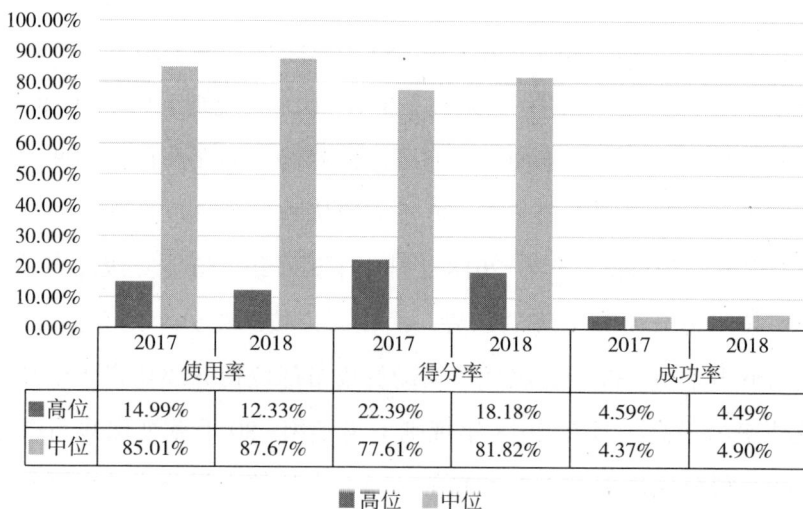

	使用率		得分率		成功率	
	2017	2018	2017	2018	2017	2018
高位	14.99%	12.33%	22.39%	18.18%	4.59%	4.49%
中位	85.01%	87.67%	77.61%	81.82%	4.37%	4.90%

图 4-44　新旧规则下男子 +80 千克级优秀跆拳道运动员攻击部位情况

由上述得知，新旧规则下男子组 +80 千克级优秀跆拳道运动员攻击部位使用情况皆以中位技术使用率为最高，且在 2018 年规则下男子组 +80 千克级优秀跆拳道运动员中位技术使用率有上升的趋势，而在高位技术使用率则有下降的趋势。新旧规则下男子组 -80 千克级优秀运动员攻击部位得分率皆以中位技术得分率为最高，且在 2018 年规则下男子组 +80 千克级优秀跆拳道运动员中位技术得分率有上升的趋势，而在高位技术得分率则有下降的趋势。新旧规则下男子组 -80 千克级优秀运动员攻击部位得分成功率，在 2017 年竞赛规则中男子组 -80 千克级优秀跆拳道运动员以高位技术得分成功率为最高，而在 2018 年竞赛规则中男子组 +80 千克级优秀跆拳道运动员以中位技术得分成功率为最高，且在 2018 年规则下男子组 +80 千克级优秀跆拳道运动员中位技术得分成功率有上升的趋势，而在高位技术得分成功率则有下降的趋势。

为了解 2017、2018 年竞赛规则下男子组各量级优秀跆拳道运动员，在攻击部位使用率、得分率、成功率是否存在差异性，本书以相依样本 t 检验进行考验。检验结果显示，两届竞赛规则下除男子组 -58 千克级运动员，在中位技术使用率上，$p < 0.05$ 达统计学之显著性差异，其余量级在攻击部位使用率、得分率及成功率上 $p > 0.05$，均未达统计学上之显著性差异（见表4-76）。

表 4-76　新旧规则所影响男子各量级运动员攻击部位使用情况差异检验

量级	维度	部位	2017 年规则		2018 年规则		t	p
			M	SD	M	SD		
-58 千克	使用率	高位	0.11	0.05	0.10	0.09	0.31	0.762
		中位	0.89	0.05	0.90	0.09	-0.31	0.762
	得分率	高位	0.28	0.31	0.26	0.29	0.163	0.873
		中位	0.64	0.36	0.66	0.35	-0.163	0.873
	成功率	高位	0.10	0.10	0.07	0.10	1.156	0.272
		中位	0.04	0.03	0.02	0.02	2.48	0.031*
-68 千克	使用率	高位	0.13	0.06	0.13	0.07	-0.263	0.798
		中位	0.87	0.06	0.87	0.07	0.263	0.798
	得分率	高位	0.22	0.22	0.22	0.34	-0.049	0.962
		中位	0.70	0.31	0.69	0.40	0.056	0.957
	成功率	高位	0.08	0.07	0.03	0.04	1.358	0.202
		中位	0.04	0.03	0.05	0.04	-0.664	0.521

量级	维度	部位	2017 年规则		2018 年规则		*t*	*p*
			M	*SD*	*M*	*SD*		
-80 千克	使用率	高位	0.15	0.08	0.18	0.08	-0.814	0.433
		中位	0.85	0.08	0.82	0.08	0.814	0.433
	得分率	高位	0.29	0.33	0.24	0.30	0.362	0.724
		中位	0.71	0.33	0.68	0.36	0.184	0.858
	成功率	高位	0.08	0.10	0.06	0.09	0.57	0.58
		中位	0.06	0.05	0.04	0.03	1.296	0.222
+80 千克	使用率	高位	0.15	0.07	0.12	0.07	0.785	0.449
		中位	0.85	0.07	0.88	0.07	-0.785	0.449
	得分率	高位	0.12	0.22	0.14	0.22	-0.193	0.85
		中位	0.71	0.40	0.69	0.39	0.123	0.905
	成功率	高位	0.08	0.19	0.11	0.29	-0.341	0.739
		中位	0.04	0.04	0.05	0.04	-0.391	0.703

注：$^*p < 0.05$（*N*=96）。

第七节　新旧规则下优秀跆拳道运动员站位技术特征比较

为了解新规则修订后对于优秀跆拳道运动员，在站位技术使用特征是否有所差异，本书以 2017、2018 年竞赛规则下运动员站位技术使用情况，分为使用率、得分率及成功率进行量化分析。并将 2017、2018 年竞赛规则下运动员站位技术之使用率、得分率及成功率，以 SPSS 统计软件进行统计学考验。本书以相依样本 *t* 检验，考验 2017、2018 年竞赛规则下运动员在站位技术指标上是否有差异，显著性水准设定为 $p < 0.05$。

一、新旧规则下优秀跆拳道运动员站位技术使用情况

依据图 4-45 所示，新旧规则下优秀跆拳道运动员比赛站位技术使用情况，在 2017 年规则下运动员以左势开式站位技术使用率为最高，占 32.10%，其次依序为右势开式 30.50%、左势闭式 20.04%，以右势闭式 17.37% 为最低。在 2018 年规则下运动员以左势开式使用率为最高，占 28.61%，其次依序为右势开式 26.74%、右势闭式 23.15%，以左势闭式 21.49% 为最低。新旧规则下优秀跆拳道运动员比赛站位技术得分率，在 2017 年规则下运动员以右势开式站位技术得分率为最高，占 37.07%，其次依序为左势开式 26.64%、左势闭式 19.82%，以右势闭式 16.47% 为最低。在 2018 年规则下运动员以右势开式站位技术得分率为最高，占 34.20%，其次依序为左势开式 28.18%、右势闭式 24.08%，以左势闭式 13.54% 为最低。

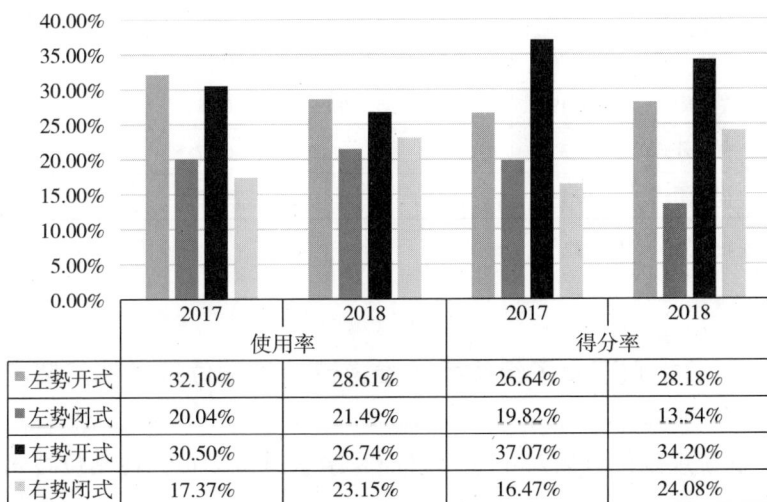

	使用率		得分率	
	2017	2018	2017	2018
■左势开式	32.10%	28.61%	26.64%	28.18%
■左势闭式	20.04%	21.49%	19.82%	13.54%
■右势开式	30.50%	26.74%	37.07%	34.20%
□右势闭式	17.37%	23.15%	16.47%	24.08%

图 4-45 新旧规则下优秀跆拳道运动员站位技术使用情况

由上述得知，新旧规则下优秀跆拳道运动员比赛站位技术使用情况皆以左势开式站位技术使用率为最高。新旧规则下运动员比赛站位技术得分率皆以右势开式站位技术得分率为最高。在 2018 年规则下，左势开式站位技术使用率有下降的趋势，但在得分率有上升的趋势。在 2017 年规则下，右势开式

站位技术得分率虽为最高，但在新规则中右势开式站位技术得分率有下降的趋势。

为了解 2017、2018 年竞赛规则下优秀跆拳道运动员，在比赛站位技术使用情况是否存在差异性，本书以相依样本 t 检验进行考验。检验结果显示，在两届竞赛规则下优秀跆拳道运动员，在比赛站位技术之使用率与得分率上 $p > 0.05$，均未达统计学上之显著性差异（见表 4-77）。

表 4-77　竞赛规则所导致站位技术使用情况的差异检验结果

维度	站位	2017 竞赛规则		2018 竞赛规则		t	p
		M	SD	M	SD		
使用率	左势开式	0.31	0.32	0.28	0.32	0.738	0.461
	左势闭式	0.21	0.27	0.21	0.30	−0.08	0.936
	右势开式	0.31	0.32	0.28	0.32	0.698	0.486
	右势闭式	0.16	0.21	0.22	0.30	−1.68	0.095
得分率	左势开式	0.26	0.34	0.24	0.32	0.448	0.655
	左势闭式	0.19	0.29	0.15	0.28	0.973	0.332
	右势开式	0.33	0.37	0.32	0.37	0.265	0.791
	右势闭式	0.14	0.23	0.21	0.30	−1.955	0.052

注： $^*p < 0.05$ （N=192）。

二、新旧规则下女子组优秀跆拳道运动员站位技术使用情况

为了解新规则修订后对于女子组优秀跆拳道运动员，在站位技术使用特征是否有所差异，本书以 2017、2018 年竞赛规则下女子组运动员站位技术使用情况，分为使用率、得分率及成功率进行量化分析。并将 2017、2018 年竞赛规则下女子组运动员站位技术之使用率、得分率及成功率，以 SPSS 统计软件进行统计学考验。本书以相依样本 t 检验，考验 2017、2018 年竞赛规则下女子组运动员在站位技术指标上是否有差异，显著性水准设定为 $p < 0.05$ 。

依据图 4-46 所示，新旧规则下女子组优秀跆拳道运动员在比赛中站位

使用情况，在 2017 年规则下女子组运动员以左势开式站位技术使用率为最高，占 35.99%，其次依序为右势开式 34.33%、右势闭式 19.05%，以左势闭式 10.63% 为最低。在 2018 年规则下女子组运动员以左势开式站位技术使用率为最高，占 34.73%，其次依序为右势开式 31.90%、右势闭式 26.51%，以左势闭式 6.86% 为最低。新旧规则下女子组优秀跆拳道运动员比赛站位技术得分率，在 2017 年规则下女子组运动员以右势开式站位技术得分率为最高，占 41.48%，其次依序为左势开式 26.72%、右势闭式 16.03%，以左势闭式 15.78% 为最低。在 2018 年规则下女子组运动员以右势开式站位技术得分率为最高，占 34.29%，其次依序为左势开式 32.21%、右势闭式 27.01%，以左势闭式 6.49% 为最低。

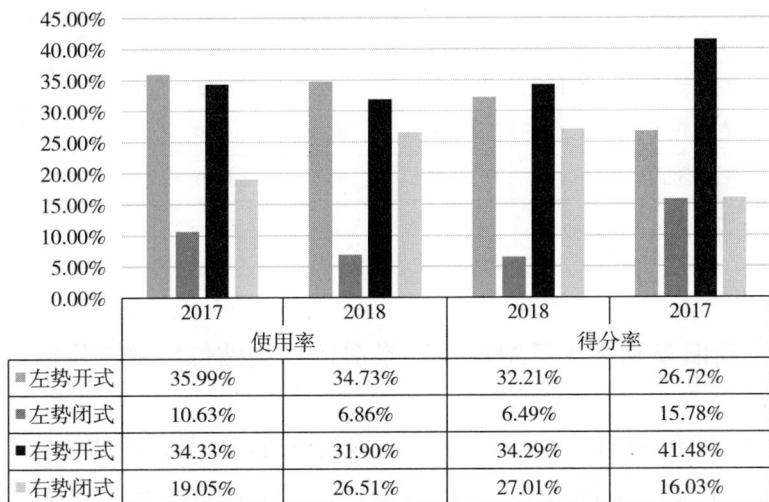

	使用率		得分率	
	2017	2018	2018	2017
■左势开式	35.99%	34.73%	32.21%	26.72%
■左势闭式	10.63%	6.86%	6.49%	15.78%
■右势开式	34.33%	31.90%	34.29%	41.48%
□右势闭式	19.05%	26.51%	27.01%	16.03%

图 4-46 新旧规则下女子组优秀跆拳道运动员站位技术使用情况

由上述得知，新旧规则下女子组优秀跆拳道运动员比赛站位技术使用情况皆以左势开式站位技术使用率为最高。新旧规则下女子组运动员比赛站位技术得分率皆以右势开式站位技术得分率为最高。新规则下女子组运动员在右势闭式站位技术使用率有上升的趋势，而在左势开式与右势闭式站位技术得分率有上升的趋势。

为了解 2017、2018 年竞赛规则下女子组优秀跆拳道运动员，在比赛站位技术使用情况是否存在差异性，本书以相依样本 t 检验进行考验。检验结果显示，在两届竞赛规则下，女子组优秀跆拳道运动员在右势闭式站位技术得分率上 $p < 0.05$，达统计学上之显著性差异，其余站位技术使用率与得分率 $p > 0.05$，均未达统计学上之显著性差异（见表 4-78）。

表 4-78　竞赛规则所导致女子组运动员站位技术使用情况的差异检验结果

维度	站位	2017 竞赛规则		2018 竞赛规则		t	p
		M	SD	M	SD		
使用率	左势开式	0.36	0.32	0.34	0.34	0.260	0.796
	左势闭式	0.10	0.12	0.07	0.07	1.302	0.197
	右势开式	0.35	0.32	0.36	0.34	-0.048	0.962
	右势闭式	0.19	0.18	0.23	0.30	-0.794	0.429
得分率	左势开式	0.30	0.39	0.27	0.33	0.430	0.668
	左势闭式	0.13	0.26	0.06	0.12	1.833	0.071
	右势开式	0.37	0.39	0.36	0.39	0.128	0.899
	右势闭式	0.11	0.18	0.25	0.29	-2.757	0.007[*]

注：[*]$p < 0.05$ （N=192）。

三、新旧规则下男子组优秀跆拳道运动员站位技术使用情况

为了解新规则修订后对于男子组优秀跆拳道运动员，在站位技术使用特征是否有所差异，本书以 2017、2018 年竞赛规则下男子组运动员站位技术使用情况，分为使用率、得分率及成功率进行量化分析。并将 2017、2018 年竞赛规则下男子组运动员站位技术之使用率、得分率及成功率，以 SPSS 统计软件进行统计学考验。本书以相依样本 t 检验，考验 2017、2018 年竞赛规则下男子组运动员在站位技术指标上是否有差异，显著性水准设定为 $p < 0.05$。

依据图 4-47 所示，新旧规则下男子组优秀跆拳道运动员比赛中站位技术使用情况，在 2017 年规则下男子组运动员以左势闭式站位技术使用率为最高，占 30.21%，其次依序为左势开式 27.89%、右势开式 26.35%，以右势闭

式 15.55% 为最低。在 2018 年规则下男子组运动员以左势闭式站位技术使用率为最高，占 37.87%，其次依序为左势开式 21.76%、右势开式 20.97%，以右势闭式 19.39% 为最低。新旧规则下男子组运动员比赛站位技术得分率，在 2017 年规则下男子组运动员以右势开式站位技术得分率为最高，占 32.55%，其次依序为左势开式 26.56%、左势闭式 23.96%，以右势闭式 16.93% 为最低。在 2018 年规则下男子组运动员以右势开式站位技术得分率为最高，占 34.10%，其次依序为左势开式 23.70%、左势闭式 21.39%，以左势闭式 20.81% 为最低。

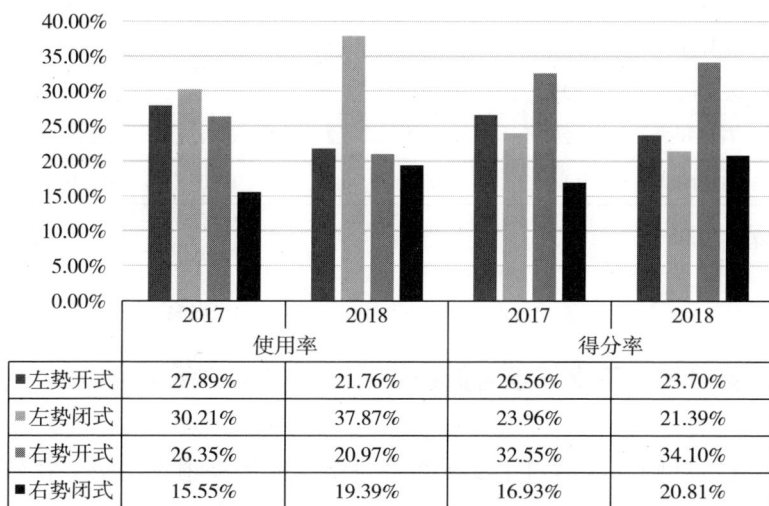

	使用率		得分率	
	2017	2018	2017	2018
■ 左势开式	27.89%	21.76%	26.56%	23.70%
▨ 左势闭式	30.21%	37.87%	23.96%	21.39%
▤ 右势开式	26.35%	20.97%	32.55%	34.10%
■ 右势闭式	15.55%	19.39%	16.93%	20.81%

图 4-47 新旧规则下男子优秀跆拳道运动员站位技术使用情况

由上述得知，新旧规则下男子组优秀跆拳道运动员比赛站位技术使用情况，在 2017、2018 年竞赛规则中男子组运动员皆以左势闭式站位技术使用率为最高。新旧规则下男子组运动员比赛站位技术得分率，在 2017、2018 年竞赛规则中男子组运动员皆以右势开式站位技术得分率为最高。新规则下男子组运动员在左势闭式站位技术使用率有上升的趋势，而在右势开式站位技术得分率有上升的趋势。

为了解 2017、2018 年竞赛规则下，男子组优秀跆拳道运动员在比赛站位技术使用情况是否存在差异性，本书以相依样本 t 检验进行考验。检验结果显示，在两届竞赛规则下男子组优秀跆拳道运动员，在站位技术使用率与得分率上 $p > 0.05$，均未达统计学上之显著性差异（见表 4-79）。

表 4-79　竞赛规则所导致站位技术使用情况的差异检验结果

维度	站位	2017 竞赛规则		2018 竞赛规则		t	p
		M	SD	M	SD		
使用率	左势开式	0.27	0.31	0.22	0.29	0.820	0.414
	左势闭式	0.32	0.33	0.35	0.38	−0.450	0.654
	右势开式	0.27	0.31	0.21	0.28	1.120	0.266
	右势闭式	0.13	0.24	0.22	0.30	−1.542	0.127
得分率	左势开式	0.22	0.28	0.21	0.31	0.182	0.856
	左势闭式	0.25	0.32	0.24	0.36	0.083	0.934
	右势开式	0.29	0.36	0.27	0.34	0.254	0.800
	右势闭式	0.16	0.27	0.17	0.30	−0.236	0.814

注：$^*p < 0.05$ （N=192）

四、新旧规则下女子组各量级优秀跆拳道运动员站位技术使用情况

为了解新规则修订后对于女子组各量级优秀跆拳道运动员，在站位技术使用特征是否有所差异，本书以 2017、2018 年竞赛规则下女子组各量级运动员站位技术使用情况，分为使用率、得分率及成功率进行量化分析。并将 2017、2018 年竞赛规则下女子组各量级运动员站位技术之使用率、得分率及成功率，以 SPSS 统计软件进行统计学考验。本书以相依样本 t 检验，考验 2017、2018 年竞赛规则下女子组各量级运动员在站位技术指标上是否有差异，显著性水准设定为 $p < 0.05$。

依据图 4-48 所示，新旧规则下女子组 -49 千克级优秀跆拳道运动员比赛中站位使用情况，在 2017 年规则下女子组 -49 千克级运动员以左势开式站位技术使用率为最高，占 36.66%，其次依序为右势开式 28.55%、左势闭

式 22.52%，以右势闭式 12.27% 为最低。在 2018 年规则下女子组 -49 千克级运动员以左势开式站位技术使用率为最高，占 39.86%，其次依序为右势开式 37.84%、右势闭式 12.11%，以左势闭式 10.19% 为最低。新旧规则下女子组 -49 千克级优秀跆拳道运动员比赛站位技术得分率，在 2017 年规则下女子组 -49 千克级运动员以右势开式站位技术得分率为最高，占 32.71%，其次依序为左势开式 28.04%、左势闭式 26.17%，以右势闭式 13.08% 为最低。在 2018 年规则下女子组 -49 千克级运动员以右势开式站位技术得分率为最高，占 40.59%，其次依序为左势开式 35.64%、右势闭式 14.85%，以左势闭式 8.91% 为最低。

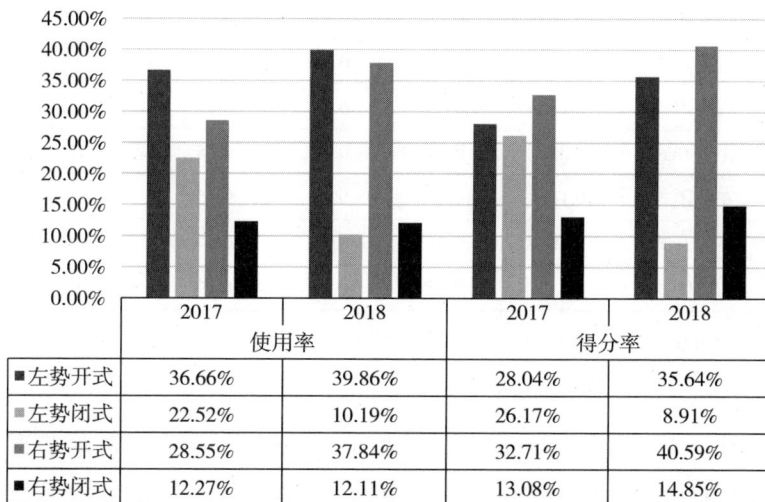

	使用率		得分率	
	2017	2018	2017	2018
■左势开式	36.66%	39.86%	28.04%	35.64%
■左势闭式	22.52%	10.19%	26.17%	8.91%
■右势开式	28.55%	37.84%	32.71%	40.59%
■右势闭式	12.27%	12.11%	13.08%	14.85%

图 4-48 新旧规则下女子组 -49 千克级优秀跆拳道运动员站位技术使用情况

由上述得知，新旧规则下女子组 -49 千克级优秀跆拳道运动员比赛站位技术使用情况，在 2017、2018 年竞赛规则中女子组 -49 千克级运动员皆以左势开式站位技术使用率为最高。新旧规则下女子组 -49 千克级运动员比赛站位技术得分率，在 2017、2018 年竞赛规则中女子组 -49 千克级运动员皆以右势开式站位技术得分率为最高。新规则下女子组 -49 千克级运动员在左势开式及右势开式站位技术使用率皆有上升的趋势，而在左势开式与右势开式站位技术得分率仍皆有上升的趋势。

为了解 2017、2018 年竞赛规则下，女子组 -49 千克级优秀跆拳道运动员在比赛站位技术使用情况是否存在差异性，本书以相依样本 t 检验进行考验。检验结果显示，在两届竞赛规则下女子组 -49 千克级优秀跆拳道运动员，在左势闭式站位技术使分率上 $p < 0.05$，达统计学上之显著性差异，其余站位技术使用率与得分率 $p > 0.05$，均未达统计学上之显著性差异（见表 4-80）。

表 4-80　竞赛规则所导致站位技术使用情况的差异检验结果

维度	站位	2017 竞赛规则		2018 竞赛规则		t	p
		M	SD	M	SD		
使用率	左势开式	0.34	0.28	0.39	0.30	-0.406	0.688
	左势闭式	0.21	0.17	0.11	0.07	1.955	0.07*
	右势开式	0.33	0.27	0.38	0.30	-0.416	0.681
	右势闭式	0.11	0.08	0.12	0.07	-0.185	0.855
得分率	左势开式	0.25	0.34	0.27	0.38	-0.12	0.905
	左势闭式	0.16	0.27	0.08	0.15	0.916	0.37
	右势开式	0.40	0.35	0.54	0.44	-0.844	0.408
	右势闭式	0.11	0.15	0.12	0.19	-0.163	0.872

注：*$p < 0.05$（N=24）。

依据图 4-49 所示，新旧规则下女子组 -57 千克级优秀跆拳道运动员比赛中站位使用情况，在 2017 年规则下女子组 -57 千克级运动员以左势开式使用率为最高，占 41.40%，其次依序为右势开式 35.98%、右势闭式 20.28%，以左势闭式 2.34% 为最低。在 2018 年规则下女子组 -57 千克级运动员以右势闭式使用率为最高，占 55.96%，其次依序为左势开式 25.77%、右势开式 17.10%，以左势闭式 1.17% 为最低。新旧规则下女子组 -57 千克级运动员比赛站位技术得分率，在 2017 年规则下女子组 -57 千克级运动员以右势开式站位技术的得分率为最高，占 48.28%，其次依序为左势开式 35.63%、右势闭式 13.79%，以左势闭式 2.30% 为最低。在 2018 年规则下女子组 -57 千克级运动员以右势闭式站位技术得分率则为最高，占 49.12%，其次依序为左势开式 29.82%、右势开式 17.54%，以左势闭式 3.51% 为最低。

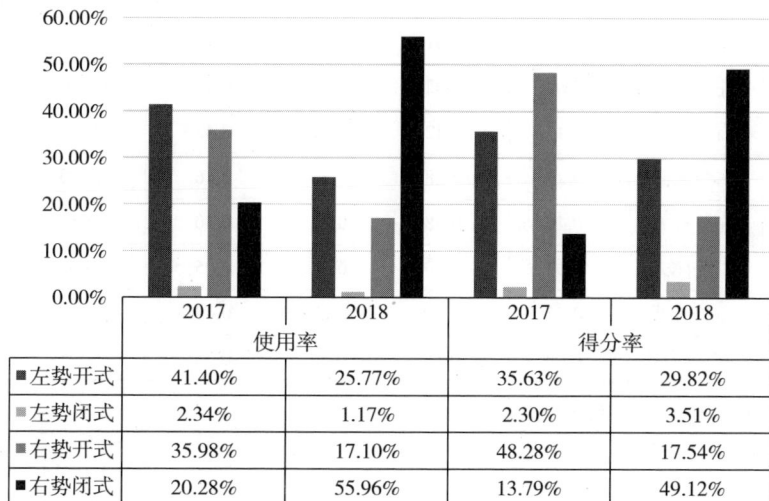

	使用率		得分率	
	2017	2018	2017	2018
■左势开式	41.40%	25.77%	35.63%	29.82%
■左势闭式	2.34%	1.17%	2.30%	3.51%
■右势开式	35.98%	17.10%	48.28%	17.54%
■右势闭式	20.28%	55.96%	13.79%	49.12%

图 4-49 新旧规则下女子组 -57 千克级优秀跆拳道运动员站位技术使用情况

由上述得知，新旧规则下女子组 -57 千克级运动员比赛站位技术使用情况，在两届竞赛规则中女子组 -57 千克级运动员的技术使用率上有所差异，在 2017 年规则下女子组 -57 千克级运动员以左势开式使用率为最高，在 2018 年规则下女子组 -57 千克级运动员则以右势闭式使用率为最高。在两届竞赛规则中女子组 -57 千克级运动员的技术得分率上有所差异，在 2017 年规则下女子组 -57 千克级运动员以右势开式站位技术得分率为最高，在 2018 年规则下女子组 -57 千克级运动员以右势闭式站位技术得分率为最高。在 2018 年规则下女子组 -57 千克级运动员，站位技术使用率与得分率皆以右势闭式为主，且在 2018 年规则下右势闭式站位技术使用率与得分率皆有上升的趋势。

为了解 2017、2018 年竞赛规则下女子组 -57 千克级优秀跆拳道运动员，在比赛站位技术使用情况是否存在差异性，本书以相依样本 t 检验进行考验。检验结果显示，在两届竞赛规则下女子组 -57 千克级优秀跆拳道运动员，在站位技术使用率与得分率上 $p > 0.05$，均未达统计学上之显著性差异（见表 4-81）。

表 4-81　竞赛规则所导致站位技术使用情况的差异检验结果

维度	站位	2017 竞赛规则		2018 竞赛规则		*t*	*p*
		M	*SD*	*M*	*SD*		
使用率	左势开式	0.37	0.41	0.26	0.42	0.61	0.548
	左势闭式	0.02	0.02	0.01	0.02	1.571	0.13
	右势开式	0.37	0.42	0.27	0.42	0.623	0.54
	右势闭式	0.23	0.28	0.46	0.46	−1.423	0.169
得分率	左势开式	0.40	0.48	0.25	0.40	0.85	0.405
	左势闭式	0.03	0.10	0.02	0.05	0.399	0.694
	右势开式	0.41	0.46	0.27	0.43	0.816	0.423
	右势闭式	0.08	0.18	0.22	0.33	−1.375	0.187

注：$^*p < 0.05$（$N=24$）。

依据图 4-50 所示，新旧规则下女子组 -67 千克级优秀跆拳道运动员比赛中站位使用情况，在 2017 年规则下女子组 -67 千克级运动员以右势开式使用率为最高，占 36.96%，其次依序为左势开式 31.56%、右势闭式 25.73%，以左势闭式 5.76% 为最低。在 2018 年规则下女子组 -67 千克级运动员以左势开式使用率为最高，占 37.92%，其次依序为右势开式 37.36%、右势闭式 19.13%，以左势闭式 5.59% 为最低。在 2017 年规则下女子组 -67 千克级运动员以右势开式站位技术得分率为最高，占 41.80%，其次依序为左势开式 27.05%、右势闭式 20.49%，以左势闭式 10.66% 为最低。在 2018 年规则下女子组 -67 千克级运动员以右势开式站位技术得分率为最高，占 34.45%，其次依序为右势闭式 33.61%、左势开式 27.73%，以左势闭式 4.20% 为最低。

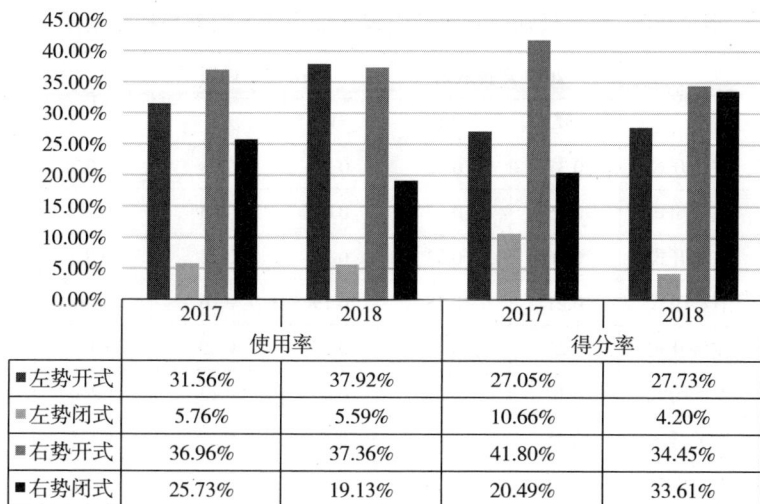

	使用率		得分率	
	2017	2018	2017	2018
■左势开式	31.56%	37.92%	27.05%	27.73%
■左势闭式	5.76%	5.59%	10.66%	4.20%
■右势开式	36.96%	37.36%	41.80%	34.45%
■右势闭式	25.73%	19.13%	20.49%	33.61%

图 4-50 新旧规则下女子组 -67 千克级优秀跆拳道运动员站位技术使用情况

由上述得知，新旧规则下女子组 -67 千克级运动员比赛站位技术使用情况，在两届竞赛规则中女子组 -67 千克级运动员技术使用率上皆有所差异，在 2017 年规则下女子组 -67 千克级运动员以右势开式使用率为最高，在 2018 年规则下女子组 -67 千克级运动员则以左势开式使用率为最高。在 2017、2018 年竞赛规则中女子组 -67 千克级运动员皆以右势开式站位技术得分率为最高。新规则下女子组 -67 千克级运动员在右势开式站位技术使用率有上升的趋势，而在左势开式与右势闭式站位技术得分率有上升的趋势。

为了解 2017、2018 年竞赛规则下女子组 -67 千克级优秀跆拳道运动员，在比赛站位技术使用情况是否存在差异性，本书以相依样本 t 检验进行考验。检验结果显示，在两届竞赛规则下女子组 -67 千克级优秀跆拳道运动员，在右势闭式站位技术得分率上 $p < 0.05$，达统计学上之显著性差异，其余站位技术使用率与得分率 $p > 0.05$，均未达统计学上之显著性差异（见表 4-82）。

表 4-82　竞赛规则所导致站位技术使用情况的差异检验结果

维度	站位	2017 竞赛规则		2018 竞赛规则		t	p
		M	SD	M	SD		
使用率	左势开式	0.37	0.33	0.38	0.38	-0.036	0.971
	左势闭式	0.05	0.02	0.06	0.05	-0.384	0.706
	右势开式	0.36	0.33	0.37	0.38	-0.039	0.969
	右势闭式	0.21	0.18	0.19	0.26	0.191	0.85
得分率	左势开式	0.27	0.29	0.27	0.29	0.023	0.982
	左势闭式	0.17	0.29	0.06	0.13	1.206	0.241
	右势开式	0.45	0.41	0.26	0.27	1.335	0.195
	右势闭式	0.11	0.18	0.41	0.30	-2.953	0.007*

注：$^*p < 0.05$ （N=24）。

依据图 4-51 所示，新旧规则下女子组 +67 千克级优秀跆拳道运动员在比赛中站位运用，在 2017 年规则下女子组 +67 千克级运动员以右势开式使用率为最高，占 36.88%，其次依序为左势开式 31.40%、右势闭式 19.19%，以左势闭式 12.53% 为最低。在 2018 年规则下女子组 +67 千克级运动员以左势开式使用率为最高，占 36.55%，其次依序为右势开式 37.36%、右势闭式 14.21%，以左势闭式 11.68% 为最低。在 2017 年规则下女子组 +67 千克级运动员以右势开式站位技术得分率为最高，占 45.45%，其次依序为左势闭式 24.68%、右势闭式 15.58%，以左势开式 14.29% 为最低。在 2018 年规则下女子组 +67 千克级运动员以右势开式站位技术得分率为最高，占 37.04%，其次依序为左势开式 35.19%、右势闭式 19.44%，以左势闭式 8.33% 为最低。

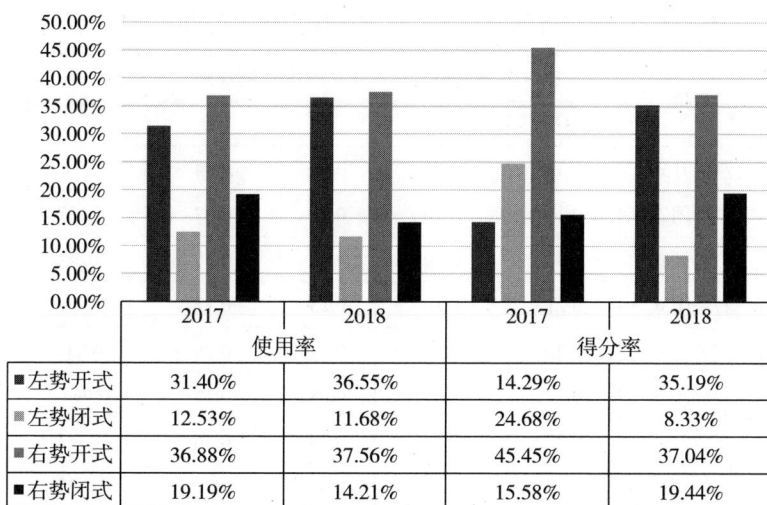

	使用率		得分率	
	2017	2018	2017	2018
■左势开式	31.40%	36.55%	14.29%	35.19%
▨左势闭式	12.53%	11.68%	24.68%	8.33%
▦右势开式	36.88%	37.56%	45.45%	37.04%
■右势闭式	19.19%	14.21%	15.58%	19.44%

图 4-51　新旧规则下女子组 +67 千克级优秀跆拳道运动员站位技术使用情况

　　由上述得知，新旧规则下女子组 +67 千克级优秀跆拳道运动员比赛站位技术使用情况，在两届竞赛规则中女子组 +67 千克级运动员技术使用率上皆有所差异，在 2017 年规则下女子组 +67 千克级运动员以右势开式使用率为最高，在 2018 年规则下女子组 +67 千克级运动员则以左势开式使用率为最高。在 2017、2018 年竞赛规则中，女子组 +67 千克级优秀跆拳道运动员皆以右势开式站位技术得分率为最高。新规则下女子组 +67 千克级运动员在右势开式与左势开式站位技术使用率有上升的趋势，而在左势开式与右势闭式站位技术得分率有上升的趋势。

　　为了解 2017、2018 年竞赛规则下，女子组 +67 千克级优秀跆拳道运动员在比赛站位技术使用情况是否存在差异性，本书以相依样本 t 检验进行考验。检验结果显示，在两届竞赛规则下女子组 +67 千克级优秀跆拳道运动员，在站位技术使用率与得分率上 $p > 0.05$，均未达统计学上之显著性差异（见表 4-83）。

表 4-83　竞赛规则所导致站位技术使用情况的差异检验结果

维度	站位	2017 竞赛规则		2018 竞赛规则		t	p
		M	SD	M	SD		
使用率	左势开式	0.34	0.30	0.32	0.24	0.171	0.866
	左势闭式	0.11	0.10	0.11	0.07	-0.137	0.893
	右势开式	0.34	0.30	0.41	0.28	-0.56	0.581
	右势闭式	0.21	0.12	0.15	0.12	1.049	0.305
得分率	左势开式	0.29	0.44	0.31	0.26	-0.087	0.931
	左势闭式	0.17	0.31	0.08	0.15	0.964	0.346
	右势开式	0.22	0.33	0.38	0.36	-1.143	0.265
	右势闭式	0.15	0.21	0.24	0.30	-0.833	0.414

注：$^*p < 0.05$ （N=24）。

五、新旧规则下男子组各量级优秀跆拳道运动员站位技术使用情况

为了解新规则修订后对于男子组各量级优秀跆拳道运动员，在站位技术使用特征是否有所差异，本书以 2017、2018 年竞赛规则下男子组各量级运动员站位技术使用情况，分为使用率、得分率及成功率进行量化分析。并将2017、2018 年竞赛规则下男子组各量级运动员站位技术之使用率、得分率及成功率，以 SPSS 统计软件进行统计学考验。本书以相依样本 t 检验，考验2017、2018 年竞赛规则下男子组各量级运动员在站位技术指标上是否有差异，显著性水准设定为 $p < 0.05$。

依据图 4-52 所示，新旧规则下男子组 -58 千克级优秀跆拳道运动员比赛中站位使用情况，在 2017 年规则下男子组 -58 千克级运动员以左势闭式使用率为最高，占 59.25%，其次依序为右势开式 18.98%、左势开式 18.50%，以右势闭式 3.26% 为最低。在 2018 年规则下男子组 -58 千克级运动员以左势闭式使用率为最高，占 76.79%，其次依序为右势开式 14.00%、左势开式7.42%，以右势闭式 1.79% 为最低。新旧规则下男子组 -58 千克级运动员比赛站位技术得分率，在 2017 年规则下男子组 -58 千克级运动员以左势闭式

站位技术得分率为最高，占 42.22%，其次依序为左势开式 31.11%、右势开式 17.78%，以右势闭式 8.89% 为最低。在 2018 年规则下男子组 -58 千克级运动员以左势闭式站位技术得分率为最高，占 60.42%，其次依序为右势开式 29.17%、左势开式 10.42%，以右势闭式 0.00% 为最低。

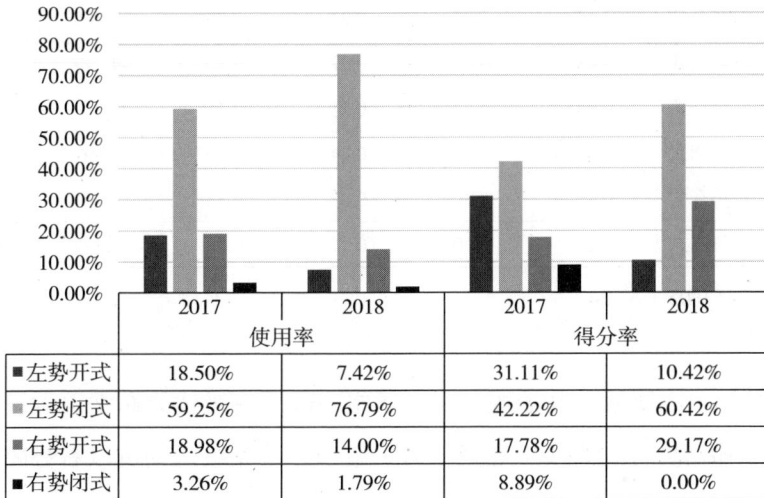

	使用率		得分率	
	2017	2018	2017	2018
■左势开式	18.50%	7.42%	31.11%	10.42%
■左势闭式	59.25%	76.79%	42.22%	60.42%
■右势开式	18.98%	14.00%	17.78%	29.17%
■右势闭式	3.26%	1.79%	8.89%	0.00%

图 4-52 新旧规则下男子组 -58 千克级优秀跆拳道运动员站位技术使用情况

由上述得知，新旧规则下男子组 -58 千克级优秀跆拳道运动员比赛站位技术使用情况，在 2017、2018 年竞赛规则中男子组 -58 千克级运动员皆以左势闭式站位技术使用率为最高。新旧规则下男子组 -58 千克级运动员比赛站位技术得分率，在 2017、2018 年竞赛规则中男子组 -58 千克级运动员皆以左势闭式站位技术得分率为最高，且新规则下男子组 -58 千克级运动员在左势闭式站位技术使用率与得分率皆有上升的趋势。

为了解 2017、2018 年竞赛规则下男子组 -58 千克级优秀跆拳道运动员，在比赛站位技术使用情况是否存在差异性，本书以相依样本 t 检验进行考验。检验结果显示，在两届竞赛规则下男子组 -58 千克级优秀跆拳道运动员，在右势闭式站位技术使分率上 $p < 0.05$，达统计学上之显著性差异，其余站位技术使用率与得分率 $p > 0.05$，均未达统计学上之显著性差异（见表 4-84）。

表 4-84 竞赛规则所导致站位技术使用情况的差异检验结果

维度	站位	2017 竞赛规则		2018 竞赛规则		t	p
		M	SD	M	SD		
使用率	左势开式	0.19	0.24	0.22	0.29	-0.378	0.707
	左势闭式	0.60	0.27	0.35	0.38	2.562	0.017
	右势开式	0.18	0.23	0.21	0.28	-0.265	0.792
	右势闭式	0.03	0.02	0.22	0.30	-4.247	0.00*
得分率	左势开式	0.24	0.32	0.21	0.31	0.279	0.781
	左势闭式	0.38	0.36	0.24	0.36	1.246	0.218
	右势开式	0.15	0.30	0.27	0.34	-1.091	0.28
	右势闭式	0.14	0.30	0.17	0.30	-0.332	0.741

注：$^*p < 0.05$（N=24）。

依据图 4-53 所示，新旧规则下男子组 -68 千克级优秀跆拳道运动员比赛中站位使用情况，在 2017 年规则下男子组 -68 千克级运动员以右势闭式使用率为最高，占 30.39%，其次依序为右势开式 25.57%、左势开式 24.90%，以左势闭式 19.14% 为最低。在 2018 年规则下男子组 -68 千克级运动员以右势闭式使用率为最高，占 31.95%，其次依序为左势开式 31.44%、右势开式 23.28%，以左势闭式 13.33% 为最低。新旧规则下男子组 -68 千克级运动员比赛站位技术得分率，在 2017 年规则下男子组 -68 千克级运动员以右势开式站位技术得分率为最高，占 47.22%，其次依序为右势闭式 33.33%、左势闭式 10.19%，以左势开式 9.26% 为最低。在 2018 年规则下男子组 -68 千克级运动员以右势闭式站位技术得分率为最高，占 43.24%，其次依序为右势开式 30.63%、左势开式 24.32%，以左势闭式 1.80% 为最低。

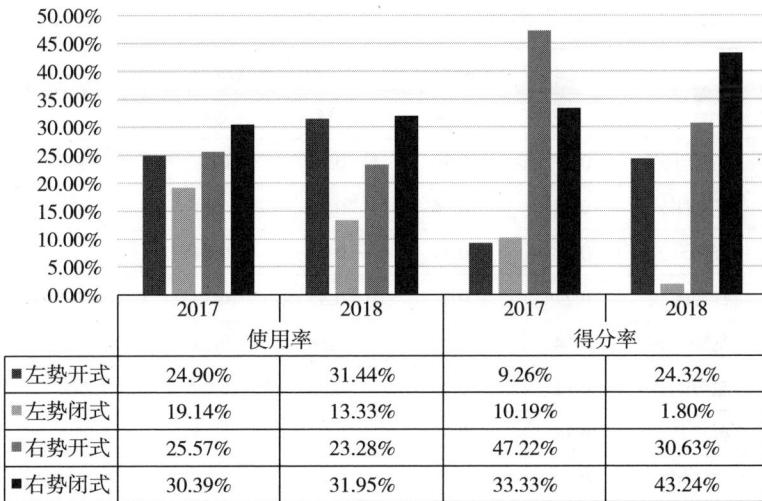

	使用率		得分率	
	2017	2018	2017	2018
■左势开式	24.90%	31.44%	9.26%	24.32%
■左势闭式	19.14%	13.33%	10.19%	1.80%
■右势开式	25.57%	23.28%	47.22%	30.63%
■右势闭式	30.39%	31.95%	33.33%	43.24%

图 4-53 新旧规则下男子组 -68 千克级优秀跆拳道运动员站位技术使用情况

由上述得知，新旧规则下男子组 -68 千克级优秀跆拳道运动员比赛站位技术使用情况，在 2017、2018 年竞赛规则中男子组 -68 千克级运动员皆以右势闭式站位技术使用率为最高。新旧规则下男子组 -68 千克级运动员比赛站位技术得分率，在两届竞赛规则中男子组 -68 千克级运动员技术得分率上皆有所差异，在 2017 年规则下男子组 -68 千克级运动员以右势开式站位技术得分率为最高，在 2018 年规则下男子组 -68 千克级运动员则以右势闭式站位技术得分率为最高。新旧规则下男子组 -68 千克级运动员，在右势闭式与左势开式站位技术使用率与得分率皆有上升的趋势。

为了解 2017、2018 年竞赛规则下男子组 -68 千克级优秀跆拳道运动员，在比赛站位技术使用情况是否存在差异性，本书以相依样本 t 检验进行考验。检验结果显示，在两届竞赛规则下男子组 -68 千克级优秀跆拳道运动员，在站位技术使用率与得分率上 $p > 0.05$，均未达统计学上之显著性差异（见表 4-85）。

表 4-85　竞赛规则所导致站位技术使用情况的差异检验结果

维度	站位	2017 竞赛规则		2018 竞赛规则		t	p
		M	SD	M	SD		
使用率	左势开式	0.23	0.30	0.28	0.38	−0.358	0.724
	左势闭式	0.28	0.36	0.16	0.31	0.86	0.399
	右势开式	0.22	0.31	0.21	0.34	0.102	0.92
	右势闭式	0.27	0.33	0.35	0.39	−0.545	0.591
得分率	左势开式	0.14	0.22	0.20	0.33	−0.548	0.589
	左势闭式	0.12	0.29	0.02	0.06	1.247	0.225
	右势开式	0.36	0.38	0.22	0.35	0.877	0.39
	右势闭式	0.30	0.34	0.48	0.40	−1.151	0.262

注：$^*p < 0.05$（N=24）。

依据图 4-54 所示，新旧规则下男子组 -80 千克级优秀跆拳道运动员比赛中站位使用情况，在 2017 年规则下男子组 -80 千克级运动员以左势开式使用率为最高，占 35.99%，其次依序为右势开式 33.18%、右势闭式 18.16%，以左势闭式 12.67% 为最低。在 2018 年规则下男子组 -80 千克级运动员以左势闭式使用率为最高，占 34.05%，其次依序为左势开式 22.72%、右势闭式 22.15%，以右势开式 21.08% 为最低。新旧规则下男子组 -80 千克级运动员比赛站位技术得分率，在 2017 年规则下男子组 -80 千克级运动员以右势开式站位技术得分率为最高，占 34.56%，其次依序为左势开式 33.82%、左势闭式 17.65%，以右势闭式 13.97% 为最低。在 2018 年规则下男子组 -80 千克级运动员以右势开式站位技术得分率为最高，占 35.43%，其次依序为左势闭式 31.50%、左势开式 23.62%，以右势闭式 9.45% 为最低。

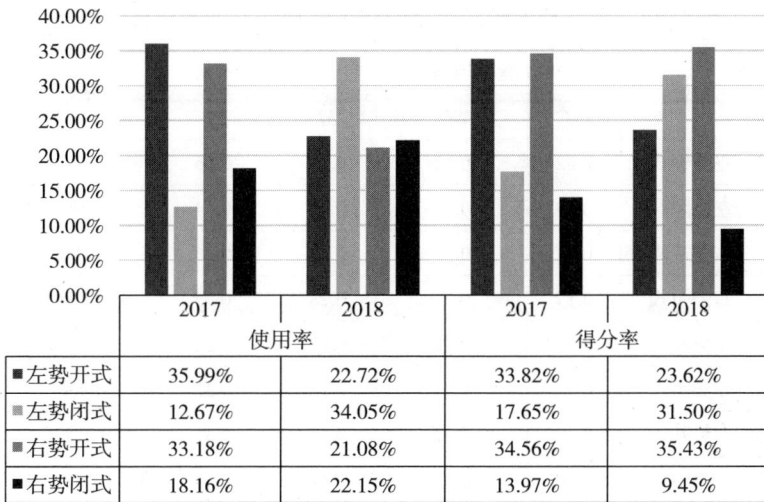

	2017	2018	2017	2018
	使用率		得分率	
■ 左势开式	35.99%	22.72%	33.82%	23.62%
■ 左势闭式	12.67%	34.05%	17.65%	31.50%
■ 右势开式	33.18%	21.08%	34.56%	35.43%
■ 右势闭式	18.16%	22.15%	13.97%	9.45%

图 4-54　新旧规则下男子组 -80 千克级优秀跆拳道运动员站位技术使用情况

　　由上述得知，新旧规则下男子组 -80 千克级运动员比赛站位技术使用情况，在两届竞赛规则中男子组 -80 千克级运动员站位技术使用率上皆有所差异，在 2017 年竞赛规则下男子组 -80 千克级跆拳道运动员以左势开式站位技术使用率为最高，在 2018 年规则下男子组 -80 千克级运动员以左势闭式站位技术使用率为最高。新旧规则下男子组 -80 千克级运动员比赛站位技术得分率，在 2017、2018 年竞赛规则中男子组 -80 千克级运动员皆以右势闭式站位技术得分率为最高。新旧规则下男子组 -80 千克级运动员，在左势闭式与右势闭式站位技术使用率皆有上升的趋势，而在左势闭式与右势开式站位技术得分率皆有上升的趋势。

　　为了解 2017、2018 年竞赛规则下男子组 -80 千克级优秀跆拳道运动员，在比赛站位技术使用情况是否存在差异性，本书以相依样本 t 检验进行考验。检验结果显示，在两届竞赛规则下男子组 -80 千克级优秀跆拳道运动员，在站位技术使用率与得分率上 $p > 0.05$，均未达统计学上之显著性差异（见表 4-86）。

表 4-86　竞赛规则所导致站位技术使用情况的差异检验结果

维度	站位	2017 竞赛规则		2018 竞赛规则		t	p
		M	SD	M	SD		
使用率	左势开式	0.32	0.32	0.21	0.26	0.929	0.363
	左势闭式	0.19	0.19	0.31	0.34	-1.04	0.313
	右势开式	0.32	0.33	0.21	0.26	0.944	0.356
	右势闭式	0.17	0.31	0.28	0.35	-0.808	0.428
得分率	左势开式	0.26	0.25	0.17	0.22	0.878	0.389
	左势闭式	0.17	0.23	0.28	0.32	-0.966	0.345
	右势开式	0.39	0.37	0.35	0.31	0.277	0.784
	右势闭式	0.18	0.25	0.11	0.23	0.728	0.475

注：$^*p < 0.05$ （N=24）。

依据图 4-55 所示，新旧规则下男子组 +80 千克级优秀跆拳道运动员比赛中站位使用情况，在 2017 年规则下男子组 +80 千克级运动员以左势开式使用率为最高，占 36.27%，其次依序为右势开式 29.44%、左势闭式 28.84%，以右势闭式 5.45% 为最低。在 2018 年规则下男子组 +80 千克级运动员以左势开式使用率为最高，占 29.77%，其次依序为右势开式 29.39%、右势闭式 25.73%，以左势闭式 15.12% 为最低。新旧规则下男子组 +80 千克级运动员比赛站位技术得分率，在 2017 年规则下男子组 +80 千克级运动员以左势闭式站位技术得分率为最高，占 38.00%，其次依序为左势开式 36.00%、右势开式 22.00%，以右势闭式 4.00% 为最低。在 2018 年规则下男子组 +80 千克级运动员以右势开式站位技术得分率为最高，占 41.67%，其次依序为左势开式 33.33%、右势闭式 20.00%，以左势闭式 5.00% 为最低。

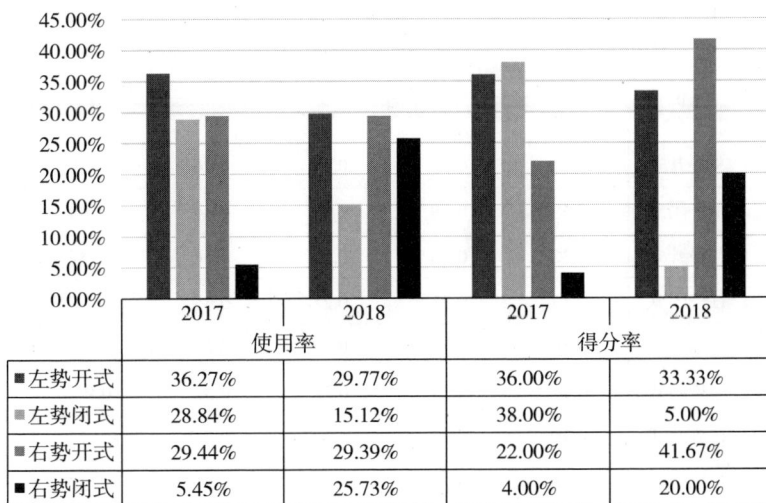

	使用率		得分率	
	2017	2018	2017	2018
■左势开式	36.27%	29.77%	36.00%	33.33%
■左势闭式	28.84%	15.12%	38.00%	5.00%
■右势开式	29.44%	29.39%	22.00%	41.67%
■右势闭式	5.45%	25.73%	4.00%	20.00%

图 4-55 新旧规则下男子组 +80 千克级优秀跆拳道运动员站位技术使用情况

由上述得知，新旧规则下男子组 +80 千克级运动员比赛站位技术使用情况，在 2017、2018 年竞赛规则中男子组 +80 千克级运动员皆以左势开式站位技术使用率为最高。新旧规则下男子组 +80 千克级运动员比赛站位技术得分率，在两届竞赛规则中男子组 +80 千克级运动员技术得分率上有所差异，在 2017 年规则下男子组 +80 千克级运动员以左势闭式站位技术的得分率为最高，在 2018 年规则下男子组 +80 千克级运动员以右势开式站位技术得分率则为最高。新规则下男子组 +80 千克级运动员在右势闭式站位技术使用率有上升的趋势，而在右势开式与右势闭式站位技术得分率皆有上升的趋势。

为了解 2017、2018 年竞赛规则下男子组 +80 千克级优秀跆拳道运动员，在比赛站位技术使用情况是否存在差异性，本书以相依样本 t 检验进行考验。检验结果显示，在两届竞赛规则下男子组 +80 千克级优秀跆拳道运动员，在站位技术使用率与得分率上 $p > 0.05$，均未达统计学上之显著性差异（见表 4-87）。

表 4-87   竞赛规则所导致站位技术使用情况的差异检验结果

维度	站位	2017 竞赛规则		2018 竞赛规则		t	p
		M	SD	M	SD		
使用率	左势开式	0.32	0.32	0.21	0.26	0.929	0.363
	左势闭式	0.19	0.19	0.31	0.34	-1.04	0.313
	右势开式	0.32	0.33	0.21	0.26	0.944	0.356
	右势闭式	0.17	0.31	0.28	0.35	-0.808	0.428
得分率	左势开式	0.26	0.25	0.17	0.22	0.878	0.389
	左势闭式	0.17	0.23	0.28	0.32	-0.966	0.345
	右势开式	0.39	0.37	0.35	0.31	0.277	0.784
	右势闭式	0.18	0.25	0.11	0.23	0.728	0.475

注：$^*p < 0.05$ （N=192）。

第八节　新旧规则下优秀跆拳道运动员战术特征比较

一、新旧规则下优秀跆拳道运动员战术使用情况

为了解新规则修订后对于优秀跆拳道运动员，在战术使用特征是否有所差异，本书以 2017、2018 年竞赛规则下优秀跆拳道运动员战术使用情况，分为使用率、得分率及成功率进行量化分析。并将 2017、2018 年竞赛规则下运动员战术之使用率、得分率及成功率，以 SPSS 统计软件进行统计学考验。本书以相依样本 t 检验，考验 2017、2018 年竞赛规则下运动员在战术指标上是否有差异，显著性水准设定为 $p < 0.05$。

依据表 4-88 所示，新旧规则下优秀跆拳道运动员战术运用情况，在 2017年规则下优秀跆拳道运动员以进攻战术使用 3280 次最高，使用率为 32.02%，其次依序为反击 25.24%、迎击 22.74%、防守 19.72%，以对峙战术 0.28% 为最低。在 2018 年规则下优秀跆拳道运动员仍以进攻战术使用 3404 次最高，

使用率为 31.03%，其次依序为反击 27.33%、迎击 24.49%、防守 16.94%，以对峙战术 0.21% 为最低。新旧规则下优秀跆拳道运动员战术得分情况，在 2017 年规则下优秀跆拳道运动员以进攻战术 528 分最高，得分率为 62.04%，其次依序为反击 20.21%、迎击 17.27%、防守 0.47%，以对峙战术 0.00% 为最低。在 2018 年规则下优秀跆拳道运动员仍以进攻战术 530 分最高，得分率为 63.78%，其次依序为反击 19.01%、迎击 17.09%、防守 012%，以对峙战术 0.00% 为最低。新旧规则下优秀跆拳道运动员战术得分成功率情况，在 2017 年规则下优秀跆拳道运动员进攻战术得分 249 次为最高，成功率为 7.59%，其次依序为迎击 3.26%、反击 3.05%、防守 0.10%，以对峙战术 0.00% 为最低。在 2018 年规则下优秀跆拳道运动员仍以进攻战术得分 254 次为最高，成功率为 7.46%，其次依序为反击 2.54%、迎击 2.46%、防守 0.05%，以对峙战术 0.00% 为最低。

表 4-88　新旧规则下优秀跆拳道运动员战术使用情况（N=288）

指标	规则年份	进攻	反击	迎击	防守	对峙	累计
使用	2017	3280	2586	2330	2020	29	10245
	2018	3404	2998	2687	1858	23	10970
使用率	2017	32.02%	25.24%	22.74%	19.72%	0.28%	100.00%
	2018	31.03%	27.33%	24.49%	16.94%	0.21%	100.00%
得分	2017	528	172	147	4	0	851
	2018	530	158	142	1	0	831
得分率	2017	62.04%	20.21%	17.27%	0.47%	0.00%	100.00%
	2018	63.78%	19.01%	17.09%	0.12%	0.00%	100.00%
得分次数	2017	249	79	76	2	0	406
	2018	254	76	66	1	0	397
成功率	2017	7.59%	3.05%	3.26%	0.10%	0.00%	3.96%
	2018	7.46%	2.54%	2.46%	0.05%	0.00%	3.62%

由上述得知，新旧规则下优秀跆拳道运动员比赛战术使用情况，在2017、2018年竞赛规则中优秀跆拳道运动员皆以进攻战术使用率为最高，但在2018年规则下优秀跆拳道运动员进攻战术使用率有下降的趋势，而在反击战术、迎击战术使用率则有上升的趋势。新旧规则下优秀运动员比赛战术得分率，在2017、2018年竞赛规则中优秀跆拳道运动员皆以进攻战术得分率为最高，且在2018年规则下优秀跆拳道运动员进攻战术得分率有上升的趋势，而在反击战术、迎击战术、防守战术得分率皆有下降的趋势。新旧规则下优秀运动员比赛战术得分成功率，在2017、2018年竞赛规则中优秀跆拳道运动员皆以进攻战术得分成功率为最高，但在2018年规则下优秀跆拳道运动员进攻战术、反击战术、迎击战术、防守战术得分成功率皆有下降的趋势。

为了解2017、2018年竞赛规则下，优秀跆拳道运动员在比赛战术使用情况是否存在差异性，本书以相依样本t检验进行考验。检验结果显示，在两届竞赛规则下优秀跆拳道运动员，在比赛战术使用率、得分率与得分成功率上$p > 0.05$，均未达统计学上之显著性差异（见表4-89）。

表4-89　新旧规则所影响战术使用情况差异检验结果

维度	战术	2017年规则		2018年规则		t	p
		M	SD	M	SD		
使用率	进攻	0.34	0.15	0.34	0.17	0.334	0.739
	反击	0.24	0.12	0.26	0.14	−1.009	0.315
	迎击	0.22	0.14	0.24	0.15	−0.81	0.42
	防守	0.20	0.10	0.17	0.09	1.867	0.065
	对峙	0.00	0.01	0.00	0.01	0.566	0.573
得分率	进攻	0.54	0.39	0.58	0.38	−0.694	0.489
	反击	0.20	0.29	0.18	0.29	0.508	0.613
	迎击	0.17	0.29	0.16	0.26	0.412	0.681
	防守	0.00	0.01	0.00	0.02	−0.422	0.674
	对峙	0.00	0.00	0.00	0.00	—	—

续表

维度	战术	2017 年规则		2018 年规则		t	p
		M	SD	M	SD		
成功率	进攻	0.07	0.08	0.08	0.08	−1.013	0.313
	反击	0.03	0.04	0.03	0.04	0.148	0.883
	迎击	0.03	0.05	0.02	0.04	1.355	0.179
	防守	0.00	0.00	0.00	0.00	0.214	0.831
	对峙	0.00	0.00	0.00	0.00	—	—

注：$^*p < 0.05$ （N=192）。

二、新旧规则下女子组优秀跆拳道运动员战术使用情况

为了解新规则修订后对于女子组优秀跆拳道运动员，在战术使用特征是否有所差异，本书以 2017、2018 年竞赛规则下女子组运动员战术使用情况，分为使用率、得分率及成功率进行量化分析。并将 2017、2018 年竞赛规则下女子组运动员战术之使用率、得分率及成功率，以 SPSS 统计软件进行统计学考验。本书以相依样本 t 检验，考验 2017、2018 年竞赛规则下女子组运动员在战术指标上是否有差异，显著性水准设定为 $p < 0.05$。

依据表 4-90 所示，新旧规则下女子组优秀跆拳道运动员战术运用情况，在 2017 年规则下以进攻战术使用 1686 次最高，使用率为 31.60%，其次依序为反击 24.14%、迎击 23.71%、防守 20.24%，以对峙战术 0.32% 为最低。在 2018 年规则下以进攻战术使用 1779 次最高，使用率为 30.88%，其次依序为迎击 26.59%、反击 25.21%、防守 15.99%，以对峙战术 0.33% 为最低。新旧规则下女子组运动员战术得分情况，在 2017 年规则下女子组运动员以进攻战术得分 255 分最高，得分率 61.15%，其次依序为反击 23.50%、迎击 14.39%、防守 0.96%，以对峙战术 0.00% 为最低。在 2018 年规则下女子组运动员以进攻战术得分 281 分最高，得分率 64.01%，其次依序为反击 21.18%、迎击 14.81%，以防守及对峙战术 0.00% 为最低。新旧规则下女子组运动员战术得分成功率情况，在 2017 年规则下女子组运动员以进攻战术得分 121 次为最

高，成功率 7.18%，其次依序为反击 3.42%、迎击 2.77%、防守 0.19%，以对峙战术 0.00% 为最低。在 2018 年规则下女子组运动员以进攻战术得分 141 次为最高，成功率 7.93%，其次依序为反击 2.98%、迎击 2.02%，以防守及对峙战术 0.00% 为最低。

表 4-90　新旧规则下女子组优秀跆拳道运动员战术使用情况（N=96）

指标	规则年份	进攻	反击	迎击	防守	对峙	累计
使用	2017	1686	1288	1265	1080	17	5336
	2018	1779	1510	1532	921	19	5761
使用率	2017	31.60%	24.14%	23.71%	20.24%	0.32%	100.00%
	2018	30.88%	26.21%	26.59%	15.99%	0.33%	100.00%
得分	2017	255	98	60	4	0	417
	2018	281	93	65	0	0	439
得分率	2017	61.15%	23.50%	14.39%	0.96%	0.00%	100.00%
	2018	64.01%	21.18%	14.81%	0.00%	0.00%	100.00%
得分次数	2017	121	44	35	2	0	202
	2018	141	45	31	0	0	217
成功率	2017	7.18%	3.42%	2.77%	0.19%	0.00%	3.79%
	2018	7.93%	2.98%	2.02%	0.00%	0.00%	3.77%

由上述得知，新旧规则下女子组运动员比赛战术使用情况，在 2017、2018 年竞赛规则中女子组运动员皆以进攻战术使用率为最高，但在 2018 年规则下女子组运动员进攻战术使用率有下降的趋势，而在反击战术、迎击战术、对峙使用率则有上升的趋势。新旧规则下女子组运动员比赛战术得分率，在 2017、2018 年竞赛规则中女子组运动员皆以进攻战术得分率为最高，且在 2018 年规则下女子组运动员进攻战术、迎击战术得分率有上升的趋势，而在反击战术、防守战术得分率皆有下降的趋势。新旧规则下优秀运动员比赛战术得分成功率，在 2017、2018 年竞赛规则中女子组运动员皆以进攻战术得分成功率为最高，且在 2018 年规则下女子组运动员进攻战术得分成功率有上升

的趋势，而在反击战术、迎击战术、防守战术得分成功率皆有下降的趋势。

为了解 2017、2018 年竞赛规则下女子组优秀跆拳道运动员，在比赛战术使用情况是否存在差异性，本书以相依样本 t 检验进行考验。检验结果显示，在两届竞赛规则下女子组优秀跆拳道运动员，在防守战术使用率 $p < 0.05$，达统计学上之显著性差异，其余比赛战术使用率、得分率与得分成功率上 $p > 0.05$，均未达统计学上之显著性差异（见表 4-91）。

表 4-91　新旧规则所影响女子运动员战术使用情况差异检验

维度	战术	2017 年规则		2018 年规则		t	p
		M	SD	M	SD		
使用率	进攻	0.34	0.14	0.33	0.15	0.204	0.84
	反击	0.23	0.11	0.25	0.14	−0.798	0.429
	迎击	0.22	0.13	0.26	0.14	−1.308	0.197
	防守	0.21	0.13	0.16	0.10	2.338	0.024[*]
	对峙	0.00	0.01	0.00	0.01	−0.083	0.935
得分率	进攻	0.55	0.39	0.60	0.37	−0.587	0.56
	反击	0.19	0.27	0.19	0.29	−0.116	0.908
	迎击	0.18	0.31	0.15	0.26	0.508	0.614
	防守	0.00	0.01	0.00	0.00	1	0.322
	对峙	0.00	0.00	0.00	0.00	—	—
成功率	进攻	0.07	0.08	0.09	0.08	−1.391	0.171
	反击	0.03	0.04	0.03	0.04	0.257	0.798
	迎击	0.03	0.04	0.02	0.04	0.212	0.833
	防守	0.00	0.01	0.00	0.00	1	0.322
	对峙	0.00	0.00	0.00	0.00	—	—

注：[*]$p < 0.05$（N=96）。

三、新旧规则下男子组优秀跆拳道运动员战术使用情况

为了解新规则修订后对于男子组优秀跆拳道运动员，在战术使用特征是否有所差异，本书以 2017、2018 年竞赛规则下男子组运动员战术使用情况，分为使用率、得分率及成功率进行量化分析。并将 2017、2018 年竞赛规则下男子组运动员战术之使用率、得分率及成功率，以 SPSS 统计软件进行统计学考验。本书以相依样本 t 检验，考验 2017、2018 年竞赛规则下男子组运动员在战术指标上是否有差异，显著性水准设定为 $p < 0.05$。

依据表 4-92 所示，新旧规则下男子组运动员战术运用情况，在 2017 年规则下男子组运动员以进攻战术使用 1594 次最高，使用率为 32.47%，其次依序为反击 26.44%、迎击 21.69%、防守 19.15%，以对峙战术 0.24% 为最低。在 2018 年规则下男子组运动员以进攻战术使用 1625 次最高，使用率为 31.20%，其次依序为反击 28.57%、迎击 22.17%、防守 17.99%，以对峙战术 0.08% 为最低。新旧规则下男子组运动员战术得分情况，在 2017 年规则下男子组运动员以进攻战术得分 273 分最高，得分率 62.90%，其次依序为迎击 20.05%、反击 17.05%，以防守及对峙战术 0.00% 为最低。在 2018 年规则下男子组运动员以进攻战术得分 249 分最高，得分率 63.52%，其次依序为迎击 19.64%、反击 16.58%、防守 0.26%，以对峙战术 0.00% 为最低。新旧规则下男子组运动员战术得分成功率情况，在 2017 年规则下男子组运动员以进攻战术得分 128 次为最高，成功率 8.03%，其次依序为迎击 3.85%、反击 2.70%，以防守及对峙战术 0.00% 为最低。在 2018 年规则下男子组运动员以进攻战术得分 113 次为最高，成功率 6.95%，其次依序为迎击 3.03%、反击 2.08%、防守 0.11%，以对峙战术 0.00% 为最低。

表 4-92　新旧规则下男子组优秀跆拳道运动员战术使用情况（*N*=96）

指标	规则年份	进攻	反击	迎击	防守	对峙	累计
使用	2017	1594	1298	1065	940	12	4909
	2018	1625	1488	1155	937	4	5209
使用率	2017	32.47%	26.44%	21.69%	19.15%	0.24%	100.00%
	2018	31.20%	28.57%	22.17%	17.99%	0.08%	100.00%
得分	2017	273	74	87	0	0	434
	2018	249	65	77	1	0	392
得分率	2017	62.90%	17.05%	20.05%	0.00%	0.00%	100.00%
	2018	63.52%	16.58%	19.64%	0.26%	0.00%	100.00%
得分次数	2017	128	35	41	0	0	204
	2018	113	31	35	1	0	180
成功率	2017	8.03%	2.70%	3.85%	0.00%	0.00%	4.16%
	2018	6.95%	2.08%	3.03%	0.11%	0.00%	3.46%

　　由上述得知，新旧规则下男子组优秀跆拳道运动员比赛战术使用情况，在 2017、2018 年竞赛规则中男子组运动员皆以进攻战术使用率为最高，但在 2018 年规则下男子组运动员进攻战术使用率有下降的趋势，而在反击战术、迎击战术使用率则有上升的趋势。新旧规则下男子组运动员比赛战术得分率，在 2017、2018 年竞赛规则中男子组运动员皆以进攻战术得分率为最高，且在 2018 年规则下男子组运动员进攻战术得分率有上升的趋势，而在反击战术、迎击战术、防守战术得分率皆有下降的趋势。新旧规则下男子组运动员比赛战术得分成功率，在 2017、2018 年竞赛规则中男子组运动员皆以进攻战术得分成功率为最高，但在 2018 年规则下男子组运动员进攻战术、反击战术、迎击战术得分成功率皆有下降的趋势。

　　为了解 2017、2018 年竞赛规则下男子组优秀跆拳道运动员，在比赛战术使用情况是否存在差异性，本书以相依样本 *t* 检验进行考验。检验结果显示，在两届竞赛规则下男子组运动员，在比赛战术使用率、得分率与得分成功率上 $p > 0.05$，均未达统计学上之显著性差异（见表 4-93）。

表 4-93　新旧规则所影响男子运动员战术使用情况差异检验

维度	战术	2017 年规则		2018 年规则		t	p
		M	SD	M	SD		
使用率	进攻	0.35	0.16	0.34	0.18	0.268	0.79
	反击	0.24	0.14	0.27	0.15	−0.647	0.521
	迎击	0.22	0.15	0.21	0.15	0.108	0.914
	防守	0.19	0.11	0.18	0.09	0.314	0.755
	对峙	0.00	0.01	0.00	0.00	0.978	0.333
得分率	进攻	0.53	0.39	0.55	0.40	−0.373	0.711
	反击	0.22	0.31	0.17	0.29	0.83	0.41
	迎击	0.17	0.27	0.17	0.27	0.034	0.973
	防守	0.00	0.00	0.00	0.02	−1	0.322
	对峙	0.00	0.00	0.00	0.00	—	—
成功率	进攻	0.08	0.08	0.08	0.08	0.296	0.768
	反击	0.02	0.03	0.02	0.04	−0.045	0.964
	迎击	0.04	0.06	0.02	0.03	1.624	0.111
	防守	0.00	0.01	0.00	0.00	−1	0.322
	对峙	0.00	0.00	0.00	0.00	—	—

注：$^*p < 0.05$ （N=96）。

四、新旧规则下女子组各量级优秀跆拳道运动员战术使用情况

为了解新规则修订后对于女子组各量级优秀跆拳道运动员，在战术使用特征是否有所差异，本书以 2017、2018 年竞赛规则下女子组各量级运动员战术使用情况，分为使用率、得分率及成功率进行量化分析。并将 2017、2018 年竞赛规则下女子组各量级运动员战术之使用率、得分率及成功率，以 SPSS 统计软件进行统计学考验。本书以相依样本 t 检验，考验 2017、2018 年竞赛规则下女子组各量级运动员在战术指标上是否有差异，显著性水准设定为 $p < 0.05$。

（一）女子 -49 千克级运动员

依据表 4-94 所示，新旧规则下女子组 -49 千克级优秀跆拳道运动员战术运用情况，在 2017 年规则下女子组 -49 千克级运动员以迎击战术使用441 次最高，使用率为 30.46%，其次依序为进攻 30.18%、反击 23.34%、防守 15.68%，以对峙战术 0.35% 为最低。在 2018 年规则下女子组 -49 千克级运动员以进攻战术使用 412 次最高，使用率为 29.62%，其次依序为迎击 27.68%、反击 25.23%、防守 17.40%，以对峙战术 0.07% 为最低。新旧规则下女子组 -49 千克级运动员战术得分情况，在 2017 年规则下女子组 -49 千克级运动员以进攻战术得分 78 分最高，得分率 67.24%，其次依序为反击 18.10%、迎击 14.66%，以防守及对峙战术 0.00% 为最低。2018 年规则下女子组 -49 千克级运动员以进攻战术得分 71 分最高，得分率 70.30%，其次依序为反击 20.79%、迎击 8.91%，以防守及对峙战术 0.00% 为最低。新旧规则下女子组 -49 千克级运动员战术得分成功率情况，在 2017 年规则下女子组 -49千克级运动员以进攻战术得分 37 次为最高，成功率 8.47%，其次依序为反击2.66%、迎击 1.59%，以防守及对峙战术 0.00% 为最低。在 2018 年规则下女子组 -49 千克级运动员以进攻战术得分 37 次为最高，成功率 8.98%，其次依序为反击 3.42%、迎击 1.04%，以防守及对峙战术 0.00% 为最低。

表 4-94　新旧规则下女子组 -49 千克级优秀跆拳道运动员战术使用情况（ N =24 ）

指标	规则年份	进攻	反击	迎击	防守	对峙	累计
使用	2017	437	338	441	227	5	1448
	2018	412	351	385	242	1	1391
使用率	2017	30.18%	23.34%	30.46%	15.68%	0.35%	100.00%
	2018	29.62%	25.23%	27.68%	17.40%	0.07%	100.00%
得分	2017	78	21	17	0	0	116
	2018	71	21	9	0	0	101
得分率	2017	67.24%	18.10%	14.66%	0.00%	0.00%	100.00%
	2018	70.30%	20.79%	8.91%	0.00%	0.00%	100.00%

续表

指标	规则年份	进攻	反击	迎击	防守	对峙	累计
得分次数	2017	37	9	7	0	0	53
	2018	37	12	4	0	0	53
成功率	2017	8.47%	2.66%	1.59%	0.00%	0.00%	3.66%
	2018	8.98%	3.42%	1.04%	0.00%	0.00%	3.81%

由上述得知，新旧规则下女子组 -49 千克级优秀跆拳道运动员比赛战术使用情况，在 2017、2018 年竞赛规则中女子组 -49 千克级运动员皆以进攻战术使用率为最高，但在 2018 年规则下女子组 -49 千克级运动员进攻战术使用率有下降的趋势，而在反击战术、迎击战术、防守战术使用率则有上升的趋势。新旧规则下女子组 -49 千克级运动员比赛战术得分率，在 2017、2018 年竞赛规则中女子组 -49 千克级运动员皆以进攻战术得分率为最高，且在 2018 年规则下女子组 -49 千克级运动员进攻战术、反击战术得分率有上升的趋势，而在迎击战术得分率有下降的趋势。新旧规则下女子组 -49 千克级运动员比赛战术得分成功率，在 2017、2018 年竞赛规则中女子组 -49 千克级运动员皆以进攻战术得分成功率为最高，且在 2018 年规则下女子组 -49 千克级运动员进攻战术、反击战术得分成功率有上升的趋势，迎击战术得分成功率皆有下降的趋势。

为了解 2017、2018 年竞赛规则下女子组 -49 千克级优秀跆拳道运动员，在比赛战术使用情况是否存在差异性，本书以相依样本 t 检验进行考验。检验结果显示，在两届竞赛规则下女子组 -49 千克级运动员，在比赛战术使用率、得分率与得分成功率上 $p > 0.05$，均未达统计学上之显著性差异（见表4-95）。

表 4-95　新旧规则所影响女子组 -49 千克级运动员战术使用情况差异检验

维度	战术	2017 年规则		2018 年规则		t	p
		M	SD	M	SD		
使用率	进攻	0.31	0.10	0.31	0.12	0.137	0.894
	反击	0.23	0.10	0.25	0.08	-0.684	0.508
	迎击	0.29	0.16	0.27	0.14	0.177	0.863
	防守	0.29	0.16	0.27	0.14	-0.066	0.949
	对峙	0.00	0.01	0.00	0.00	1.223	0.247
得分率	进攻	0.58	0.36	0.76	0.27	-1.26	0.234
	反击	0.16	0.30	0.15	0.19	0.16	0.876
	迎击	0.17	0.25	0.09	0.18	0.897	0.389
	防守	0.00	0.00	0.00	0.00	—	—
	对峙	0.00	0.00	0.00	0.00	—	—
成功率	进攻	0.08	0.10	0.10	0.08	-0.58	0.574
	反击	0.03	0.04	0.03	0.04	-0.012	0.991
	迎击	0.01	0.02	0.01	0.02	0.906	0.384
	防守	0.00	0.00	0.00	0.00	—	—
	对峙	0.00	0.00	0.00	0.00	—	—

注：$^*p < 0.05$ （N=24）。

（二）女子 -57 千克级运动员

依据表 4-96 所示，新旧规则下女子组 -57 千克级优秀跆拳道运动员战术运用情况，在 2017 年规则下女子组 -57 千克级运动员以进攻战术使用 468 次最高，使用率为 29.55%，其次依序为迎击 23.99%、反击 23.30%、防守 22.66%，以对峙战术 0.51% 为最低。在 2018 年规则下女子组 -57 千克级运动员仍以进攻战术使用 471 次最高，使用率为 29.66%，其次依序为迎击 28.97%、反击 26.20%、防守 14.48%，以对峙战术 0.69% 为最低。新旧规则下女子组 -57 千克级运动员战术得分情况，在 2017 年规则下女子组 -57 千克级运动员以进攻战术得分 57 分最高，得分率 60.64%，其次依序为反击

30.85%、迎击 8.51%，以防守及对峙战术 0.00% 为最低。在 2018 年规则下女子组 -57 千克级运动员以进攻战术得分 55 分最高，得分率 73.33%，其次依序为迎击 14.67%、反击 12.00%，以防守及对峙战术 0.00% 为最低。新旧规则下女子组 -57 千克级运动员战术得分成功率情况，在 2017 年规则下女子组 -57 千克级运动员以进攻战术得分 23 次为最高，成功率 4.91%，其次依序为反击 3.52%、迎击 1.84%，以防守及对峙战术 0.00% 为最低。在 2018 年规则下女子组 -57 千克级运动员依然是进攻战术得分 24 次为最高，成功率5.10%，其次依序为迎击 1.30%、反击 0.96%，以防守及对峙战术 0.00% 为最低。

表 4-96　新旧规则下女子组 -57 千克级优秀跆拳道运动员战术使用情况（N=24）

指标	规则年份	进攻	反击	迎击	防守	对峙	累计
使用	2017	468	369	380	359	8	1584
	2018	471	416	460	230	11	1588
使用率	2017	29.55%	23.30%	23.99%	22.66%	0.51%	100.00%
	2018	29.66%	26.20%	28.97%	14.48%	0.69%	100.00%
得分	2017	57	29	8	0	0	94
	2018	55	9	11	0	0	75
得分率	2017	60.64%	30.85%	8.51%	0.00%	0.00%	100.00%
	2018	73.33%	12.00%	14.67%	0.00%	0.00%	100.00%
得分次数	2017	23	13	7	0	0	43
	2018	24	4	6	0	0	34
成功率	2017	4.91%	3.52%	1.84%	0.00%	0.00%	2.71%
	2018	5.10%	0.96%	1.30%	0.00%	0.00%	2.14%

由上述得知，新旧规则下女子组 -57 千克级优秀跆拳道运动员比赛战术使用情况，在 2017、2018 年竞赛规则中女子组 -57 千克级运动员皆以进攻战术使用率为最高，且在 2018 年规则下女子组 -57 千克级运动员进攻战术、反击战术、迎击战术、对峙战术使用率有上升的趋势，而在防守战术使用率

则有下降的趋势。新旧规则下女子组 -57 千克级运动员比赛战术得分率，在 2017、2018 年竞赛规则中女子组 -57 千克级运动员皆以进攻战术得分率为最高，且在 2018 年规则下女子组 -57 千克级运动员进攻战术、迎击战术得分率有上升的趋势，而在反击战术得分率有下降的趋势。新旧规则下女子组 -57 千克级运动员比赛战术得分成功率，在 2017、2018 年竞赛规则中女子组 -57 千克级运动员皆以进攻战术得分成功率为最高，且在 2018 年规则下女子组 -57 千克级运动员进攻战术得分成功率有上升的趋势，而在反击战术、迎击战术得分成功率有下降的趋势。

为了解 2017、2018 年竞赛规则下女子组 -57 千克级优秀跆拳道运动员，在比赛战术使用情况是否存在差异性，本书以相依样本 t 检验进行考验。检验结果显示，在两届竞赛规则下，女子组 -57 千克级运动员在反击战术得分率上 $p < 0.05$，达统计学上之显著性差异，其余比赛战术使用率、得分率与得分成功率上 $p > 0.05$，均未达统计学上之显著性差异（见表 4-97）。

表 4-97 新旧规则所影响女子组 -57 千克级运动员战术使用情况差异检验

维度	战术	2017 年规则		2018 年规则		t	p
		M	SD	M	SD		
使用率	进攻	0.32	0.15	0.32	0.18	−0.132	0.897
	反击	0.22	0.11	0.24	0.16	−0.38	0.711
	迎击	0.24	0.11	0.29	0.18	−0.743	0.473
	防守	0.22	0.09	0.14	0.13	1.619	0.134
	对峙	0.00	0.01	0.01	0.02	−0.267	0.794
得分率	进攻	0.49	0.37	0.45	0.43	0.272	0.791
	反击	0.25	0.27	0.05	0.16	2.579	0.026*
	迎击	0.17	0.32	0.25	0.38	−0.431	0.675
	防守	0.00	0.00	0.00	0.00	—	—
	对峙	0.00	0.00	0.00	0.00	—	—

续表

维度	战术	2017 年规则		2018 年规则		t	p
		M	SD	M	SD		
成功率	进攻	0.04	0.06	0.05	0.05	−0.185	0.857
	反击	0.03	0.03	0.01	0.02	1.625	0.132
	迎击	0.02	0.03	0.02	0.05	−0.03	0.977
	防守	0.00	0.00	0.00	0.00	—	—
	对峙	0.00	0.00	0.00	0.00	—	—

注：$^*p < 0.05$ （N=24）。

（三）女子 −67 千克级运动员

依据表 4-98 所示，新旧规则下女子组 −67 千克级优秀跆拳道运动员战术运用情况，在 2017 年规则下女子组 −67 千克级运动员以进攻战术使用 387 次最高，使用率为 32.63%，其次依序为反击 24.87%、迎击 22.60%、防守 19.81%，以对峙战术 0.08% 为最低。在 2018 年规则下女子组 −67 千克级运动员以进攻战术使用 488 次最高，使用率为 32.62%，其次依序为迎击 26.87%、反击 26.20%、防守 14.30%，以对峙战术 0.00% 为最低。新旧规则下女子组 −67 千克级运动员战术得分情况，在 2017 年规则下女子组 −67 千克级运动员以进攻战术得分 77 分最高，得分率 60.16%，其次依序为反击 21.88%、迎击 16.41%、防守 1.56%，以对峙战术 0.00% 为最低。在 2018 年规则下女子组 −67 千克级运动员以进攻战术得分 73 分最高，得分率 51.05%，其次依序为反击 28.67%、迎击 20.28%，以防守及对峙战术 0.00% 为最低。新旧规则下女子组 −67 千克级运动员战术得分成功率情况，在 2017 年规则下女子组 −67 千克级运动员以进攻战术得分 39 次为最高，成功率 10.08%，其次依序为迎击 4.85%、反击 4.75%、防守 0.43%，以对峙战术 0.00% 为最低。在 2018 年规则下女子组 −67 千克级运动员以进攻战术得分 36 次为最高，成功率 7.38%，其次依序为反击 4.85%、迎击 3.48%，以防守及对峙战术 0.00% 为最低。

表 4-98　新旧规则下女子组 -67 千克级优秀跆拳道运动员战术使用情况（*N*=24）

指标	规则年份	进攻	反击	迎击	防守	对峙	累计
使用	2017	387	295	268	235	1	1186
	2018	488	392	402	214	0	1496
使用率	2017	32.63%	24.87%	22.60%	19.81%	0.08%	100.00%
	2018	32.62%	26.20%	26.87%	14.30%	0.00%	100.00%
得分	2017	77	28	21	2	0	128
	2018	73	41	29	0	0	143
得分率	2017	60.16%	21.88%	16.41%	1.56%	0.00%	100.00%
	2018	51.05%	28.67%	20.28%	0.00%	0.00%	100.00%
得分次数	2017	39	14	13	1	0	67
	2018	36	19	14	0	0	69
成功率	2017	10.08%	4.75%	4.85%	0.43%	0.00%	5.65%
	2018	7.38%	4.85%	3.48%	0.00%	0.00%	4.61%

由上述得知，新旧规则下女子组 -67 千克级优秀跆拳道运动员比赛战术使用情况，在 2017、2018 年竞赛规则中女子组 -67 千克级运动员皆以进攻战术使用率为最高，但在 2018 年规则下女子组 -67 千克级运动员进攻战术使用率有下降的趋势，而在反击战术、迎击战术使用率则有上升的趋势。新旧规则下女子组 -67 千克级运动员比赛战术得分率，在 2017、2018 年竞赛规则中女子组 -67 千克级运动员皆以进攻战术得分率为最高，但在 2018 年规则下女子组 -67 千克级运动员进攻战术得分率有下降的趋势，而在反击战术、迎击战术得分率有上升的趋势。新旧规则下女子组 -67 千克级运动员比赛战术得分成功率，在 2017、2018 年竞赛规则中女子组 -67 千克级运动员皆以进攻战术得分成功率为最高，但在 2018 年规则下女子组 -67 千克级运动员进攻战术、迎击战术得分成功率有下降的趋势，而在反击战术得分成功率有下降的趋势。

为了解 2017、2018 年竞赛规则下女子组 -67 千克级优秀跆拳道运动员，在比赛战术使用情况是否存在差异性，本书以相依样本 *t* 检验进行考验。检验结果显示，在两届竞赛规则下女子组 -67 千克级运动员，在比赛战术使用率、得分率与得分成功率上 $p > 0.05$，均未达统计学上之显著性差异（见表 4-99）。

表 4-99　新旧规则所影响女子组 -67 千克级运动员战术使用情况差异检验

维度	战术	2017 年规则		2018 年规则		*t*	*p*
		M	*SD*	*M*	*SD*		
使用率	进攻	0.36	0.20	0.36	0.21	−0.026	0.98
	反击	0.22	0.14	0.25	0.18	−0.503	0.625
	迎击	0.22	0.12	0.25	0.17	−0.533	0.605
	防守	0.20	0.10	0.14	0.06	1.437	0.178
	对峙	0.00	0.00	0.00	0.00	1	0.339
得分率	进攻	0.59	0.43	0.58	0.37	0.056	0.956
	反击	0.23	0.33	0.29	0.32	−0.443	0.666
	迎击	0.17	0.31	0.13	0.22	0.341	0.739
	防守	0.01	0.03	0.00	0.00	1	0.339
	对峙	0.00	0.00	0.00	0.00	—	—
成功率	进攻	0.09	0.08	0.08	0.07	0.125	0.903
	反击	0.04	0.05	0.02	0.05	−0.765	0.46
	迎击	0.04	0.05	0.04	0.06	−0.119	0.907
	防守	0.00	0.01	0.00	0.00	1	0.339
	对峙	0.00	0.00	0.00	0.00		

注：$^*p < 0.03$（$N=24$）。

（四）女子 +67 千克级运动员

依据表 4-100 所示，新旧规则下女子组 +67 千克级优秀跆拳道运动员战术运用情况，在 2017 年规则下女子组 +67 千克级运动员以进攻战术使用 394 次最高，使用率为 35.24%，其次依序为反击 25.58%、防守 23.17%、迎击 15.74%，以对峙战术 0.27% 为最低。在 2018 年规则下女子组 +67 千克级运动员以进攻战术使用 408 次最高，使用率为 31.73%，其次依序为反击 27.29%、迎击 22.16%、防守 18.27%，以对峙战术 0.54% 为最低。新旧规则下女子组 +67 千克级运动员战术得分情况，在 2017 年规则下女子组 +67 千克级运动员以进攻战术得分 43 分最高，得分率 54.43%，其次依序为反击 25.58%、迎击 17.72%、防守 2.53%，以对峙战术 0.00% 为最低。在 2018 年规则下女子组 +67 千克级优秀跆拳道运动员以进攻战术得分 83 分最高，得分率 68.33%，其次依序为反击 18.33%、迎击 13.33%，以防守及对峙战术 0.00% 为最低。新旧规则下女子组 +67 千克级优秀跆拳道运动员战术得分成功率情况，在 2017 年规则下女子组 +67 千克级优秀跆拳道运动员以进攻战术得分 22 次为最高，成功率 5.58%，其次依序为迎击 4.55%、反击 2.80%、防守 0.39%，以对峙战术 0.00% 为最低。在 2018 年规则下女子组 +67 千克级优秀跆拳道运动员以进攻战术为得分 44 次最高，成功率 10.78%，其次依序为反击 2.85%、迎击 2.46%，以防守及对峙战术 0.00% 为最低。

表 4-100　新旧规则下女子组 +67 千克级优秀跆拳道运动员战术使用情况（N=24）

指标	规则年份	进攻	反击	迎击	防守	对峙	累计
使用	2017	394	286	176	259	3	1118
	2018	408	351	285	235	7	1286
使用率	2017	35.24%	25.58%	15.74%	23.17%	0.27%	100.00%
	2018	31.73%	27.29%	22.16%	18.27%	0.54%	100.00%
得分	2017	43	20	14	2	0	79
	2018	82	22	16	0	0	120
得分率	2017	54.43%	25.32%	17.72%	2.53%	0.00%	100.00%
	2018	68.33%	18.33%	13.33%	0.00%	0.00%	100.00%
得分次数	2017	22	8	8	1	0	39
	2018	44	10	7	0	0	61
成功率	2017	5.58%	2.80%	4.55%	0.39%	0.00%	3.49%
	2018	10.78%	2.85%	2.46%	0.00%	0.00%	4.74%

　　由上述得知，新旧规则下女子组 +67 千克级优秀跆拳道运动员比赛战术使用情况，在 2017、2018 年竞赛规则中女子组 +67 千克级优秀跆拳道运动员皆以进攻战术使用率为最高，但在 2018 年规则下女子组 +67 千克级优秀跆拳道运动员进攻战术使用率有下降的趋势，而在反击战术、迎击战术使用率则有上升的趋势。新旧规则下女子组 +67 千克级优秀跆拳道运动员比赛战术得分率，在 2017、2018 年竞赛规则中女子组 +67 千克级优秀跆拳道运动员皆以进攻战术得分率为最高，且在 2018 年规则下女子组 +67 千克级优秀跆拳道运动员进攻战术得分率有上升的趋势，而在反击战术、迎击战术、防守战术得分率有下降的趋势。新旧规则下女子组 +67 千克级优秀跆拳道运动员比赛战术得分成功率，在 2017、2018 年竞赛规则中女子组 +67 千克级优秀跆拳道运动员皆以进攻战术得分成功率为最高，且在 2018 年规则下女子组 +67 千克级优秀跆拳道运动员进攻战术、反击战术得分成功率有上升的趋势，而在迎击战术、防守战术得分成功率有下降的趋势。

　　为了解 2017、2018 年竞赛规则下女子组 +67 千克级优秀跆拳道运动员，在比赛战术使用情况是否存在差异性，本书以相依样本 t 检验进行考验。检验结果显示，在两届竞赛规则下女子组 +67 千克级优秀跆拳道运动员，在迎击战术使用率上 $p < 0.05$，达统计学上之显著性差异，其余比赛战术使用率、得分率与得分成功率上 $p > 0.05$，均未达统计学上之显著性差异（见表 4-101）。

表 4-101　新旧规则所影响女子组 +67 千克级运动员战术使用情况差异检验

维度	战术	2017 年规则		2018 年规则		t	p
		M	SD	M	SD		
使用率	进攻	0.37	0.08	0.33	0.10	0.764	0.461
	反击	0.25	0.08	0.26	0.12	−0.113	0.912
	迎击	0.14	0.05	0.22	0.07	−4.145	0.002[*]
	防守	0.24	0.09	0.18	0.07	1.628	0.132
	对峙	0.00	0.01	0.01	0.01	−0.493	0.632

维度	战术	2017 年规则		2018 年规则		t	p
		M	SD	M	SD		
得分率	进攻	0.53	0.42	0.60	0.36	-0.408	0.691
	反击	0.11	0.19	0.28	0.39	-1.322	0.213
	迎击	0.20	0.38	0.12	0.20	0.596	0.563
	防守	0.00	0.00	0.00	0.00	—	—
	对峙	0.00	0.00	0.00	0.00	—	—
成功率	进攻	0.05	0.05	0.12	0.10	-1.994	0.072
	反击	0.03	0.04	0.02	0.03	0.092	0.928
	迎击	0.03	0.06	0.03	0.04	0.259	0.8
	防守	0.00	0.00	0.00	0.00	—	—
	对峙	0.00	0.00	0.00	0.00	—	—

注：$^*p < 0.05$ （$N=24$）。

五、新旧规则下男子组各量级优秀跆拳道运动员战术使用情况

为了解新规则修订后对于男子组各量级优秀跆拳道运动员，在战术使用特征是否有所差异，本书以 2017、2018 年竞赛规则下男子组各量级优秀跆拳道运动员战术使用情况，分为使用率、得分率及成功率进行量化分析。并将 2017、2018 年竞赛规则下男子组各量级运动员战术之使用率、得分率及成功率，以 SPSS 统计软件进行统计学考验。本书以相依样本 t 检验，考验 2017、2018 年竞赛规则下男子组各量级优秀跆拳道运动员在战术指标上是否有差异，显著性水准设定为 $p < 0.05$。

（一）男子 −58 千克级运动员

依据表 4-102 所示，新旧规则下男子组 −58 千克级优秀跆拳道运动员战术运用情况，在 2017 年规则下男子组 −58 千克级运动员以进攻战术使用 490 次最高，使用率为 34.68%，其次依序为防守 23.85%、反击 22.08%、迎击

18.83%，以对峙战术 0.57% 为最低。在 2018 年规则下男子组 -58 千克级运动员以进攻战术使用 451 次最高，使用率为 29.77%，其次依序为反击 27.59%、迎击 24.95%、防守 17.69%，以对峙战术 0.00% 为最低。新旧规则下男子组 -58 千克级运动员战术得分情况，在 2017 年规则下男子组 -58 千克级运动员以进攻战术得分 70 分最高，得分率 67.96%，其次依序为反击 24.27%、迎击 7.77%，以防守及对峙战术 0.00% 为最低。在 2018 年规则下男子组 -58 千克级运动员以进攻战术得分 38 分最高，得分率 55.88%，其次依序为迎击 39.71%、反击 4.41%，以防守及对峙战术 0.00% 为最低。新旧规则下男子组 -58 千克级运动员战术得分成功率情况，在 2017 年规则下男子组 -58 千克级运动员以进攻战术得分 32 次为最高，成功率 6.53%，其次依序为反击 3.85%、迎击 1.13%，以防守及对峙战术 0.00% 为最低。在 2018 年规则下男子组 -58 千克级运动员以进攻战术得分 17 次为最高，占总体战术的 3.77%，其次依序为迎击 2.91%、反击 0.24%，以防守及对峙战术 0.00% 为最低。

表 4-102　新旧规则下男子组 -58 千克级优秀跆拳道运动员战术使用情况（N=24）

指标	规则年份	进攻	反击	迎击	防守	对峙	累计
使用	2017	490	312	266	337	8	1413
	2018	451	418	378	268	0	1515
使用率	2017	34.68%	22.08%	18.83%	23.85%	0.57%	100.00%
	2018	29.77%	27.59%	24.95%	17.69%	0.00%	100.00%
得分	2017	70	25	8	0	0	103
	2018	38	3	27	0	0	68
得分率	2017	67.96%	24.27%	7.77%	0.00%	0.00%	100.00%
	2018	55.88%	4.41%	39.71%	0.00%	0.00%	100.00%
得分次数	2017	32	12	3	0	0	47
	2018	17	1	11	0	0	29
成功率	2017	6.53%	3.85%	1.13%	0.00%	0.00%	3.33%
	2018	3.77%	0.24%	2.91%	0.00%	0.00%	1.91%

由上述得知，新旧规则下男子组 -58 千克级优秀跆拳道运动员比赛战术使用情况，在 2017、2018 年竞赛规则中男子组 -58 千克级运动员皆以进攻战术使用率为最高，但在 2018 年规则下男子组 -58 千克级运动员进攻战术使用率有下降的趋势，而在反击战术、迎击战术使用率则有上升的趋势。新旧规则下男子组 -58 千克级运动员比赛战术得分率，在 2017、2018 年竞赛规则中男子组 -58 千克级运动员皆以进攻战术得分率为最高，但在 2018 年规则下男子组 -58 千克级运动员进攻战术、反击战术得分率有下降的趋势，而在迎击战术得分率皆有上升的趋势。新旧规则下男子组 -58 千克级运动员比赛战术得分成功率，在 2017、2018 年竞赛规则中男子组 -58 千克级运动员皆以进攻战术得分成功率为最高，但在 2018 年规则下男子组 -58 千克级运动员进攻战术、反击战术得分成功率皆有下降的趋势，而在迎击战术得分成功率有上升的趋势。

为了解 2017、2018 年竞赛规则下，男子组 -58 千克级优秀跆拳道运动员在比赛战术使用情况是否存在差异性，本书以相依样本 t 检验进行考验。检验结果显示，在两届竞赛规则下男子组 -58 千克级运动员，在反击战术得分率与反击战术得分成功率上 $p < 0.05$，达统计学上之显著性差异，其余比赛战术使用率、得分率与得分成功率上 $p > 0.05$，均未达统计学上之显著性差异（见表 4-103）。

表 4-103 新旧规则所影响男子组 -58 千克级运动员战术使用情况差异检验

维度	战术	2017 年规则		2018 年规则		t	p
		M	SD	M	SD		
使用率	进攻	0.37	0.16	0.33	0.18	0.434	0.673
	反击	0.21	0.11	0.26	0.13	-0.84	0.419
	迎击	0.19	0.12	0.23	0.21	-0.495	0.63
	防守	0.23	0.11	0.18	0.09	1.393	0.191
	对峙	0.01	0.02	0.00	0.00	1.12	0.287

维度	战术	2017 年规则		2018 年规则		*t*	*p*
		M	*SD*	*M*	*SD*		
得分率	进攻	0.56	0.41	0.63	0.41	-0.6	0.561
	反击	0.29	0.37	0.04	0.12	2.289	0.043*
	迎击	0.06	0.12	0.25	0.31	-2.143	0.055
	防守	0.00	0.00	0.00	0.00	—	—
	对峙	0.00	0.00	0.00	0.00	—	—
成功率	进攻	0.07	0.05	0.05	0.05	1.617	0.134
	反击	0.04	0.04	0.00	0.01	3.422	0.006*
	迎击	0.01	0.01	0.02	0.03	-0.994	0.342
	防守	0.00	0.00	0.00	0.00	—	—
	对峙	0.00	0.00	0.00	0.00	—	—

注：*$p < 0.05$（N=24）。

（二）男子 -68 千克级运动员

依据表 4-104 所示，新旧规则下男子组 -68 千克级优秀跆拳道运动员战术运用情况，在 2017 年规则下男子组 -68 千克级运动员以反击战术使用 420 次最高，使用率为 30.70%，其次依序为进攻 29.68%、迎击 19.88%、防守 19.74%，以对峙战术 0.00% 为最低。在 2018 年规则下男子组 -68 千克级运动员以反击战术使用 507 次最高，使用率为 35.33%，其次依序为进攻 30.10%、迎击 20.91%、防守 13.52%，以对峙战术 0.14% 为最低。新旧规则下男子组 -68 千克级运动员战术得分情况，在 2017 年规则下男子组 -68 千克级运动员以进攻战术得分 77 分最高，得分率 65.81%，其次依序为迎击 23.08%、反击 11.11%，以防守及对峙战术 0.00% 为最低。在 2018 年规则下男子组 -68 千克级运动员以进攻战术得分 86 分最高，得分率 67.19%，其次依序为反击 21.09%、迎击 11.72%，以防守及对峙战术 0.00% 为最低。新旧规则下男子组 -68 千克级运动员战术得分成功率情况，在 2017 年规则下男子组 -68 千克级运动员以进攻战术得分 35 次为最高,成功率 8.62%,其次依序为迎击 4.78%、反击 1.67%,以防守及对峙战术 0.00% 为最低。在 2018 年规则下男子组 -68 千克级运动员以进攻战术得分 40 次为最高,成功率 9.26%,其次依序为反击 2.56%、迎击 2.33%,以防守及对峙战术 0.00% 为最低。

表 4-104　新旧规则下男子组 -68 千克级优秀跆拳道运动员战术使用情况（*N*=24）

指标	规则年份	进攻	反击	迎击	防守	对峙	累计
使用	2017	406	420	272	270	0	1368
	2018	432	507	300	194	2	1435
使用率	2017	29.68%	30.70%	19.88%	19.74%	0.00%	100.00%
	2018	30.10%	35.33%	20.91%	13.52%	0.14%	100.00%
得分	2017	77	13	27	0	0	117
	2018	86	27	15	0	0	128
得分率	2017	65.81%	11.11%	23.08%	0.00%	0.00%	100.00%
	2018	67.19%	21.09%	11.72%	0.00%	0.00%	100.00%
得分次数	2017	35	7	13	0	0	55
	2018	40	13	7	0	0	60
成功率	2017	8.62%	1.67%	4.78%	0.00%	0.00%	4.02%
	2018	9.26%	2.56%	2.33%	0.00%	0.00%	4.18%

由上述得知,新旧规则下男子组 -68 千克级优秀跆拳道运动员比赛战术使用情况,在 2017、2018 年竞赛规则中男子组 -68 千克级运动员皆以反击战术使用率为最高,且在 2018 年规则下男子组 -68 千克级运动员进攻战术、反击战术、迎击战术、对峙战术使用率有上升的趋势,而在使用率防守战术有上升的趋势。新旧规则下男子组 -68 千克级运动员比赛战术得分率,在 2017、2018 年竞赛规则中男子组 -68 千克级运动员皆以进攻战术得分率为最高,且在 2018 年规则下男子组 -68 千克级运动员进攻战术、反击战术得分率皆有上升的趋势,而在迎击战术得分率有下降的趋势。新旧规则下男子组 -68 千克级运动员比赛战术得分成功率,在 2017、2018 年竞赛规则中男子组 -68 千克

级运动员皆以进攻战术得分成功率为最高，且在 2018 年规则下男子组 -68 千克级运动员进攻战术、反击战术得分成功率皆有上升的趋势，而在迎击战术得分成功率有下降的趋势。

为了解 2017、2018 年竞赛规则下男子组 -68 千克级优秀跆拳道运动员，在比赛战术使用情况是否存在差异性，本书以相依样本 t 检验进行考验。检验结果显示，在两届竞赛规则下男子组 -68 千克级运动员，在比赛战术使用率、得分率与得分成功率上 $p > 0.05$，均未达统计学上之显著性差异（见表 4-105）。

表 4-105 新旧规则所影响男子组 -68 千克级运动员战术使用情况差异检验

维度	战术	2017 年规则		2018 年规则		t	p
		M	SD	M	SD		
使用率	进攻	0.33	0.16	0.33	0.22	0.041	0.967
	反击	0.28	0.14	0.32	0.17	-0.271	0.788
	迎击	0.20	0.13	0.21	0.12	0.608	0.547
	防守	0.19	0.13	0.14	0.06	-0.378	0.708
	对峙	0.00	0.00	0.00	0.00	-0.15	0.881
得分率	进攻	0.52	0.39	0.60	0.37	-0.115	0.909
	反击	0.11	0.21	0.26	0.28	-0.362	0.719
	迎击	0.29	0.34	0.06	0.12	1.026	0.312
	防守	0.00	0.00	0.00	0.00	-1	0.324
	对峙	0.00	0.00	0.00	0.00	—	—
成功率	进攻	0.08	0.06	0.08	0.06	-0.312	0.757
	反击	0.01	0.02	0.02	0.02	-1.571	0.125
	迎击	0.06	0.08	0.02	0.04	1.96	0.058
	防守	0.00	0.00	0.00	0.00	-1	0.324
	对峙	0.00	0.00	0.00	0.00	—	—

注：$^*p < 0.05$（N=24）。

（三）男子 –80 千克级运动员

依据表 4-106 所示，新旧规则下男子组 –80 千克级优秀跆拳道运动员战术运用情况，在 2017 年规则下男子组 –80 千克级运动员以进攻战术使用 394 次最高，使用率为 31.70%，其次依序为迎击 27.92%、反击 25.18%、防守 14.88%，以对峙战术 0.32% 为最低。在 2018 年规则下男子组 –80 千克级运动员以进攻战术使用 427 次最高，使用率为 32.01%，其次依序为反击 26.39%、迎击 23.24%、防守 18.22%，以对峙战术 0.15% 为最低。新旧规则下男子组 –80 千克级运动员战术得分情况，在 2017 年规则下男子组 –80 千克级运动员以进攻战术得分 93 分最高，得分率 63.27%，其次依序为迎击 23.13%、反击 13.61%，以防守及对峙战术 0.00% 为最低。在 2018 年规则下男子组 –80 千克级运动员以进攻战术得分 83 分最高，得分率 63.85%，其次依序为迎击 20.00%、反击 16.15%，以防守及对峙战术 0.00% 为最低。新旧规则下男子组 –80 千克级运动员战术得分成功率情况，在 2017 年规则下男子组 –80 千克级运动员以进攻战术得分 44 次为最高，成功率 11.17%，其次依序为迎击 4.90%、反击 2.88%，以防守及对峙战术 0.00% 为最低。在 2018 年规则下男子组 –80 千克级运动员以进攻战术得分 37 次为最高，成功率 8.67%，其次依序为迎击 3.23%、反击 2.84%，以防守及对峙战术 0.00% 为最低。

表 4-106　新旧规则下男子组 –80 千克级优秀跆拳道运动员战术使用情况（N=24）

指标	规则年份	进攻	反击	迎击	防守	对峙	累计
使用	2017	394	313	347	185	4	1243
	2018	427	352	310	243	2	1334
使用率	2017	31.70%	25.18%	27.92%	14.88%	0.32%	100.00%
	2018	32.01%	26.39%	23.24%	18.22%	0.15%	100.00%
得分	2017	93	20	34	0	0	147
	2018	83	21	26	0	0	130
得分率	2017	63.27%	13.61%	23.13%	0.00%	0.00%	100.00%
	2018	63.85%	16.15%	20.00%	0.00%	0.00%	100.00%

指标	规则年份	进攻	反击	迎击	防守	对峙	累计
得分次数	2017	44	9	17	0	0	70
	2018	37	10	10	0	0	57
成功率	2017	11.17%	2.88%	4.90%	0.00%	0.00%	5.63%
	2018	8.67%	2.84%	3.23%	0.00%	0.00%	4.27%

由上述得知，新旧规则下男子组 -80 千克级优秀跆拳道运动员比赛战术使用情况，在 2017、2018 年竞赛规则中男子组 -80 千克级运动员皆以进攻战术使用率为最高，且在 2018 年规则下男子组 -80 千克级运动员进攻战术、反击战术、防守战术使用率有上升的趋势，而在迎击战术、对峙战术使用率则有下降的趋势。新旧规则下男子组 -80 千克级运动员比赛战术得分率，在 2017、2018 年竞赛规则中男子组 -80 千克级运动员皆以进攻战术得分率为最高，且在 2018 年规则下男子组 -80 千克级运动员进攻战术、反击战术得分率皆有上升的趋势，而在迎击战术得分率有下降的趋势。新旧规则下男子组 -80 千克级运动员比赛战术得分成功率，在 2017、2018 年竞赛规则中男子组 -80 千克级运动员皆以进攻战术得分成功率为最高，但在 2018 年规则下男子组 -80 千克级运动员进攻战术、反击战术、迎击战术得分成功率皆有下降的趋势。

为了解 2017、2018 年竞赛规则下，男子组 -80 千克级优秀跆拳道运动员在比赛战术使用情况是否存在差异性，本书以相依样本 t 检验进行考验。检验结果显示，在两届竞赛规则下男子组 -80 千克级运动员，在比赛战术使用率、得分率与得分成功率上 $p > 0.05$，均未达统计学上之显著性差异（见表4-107）。

表 4-107 新旧规则所影响男子 -80 千克级运动员战术使用情况差异检验

维度	战术	2017 竞赛规则		2018 竞赛规则		t	p
		M	SD	M	SD		
使用率	进攻	0.35	0.17	0.35	0.19	−0.034	0.973
	反击	0.23	0.13	0.25	0.13	−0.346	0.736
	迎击	0.27	0.12	0.23	0.15	1.05	0.316
	防守	0.15	0.08	0.17	0.07	−0.76	0.463
	对峙	0.00	0.01	0.00	0.00	0.447	0.664
得分率	进攻	0.61	0.35	0.52	0.41	0.583	0.572
	反击	0.25	0.32	0.15	0.29	0.716	0.489
	迎击	0.15	0.19	0.25	0.38	−0.886	0.394
	防守	0.00	0.00	0.00	0.00	—	—
	对峙	0.00	0.00	0.00	0.00	—	—
成功率	进攻	0.12	0.10	0.12	0.12	0.043	0.966
	反击	0.02	0.02	0.03	0.04	−0.703	0.497
	迎击	0.04	0.06	0.02	0.06	1.401	0.189
	防守	0.00	0.00	0.00	0.00	—	—
	对峙	0.00	0.00	0.00	0.00	—	—

注：$^*p < 0.05$ （N=24）。

（四）男子 +80 千克级运动员

依据表 4-108 所示，新旧规则下男子组 +80 千克级优秀跆拳道运动员战术运用情况，在 2017 年规则下男子组 +80 千克级运动员以进攻战术使用 304 次最高，使用率为 34.35%，其次依序为反击 28.59%、迎击 20.34%、防守 16.72%，以对峙战术 0.00% 为最低。在 2018 年规则下男子组 +80 千克级运动员以进攻战术使用 315 次最高，使用率为 34.05%，其次依序为防守 25.08%、反击 22.81%、迎击 18.05%%，以对峙战术 0.15% 为最低。新旧规则下男子组 +80 千克级运动员战术得分情况，在 2017 年规则下男子组 +80 千克级运动员以进攻战术得分 33 分最高，得分率 49.25%，其次依序为迎击 26.87%、反击 23.88%，以防守及对峙战术 0.00% 为最低。在 2018 年规则下男子组 +80 千克级运动员以进攻战术得分 42 分最高，得分率 63.64%，其次依序为反击 21.21%、迎击 13.64%、防守 1.52%，以对峙战术 0.00% 为最低。新旧规则下男子组 +80 千克级运动员战术得分成功率情况，在 2017 年规则下男子组 +80 千克级运动员以进攻战术得分 17 次为最高，成功率 5.59%，其次依序为迎击 4.44%、反击 2.77%，以防守及对峙战术 0.00% 为最低。在 2018 年规则下男子组 +80 千克级运动员以进攻战术得分 19 次为最高，成功率 6.03%，其次依序为迎击 4.19%、反击 3.32%、防守 0.43%，以对峙战术 0.00% 为最低。

表 4-108　新旧规则下男子组 +80 千克级优秀跆拳道运动员战术使用情况（N=24）

指标	规则年份	进攻	反击	迎击	防守	对峙	累计
使用	2017	304	253	180	148	0	885
	2018	315	211	167	232	0	925
使用率	2017	34.35%	28.59%	20.34%	16.72%	0.00%	100.00%
	2018	34.05%	22.81%	18.05%	25.08%	0.00%	100.00%
得分	2017	33	16	18	0	0	67
	2018	42	14	9	1	0	66
得分率	2017	49.25%	23.88%	26.87%	0.00%	0.00%	100.00%
	2018	63.64%	21.21%	13.64%	1.52%	0.00%	100.00%
得分次数	2017	17	7	8	0	0	32
	2018	19	7	7	1	0	34
成功率	2017	5.59%	2.77%	4.44%	0.00%	0.00%	3.62%
	2018	6.03%	3.32%	4.19%	0.43%	0.00%	3.68%

由上述得知，新旧规则下男子组 +80 千克级优秀跆拳道运动员比赛战术使用情况，在 2017、2018 年竞赛规则中男子组 +80 千克级运动员皆以进攻战术使用率为最高，但在 2018 年规则下男子组 +80 千克级运动员进攻战术、反击战术、迎击战术使用率皆有下降的趋势，而在防守战术使用率则有上升的趋势。新旧规则下男子组 +80 千克级运动员比赛战术得分率，在 2017、2018

年竞赛规则中男子组 +80 千克级运动员皆以进攻战术得分率为最高，且在
2018 年规则下男子组 +80 千克级运动员进攻战术、防守战术得分率皆有上升
的趋势，而在反击战术、迎击战术得分率有下降的趋势。新旧规则下男子组
+80 千克级运动员比赛战术得分成功率，在 2017、2018 年竞赛规则中男子组
+80 千克级运动员皆以进攻战术得分成功率为最高，但在 2018 年规则下男子
组 +80 千克级运动员进攻战术、反击战术、防守战术得分成功率皆有上升的
趋势，而在迎击战术得分成功率有下降的趋势。

　　为了解 2017、2018 年竞赛规则下，男子组 +80 千克级优秀跆拳道运动员
在比赛战术使用情况是否存在差异性，本书以相依样本 t 检验进行考验。检
验结果显示，在两届竞赛规则下男子组 +80 千克级运动员，在比赛战术使用
率、得分率与得分成功率上 $p > 0.05$，均未达统计学上之显著性差异（见表
4-109）。

表 4-109　新旧规则所影响男子组 +80 千克级运动员战术使用情况差异检验

维度	战术	2017 年规则		2018 年规则		t	p
		M	SD	M	SD		
使用率	进攻	0.37	0.17	0.35	0.15	0.186	0.856
	反击	0.26	0.17	0.23	0.16	0.491	0.633
	迎击	0.20	0.21	0.18	0.11	0.281	0.784
	防守	0.17	0.09	0.24	0.12	−1.348	0.205
	对峙	0.00	0.00	0.00	0.00	—	—
得分率	进攻	0.42	0.45	0.46	0.43	−0.276	0.788
	反击	0.23	0.34	0.25	0.38	−0.147	0.885
	迎击	0.18	0.34	0.11	0.16	0.705	0.495
	防守	0.00	0.00	0.01	0.05	−1	0.339
	对峙	0.00	0.00	0.00	0.00	—	—
成功率	进攻	0.06	0.07	0.06	0.06	−0.18	0.861
	反击	0.02	0.03	0.03	0.05	−0.764	0.461
	迎击	0.03	0.06	0.03	0.04	0.185	0.857
	防守	0.00	0.00	0.00	0.01	−1	0.339
	对峙	0.00	0.00	0.00	0.00	—	—

注：$^*p < 0.05$（$N=24$）。

第五章　讨论与分析

第一节　新规则下优秀跆拳道运动员技术特征的分析

一、新规则下优秀跆拳道运动员技术使用特征分析

在新规则下，优秀跆拳道运动员得分技术使用特征为，运动员以前横踢技术使用率为最高，其次以侧踢技术使用率为第二位，而以后横踢技术则为使用率第三位。优秀跆拳道运动员以前横踢技术使用率最高，其主要原因为前脚起脚速度较后脚来得快，无论在进攻、迎击、反击或防守的状态中，运动员可较灵活地运用，使其成为使用率最高的技术。戴永丽研究中指出，在跆拳道比赛中，由于前横踢简捷、快速、易守难攻、实用性较强，且攻击幅度较小、隐蔽性较佳、起脚速度快，因此在比赛中被运动员广泛使用，成为许多运动员的"得意技"[①]。此外，因为新规则中规定运动员要有抬脚动作，却未作出攻击行为将被判罚为犯规扣1分，因此许多运动员将过去规则中抬脚的习惯改为前横踢，作为较佳的防守或对峙应用。

优秀跆拳道运动员以侧踢技术为使用率第二位，其主要原因为侧踢技术

---

① 戴永丽.前腿横踢技术在跆拳道比赛中运用情况的调查分析［J］.辽宁师专学报（自然科学版），2013，15（1）：60-67.

在比赛中，具有较强的破坏性与阻挡防御对手攻击的作用，在实施电子护具比赛后，运动员在比赛中侧踢技术也有较多的运用。而侧踢技术在比赛中仍以前腿的运用较为频繁，同样具备前横踢起脚速度快的优势，又兼具破坏性与防御性攻击的特点，促使侧踢技术使用率成为运动员使用率第二位的技术。

优秀跆拳道运动员以后横踢技术使用率为第三位，其主要原因为新规则将正面中位技术分值为 2 分，成功诱发运动员在后横踢技术的运用，运动员在比赛中能更大胆的尝试后横踢技术的攻击。且在跆拳道比赛中，电子护具在感应踢击的力量上有一定的要求，须达到各量级运动员所设定的感应磅数才能够达到得分的要素，在正常情况下后横踢技术的力量大于前横踢，因此加大鼓励了运动员在比赛中后横踢技术的使用。

二、新规则下优秀跆拳道运动员技术得分特征分析

在新规则下，优秀跆拳道运动员技术得分特征为，运动员则以后横踢技术得分率为最高，其次以前横踢技术得分率为第二位，而以下劈技术则为得分率第三位。

优秀跆拳道运动员技术得分率以后横踢为最高，其主要原因为新规则将中位技术分值改为 2 分，因此鼓励了运动员使用速度较快、破坏性较佳的后横踢进行攻击，促成后横踢有效得分的提高。于岩认为，后横踢具有攻击速度快、击打力量大、困难度低、动作幅度小、缓冲力量较小等特性，因此后横踢技术在比赛中使用率非常高[1]。陈浩研究中指出，2017 年规则下中位技术分值由原本的 1 分改为 2 分，也是对于横踢技术的导向，在 2017 年规则下，运动员横踢使用率与得分率有所提升[2]。其研究结果与本书结果相符。

优秀跆拳道运动员技术得分率以前横踢技术为第二位，其主要原因为在新规则下运动员以前横踢技术使用率为第一位，说明运动员在前横踢技术的

---

① 于岩.北京体育大学女子跆拳道运动员后横踢动作结构的特征［D］.北京：北京体育大学，2015.

② 陈浩.2017 年版跆拳道新规则对跆拳道比赛影响概述［J］.当代体育科技，2017（33）：179-180.

使用上不仅是作为破坏、牵制或是引诱对手攻击，若有得分的契机也是运动员的重要得分技术。此外，新规则中规定双方运动员对峙时间不得超过 5 秒，运动员必须在 5 秒内采取攻击行动，这也加快了比赛的进攻频率。在对手采取进攻的同时，以起脚速度快的前横踢技术动作进行迎击，可有效地阻挡或破坏对手的攻击，甚至可促成我方运动员的有效攻击得分，因此前横踢技术的得分率也相对较高。

优秀跆拳道运动员技术得分率以下劈技术为第三位，其主要原因为在新规则中正面技术有效击中头部为 3 分，在高分值的情况下得分率也相对较高。而下劈技术具有正面攻击速度快、安全性佳、破坏性强、变化性多等特点，无论在进攻、迎击、反击或近身的状态下运动员皆可灵活应用，因此下劈技术一直是高位技术得分的首选。新规则中将"推"视为合法技术，运动员可利用推技术将对手推开后进行攻击，进而提升了运动员推后攻击头部的机会，促使运动员下劈技术得分率的提高。

三、新规则下优秀跆拳道运动员技术得分成功率特征分析

在新规则下优秀跆拳道运动员技术得分成功率特征为，运动员则以直拳技术得分成功率为最高，其主要原因为直拳技术使用率较低，但得分次数较高，使其成为成功率最高的技术。吴秋诗指出，电子护具使用后跆拳道运动员技术使用率以后横踢、前横踢、侧踢技术使用率最高，且直拳与前腿技术使用率有所提升；得分率则为后横踢、前横踢和下劈腿最高，直拳得分率也有所提升，技术成功率前三位则为摆踢、直拳及双飞踢[①]。其结果与本书结果相似。此外，本书对象选取国际比赛中前四强之优秀跆拳道运动员，运动员在比赛过程中技术运用皆非常谨慎，在兵凶战为之际双方实力相当、僵持不下，在腿部技术应用上难以进行有效攻击得分。因此，运动员采取直拳技术进行攻击或迎击，能分散对手的防御意识，达到有效攻击得分的作用。

---

① 吴秋诗 . 电子护具引起的规则变化对跆拳道技战术的影响［D］. 成都：成都体育学院，2015.

（一）新规则下男、女子组优秀跆拳道运动员技术特征的分析

新规则下男、女子组优秀跆拳道运动员技术使用情况，无论在男子组或女子组运动员技术使用率前三位皆为前横踢＞侧踢＞后横踢，说明男子组与女子组运动员在技术使用率前三位上未存在差异性，且皆以前横踢技术为比赛中主要使用之技术。但男、女子组运动员技术使用率差异比较中，在前横踢、双飞踢、勾踢、后踢及直拳技术使用率达统计学上之显著性差异。其中在前横踢技术使用率上，无论男、女子组运动员皆以前横踢技术为使用率第一位，但在男子组运动员中明显高于女子组运动员。此外，男子组运动员在前横踢、双飞踢及后踢的使用率高于女子组运动员，其主要原因为，男子组的速度及力量皆要女子组运动员佳，因此能较勇于使用双飞踢及后踢的高难度动作。王琦、蔡利敏研究指出，由于男子跆拳道运动员的起脚速度快、爆发力强，在比赛中经常会使用双飞踢技术，而女子运动员速度没有男子运动员快，爆发力也略显不足，出脚速度慢会使攻击出现空隙漏洞，因此女子运动员在双飞踢技术的使用较少[1]。丁振亮、钟军研究结果指出，男子跆拳道运动员在后踢使用上，无论是进攻或反击后踢使用率与成功率皆高于女子运动员，原因为后踢属于高难度动作，而男子运动员爆发力较女子好，运用高难度技术也较女子熟练[2]。其观点与本书结果一致。而在前横踢使用率部分，男女虽然有显著性差异，但前横踢在男、女子组皆为使用率最高的技术动作。在女子组中勾踢及直拳高于男子组，其可能原因为，勾踢主要运用为攻击头部部位，而女子组的柔软度优于男子组运动员，因此使勾踢的运用高于男子组。朱静研究指出，勾踢为三分技术的主要使用技术，原因是正向技术攻击幅度小，且女子运动员柔软度较佳，较能有效地施展[3]。其研究结果与本书结

① 王琦，蔡利敏．跆拳道双飞踢反击在比赛中的运用［J］．北京工业职业技术学院学报，2007（4）：100-104.

② 丁振亮，钟军．跆拳道后踢技术在比赛中的应用与分析［J］．搏击（武术科学），2011，（1）：86-88.

③ 朱静．世界优秀竞技跆拳道运动员比赛攻防转换过程中技术特征的研究［D］．北京：北京体育大学，2016.

果相似。在直拳使用率部分，通常运用在对手攻击时，运动员以直拳进行迎击来破坏对手的攻击或达到得分的效果。经大量研究表明，性别与反应时间有相关，且一般而言同年龄男性会比女性的反应速度来得快[①]。在新规则的实施下，促使运动员在比赛中攻击节奏提高，而女子组的反应速度没有男子组快，故利用直拳破坏对手动作或迎击的使用率随之而提高。

新规则下男子组与女子组优秀跆拳道运动员技术得分率情况，在男子组运动员技术得分率前三位分别为前横踢＞后横踢＞下劈；在女子组运动员技术得分率前三位分别为后横踢＞前横踢＞下劈，与总体运动员得分率前三位一致，说明男子组运动员以前横踢为主要得分之技术，而女子组运动员则以后横踢技术为主要得分之技术。男子组运动员技术得分率前三位中，以前横踢技术得分率为第一位，虽在排序上有所差异，但仍以前横踢、后横踢与下劈为主要的得分技术。其主要原因为，一般情况下男子组运动员在速度、力量上优于女子组运动员，无论男、女子组运动员皆以前横踢使用率为最高，但男子组运动员使用前横踢技术进行得分比女子组运动员较为优势，当攻击时机出现时男子组运动员能较好地把握得分的机会。使用后横踢技术时自身暴露的攻击面积较大、动作时间较长，若踢空容易造成对方运动员反击得分，且男子组运动员比赛中难以直接采用后横踢进行得分，促使男子组运动员不敢贸然使用后横踢技术。此外，本次研究对象选用国际赛事中四强以上的比赛，双方实力相近、战机稍纵即逝，双方运动员皆不敢大意使用后横踢攻击，因此在男子组运动员选择安全性较高、较为保守的前横踢进行得分。

（二）新规则下女子组各量级优秀跆拳道运动员技术特征的分析

新规则下女子组各量级优秀跆拳道运动员技术使用率前三位中，在女子组 -49 千克级与女子组 -67 千克级优秀跆拳道运动员技术使用率前三位与总体运动员一致，皆为前横踢＞侧踢＞后横踢技术使用率。而女子组 +67 千克

---

① 包小锐，郭立平．影响跆拳道运动员反应速度的因素及其训练方法［J］．教育教学论坛，2014(29)：136-137.

级优秀跆拳道运动员技术使用率前三位在顺序上有所差异，但仍以前横踢、侧踢与后横踢为技术使用率前三位。在女子组 -57 千克级优秀跆拳道运动员技术使用率第三位与总体运动员有所差异，该量级运动员以其他技术使用率为第三位，与总体运动员以后横踢技术使用率为第三位有所差异，而该量级优秀运动员后横踢技术使用率则排行技术使用率第四位。新规则下女子组各量级优秀跆拳道运动员在后横踢与直拳技术使用率有所差异，后横踢技术以女子组 -49 千克级运动员使用率为最高，而女子组 -67 千克级运动员则位居第二位；在直拳技术使用率则以女子组 +67 与 -67 千克级运动员分别为前两位。在后横踢使用率以女子组 -49 千克级与女子组 +67 千克级运动员使用率较高，其主要原因为，后横踢的动作较大，使用后横踢技术攻击时，若踢空容易造成对方运动员反击得分，因此运动员不敢贸然使用。而轻量级运动员的出腿速度快、变化性较佳，能够在踢空后变换技术动作或保持备战状态，因此轻量级运动员较能大胆的应用。而在重量级运动员的比赛中双方反应速度较慢，虽然后横踢技术动作较大、危险性较高，但由于对手反应速度相对较慢，因此重量运动员对于后横踢的应用也相对较高。此外，新规则中将中位技术分值定为 2 分，鼓励了运动员在比赛中，勇于尝试后横踢技术的使用。卜秀秀在《第 13 届全运会女子跆拳道比赛统计分析》研究结果显示，横踢使用率依序为 -67 千克级＞ -57 千克级＞ -49 千克级＞ +67 千克级 [1]，此研究结果与本书结果不符，可能是因为本书研究对象为 2018 年世界优秀跆拳道运动员，其研究对象仅选择了 2017 年国内运动员。在直拳使用率方面，可看见使用率以重量级为最高，其可能原因为，女子重量级运动在反击能力较轻量级弱。在新规则鼓励运动员积极进攻的情况下，当对手攻击时，重量级运动员偏向于利用直拳，先进行破坏后再采取其他技术攻击的策略，因此重量级运动员在直拳的运用较高。郑洪宇研究也指出，比赛中可以利用直拳破坏对手重心、打乱对手攻击节奏，为自身创造较具优势的攻击机会，且 2016 年奥运

---

① 卜秀秀 . 第 13 届全运会女子跆拳道比赛统计分析［J］. 安徽体育科技，2017（6）：34-36.

会女子 +67 千克级运动员，在直拳的使用率、得分率及成功率皆高于其他量级运动员[①]。其研究结果与本书结果相符。

在得分率方面，女子组各量级优秀跆拳道运动员技术得分率前三位中，除女子组 -57 千克级运动员以前横踢为第一位外，女子组其他量级运动员皆以后横踢技术得分率为第一位，而女子组 -57 千克级运动员后横踢技术得分率则排行第三位，且经差异检验后仍未达显著性差异，说明女子组各量级运动员仍以后横踢技术为主要得分之技术动作。而萧英杰研究指出，女子 -57 千克级运动员以前脚横踢得分率高于后脚横踢[②]，其研究结果与本书结果一致。总体运动员以前横踢技术得分率为第二位，除女子组 -49 千克级运动员技术得分率前三位非前横踢技术外，女子组其他量级运动员前横踢技术得分率皆在前三位内。而女子组 -49 千克级运动员则以下劈技术得分率为第二位，其主要原因为，前横踢技术虽然具有速度快、变化性高等特性，但由于电子护具的比赛中，运动员技术攻击需要有一定的力量要求才可促成有效得分。一般而言，前腿力量相对较后腿力量小，对于女子组蝇量级运动员较难以使用前横踢技术进行攻击得分，因此女子组 -49 千克级运动员前横踢技术得分率不在前三位中。总体运动员以下劈技术得分率为第三位，除女子组 -57 千克级与女子组 +67 千克级运动员技术得分率前三位非下劈技术外，女子组其他量级运动员下劈技术得分率皆在前三位内。许梅研究中指出，女子组 -57 千克级优秀运动员下劈技术使用率为第四位，且该量级下劈技术得分情况，主要是透过直拳击打对手后，在近距离的情况下采用下劈技术攻击进行得分[③]。因此，在新规则下中位技术与转身技术分值提高，抑制了运动员直接透过直拳攻击对手的情况发生，进而也限制了该量级运动员在下劈技术的得分。祝

① 郑洪宇.2016 年里约奥运会跆拳道比赛女子决赛选手技战术特征研究［D］.北京：北京体育大学，2018.

② 萧英杰.2017 年大专运动会跆拳道比赛公开女子组金牌选手技术分析［D］.中国台湾：辅仁大学，2017.

③ 许梅.我国优秀女子跆拳道运动员周俐君技战术特征分析［J］.体育科技，2009（5）：3-4.

林芳、佟亮研究中指出，女子组 +67 千克级运动员头部攻击能力主要以前横踢与后横踢为主，下劈技术的使用与得分能力较为缺乏 [①]。其研究结果与本书结果相符。

在成功率方面，在女子组各量级优秀跆拳道运动员技术得分成功率前三位中，除女子组 -49 千克级运动员以双飞踢为第一位外，女子组其他量级运动员皆以直拳技术得分成功率为第一位，而女子组该量级运动员直拳技术得分成功率则排行第二位，说明女子组各量级运动员仍以直拳技术为关键的得分技术。其主要原因为，女子组 -49 千克级运动员在双飞踢技术共计使用 2 次，得分次数 1 次，而其他量级使用率较低或未使用，因此导致女子 -49 千克级以双飞踢技术成功率最高，而直拳技术成功率仍在该量级技术成功率的第二位。经单因子变异数分析检验后得知，各量级技术成功率未达显著差异性，说明新规则下女子运动员虽然在技术使用率上有所差异，但主要得分的技术并没有太大的差异性。

（三）新规则下优秀跆拳道男子运动员各量级技术特征的分析

新规则下男子组各量级优秀跆拳道运动员技术使用率前三位中，皆与总体运动员一致，但在直拳技术使用率中达显著性差异，检验结果以男子组 -80 千克级与男子组 +80 千克级运动员位居前两名，说明直拳技术的使用较受重量级运动员的青睐。其主要原因为，新规则下鼓励运动员积极进攻，男子组重量级运动员在反击能力较轻量级运动员弱，因此偏向于采用直拳破坏后再进行攻击的策略，使大量级运动员的直拳运用高于小量级运动员。许红晔研究指出，反击技术在男子组比赛中各个量级使用率皆很高，但相较于小量级运动员，在大量级的反击使用率相对较低，因为大量级运动员的速度较慢但力量较大，因此大量级的运动员更强调力量与破坏性 [②]。其观点与本书

① 祝林芳，佟亮. 解放军跆拳道运动员张梦宇东京奥运会竞争对手的技战术特征与分析——以女子 67 千克级别奥运积分排名第一 GBAGBI 为例［J］. 军事体育学报，2020，39（2）：35-39.

② 许红晔. 跆拳道后横踢反击技术在比赛中的应用与分析［J］. 安徽体育科技，2016，37（3）：42-44.

结果相符。

在得分率方面，男子组各量级优秀跆拳道运动员技术得分率前三位中，除男子组 -68 千克级与男子组 -80 千克级运动员以前横踢技术为得分率第二位外，男子组其他量级皆以前横踢技术得分率为第一位，且仅有男子组 -68 千克级运动员以后横踢技术得分率为第一位，与总体运动员相一致。在男子组各量级运动员技术得分率中，后横踢与前横踢技术得分率皆在前三位中，但在总体运动员技术得分率第三位的下劈，仅有男子组 -58 千克级与男子组 -80 千克级运动员技术得分率前三位中包含下劈技术。说明前横踢与后横踢技术为男子组运动员比赛中的主要得分技术，且前横踢技术为男子组 -58 千克级与 +80 千克级运动员得分率第一位，表示使用前横踢技术攻击得分的应用，更受到男子组两个极端量级运动员的青睐。

男子组跆拳道运动员在体能、速度、力量等各项身体素质普遍优于女子组运动员，在男子组的比赛中更加激烈紧凑、更具观赏性，双方战况激烈、战机稍纵即逝的情况下，男子组运动员使用具有速度快、变化性强等特性的前横踢技术得分相对安全，促使多数男子组运动员在竞赛中倾向于前横踢技术得分。其中，男子组 -68 千克级与男子组 -80 千克级运动员属于中量级的级别，同时运动员具有速度快、力量大、爆发力强等特性，在比赛过程中更具有精彩性与观赏性，双方实力相当的状态下，竞赛过程中使用前横踢技术直接得分的情况更加困难。因此，男子组 -68 千克级运动员在后横踢技术的得分高于前横踢技术，男子组 -80 千克级运动员则以下劈技术得分率为第一位。下劈技术为头部攻击的主要技术，但在比赛过程中运动员不易有效击中对手头部得分，且本书选取国际赛事中四强阶段的运动员为对象，双方比赛过程中皆非常谨慎，因此男子组 -68 千克级与 +80 千克级优秀运动员下劈技术得分率不在前三位中。虽在技术得分率排序中有些许差异，经单因子变异数分析后得知，各技术得分率未达显著性差异。

在男子组各量级优秀跆拳道运动员技术得分成功率中，皆以直拳技术得分成功率为第一位，与总体运动员相一致，说明男子组各量级运动员以直拳技术为关键得分之技术。总体运动员技术得分成功率第二位的双飞踢技术，仅有男子组 -68 千克级与男子组 -80 千克级运动员包含在技术得分成功率前三位中。而总体运动员技术得分成功率第三位的后踢技术，皆不在男子组各量级运动员技术得分成功率前三位中。虽然在新规则中将转身技术分值提高至中位技术 4 分、高位技术 5 分，但在男子组运动员的比赛中，转身技术的危险性与失分的可能性也相对较高，且四强阶段的优秀运动员双方更是不遑多让，导致男子组运动员后踢技术得分成功率不在前三位中。虽男子组运动员在双飞技术与后踢技术得分成功率与总体运动员有所差异，经单因子变异数分析后得知，各技术得分成功率皆未达显著性差异，男子组运动员皆以直拳成功率最高。

第二节　新规则下优秀跆拳道运动员技术攻击部位特征的分析

新规则下优秀跆拳道运动员技术攻击部位情况为，总体运动员以中位技术使用率为最高，且在男子组与女子组运动员皆以中位技术使用率为最高，在男子组各量级与女子组各量级运动员仍以中位技术使用率高于高位技术，说明新规则下运动员技术攻击部位以中位技术的使用为主。其运动员中位技术使用率高于高位技术的主要原因为：本书所选取的对象为优秀运动员，在国际性赛事中四强阶段的优秀运动员，双方使用技术都相当谨慎。在战机稍纵即逝的情况下，双方运动员使用保守的中位技术较为频繁，无论在进攻、迎击或反击的情况下，中位技术的反应较高位技术来得快，促使中位技术动作成为使用率最高的攻击部位。

在新规则下优秀跆拳道运动员技术攻击部位得分率方面，总体运动员以中位技术为最高，且男子组与女子组运动员技术攻击部位得分率皆以中位技术为最高，在男子组与女子组各量级运动员技术攻击部位得分率仍以中位技术为最高，说明新规则下运动员技术攻击部位以中位技术的使用为主。由于中位技术的频繁使用，也成了优秀运动员的主要得分部位。此外，在新规则修订的情况下，中位技术分值为正向 2 分、转身技术 4 分，这也是促使中位技术得分率高于高位技术的原因之一。而陈仁波在《2015 世界跆拳道锦标赛男子技战术特征分析》研究指出，运动员在中位技术使用次数高于高位技术，但高位技术得分高于中位[①]。其研究结果与本书结果有所差异，说明新规则将中位技术分值改变为 2 分，对运动员技术攻击部位得分情况也有所改变，运动员攻击部位的得分开始由高位转向中位，也增加了跆拳道比赛更多的不确定性与精彩性。

在新规则下优秀跆拳道运动员技术攻击部位得分成功率方面，总体运动员以高位技术为最高，且男子组与女子组运动员技术攻击部位得分成功率皆以高位技术为最高，但女子组 -49 千克级与男子组 -68 千克级和 +80 千克级运动员技术攻击部位得分成功率以中位技术为最高，经单因子变异数分析检验后未达显著差异性。因此，新规则下运动员技术攻击部位得分成功率，仍以高位技术为关键的技术攻击得分部位。其得分成功率高位技术高于中位技术主要原因为，高位技术使用率较中位技术低，但得分分值皆高于中位技术，促使高位技术成功率高于中位技术。且在新竞赛规则修订下，高位技术分值改变为正向攻击得 3 分、转身攻击得 5 分，运动员在高位技术的使用上皆处于比较谨慎的状态，在时机较恰当或有十足的把握的情况下才会使用，促使高位技术成功率较中位技术高的原因。在女子组 -49 千克级与男子组 -68 千克级和 +80 千克级运动员在中位技术的得分成功率高于高位技术，说明该量级运动员在中位技术得分效率较佳，缺乏高位技术的有效得分能力。本书在男、女子组运动员与各量级运动员的使用率、得分率与成功率中，经检验后皆位达显著性差异，说明无论男女与量级，结果未存在差异性。

---

① 陈仁波 .2015 世界跆拳道锦标赛男子技战术特征分析［J］.体育世界（学术版），2015（8）：12-13.

第三节　新规则下优秀跆拳道运动员站位技术特征的分析

　　新规则下优秀跆拳道运动员站位技术使用情况为：总体运动员以左势开式为最高，女子组运动员与总体运动员一致，而男子组运动员则以左势闭式站位技术使用率为最高，且男子组与女子组运动员在左势闭式与右势开式站位技术使用率，达显著性差异。在女子组各量级运动员站位技术使用率中，除女子组 -57 千克级与女子组 +67 千克级运动员外，女子组其他量级皆以左势开式站位技术使用率为最高，且女子组各量级运动员在左势开式站位技术使用率未出现差异性。而女子组 -57 千克级运动员站位技术使用率以右势闭式为最高、女子组 +67 千克级运动员站位技术使用率以右势开式为最高，且在左势闭式与右势闭式站站位技术使用率达显著性差异，左势闭式站位技术使用率以女子组 +67 千克级为最高。说明大部分女子组运动员以左势开式为主要使用之站位技术，而女子组 -57 千克级运动员以右势闭式站位技术使用率为最高，其主要原因为该量级属于中量级运动员，在速度、力量与敏捷性等身体素质优于其他女子组量级，因此使用开式站位技术容易造成失分的风险。女子组 +67 千克级运动员则以右势开式站位技术为最高，虽然与总体运动员左势开式站位技术有所差异，但该量级运动员同样以开式站位技术为主。左势与右势差别于左脚在前或右脚在前，一般情况下运动员右腿的速度、力量会优于左腿，且该量级运动员以前横踢技术使用率为最高，又以右腿在前的站位技术居多，说明该量级运动员对于以右势开式站位技术使用右腿技术进攻、迎击与反击有较高的偏好。在男子组各量级运动员站位技术使用率中，仅有男子组 +80 千克级运动员以左势开式站位技术使用率为最高，但左势开式站位技术使用率在男子组各量级运动员未出现差异性。男子组运动员在左势闭式与右势闭式站位技术使用率，达统计学之显著性差异，左势闭式站位技术使用率以男子组 -58 千克级为最高，右势闭式站位技术使用率以男子组 -68 千克级为最高。大部分运动员以左势站位技术使用率为主，而女子组运动员以开式为主要站位技术，男子组运动员则以闭式为主要站位技术，其主要原因为，男子组在体能、速度、力量等身体素质优于女子组，男子组的比赛较女子组激烈、精彩。闭式站位技术的防守性、隐蔽性较佳，因此男子组运动员大部分会以闭式站位技术为主要站位技术，而在男子组 +80 千克级运动员的比赛中，相对没有男子组其他量级的激烈紧凑，因此该量级运动员以左势开式站位技术使用率为最高。在女子组 +67 千克级与男子组 +80 千克级皆为重量级运动员，而这两个量级中皆以开式站位技术为主，说明无论男子组与女子组重量级运动员，对于开式技术的使用有较高的青睐。

在新规则下优秀跆拳道运动员站位技术得分情况，总体运动员以右势开式站位技术得分率为最高，且男子组与女子组运动员皆以右势开式站位技术得分率为最高，但男子组与女子组运动员左势闭式站位技术得分率达显著性差异，男子组高于女子组运动员。说明运动员以右势开式技术为主要得分之站位技术，但男子组在左势闭式站位技术的得分能力优于女子组运动员。其主要原因为，在男子组左势闭式站位技术的使用率高于女子组，虽然男子组运动员在比赛中仍以右势开式站位技术为主要得分站位，但当男子组运动员在左势闭式站位的情况下，若有攻击得分的机会仍会采取相应的攻击技术得分。因此，男子组运动员站位技术的得分能力较女子组运动员全面，无论右势或左势站位皆具有一定的得分能力。女子组各量级运动员站位技术得分率，除女子组 -57 千克级运动员以右势闭式站位技术得分率为最高外，女子组其他量级皆以右势开式站位技术得分率为最高。其主要原因为，女子组 -57 千克级运动员在速度、力量与敏捷性等身体素质优于其他女子组量级，在比赛中选择较为保守且安全的闭式站位应战，而在右势闭式站位技术的使用率高于其他量级运动员，无论在使用与得分皆以右势闭式站位技术为主。男子组各量级运动员站位技术得分率，除男子组 -58 千克级与男子组 -68 千克级运动员外，男子组其他量级皆以右势开式站位技术得分率为最高，男子组 -58

千克级以左势闭式站位技术得分率为最高、男子组 -68 千克级以右势闭式站位技术得分率为最高。且男子组各量级运动员左势闭式与右势闭式得分率，达显著性差异，左势闭式站位技术得分率以男子组 -58 千克级运动员为最高，而右势闭式站位技术得分率则以男子组 -68 千克级为最高。大部分优秀跆拳道运动员皆以右势开式为主要得分的站位技术，除男子组 -58 千克级运动员外，其他量级运动员皆以右势为主要得分的站位技术，而男子组运动员在蝇量级与轻量级以闭式站位技术得分为主，中量级与重量级则以开式站位技术得分为主。其主要原因为，男子组蝇量级与轻量级运动员在体能、速度、爆发力等身体素质皆优于其他量级，比赛中若以开式站位技术进行对战较容易造成失分，因此该两个量级运动员皆以闭式站位技术进行攻击得分。而除女子组 -57 千克级、男子组 -58 千克级与男子组 -68 千克级运动员外，其他量级皆以开式为主要得分之站位技术，且在开式站位技术均未达显著性差异，因此运动员仍以右势开式站位技术为主要得分站位技术。

第四节　新规则下优秀跆拳道运动员战术特征的分析

在新规则下优秀跆拳道运动员比赛中战术使用情况，总体运动员以进攻战术使用率为最高，而男子组与女子组运动员皆以进攻战术使用率为最高，且女子组各量级运动员仍以进攻战术使用率为最高。但在男子组各量级运动员比赛战术使用率中，男子组 -68 千克级运动员则以反击战术使用率为最高外，男子组其他量级皆以进攻战术使用率为最高，男子组各量级运动员进攻战术经差异检验后，未达显著性差异，说明男子组各量级优秀跆拳道运动员以进攻战术为主要使用之战术。WTF 为了让运动员能够积极进攻，使跆拳道比赛更具精彩性与可看性，不断地修订跆拳道竞赛规则。在新竞赛规则中也指出，双方运动员在对峙的情况下不得超过 5 秒，并且将原有的警告改为扣分，进而使运动员必须不断使用进攻战术。此外，规则中也指出运动员做出抬脚的动作后必须具有攻击的行为，不可有利用抬脚阻挡对手的攻击行为出现，否则将遭到裁判判罚扣分。因此，也限制了对峙战术的使用，减少运动员消极对抗的机会，也是促使运动员进攻战术使用提升的原因。新规则下男子组各量级优秀跆拳道运动员在防守战术使用率有所差异，经事后比较得知，其使用率高低依序为 +80 千克级 > -58 千克级 > -80 千克级 > -68 千克级运动员，以男子组 +80 千克级运动员为最高，其次为男子组 -58 千克级运动员，说明在男子组超重量级与最蝇量级对于防守战术的使用较为频繁。其主要原因为，新规则中鼓励运动员积极进攻，且分值的提高导致运动员加强了防守战术的运用。男子组 +80 千克运动员由于速度较慢，因此在对手攻击时较难采取迎击或反击战术，因此防守战术的运用高于其他量级的运动员。而在男子组 -58 千克级运动员中，由于双方对战时攻击速度都不相上下，双方攻击出其不意，因此必须具备较强的防御能力才能避免失分的可能性，此为导致该量级运动员防守战术使用率较高的原因。

在新规则下优秀跆拳道运动员比赛中战术得分情况，总体运动员以进攻战术得分率为最高，而男子组与女子组运动员皆以进攻战术得分率为最高，而女子组与男子组各量级运动员仍以进攻战术得分率为最高，皆与总体运动员比赛战术得分情况一致。说明新规则下运动员比赛战术得分情况，无论在性别或量级变项中，优秀跆拳道运动员皆以进攻战术为主要得分之战术。由于新竞赛规则中，中位技术有效攻击得 2 分，转身中位技术得 4 分；高位技术得 3 分，转身高位技术得 5 分。在高分值的情况卜，使运动员在竞赛中不得松懈，特别在双方运动员实力落差不大时，运动员更能积极地对战。在分值提升与违规判罚加重的情况下，促使运动员进攻战术的使用提升，进而提升了进攻战术的得分率。

在新规则下优秀跆拳道运动员得分成功率情况，总体运动员以进攻战术得分成功率为最高，而男子组与女子组运动员皆以进攻战术得分成功率为最高，且女子组与男子组各量级运动员仍以进攻战术得分成功率为最高，皆与总运动员比赛战术得分成功率情况一致。说明新规则下运动员比赛战术得分成功率情况，无论在性别或量级变项中，优秀跆拳道运动员皆以进攻战术为关键得分之战术。进攻战术仍然是新竞赛规则下得分成功率最高的战术，虽然进攻战术的使用次数最高，但得分次数也是最高，因此得分成功率相对也高于其他战术。说明在新竞赛规则下，进攻战术为优秀跆拳道运动员主要的战术运用，无论在使用率、得分率及成功率皆为最高的战术。梁西淋研究指出，跆拳道 2017 年规则颁布后，对于积极主动进攻的运动员较容易得分，因此提高了运动员在比赛中的积极性，也避免了消极应战的情况发生；且加重了犯规行为的规定，能更有效抑制运动员，在比赛中出现过多的犯规行为 [①]。其观点与本书结果相符。

第五节　新旧规则下优秀跆拳道运动员技术变化特征的分析

新旧规则下优秀跆拳道运动员使用技术前三位，在 2017、2018 年规则下总体运动员皆以前横踢技术使用率最高，两届规则中皆以侧踢技术使用率为第二位，且皆以后横踢技术使用率为第三位。新旧规则下运动员技术使用率，在前横踢与侧踢及后旋踢使用率有上升的趋势，而在后横踢、下劈、双飞踢、旋风踢、推踢、勾踢、后踢、直拳与其他技术则有下降的趋势。说明新旧规则下运动员皆以前横踢、侧踢与后横踢技术为比赛中主要运用之技术，且新规则下前横踢与侧踢技术的运用更为重要。在 2017 年规则中，中位技术分值提升至 2 分，并规定运动员不可有利用抬脚阻挡对手或对峙的行为出现，且抬脚后必须伴随攻击的行为，否则将会遭到裁判判罚扣分。在 2017 年规则的限制下，当对手攻击时运动员将过去抬脚阻挡的习惯，改为前横踢与侧踢进行迎击或反击的运用，进而达到破坏对手攻击或抑制对手的效果。丁浩等人研究中指出，2017 年规则修订前，运动员习惯以前脚对峙的动作，作为攻击前的试探或阻挡对手进攻，因此 2017 年规则下前脚提膝阻挡对手进攻，是运

---

① 梁西淋. 论跆拳道技战术的变化对体能训练的新要求［J］. 北方文学（下旬），2017（1）：200.

动员最常出现的犯规行为①。其研究结果与本书观点一致。在新规则中对峙时间的缩短，并将出界改为单脚超出边界即为出界，使运动员必须不断地进攻。由于前横踢具有隐蔽性佳、起脚速度快、变换性强等特性，而侧踢技术有较佳的破坏性，在新规则中规定运动员对峙时间不得超过 5 秒，运动员选择前横踢作为进攻的前导动作或直接进攻，相对于其他技术运用来得安全。而当对手攻击时，利用前横踢与侧踢进行迎击，可有效地抑制对手的攻击，甚至促成有效得分的可能，因此使前横踢与侧踢技术使用率有所提升。在侧踢技术与推踢技术的运用上有同样的效果，但在侧踢技术的防御性、安全性与破坏性优于推踢技术，因此在新规则下运动员选择侧踢技术来取代以往推踢技术的运用，此为促使新规则下在推踢技术使用率有所下降的主要原因。

新规则下优秀跆拳道运动员在转身技术运用上，总体运动员后旋踢技术使用率有所提升，而后踢与旋风踢技术使用率则有下降的趋势。其主要原因为，在新规则中将转身技术分值提高至中位技术 4 分、高位技术 5 分，促使运动员在后旋踢技术使用率有所提升。转身技术在比赛中具有一定的难度与危险性，当运动员使用转身技术时相对于正向动作危险，在转身时会有一瞬间是看不见对手的，且在转身同时可能使自身的重心偏离，造成落地后被对手反击的可能性，因此转身技术的使用一直以来都比正向技术低。后旋踢技术运用主要为头部攻击，属于高位技术 5 分的分值，同样为转身技术后踢为中位技术攻击居多，因此运动员在转身技术选择上比较会选择分值较高的后旋踢技术，此为促使后旋踢使用本上升而后踢技术使用率下降的原因。而在旋风踢技术运用上，由于转身的作用时间较后旋踢与后踢技术要长，在双方运动员实力差距不大的情况下，运动员不敢贸然使用旋风踢技术进行攻击，促使旋风踢技术使用率有所下降。

新规则在转身技术分值提高的情况下，后踢技术分值为 4 分，而正向中位技术分值为 2 分、高位分值为 3 分，使总体运动员在后横踢与双飞踢的使

① 丁浩，侯盛明，陈茜 .2017 全国跆拳道锦标赛犯规行为统计分析［J］. 当代体育科技, 2017（20）: 205-208.

用率下降。后横踢技术与双飞踢技术属于弧线式攻击形态，后踢技术属于直线式攻击，而弧线攻击与直线攻击具有相克的作用，促使运动员不敢贸然使用后横踢与双飞踢技术，此为导致后横踢与双飞踢技术有所下降的原因。下劈技术虽属于直线式的攻击，但由于新规则在中位技术分值为2分，且高位技术与中位技术分值相差不大的情况下，运动员减少了下劈技术的使用。由于新规则中对峙时间的缩短，使运动员更加积极进攻，而在使用勾踢、推踢与其他技术时容易产生碰撞，且不利于其技术的施展。新规则中指出，不得有攻击对手腰部以下的行为发生，勾踢、推踢与其他技术使用可能会造成撞脚的情况发生，进而增加了自身被判罚犯规的可能性，因此勾踢、推踢与其他技术的使用在新规则中有所下降。直拳技术在比赛中运用分为两种，一种为利用直拳技术直接进攻攻击对手，另一种为对方攻击同时以直拳技术进行迎击，由于对战距离的关系后者运用优于前者。但由于新规则下中位技术分值为2分，而直拳技术攻击仅有1分，因此降低了运动员使用直拳技术的欲望。

新旧规则下优秀跆拳道运动员技术得分率前三位，2017、2018年规则下总体运动员皆以后横踢得分率最高；两届规则中皆以前横踢技术得分率为第二位；且皆以下劈技术得分率为第三位。新旧规则下优秀跆拳道运动员技术得分率，在下劈、后旋踢、推踢、后踢与直拳技术得分率有上升的趋势，但在前横踢、后横踢、双飞踢、侧踢、勾踢与其他技术得分率有下降的趋势。无论在新规则或旧规则运动员皆以后横踢技术为主要得分技术，其主要原因为，中位技术有效攻击部位面积较高位技术大，而正向中位技术分值为2分，运动员对于中位技术攻击得分有较高的把握。中位技术动作的作用时间要比高位技术短，在电子护具的比赛中对于有效得分的力量也有一定的要求，而一般情况下后腿攻击力量优于前腿攻击的力量，此为运动员以后横踢技术攻击的得分为第一位的主要原因。总体运动员以前横踢攻击为第二位，其主要原因为，前横踢具有速度快、隐蔽性强变化性多的特性，且两届规则中前横踢技术使用率皆为第一位，在有适当攻击时机的情况下，运动员仍会选择前横踢进行攻击得分。但在新规则下运动员前横踢与后横踢技术得分率有所下降，主要为新规则中将转身技术分值提高至中位技术 4 分、高位技术 5 分，导致运动前横踢与后横踢技术得分的概率下降，而增进了后旋踢与后踢技术得分率的提升。双飞踢技术属于弧线式攻击，且动作大、腾空时间长，运动员使用双飞踢进攻时容易遭到对手后踢迎击，新规则下转身技术分值的提高，进而也降低了运动员双飞踢技术的得分率。

正向高位技术攻击得分分值为 3 分，下劈技术具有正向高位技术攻击中，速度快、变化性多、安全性强等特性，优于其他高位技术攻击得分的特性，因此下劈技术一直是运动员高位技术攻击的首选。此外，下劈技术在进攻、迎击、反击与近身的状态下皆能使用，新规则中将对峙时间缩短，且将推视为合法技术，增加了运动员使用下劈进行迎击、反击与近身的时机，促使新规则下运动员在下劈技术得分率的提高。同样为正向高位技术攻击为主的勾踢，在下劈技术得分率的提升下，也降低运动员在勾踢技术的使用与得分，导致新规则下运动员勾踢技术得分率有所下降。而下劈技术能够转换为推踢技术的应用，新规则促使运动员必须不断进攻，也增进推踢技术的攻击时机，提高了运动员在推踢技术的得分率。此外，新规则中将出界改为单脚超出界线即为出界，变相地缩减了比赛场地，当对手处于边界时，运动员可利用推踢技术将对手逼出场外，这也是推踢技术得分率有所提高的原因。新规则中规定运动员攻击腰部以下或使用非正规技术判罚扣 1 分，且抬脚后未攻击超过 3 秒为犯规，限制了过去运动员利用侧踢控腿牵制对手或破坏对手攻击的动作，促使新规则下运动员在侧踢与其他技术的得分率有所下降。

新旧规则下优秀跆拳道运动员技术得分成功率前三位，在 2017、2018 规则中皆以直拳为最高；两届规则中皆以双飞踢技术得分成功率为第二位；技术得分成功率第三位在两届规则中有所差异，2017 年规则为勾踢、2018 年规则为下劈。新旧规则下优秀跆拳道运动员技术得分成功率，在下劈、后旋踢、推踢、后踢与直拳技术得分成功率上有上升的趋势，而前横踢、后横踢、双飞踢、侧踢、勾踢与其他技术得分成功率则有下降的趋势。直拳技术在比赛中运用分为两种，一种为利用直拳技术直接进攻攻击对手，另一种为对方攻击同时以直拳技术进行迎击，由于对战距离的关系后者运用优于前者。从2017年规则开始将中位技术分值提高至2分，促使运动员攻击更加频繁，比赛更加激烈紧凑，使被动攻击的运动员防守措手不及，利用直拳破坏对手的进攻距离甚至促成有效得分的概率相对提高。在新规则中对峙时间的限制，使运动员必须不断进行攻击，但在进攻同时，也增加了近身的机会，使直拳攻击得分的概率也有所提升，因此直拳成功率相对也有所提高。双飞踢技术属于弧线式攻击，且踢击动作大、腾空时间长，运动员使用双飞踢进攻时容易遭到对手迎击，且新规则下转身技术分值的提高，进而也降低了运动员双飞踢技术的使用率与得分率。此外，本次选择国际比赛四强阶段的运动员作为研究对象，双方运动员使用技术都非常谨慎，在运动员有把握的情况下才会使用双飞踢技术，因此双飞踢技术成功率也相对较高。但在新规则下双飞踢技术得分成功率有所下降，其主要原因为，转身技术分值提高，运动员不敢贸然使用双飞踢进行得分。而新规则促使比赛更加激烈紧凑，运动员必须不断地进行攻击，而当对手攻击时运动员可利用双飞踢技术破坏对手的动作，导致运动员在双飞踢技术的得分率与得分成功率皆有所下降。

在得分成功率第三位由原本的勾踢技术转换为下劈技术，以往勾踢技术较常运用在高位技术中，但由于电子护具的使用与中位技术分值改变后，运动员中位勾踢的使用也有所提升。在2017年规则下中位技术分值提高至2分，使运动员横踢技术使用率有所提升，而当对手使用横踢技术时，运动员能以勾踢进行迎击，化解对手的横踢技术攻击甚至有效得分，因此2017年规则下勾踢使用率也有所提升。郑义等人研究指出，2017年规则的修订与电子护具的使用，衍生了三大类新技术的使用，如脚内侧横踢击打类、中位勾踢脚底拍打类与后踢、横踢蹭击类[①]，其研究结果与本书相符。但在由于下劈技术属于正向攻击，具有速度快、破坏性强、安全性佳等特性，且新规则中对

---

① 郑义，豆贝贝.简析新规则背景下对跆拳道技术的影响［J］.运动，2017（2）：17-18.

峙时间缩减、场地面积缩小的情况下，促使运动员在比赛中必须积极进攻，这也为下劈技术创造了更多的得分时机，使下劈技术的得分成功率在新规则中有所提升，而勾踢技术得分成功率有所下降。同样的，下劈技术与推踢技术的攻击轨迹相似，因此运动员在下劈与推踢技术间可以相互转换，进而使推踢技术得分成功率也有所提升。由于新规则将转身技术分值提高至中位技术 4 分、高位技术 5 分，且缩短运动员比赛中的对峙时间，促使运动员必须不断进攻，转身技术提供了更多攻击的时机，使后踢与后旋踢的得分成功率皆有所提升。前横踢与侧踢技术在比赛中主要以前腿为主攻击为主，而新规则下使运动员必须不断进攻，当对手攻击时使用前横踢与侧踢技术能有效阻挡或破坏对手的攻击，虽然运动员在前横踢与侧踢技术使用率有所提升，但其技术大多作为阻挡破坏对手为目的，进而影响运动员在前横踢与侧踢技术的得分成功率。新规则中规定攻击腰部以下或使用非正规技术判罚扣 1 分，而其他技术使用的过程中容易造成碰撞，运动员为避免被判罚扣分，因此在新规则中运动员其他技术的使用率、得分率及得分成功率皆有所下降。新规则下中位技术分值为 2 分，且场地与对峙时间缩短，促使比赛更加激烈紧凑，但双方在互击的情况下中位技术难以达到电子护具所规定的力量要求。因此，虽然后横踢技术的使用率与得分率皆在前三位中，但运动员在后横踢技术得分成功率有所下降。

一、新旧规则下女子优秀跆拳道运动员技术变化特征分析

新旧规则下女子组优秀跆拳道运动员使用技术前三位，在 2017、2018 年规则下女子组运动员皆以前横踢为最高；两届规则中皆以侧踢技术使用率为第二位；且皆以后横踢技术使用率为第三位。新旧规则下女子组优秀跆拳道运动员技术使用率，在前横踢、后横踢、旋风踢、侧踢及直拳技术有上升的趋势，而下劈、后旋踢、双飞踢、推踢、勾踢、后踢及其他技术使用率则有下降的趋势。在新旧规则下女子组运动员皆以前横踢、侧踢与后横踢技术为

比赛中主要运用之技术，且在新规则下前横踢、侧踢与后横踢技术的运用更加重要。在 2017 年规则中将中位技术分值提升至 2 分，并规定运动员不可有利用抬脚阻挡对手或对峙的行为出现，且抬脚后必须伴随攻击的行为，否则将会遭到裁判判罚扣分，促使运动员必须不断地进攻。横踢技术的攻击面积大、速度快、变化性强、安全性佳，且中位技术与高位技术皆可使用，因此在比赛过程中横踢技术的运用一直受到运动员的青睐。而侧踢技术的破坏性强、安全性佳，无论进攻、迎击或反击皆可使用，所以自从跆拳道比赛使用电子护具以来，侧踢技术的使用也越来越广泛。在新规则中缩短了运动员对峙的时间与场地的面积，运动员必须不断地发动攻击，因此在新规则下运动员在前横踢、侧踢与后横踢技术的使用皆有所提升。新规则使运动员攻击更加频繁、比赛更加激烈紧凑，为直拳技术的运用塑造更多良机，促使运动员在直拳技术使用率有所提升。由于新规则将转身技术修改为中位技术 4 分、高位技术 5 分，但由于转身技术得分具有一定的难度与风险性，运动员在实力悬殊或比分落后的情况下，才能激发运动员使用转身技术的动机。女子组运动员在肌肉结构上收缩速度较差，一般情况下爆发力略低于男子组运动员，而后踢与后旋踢技术多用于迎击，需要有较强的爆发力与时间差掌握，因此在新规则下女子组运动员后踢与后旋踢技术使用率有所下降。而旋风踢技术主要以进攻为主，新规则在转身技术高分值的情况下，诱发运动员在旋风踢技术的使用，因此新规则下旋风踢技术使用率有所提升。新规则下女子组在下劈、双飞踢、推踢、勾踢及其他技术使用率有所下降，其使用率下降之技术与总体运动员一致，说明新规则下无论是总体运动员或女子组运动员，在下劈、双飞踢、推踢、勾踢及其他技术使用率皆有所下降。

新旧规则下女子组优秀跆拳道运动员技术得分率前三位，在 2017、2018 年规则中皆以后横踢技术为最高，两届规则皆以前横踢技术得分率为第二位；在技术得分率第三位中两届规则皆有所差异，2017 年规则以侧踢技术得分率为第三位、2018 年规则以下劈技术得分率为第三位。新旧规则下女子优秀运动员技术得分率，在后横踢、下劈、后旋踢、后踢、直拳及其他技术得分率有上升的趋势，而在前横踢、双飞踢、推踢、侧踢与勾踢技术得分率有下降的趋势。新旧规则下总体运动员与女子组运动员皆以后横踢技术与前横踢技术得分率为前两位，说明无论在新规则或旧规则中运动员皆以后横踢技术为主要得分技术，且在新规则下后横踢技术得分率有所上升。而新旧规则下女子组运动员技术得分率第三位，由原本的侧踢技术转向下劈技术。其主要原因为，新规则中规定运动员攻击腰部以下或使用非正规技术判罚扣 1 分，且抬脚后未攻击超过 3 秒为犯规，限制了过去运动员利用侧踢进攻、迎击或破坏对手攻击的情况，促使新规则下运动员在侧踢技术的得分率有所下降。而下劈技术同样具有进攻或迎击的运用，且高位技术分值高于中位技术，女子组运动员普遍柔韧性优于男子组，促使女子组运动员由原本的侧踢得分改为分值更高的下劈技术。在新规则下规定运动员对峙时间不得超过 5 秒，运动员在比赛中必须不断攻击，这也为下劈技术迎击得分塑造了更多良机，因此新规则下运动员下劈技术得分率也有所提升。后踢、后旋踢与直拳技术在比赛中最佳的得分时机为迎击，新规则下规定运动员 5 秒内必须发动攻击，且转身技术的分值提高至中位技术 4 分、高位技术 5 分，促使运动员在新规则下后踢、后旋踢与直拳技术得分率皆有所提升。女子组在其他技术得分率有所提升，主要原因为，新规则下对峙时间缩短、场地范围缩减，运动员攻击更加频繁，而在边界的情况下，运动员必须向前避免出界遭受判罚。而当运动员使用其他技术攻击时，对手向前进而使护具与感应片碰撞促成得分，进而使其他技术得分率在新规则下有所提升。新规则中将转身技术分值提高，而前横踢与双飞踢技术属于弧线式攻击，且双飞踢技术制空时间长，容易遭到对手使用后踢技术迎击得分，因此在新规则下前横踢与双飞踢技术得分率有所下降。此外，使用电子护具比赛，运动员攻击技术需有一定的力量才可促成有效得分，新规则下双方激烈缠斗中也会降低运动员击打的力量，促使前横踢与双飞踢得分率有所下降。新规则下中位技术分值为 2 分，且对峙时间与场地范围缩减，使比赛更加激烈紧凑，运动员使用推踢与勾踢技术落空时，容易遭到对手反击得分，因此降低了运动员推踢与勾踢技术的得分率。

新旧规则下女子组优秀跆拳道运动员技术得分成功率前三位，在两届规则中有所差异，2017 年规则以直拳技术得分成功率为最高、2018 年规则以双飞踢技术得分成功率为最高；2017 年规则以双飞踢技术得分成功率为第二位，2018 年规则以直拳技术得分成功率为第二位；2017 年规则以勾踢技术得分成功率为第三位，2018 年规则以后横踢技术得分成功率为第三位。新旧规则下女子组优秀跆拳道运动员技术得分成功率，在后横踢、下劈、双飞踢、推踢、后踢、直拳及其他技术成功率有上升的趋势，而在前横踢、侧踢与勾踢技术得分成功率有下降的趋势。新规则下女子组优秀跆拳道运动员技术得分成功率第一位，从原本的直拳技术转变为双飞踢技术，其主要原因为，新规则下分值的提高使运动员使用双飞踢技术更加小心，运动员在有把握的情况下才会使用。因此，虽然在双飞踢技术使用率与得分率皆有所下降，但双飞踢技术得分成功率仍有所提升，而直拳技术使用率与得分率皆有所提升，促使双飞踢技术得分成功率高于直拳技术。新规则中将推视为合法技术，当运动员在近身时可利用推的技术，将对手推开后进行攻击。而以往在近距离时，运动员会使用勾踢技术攻击对手头部进行得分，但在推合法化后，运动员可利用推开后使用较安全的后横踢技术进行得分，促使女子组运动员技术得分成功率第三位由勾踢转为后横踢技术，也是导致勾踢技术得分成功率下降的原因。此外，在新规则中限制运动员对峙时间不得超过 5 秒、场地范围的缩减的情况下，运动攻击更加激烈紧凑，当对手攻击时勾踢不易施展，因此抑制了运动员在勾踢技术的使用。新规则中限制运动员对峙时间不得超过 5 秒、场地范围的缩减的情况下，运动攻击更加激烈紧凑，也为以往迎击得分为主的下劈、推踢、后踢提供更好的迎击时机，促使该技术得分成功率的提升。新规则下对峙时间缩短、场地范围缩减，运动员攻击更加频繁，而在边界的情况下，运动员为避免出界遭受判罚，必须设法近身并脱离边界。当运动员使用其他技术攻击时，对手向前进同时，使护具与感应片碰撞促成得分，进而使其他技术得分成功率在新规则下有所提升。新规则中规定运动员必须在 5 秒内采取攻击行为，促使运动员在前横踢与侧踢技术的使用率有所增加，但其技术的使用目的主要不在于得分，较多为牵制、引诱或为接续动作为主，因此前横踢与侧踢技术得分成功率有所下降。

二、新旧规则下男子优秀跆拳道运动员技术变化特征分析

新旧规则下男子组优秀跆拳道运动员技术使用前三位，在 2017、2018 年规则中皆以前横踢技术为使用率最高的技术，两届规则皆以侧踢技术使用率为第二位；两届规则中皆以后横踢技术使用率为第三位。新旧规则下男子组优秀跆拳道运动员得分技术使用率，在下劈、后旋踢、推踢与侧踢技术使用率有上升的趋势，而在前横踢、后横踢、双飞踢、旋风踢、勾踢、后踢、直拳与其他技术使用率有下降的趋势。在新旧规则下男子组运动员皆以前横踢、侧踢与后横踢技术为比赛中主要运用之技术，且与总体运动员及女子组运动员技术使用率前三位一致，但新规则下男子组运动员在前横踢与后横踢技术使用率有所下降，而侧踢技术使用率有所上升。其主要原因为，新规则中规定运动员对峙时间不得超过 5 秒，促使运动员必须不断进攻，但男子组的反应、爆发力一般优于女子组，为避免攻击落空后遭到对手反击得分，男子组会选择安全性较佳、破坏性较强的侧踢技术进行攻击。此外，新规则中将转身技术分值提升至中位技术 4 分、高位技术 5 分，在横踢技术的运用中可能会遭到对手转身技术的迎击，因此运动员不敢贸然使用，促使前横踢与后横踢及双飞踢技术使用率有所下降。新规则中对峙时间缩短、场地范围缩减，也为下劈、推踢与后旋踢塑造了更多迎击的机会，促使运动员在该技术使用率上有所提升。且转身技术分值的提高，当运动员在实力悬殊或比分落后时，更愿意尝试后旋踢技术的运用。在比赛过程中后踢与后旋踢迎击的时机相同，且后旋踢的分值较后踢技术高，因此运动员后旋踢的使用率有所提升，而后踢技术使用率有所下降。而在旋风踢技术运用上，由于转身的作用时间较后旋踢与后踢技术要长，在双方运动员实力差距不大的情况下，运动员不敢贸然使用旋风踢技术进行攻击，促使旋风踢技术使用率有所下降。运动员比赛

中勾踢与直拳技术的运用上，大多在双方运动员近身时使用，但新规则将推视为合法技术，运动员可运用推将对手推开后进行攻击，也减少了勾踢与直拳技术的使用机会。

新旧规则下男子组优秀跆拳道运动员技术得分率前三位，2017 年规则中以前横踢与后横踢技术并列为得分率最高的技术，2018 年规则中则以前横踢技术得分率为最高的技术；以后横踢技术得分率为第二位；两届规则中皆以下劈技术得分率为第三位。新旧规则下男子组优秀跆拳道运动员得分技术得分率，在下劈、推踢、侧踢、后踢与直拳技术得分率有上升的趋势，而在前横踢、后横踢、双飞踢、勾踢与其他技术得分率则有下降的趋势。无论在新旧规则中男子组运动员皆以前横踢与后横踢得分率为前二位，但在 2018 年规则下技术得分率与总体运动员及女子组运动员有所差异，新规则下男子组运动员以前横踢技术为最高。其主要原因为，男子组运动员的反应速度、爆发力一般情况优于女子组，且本书选择国际比赛中四强阶段之运动员，双方使用技术都更加小心。而新规则将转身技术分值改为中位技术 4 分、高位技术 5 分，后腿技术动作较前腿大、动作时间较长，运动员直接使用后横踢技术容易造成对手后踢或后旋踢技术的迎击，促使运动员不敢贸然使用后横踢技术，选择较保守、安全性较佳的前横踢进行得分。但转身技术分值提高的影响下，后踢技术属于直线式攻击与横踢技术的弧线式攻击正好相克，也使男子组运动员在横踢系列的前横踢、后横踢及双飞踢技术得分率皆有所下降，而后踢技术在新规则下有所提升。新规则中缩短对峙时间、场地缩减，促使运动员必须不断进攻，而以往较常使用于迎击的下劈、推踢、侧踢、后踢与直拳技术，在新规则下也为该技术提供了更多迎击的得分时机。此外，新规则将推视为合法技术，运动员在近身时可利用推的技术，将对手推开后进行下劈得分，让原本已经是得分技术第三位的下劈技术，在新规则中下劈技术仍有所提升。而以往近身时运动员可利用勾踢攻击对手头部，但由于新规则中推踢的合法化，运动员近身时机相对减少，勾踢技术得分的时机也因此而有所下降。过去运动员利用其他技术进行牵制或破坏对手攻击，但新规则中规定抬脚后必须伴随攻击动作，否则将会遭到判罚扣分，因此新规则也抑制了运动员在其他技术的使用与得分。

新旧规则下男子组优秀跆拳道运动员技术得分成功率前三位，在2017、2018年规则中皆以直拳技术得分成功率为最高的技术；在技术得分成功率第二位中两届规则皆有所差异，2017年规则中以双飞踢技术为得分成功率第二位，2018年规则中以后踢技术为得分成功率第二位；在技术得分成功率第三位中两届规则仍有所差异，2017年规则中以后横踢技术为得分成功率第三位，2018年规则中则以下劈技术为得分成功率第三位。新旧规则下男子组优秀跆拳道运动员技术得分成功率，在下劈、推踢、侧踢、后踢与直拳技术得分成功率有上升的趋势，而在前横踢、后横踢、双飞踢、勾踢与其他技术得分成功率有下降的趋势。在跆拳道比赛中主要以腿部技术得分为主，所以过去在比赛过程较少运用直拳技术，在直拳技术得分的要素分为两种：一是直接使用直拳技术且直接命中腹部；二为对手攻击时以直拳技术迎击对手。本次研究对象为国际比赛中四强阶段之优秀运动员，直接以直拳命中对手的概率较低，运动员多以直拳迎击得分为主，但直拳技术在使用少命中率高的情况下，促使两届规则中皆以直拳技术得分成功率为最高。新规则将对峙时间缩短、场地范围缩减，促使运动员不断地进行攻击，进而使直拳技术有更多攻击得分的机会，因此新规则下直拳技术得分成功率也有所提升。在运动员进攻频繁的情况下，为过去以迎击技术得分为主的下劈、推踢、侧踢、后踢与直拳技术提供更好的得分契机，使其技术得分成功率在新规下皆有所提升。新规则中将转身技术分值提高为中位技术4分、高位技术5分，在转身技术高分值的情况下，使男子组运动员不敢轻易使用横踢系列的动作进行攻击，在前横踢、后横踢及双飞踢技术得分成功率皆有所下降，而后踢技术得分成功率也有所提升。而以往运动员会在近身使用勾踢攻击对手头部，由于新规则中将推视为合法技术，促使运动员近身勾踢的时机相对减少，因此勾踢技术的使用率、得分率及得分成功率皆有所下降。过去运动员利用其他技术进行牵制或破坏对手攻击，但新规则中规定抬脚后必须伴随攻击动作，否则将会遭到判罚扣 1 分，因此新规则下其他技术的使用率、得分率及得分成功率皆有所下降。

三、新旧规则下女子各量级优秀跆拳道运动员技术变化特征分析

（一）新旧规则下女子组 −49 千克级优秀跆拳道运动员技术变化特征分析

新旧规则下女子组 −49 千克级优秀跆拳道运动员，皆以前横踢技术为使用率最高，但新规则下前横踢技术使用率、得分率及成功率皆有下降的趋势。由于新规则下转身技术分值提高，运动员不敢贸然使用前横踢技术，且对峙时间缩短的情况下，运动员前横踢技术的使用主要非在攻击得分，促使运动员在前横踢的使用率、得分率及成功率皆有所下降。而两届规则下皆以侧踢技术为使用率第二位，且在新规则下侧踢技术使用率所提升，但在得分率及成功率有所下降。新规则中对峙时间与场地范围的缩减，运动员必须不断的进攻，运动员使用侧踢技术能较安全的防御或破坏对手攻击，促使运动员在侧踢技术使用率的提升，但侧踢技术的使用目的主要非在得分，因此在得分率与成功率皆有所下降。在两届规则中运动员皆以后横踢技术为使用率第三位，且在新规则下以后横踢技术得分率为最高，在后横踢技术使用率、得分率及成功率皆有所提升。其主要原因为，新规则下场地范围缩减，且推为合法技术，运动员在近身时可利用推的技术，将对手推开后使用后横踢攻击得分。且运动员可借由前横踢与侧踢技术将对手压制到边界或进行前导的作用，再利用后横踢进行更有利的攻击，促使后横踢技术的使用率与得分率及成功率皆有所提高。在后横踢技术得分率提高的情况下，运动员得分率第二位由原本的后横踢转变为下劈技术，虽运动员在新规则中下劈技术使用率有所下降，但得分率与成功率皆有所上升。新规则中限制对峙时间不得超过 5 秒，且场地范围缩减与推踢的合法化，增加了运动员在下劈技术的进攻、迎击与反击的得分时机，促使下劈技术在得分率与成功率在新规则下有所提升。运

动员技术得分率第三位由勾踢转变为直拳，在新规则下直拳技术使用率、得分率皆有所上升，而直拳成功率则由第一位下降为第二位。新规则中运动员必须不断进攻，这也为直拳塑造了更多迎击的机会，但蝇量级在直拳攻击的相对较小，虽使用率有所增加，但得分成功率并不理想。而技术得分成功率第一位也由直拳转变为双飞踢技术，且双飞踢技术使用率、得分率及成功率在新规则下皆有所提升。由于场地范围的缩减，运动员在边界时为避免出界遭到判罚，减少了后退反击的使用，这也为双飞踢技术制造了得分的良机，促使双飞踢使用率得分率及成功率皆有所提升。而技术得分成功率第三位，由勾踢转变为后旋踢，且新规则下后旋踢技术的使用率、得分率及成功率皆有所提升。主要原因是新规则下转身技术分值提高，且运动员在比赛中必须不断进攻，为后旋踢技术迎击塑造了得分的机会。

（二）新旧规则下女子组 -57 千克级优秀跆拳道运动员技术变化特征分析

新旧规则下女子组 -57 千克级优秀跆拳道运动员，皆以前横踢技术使用率为最高，在新规则下以前横踢技术得分率为第一位，且在前横踢技术得分率有所提升，但前横踢技术使用率则有所下降。新规则下转身技术分值提高，对峙时间缩短的情况下，运动员不敢贸然使用前横踢技术，促使前横踢技术使用率在新规则下有所下降。但由于女子组 -57 千克级运动员属于中量级，爆发力、反应速度都优于其他量级，而前横踢技术具有速度快、变化性佳、隐蔽性好等特性，因此该量级仍以前横踢作为主要得分的技术，促使运动员在前横踢的得分率有所提升。两届规则中皆以侧踢技术使用率为第二位，但在新规则下侧踢技术使用率、得分率及成功率皆有所下降。其主要原因为，过去运动员会利用侧踢技术破坏或阻挡对手攻击，而新规则中规定运动员攻击腰部以下或抬脚后未攻击超过 3 秒为犯规，因此限制了运动员在侧踢技术的使用，促使新规则下侧踢技术使用率、得分率及成功率的下降。而运动员技术使用率第三位，由原本的后横踢转变为其他技术，且在新规则下其他技术得分率与成功率皆有所提升，但在其他技术使用率则有所下降。同样在新规则中对抬脚的限制下，降低了过去运动员对抬脚牵制或破坏对手攻击的动作，促使运动员在其他技术使用率有所下降。但在新规则中转身技术分值的提升，运动员不敢直接使用后横踢技术进行攻击，因此借由其他技术中的逆横踢替代，促使运动员其他技术的得分率与成功率皆有所提升。而运动员技术得分率第二位，由原本的后横踢与下劈转变为侧踢与勾踢技术，且在新规则下勾踢技术得分率及成功率皆有所提升。运动员使用后横踢与下劈技术时，由于技术动作相对较大，容易造成对手使用后踢与后旋踢迎击得分，在新规则转身技术分值提高的情况下，降低了运动员在该技术的使用与得分。而侧踢与勾踢技术相对有较佳的安全性，可避免攻击时被对手转身技术迎击得分，因此运动员选择该技术进行得分相对有利，也提高了勾踢技术的得分率与成功率。两届规则中皆以直拳技术得分成功率为最高，且在新规则下直拳技术成功率有所提升，但直拳技术使用率及得分率则有所下降。新规则下对峙时间缩短，促使运动员必须不断进攻，而直拳技术多使用于迎击的时机，但直拳技术仅为1分，同样为迎击时机运动员会使用分值较高的技术使用，因此直拳技术使用率与得分率皆有所下降。而运动员技术得分成功率第二位，由下劈转变为勾踢技术，且新规则下勾踢技术得分率及成功率皆有所提升，但勾踢技术使用率则有所下降。在新规则转身技术分值提高的情况下，运动员不敢贸然使用下劈技术，因此转变为防御性、安全性较佳的勾踢技术进行得分，促使勾踢技术得分率与成功率的提升。而运动员技术得分成功率第三位，由推踢转变为后横踢与后踢技术，且在新规则下后踢技术得分率与成功率皆有所提升，而后横踢技术使用率与得分率皆有所下降。新规则中后踢技术分值提高至4分，且对峙时间规定不得超过5秒，促使运动员必须不断进攻，也为后踢技术塑造了更多的得分良机。而转身技术分值的提升，促使运动员不敢贸然使用后横踢技术，在使用后横踢技术时更加谨慎，因此使用率与得分率皆有所下降，相对地提升了后横踢的得分成功率。

（三）新旧规则下女子组 -67 千克级优秀跆拳道运动员技术变化特征分析

新旧规则下女子组 -67 千克级优秀跆拳道运动员，皆以前横踢技术使用率为最高，且在新规则下前横踢技术使用率有所提升，但得分率与成功率皆有所下降。新规则下转身技术分值提高，运动员不敢贸然使用前横踢技术进行得分，而新规则对峙时间缩短的情况下，运动员前横踢技术的使用主要在于牵制、压迫对手，促使运动员在前横踢的使用率有所提升，但得分率及成功率皆有所下降。而运动员技术使用率第二位，由原本的后横踢与侧踢转变为侧踢技术，且在新规则下侧踢技术使用率有所提升，但侧踢技术得分率与成功率皆有所下降。在转身技术分值提高的情况下，运动员不敢贸然使用后横踢攻击对手，而转变为防御性破坏性较佳的侧踢技术牵制或破坏对手攻击，因此侧踢技术使用率有所提升，但得分率与成功率皆有所下降。运动员以后横踢技术使用率为第三位，且两届规则下后横踢技术皆为得分率第一位，而新规则下后横踢技术使用率、得分率皆有所提升。由于垫子护具的得分的要素包含接触面积与力量等，而后横踢技术相较于前横踢得分较有优势，且新规则中将推视为合法技术，运动员近身时可利用推踢的技术取得较佳的攻击距离与时机，促使运动员在后横踢技术的使用与得分皆有所提升。新规则下运动员技术得分率第二位，由原本的前横踢技术转变为下劈技术，且下劈技术得分率与成功率皆有所提升。新规则中对峙时间缩短，且将推技术合法化，促使运动员在近身时利用推的技术，将对手推开后以下劈技术攻击对手得分的机会增加，促使下劈技术得分率与成功率的提升。而运动员技术得分率第三位，由原本的侧踢技术转变为前横踢技术。其主要原因为，过去侧踢技术多用于迎击得分，但新规则中规定运动员攻击腰部以下或使用非正规技术判罚扣 1 分，而使用侧踢迎击时容易造成碰撞，为避免碰撞而遭受判罚犯规，运动员改以前横踢作为迎击得分，促使前横踢技术得分率高于侧踢技术。两届规则下运动员皆以直拳技术得分成功率为最高，且新规则下直拳技术使用率有所提升，但得分率及成功率皆有所下降。过去比赛中直拳技术多以迎击得分为主，新规则中对峙时间的缩短，促使运动员必须不断进攻，也为直拳技术提供了更多使用的机会，但使用率增加也降低了直拳技术的得分成功率。运动员得分成功率第二位，由原本的后踢转变为双飞踢技术，且得分成功率有上升的趋势，但双飞踢技术使用率及得分率皆有下降的趋势，说明双飞踢技术使用率下降高于得分率下降，因此成功率呈现上升的情况。而运动员得分成功率第三位，由原本的后横踢技术转变为下劈技术，且得分成功率有上升的趋势。新规则中将推视为合法技术，运动员在近身时可利用推的技术将对手推开后进行攻击，而由于高位技术分值高于中位技术，因此运动员较青睐于推开后使用下劈技术得分，促使下劈技术成功率有所提升。

（四）新旧规则下女子组 +67 千克级优秀跆拳道运动员技术变化特征分析

新旧规则下女子组 +67 千克级优秀跆拳道运动员，皆以前横踢技术使用率为最高，且两届规则中皆以前横踢技术得分率为第二位，新规则下前横踢技术得分率有所提升。前横踢具有速度快、隐蔽性佳等特性，在该量级运动员中无问新旧规则皆以前横踢使用率为最高，但直接使用前横踢技术进行得分的情况较少，因此得分率也相对较低。在新规则中对峙时间缩短，运动员必须不断进攻，且场地范围缩减，运动员减少了后退的机会，促使前横踢得分的情况也有所提升。两届规则中皆以后横踢技术使用率为第二位，且两届规则皆以后横踢技术为得分率第一位，在新规则下使用率、得分率、成功率皆有所提升。前横踢技术在该量级多以牵制、破坏或拉近与对手距离等，而后横踢为主要得分之技术，新规则中将推视为合法技术，也增加了运动员使用推后以后横踢攻击得分的机会，促使后横踢技术得分率在新规则下有所提升。而两届规则中皆以侧踢技术使用率为第三位，但在新规则下侧踢技术使用率、得分率及成功率皆有所下降。过去运动员常以侧踢技术牵制或破坏对手攻击，由于新规则中规定运动员攻击腰部以下或抬脚后未攻击超过 3 秒即为犯规，限制了运动员对侧踢技术的运用，在侧踢技术使用率、得分率及成功率皆有所下降。而运动员得分率第三位，由原本的侧踢转变为直拳技术，且在新规则下以直拳技术成功率为最高，直拳技术使用率、得分率及成功率皆有所提升。新规则中对峙时间的缩短、场地范围的缩减，使运动员必须不断进攻，促使比赛更加激烈紧凑，当对手攻击时使用直拳技术能有效抑制对手攻击、破坏对手重心，甚至促成有效得分，因此该量级运动员直拳技术使用率、得分率及成功率皆有所提升。

四、新旧规则下男子各量级优秀跆拳道运动员技术变化特征分析

（一）新旧规则下男子组 -58 千克级优秀跆拳道运动员技术变化特征分析

新旧规则下男子组 -58 千克级优秀跆拳道运动员，皆以前横踢技术使用率与得分率为最高，但新规则下前横踢技术使用率、得分率及成功率皆有所下降。由于新规则中转身技术分值提高至中位技术 4 分、高位技术 5 分，运动员不敢贸然使用前横踢技术进行攻击，而前横踢主要在于牵制或破坏对手攻击，促使前横踢技术使用率、得分率及成功率皆有所下降。运动员技术使用率第二位，由后横踢转变为侧踢技术，且在新规则下侧踢技术使用率、得分率及成功率皆有所提升。其主要原因为，新规则将转身技术分值提高，且对峙时间缩短为 5 秒，运动员必须不断采取攻击，而侧踢技术相对于横踢技术有较佳的破坏性与安全性，促使运动员侧踢技术使用率、得分率及成功率皆有所提升。而运动员技术使用率第三位，由侧踢转变为后横踢技术，且新规则下后横踢技术为得分率第三位，但在后横踢技术使用率、得分率及成功率皆有所下降。在转身技术分值提高的情况下，直接使用后横踢技术容易遭到对手后踢、后旋踢迎击得分，因此运动员不敢贸然使用，使后横踢技术使用率、得分率及成功率皆有所下降。运动员技术得分率第三位，由下劈技术转变为后横踢与后踢，且在新规则下后踢技术得分率及成功率皆有所提升。新规则中对峙时间缩减、转身技术分值提高，为运动员在后踢技术提供更多得分良机，促使运动员在后踢技术得分率及成功率皆有所提升。运动员技术

得分成功率第一位，由下劈转变为直拳技术，且新规则下直拳技术得分率及成功率皆有所提升。新规则下对峙时间缩短，运动员必须不断进攻，促使以迎击为主要得分的直拳技术有更多的得分契机，因此在直拳技术得分率及成功率皆有所提升。运动员技术得分成功率第二位，由后横踢转变为勾踢技术，且新规则下勾踢技术使用率、得分率及成功率皆有所提升。由于新规则将转身技术分值提高，运动员为防止直接后横踢遭到对手后踢或后旋踢迎击，利用前腿中位勾踢的使用率有所提升。而在场地范围缩减的情况下，运动员减少后退反击的使用，使中位勾踢技术得分更加有利，因此勾踢技术得分率及成功率也有所提升。运动员技术得分成功率第三位，由直拳转变为推踢技术，且新规则下推踢技术使用率、得分率及成功率皆有所提升。新规则下对峙时间缩短、场地范围缩减，使运动员必须不断进攻，而当对手进攻时使用推踢技术能有效地吓阻、破坏对手的攻击，甚至能促成有效得分，因此推踢技术使用率、得分率及成功率皆有所提升。

（二）新旧规则下男子组 -68 千克级优秀跆拳道运动员技术变化特征分析

新旧规则下男子组 -68 千克级优秀运动员得分技术使用率，皆以前横踢技术使用率为最高，且两届规则皆以前横踢技术得分率为第二位，但在新规则下前横踢技术使用率、得分率皆有所下降，而得分成功率则有所提升。由于新规则中转身技术分值得提高，使运动员使用横踢技术时更加小心、防备，但规则中将对峙时间缩短，逼迫运动员必须不断进行攻击，因此运动员选择速度较快隐蔽性佳的前横踢技术进行运用。前横踢技术的使用在新规则中主要不在于得分，而是牵制、破坏对手攻击与打破 5 秒限制等，但若有得分时机运动员仍会选择前横踢进行得分，因此形成前横踢得分率有所下降，而前横踢技术成功率有所上升的情况。运动员技术使用率第二位，由后横踢转变为侧踢技术，且在新规则下侧踢技术为得分率第三位，侧踢技术使用率、得分率及成功率皆有所提升。在新规则下对手不断进攻时，运动员使用侧踢进行迎击、破坏或得分相对安全有利，因此侧踢技术使用率、得分率及成功率皆有所提升。而运动员技术使用率第三位，由侧踢转变为后横踢技术，在新规则下后横踢技术得分率最高，但后横踢技术使用率、得分率皆有所下降，后横踢技术得分成功率则有所提升。新规则下转身技术分值提升的情况下，使运动员不敢贸然使用后横踢技术，运动员在有十足的把握下才会使用，使后横踢技术使用率与得分率有所下降，但后横踢技术成功率则有所提升。两届规则中运动员皆以直拳技术得分成功率为最高，且在新规则下得分成功率有所提升，但直拳技术使用率及得分率则有所下降。新规则中对峙时间的缩短、场地范围的缩减，使运动员必须不断进攻，为直拳技术得分塑造更多的良机。但新规则将推视为合法技术，且直拳技术分值仅有 1 分，促使运动员降低在直拳技术使用的欲望，因此直拳技术使用率与得分率有所下降。运动员技术得分成功率第二位，由后横踢转变为双飞踢技术，且新规则下双飞踢技术使用率与成功率皆有所提升。该量级运动员在过去双飞踢的使用较少，新规则下将对峙时间与场地范围缩减，当运动员在边界时可利用双飞踢技术将对手逼出场外或进行攻击得分，促使运动员在双飞踢技术的成功率有所提升。

（三）新旧规则下男子组 -80 千克级优秀跆拳道运动员技术变化特征分析

新旧规则下男子组 -80 千克级优秀跆拳道运动员得分技术使用率，皆以前横踢技术使用率为最高，且在新规则下前横踢技术得分率为第二位，使用率有所提升，但得分率与成功率有所下降。由于新规则中转身技术分值提高至中位技术 4 分、高位技术 5 分，运动员不敢贸然使用前横踢技术进行攻击，而前横踢主要在于牵制或破坏对手攻击，促使前横踢技术使用率有所提升，但前横踢技术得分率及成功率有所下降。两届规则中皆以侧踢技术使用率为第二位，但在新规则下侧踢技术使用率、得分率与成功率皆有所下降。新规则中规定运动员攻击腰部以下或使用非正规技术判罚扣 1 分，且抬脚后未攻击超过 3 秒为犯规，限制了过去运动员利用侧踢进行控腿的习惯，促使侧踢技术使用率、得分率与成功率皆有所下降。两届规则皆以后横踢技术使用率为第三位，且在新规则下后横踢技术为得分率第三位，而后横踢技术使用率、得分率皆有所提升。新规则中将推视为合法技术，运动员在近身时可利用推的技术，将对手推开后以后横踢进行攻击得分，因此后横踢技术使用率与得分率皆有所提升。而该量级运动员技术得分率第一位，由前横踢转变为下劈技术，且在新规则中下劈技术得分成功率为第二位，下劈技术使用率、得分率及成功率也皆有所提升。新规则中对峙时间缩减、场地面积缩小的情况下，使运动员必须积极进攻，这也为下劈技术创造了更多迎击得分的时机，使下劈技术使用率、得分率及成功率有所提升。两届规则中皆以直拳技术得分成功率为最高，且在新规则下直拳技术使用率、得分率及成功率皆有所提升。同样在对峙时间缩短、攻击频繁的情况下，以迎击得分为主的直拳技术，在新规则下有更多得分的契机，因此直拳技术使用率、得分率及成功率皆有所提升。而运动员技术得分成功率第三位，由后踢转变为双飞踢技术，且在新规则下双飞踢技术得分率与成功率皆有所提升。在新规则场地范围缩减的情况下，运动员减少了后退反击的运用，当运动员使用双飞踢时对手迎击很可能会促成有效得分，因此双飞踢技术的得分率与成功率有所提升。

（四）新旧规则下男子组 +80 千克级优秀跆拳道运动员技术变化特征分析

新旧规则下男子组 +80 千克级优秀跆拳道运动员得分技术使用率，皆以前横踢技术使用率为最高，而在新规则下仍以前横踢技术得分率为最高，且前横踢技术使用率、得分率及成功率皆有所提升。说明该量级运动员以前横踢技术为主要运用与得分之技术，在旧规则中以后横踢技术为得分率最高，但新规则转身技术分值得提高，运动员改以安全性较佳的前横踢进行攻击得分，使前横踢技术使用率、得分率及成功率皆有所提升。而运动员技术使用率第二位，由后横踢转变为侧踢技术，而在新规则下侧踢技术为得分率第二位，且侧踢技术使用率、得分率及成功率皆有所提升。新规则下转身技术分值的提升与对峙时间的缩减，使运动员必须不断采取攻击，而侧踢技术的破坏性与安全性较佳，因此运动员选择侧踢技术进行运用，使侧踢技术使用率、得分率及成功率皆有所提升。在运动员技术使用率第三位，由侧踢转变为后横踢技术，而在新规则下后横踢技术为得分率第三位，但后横踢技术使用率、得分率及成功率皆有所下降。由于后横踢的力量大、得分效果明显，过去该量级以后横踢技术为主要得分技术，但新规则中转身技术分值的提升，促使运动员不敢贸然使用，因此后横踢技术使用率、得分率及成功率皆有所下降。两届规则中皆以直拳技术得分成功率为最高，且在新规则下直拳技术使用率、得分率及成功率皆有所提升。在对峙时间缩短的情况下，利用直拳技术迎击的机会也有所增加，因此新规则下直拳技术使用率、得分率及成功率也有所提升。而运动员技术得分成功率第二位，由勾踢转变为推踢技术，且在新规则下推踢技术使用率、得分率及成功率皆有所提升。同样在对峙时间缩短的情况下，对手进攻时利用推踢技术迎击得分的机会也有所提升，且场地范围缩减的情况下，当对手处于边界时运动员会利用推踢将对手推出场外，因此在新规则下推踢技术的使用率、得分率及成功率有所提升。而运动员技术得分成功率第三位，由后横踢转变为下劈技术，且在新规则中下劈技术得分率与成功率皆有所提升。在对峙时间缩短、场地范围缩减的情况下，运动员必须不断的进攻，进而增加下劈技术迎击的机会，而近身时运动员可将对手推开后使用下劈技术攻击对手，促使下劈技术得分率与成功率有所提升。

五、规则演变下优秀跆拳道运动员技术发展趋势

（一）前脚技术成为主要运用的技术

在新规则中规定，运动员作出抬脚的动作后，必须具有攻击的行为，不可有利用抬脚阻挡对手攻击的行为出现，否则将会遭到裁判判罚扣分。在新规则的限制下，运动员利用前横踢、侧踢技术来进行迎击或反击，进而达到破坏对手攻击或抑制对手的效果。因此，新规则下运动员在前横踢与侧踢技术使用率较其他规则中还要高，而使推踢与其他技术使用率呈现下降的趋势。

（二）新规则助长了后腿技术的得分

新规则下中位技术分值为 2 分，有效提升了运动员在后横踢技术的使用，再推成为合法应用技术后，更提高了运动员在近身后使用推的技术，使后横踢成为新规则下的主要得分技术。在新规则中将对峙时间缩短为 5 秒，且将出界改为单脚超出边线即为出界，使运动员使用技术更加频繁，比赛更加激烈、紧凑，也增加了运动员的近身攻击时机。在推的合法使用下，运动员可利用推的技术，将对手推开后，使对手出现被攻击的破绽，使运动员更有利于后脚技术的使用与得分。因此，新规则下助长了后腿技术的得分，无论是后横踢与下劈的得分率皆有所增长。

（三）新规则下使转身技术更加关键

新规则中将转身技术分值提高至中位 4 分、高位 5 分，且规则中对抬脚阻挡、对峙时间缩短与场地范围的限制下，使运动员更加积极主动进攻，更塑造了运动员在转身技术运用的良机，使运动员在后踢与后旋踢技术得分率呈现上升的趋势。横踢技术与后踢技术两者具有相克的作用，而规则中将中位技术分值提高至 2 分，使运动员在横踢系列的技术有所提升，进而也为转身技术提供了更多的使用时机，使后踢与后旋踢技术的成功率有所提升。

第六节 新旧规则下优秀跆拳道运动员技术攻击部位分析

新旧规则下优秀跆拳道运动员攻击部位使用情况，两届规则中运动员皆以中位技术使用率为最高，且新规则下中位技术使用率有所提升，而高位技术使用率则有所下降。其主要原因为，正向中位技术分值为 2 分、高位技术分值为 3 分，但使用高位技术得分的难度相对较高，且新规则中规定运动员必须在 5 秒内采取攻击行为，使运动员选择速度快难度较低的中位技术运用，促使中位技术使用率有所提升。两届规则中运动员皆以中位技术得分率为最高，但新规则下运动员在中位技术得分率有所下降，而高位技术得分率则有所提升。虽然运动员皆以为技术得分率为最高，但新规则将对峙时间缩短至 5 秒，使运动员必须不断采取进攻，因此增加了高位技术迎击得分的机会。此外，新规则中将推视为合法技术，运动员可利用推开对手的时机，采取高位技术攻击对手头部得分，促使新规则下运动员高位技术使用率下降，但得分率则有所提升的情况。而两届规则中皆以高位技术得分成功率为最高，但新规则下运动员在高位与中位技术得分成功率皆有下降。运动员在比赛中使用高位技术得分相对较难，且本次研究选择国际赛中四强阶段的运动员，双方高位技术运用都非常谨慎，因此高位技术得分成功率较中位技术高。但在新规则中规定运动员必须在 5 秒内采取攻击行为，运动员在技术使用方面不是以得分为主要目的，因此高位与中位技术得分成功率皆有所下降。

一、新旧规则下女子组优秀跆拳道运动员技术攻击部位分析

新旧规则下女子组优秀运动员攻击部位使用情况，两届规则中运动员皆以中位技术使用率为最高，但新规则下中位技术使用率有所下降，而高位技术使用率则有所提升。在双方运动员实力相差不大的情况下，通常运动员会选择较保守的中位技术运用，但新规则中将对峙时间缩短至 5 秒、场地范围缩减，且女子组运动员一般情况下柔韧性优于男子组，促使运动员在迎击时使用高位技术的情况有所增加。此外，新规则中将推视为合法技术运用，运动员推开对手后使用高位技术的情况也有所提升，促使运动员在高位技术使用率有所提升，而中位技术使用率则有所下降。而两届规则中皆以中位技术得分率为最高，且在中位技术得分率有上升的趋势，而在高位技术得分率则有下降。从 2017 年规则开始将正向中位技术分值修改为 2 分，在中位与高位技术分值相差不大的情况下，运动员仍会选择较为保守的中位技术进行攻击得分，因此中位技术得分率在两届规则中皆为最高。新规则下女子组运动员高位技术使用率虽有所提升，但高位技术得分具有一定的难度，因此高位技

术得分率则有所下降。而两届规则中皆以高位技术成功率为最高，但新规则下运动员在高位、中位技术得分成功率皆有下降。高位技术具有一定的难度，且本书以国际比赛四强阶段运动员为对象，双方使用技术都非常谨慎，在有把握的情况下才会使用高位技术，促使运动员高位技术成功率为最高。但新规则中规定运动员5秒内必须采取攻击行为，运动员在技术使用中大多不在于得分，而是为了打破5秒的限制，因此高位与中位技术得分成功率皆有所下降。

二、新旧规则下男子组优秀跆拳道运动员技术攻击部位分析

新旧规则下男子组优秀跆拳道运动员攻击部位使用情况，两届规则中皆以中位技术使用率为最高，但新规则下运动员中位技术使用率有下降，高位技术使用率则有上升。2017年规则将正向中位技术分值修订为2分，提升了运动员对中位技术的使用，且新规则中将对峙时间与场地范围缩减，使运动员必须不断攻击，而中位技术相对于高位技术安全，促使运动员在两阶规则中皆以中位技术使用为主。两届规则中仍皆以中位技术得分率为最高，且在中位技术得分率有上升的趋势，而在高位技术得分率则有下降的趋势。本书以国际比赛四强阶段运动员为研究对象，双方对战都非常谨慎，而中位技术起腿速度相对较快，因此大部分运动员以中位技术得分为主。在新规则下将推视为合法技术，运动员将对手推开后，使用中位技术较高位技术来得快，因此在中位技术得分率也有所提升。在两届规则中运动员则以高位技术得分成功率为最高，在新规则下高位、中位技术得分成功率皆有所下降。在比赛中高位技术得分相对较难，男子组的反应速度、爆发力相对优于女子组，运动员使用高位技术落空后容易遭到对手反击得分，因此高位技术使用较为谨慎，在有把握的情况下才会使用，使高位技术得分成功率皆为最高。但在新规则中规定运动员必须在5秒内采取攻击，促使运动员必须不断攻击，而对手攻击时运动员必须迎击、破坏或反击对手，使双方比赛更加激烈紧凑，在

互击同时相对的也增加了得分得难度，促使中位技术与高位技术得分成功率皆有所下降。

三、新旧规则下女子组各量级优秀跆拳道运动员技术攻击部位分析

（一）新旧规则下女子组 -49 千克级优秀跆拳道运动员技术攻击部位分析

新旧规则下女子组 -49 千克级优秀跆拳道运动员攻击部位使用情况，两届规则中皆以中位技术使用率为最高，新规则下运动员中位技术使用率有提升，高位技术使用率则有下降。女子组 -49 千克级运动员速度快、反应力佳，运动员使用高位技术踢空时容易遭到对手反击得分，且新规则中将对峙时间缩短至 5 秒，使运动员必须不断进攻，促使运动员在中位技术使用率有所提升。且两届规则中运动员皆以中位技术得分率为最高，新规则下运动员中位技术得分率也有所提升，而在高位技术下降的趋势。说明女子组 -49 千克级运动员，无论在新旧规则皆以中位技术使用与得分为主，而新规则将对峙时间缩短，且将推视为合法技术使用，使运动员在中位技术使用与得分皆有所提升。而运动员技术攻击部位得分成功率，由高位技术转向中位技术，且新规则下中位技术得分成功率有所提升。在对峙时间、场地范围缩减的情况下，为运动员中位技术得分提供更多良机，使运动员在新规则下中位技术使用率、得分率及得分成功率皆有所提升。

（二）新旧规则下女子组 -57 千克级优秀跆拳道运动员技术攻击部位分析

新旧规则下女子组 -57 千克级优秀跆拳道运动员攻击部位使用情况，两届规则中以中位技术使用率为最高，新规则下运动员高位技术使用率有上升，中位技术使用率则有下降。在 2017 年规则中将中位技术改为 2 分，在中位技术与高位技术分值差距不大的情况下，运动员选择速度较快的中位技术运用，相对于高位技术来得安全，使运动员在中位技术使用率为最高。而新规则中将转身技术改为中位技术 4 分、高位技术 5 分，且女子组 -57 千克级运动员

在爆发力与速度素质较佳，在转身技术高分值的情况下，运动员不敢贸然出脚攻击对手，促使中位技术有所下降。新规则中将对峙时间缩短与推合法化，促使运动员必须不断采取攻击，运动员可利用对手攻击时使用高位技术迎击，亦可在近身时使用推的技术采取高位技术攻击，促使运动员在高位技术使用率有所提升。在两届规则中仍皆以中位技术得分率为最高，且在新规则下运动员中位技术得分率有所提升，而在高位技术得分率下降。虽然在高位技术使用率有所提高，但运动员得分率仍以中位技术为主，其主要原因为，本书对象为国际比赛四强阶段的运动员，双方在对战时都非常谨慎，且比赛中使用高位技术得分具有一定的难度。新规则中规将对峙时间与场地范围缩减，提升了运动员在比赛中使用迎击的机会，中位技术得分面积与难度相对于高位技术容易，促使运动员在中位技术得分率有所提升，而高位技术使用率则有所下降的情况产生。而两届规则中运动员皆以高位技术得分成功率为最高，但在新规则下运动员中位与高位技术得分成功率皆有所下降，其主要原因为，双方运动员在高位技术使用都相当谨慎，在有把握的情况下才会使用，因此高位技术得分成功率相对较高。而在新规则中对峙时间缩短，逼迫运动员必须不断采取进攻行为，但双方在互击的情况下难以促成有效得分，所以中位与高位技术得分成功率皆有所下降。

（三）新旧规则下女子组 -67 千克级优秀跆拳道运动员技术攻击部位分析

新旧规则下女子组 -67 千克级优秀跆拳道运动员攻击部位使用情况，两届规则中皆以中位技术使用率为最高，且在新规则下运动员中位技术使用率有提升，高位技术使用率则有下降。从 2017 年规则将正向中位技术分值改为 2 分后，提升了运动员在中位技术的使用，而新规则中规定运动员必须在 5 秒内采取攻击行为，进而提升了运动员选择相对安全的中位技术使用，促使中位技术使用率在新规则中有所提升。而运动员在两届规则中仍皆以中位技术得分率为最高，但在新规则下中位技术得分率有下降，而高位技术得分率则有所提升。其主要原因为，中位技术得分相对于高位技术容易与安全，使运动员以中位技术为主要得分部位，但新规则中对峙时间缩短与"推"的合法化，提升了运动员在高位技术得分的机会，促使新规则中高位技术得分率有所提升。在2017年规则下运动员仍以中位技术得分成功率为最高，但在新规则下运动员高位技术得分成功率则高于中位技术，且高位技术得分成功率也有所提升。新规则中对峙时间缩短至5秒、场地范围缩减，运动员必须不断地进行攻击，而在对手进攻同时也为运动员增加了高位技术迎击的机会，使运动员在高位技术得分率与得分成功率皆有所提升。此外，新规则中将推的技术合法化，当双方在近身的同时，运动员可利用推的技术将对手推开后，为高位技术取得较佳的得分距离与时机，促使高位技术得分成功率有所提升。

（四）新旧规则下女子组+67千克级优秀跆拳道运动员技术攻击部位分析

新旧规则下女子组+67千克级优秀跆拳道运动员攻击部位使用情况，两届规则中运动员皆以中位技术使用率为最高，但新规则下中位技术使用率有下降，而高位技术使用率则有所提升。重量级运动员在速度与反应相对较慢，在双方实力相近的情况下，使用中位技术相对安全，使重量级运动员以中位技术为主要运用的技术。但在新规则中对峙时间、场地范围缩减的情况下，运动员在高位技术搭配使用的情况也有所提高，特别在边界与近身时使用更有利于高位技术的使用，促使运动员在高位技术使用率有所提升。在两届规则中运动员仍以中位技术得分率为最高，但新规则下中位技术得分率有所下降，而高位技术得分率则有所提升。重量级运动员在速度与反应素质较慢，且电子护具对于重量级运动员中位技术得分力量的要求也较高，新规则中双方激烈对战的状态下，更增加了中位技术得分的难度。而新规则中对峙时间的缩短，为高位技术迎击提供了更好的得分良机，且推的技术合法化后，运动员可在近身时将对手推开取得高位技术得分的机会，促使高位技术在新规则的比赛中得分率有所提高。而两届规则中运动员皆以高位技术得分成功率为最高，且在新规则下中位技术与高位技术得分成功率皆有上升的趋势。本书以国际赛事中四强阶段运动员为对象，双方运动员在高位技术的使用都相当谨慎，在有把握的情况下才会使用，促使两届规则中运动员皆以高位技术得分成功率为最高。而新规则中场地范围的缩减，减少了重量级运动员以往防守与反击的使用，使比赛更加激烈、紧凑，进而使重量级运动员在中位与高位技术得分成功率皆有所提升。

四、新旧规则下男子组各量级优秀跆拳道运动员技术攻击部位分析

（一）新旧规则下男子组 –58 千克级优秀跆拳道运动员技术攻击部位分析

新旧规则下男子组 –58 千克级优秀跆拳道运动员攻击部位使用情况，两届规则中运动员皆以中位技术使用率为最高，而在新规则下中位技术使用率也有所提升，且两届规则下运动员中位技术使用率达显著性差异。蝇量级运动员在速度与反应素质上相对较快，且中位技术使用率为 2 分、高位技术 3 分，在分差不大的情况下，运动员选择较保守的中位技术运用相对安全，因此中位技术使用率在两届规则中皆为最高。新规则中将对峙时间缩短至 5 秒，逼迫运动员必须不断地进攻，而中位技术的速度、变化性优于高位技术，运动员在中位技术的使用也相对提高，且新规则下中位技术的使用率显著高于旧规则。两届规则中运动员皆以中位技术得分率为最高，但在新规则下中位技术得分率有所下降，而高位技术得分率则有所提升。蝇量级运动员的速度与反应快，双方在激烈缠斗中战机稍纵即逝，而中位技术具有速度快、变化性多、回防快等特性，使运动员以中位技术得分为首选。新规则将对峙时间、场地范围缩减，使运动员攻击更加激烈和紧凑，也增加了高位技术得分的契机，且推的合法化对于近身高位技术得分机会也有所提升，促使运动员在高位技术得分率有所提升。而两届规则中运动员则皆以高位技术得分成功率为最高，但新规则下中位与高位技术得分成功率皆有所下降。说明新规则中对峙时间缩短，使运动员在中位与高位技术使用都更加频繁，但技术使用并非皆以得分为目的，且在双方互击的情况下更增加了得分的难度，因此新规则下得分成功率皆有所下降。

（二）新旧规则下男子组 -68 千克级优秀跆拳道运动员技术攻击部位分析

新旧规则下男子组 -68 千克级优秀跆拳道运动员攻击部位使用情况，两届规则中皆以中位技术使用率为最高，新规则下中位技术使用率有所下降，而高位技术使用率则有提升。轻量级运动员在攻击速度、爆发力等素质较佳，当运动员踢空时容易使对手反击得分，而高位技术的动作相对要中位技术大，运动员选择中位技术运用相对保险，因此两届规则中皆以中位技术为主要使用技术。而新规则中场地范围缩减与推合法化，为运动员在高位技术增加了更多的使用机会，且高位技术分值高于中位，使运动员在高位技术的使用率有所提升。在两届规则中运动员仍以中位技术得分率为最高，且在新规则下中位技术得分率有上升的趋势，而在高位技术得分率则有下降的趋势。新规则中对峙时间的缩短，使运动员必须不断进攻，在进攻中也增加了运动员得分的破绽，而使用中位技术得分相对较迅速有效，因此在新规则中运动员中位技术得分率有所提升。此外，高位技术的动作相对较中位技术大、攻击时间较长，虽然运动员高位技术使用率有所增加，但也让运动员出现更多的破绽，使中位技术得分率有所提升。而运动员攻击部位得分成功率，由高位技术转向中位技术，且新规则下中位技术得分成功率有所提升，而高位技术得分成功率则有所下降。新规则将转身技术分值提高至中位技术 4 分、高位技术 5 分，使运动员在技术使用更加谨慎，而高位技术动作相对幅度较大、时间较长，当运动员直接使用高位技术时容易遭到对手迎击或反击得分，进而也增加了运动员使用高位技术得分的难度。而新规则中场地范围的缩减，使运动员在后退及防守的情况减少，但高位技术得分的难度相对较高，促使运动员选择以保守的中位技术得分，因此运动员在中位技术得分成功率有所提升。

（三）新旧规则下男子组 -80 千克级优秀跆拳道运动员技术攻击部位分析

新旧规则下男子组 -80 千克级优秀跆拳道运动员攻击部位使用情况，两届规则中运动员皆以中位技术使用率为最高，但在新规则下中位技术使用率有所下降，而在高位技术使用率则有所提升。新规则下将推视为合法技术，当运动员在近身时，利用推的技术将对手推开后，选择分值较高的高位技术进行攻击有所增加，因此新规则下运动员高位技术使用率有所提升。在两届规则中运动员皆以中位技术得分率为最高，但在新规则下中位技术得分率有所下降，而在高位技术得分率则有所提升。新规则中场地范围缩减、推合法化的情况下，使中量级运动员高位技术使用率有所增加，进而使运动员在高位技术得分率也有所提升。而两届规则中运动员皆以高位技术得分成功率为最高，且在新规则下高位技术得分成功率有所提升，而在中位技术得分成功率则有所下降。过去运动员在高位技术的使用较为谨慎，在有把握的情况下才会使用，但新规则中场地范围缩减与推合法化，促使运动员在高位技术使用率、得分率与得分成功率皆有所提升。

（四）新旧规则下男子组 +80 千克级优秀跆拳道运动员技术攻击部位分析

新旧规则下男子组 +80 千克级优秀跆拳道运动员攻击部位使用情况，两届规则中运动员皆以中位技术使用率为最高，且在新规则下中位技术使用率有所提升，而在高位技术使用率则有所下降。在新规则中将对峙时间缩短至 5 秒，促使运动员必须不断采取攻击，而中位技术攻击速度快与回防速度快，促使运动员选择中位技术使用的情况也有所提升。在两届规则中运动员皆以中位技术得分率为最高，且在新规则下中位技术得分率有所提升，而高位技术得分率则有所下降。新规则中将对峙时间缩短、场地范围缩减，使运动员必须不断进攻，且减少了后退防御的运用，而中位技术使用率增加的情况下，促使运动员在中位技术得分率也有所提升。重量级运动员攻击部位得分成功率由高位转向中位技术，且在新规则下中位技术得分成功率有所提升，高位技术得分成功率则有所下降。过去运动员在高位技术使用较少，在有十足把握的情况下才会使用，因此运动员以往在高位技术得分成功率较高。但新规则下场地的限制、推合法化等规定下，促使运动员在中位技术的得分率有所增加，进而也提高了中位技术得分成功率的提升。

第七节 新旧规则下优秀跆拳道运动员站位技术分析

新旧规则下优秀跆拳道运动员比赛站位技术使用情况，两届规则中运动员皆以左势开式站位技术使用率为最高，而新规则下运动员左势开式站位技术使用率有所下降，但在得分率则有所提升。在过去运动员常以闭式站位作为主要对战的站位，从 2017 年规则将中位技术改为 2 分后，运动员增加了后横踢技术的运用，而一般情况下运动员右腿的力量优于左腿，使运动员以左势开式站位的使用为主。在新规则中对峙时间、场地范围缩短的情况下，运动员利用前腿技术拉近距离，在使用后腿技术得分更加有利，因此在左势开式站位技术得分率也有所提升。但两届规则中运动员则皆以右势开式站位技术得分率为最高，而在新规则中右势开式站位技术得分率有下降。运动员在右腿的速度、力量等素质一般优于左腿，当右势开式时运动员可利用前腿的迎击进行破坏或得分，且在开式站位中双方中位皆暴露在对手后腿的攻击范围下，因此左势开式与右势开式皆为运动员主要运用与得分的站位。

一、新旧规则下女子组优秀跆拳道运动员站位技术分析

新旧规则下女子组优秀跆拳道运动员比赛站位技术使用情况，两届规则运动员中皆以左势开式站位技术使用率为最高，但皆以右势开式站位技术得分率为最高，且新规则下运动员右势开式站位技术得分率皆有所提升。从 2017 年规则开始将中位技术提升至 2 分，促使女子组运动员在后横踢技术运用有所提升，当在开式站位时，运动员可利用前腿进攻、迎击、阻挡或破坏对手攻击，再以后腿技术进行攻击得分，促使运动员再开式的使用与得分皆为最高。新规则中将对峙时间、场地范围缩短，促使运动员必须不断进攻，进而提升运动员开式的得分率。新规则下运动员右势闭式站位技术使用率有

所提升，而在左势开式站位技术得分率有所提升，且两届规则下右势闭式站位技术得分率达显著性差异。运动员在开式站位使用率与得分率为最高，但在右势闭式使用率与得分率皆有所提升，说明女子组运动员在连续攻击的运用有所提升。当运动员在左势开式的情况下，运动员使用后横踢技术攻击后，此时运动员处于右势闭式状态，再进行攻击的运用能力有所提升。而一般情况下运动员以右腿为惯用脚，当运动员处于左势开式时，说明处于右腿在后的状态，且后腿力量优于前腿，能较有效的攻击得分。新规则将推技术合法化后，运动员近身时可利用推的技术，将对手推开后再进行攻击，使运动员在左势开式的得分率有所提升。

二、新旧规则下男子组优秀跆拳道运动员站位技术分析

新旧规则下男子组优秀跆拳道运动员比赛站位技术使用情况，两届规则运动员中皆以左势闭式站位技术使用率为最高，但皆以右势开式站位技术得分率为最高，而新规则下运动员左势闭式使用率与右势开式得分率有所提升。男子组运动员在爆发力、速度、力量优于女子组，在对战时运动员也相对较保守，使运动员站位技术使用以闭式为最高，而新规则下规定运动员在 5 秒内采取攻击行为，促使运动员在左势闭式站位技术也有所提升。运动员虽以左势闭式使用率为最高，但以右势开式得分率为最高，说明运动员在连续攻击得分的情况较高，当在左势闭式站位时以后腿攻击，此时运动员呈现右势开式与左势开式。且在新规则中场地范围缩减的情况下，当对手在边界时减少后退与防守的使用，使运动员在右势开式站位得分的情况也有所提高。

三、新旧规则下女子组各量级优秀跆拳道运动员站位技术分析

新旧规则下女子组 -49 千克级优秀跆拳道运动员比赛站位技术使用情况，两届规则中运动员皆以左势开式站位技术使用率为最高，但皆以右势开式站位技术得分率为最高，且在新规则下运动员左势开式与右势开式站位技术使

用率及得分率皆有所提升，而两届规则下运动员左势闭式站位技术有显著下降。在过去运动员习惯将官用脚放在后方，而大部分运动员右腿优于左腿，在左势时运动员可利用前腿进行破坏后，再以惯用之右腿进行攻击，因此左势开式站位的使用率较高。当运动员处于右势的状态时，说明运动员将惯用脚放置前方，可较好地利用前腿进行迎击、阻挡或破坏对手攻击，且开式仍可进行后腿技术的攻击，因此运动员以右势开式的得分率为最高。在新规则中将对峙时间缩短至 5 秒，使运动员攻击更加频繁，比赛更加激烈紧凑，因此运动员在左势开式与右势开式站位技术使用率及得分率皆有所提升。在闭式站位的使用相对较为保守，但在新规则中对峙时间、场地范围缩减的情况下，使运动员减少保守的战略应战，因此在过去该量级运动员较常使用的闭式站位也有所下降。

新旧规则下女子组 -57 千克级优秀跆拳道运动员比赛站位技术使用情况，在使用率最高之站位技术，运动员由左势开式转变为右势闭式站位技术，而得分率由右势开式转变为右势闭式站位技术最高。在新规则下运动员无论在使用与得分皆以右势闭式为主，且右势闭式站位技术使用率与得分率皆有所提升。新规则将对峙时间、场地范围缩短，规定运动员必须在 5 秒内进行攻击，使比赛更加激烈紧凑、攻击更加频繁。女子组轻量级运动具备速度快、爆发力强等特点，当使用开式时会增加运动员被对手得分的风险，在新规则运动员攻击频繁的情况下，使运动员站位技术运用从原本的开式站位转为闭式站位，以降低被对手得分的风险。而运动员站位技术无论在使用或得分上，从开式转变为闭式后，对于运动员的得分仍有所提升，说明轻量级运动员对于右势闭式的得分能力较强。

新旧规则下女子组 -67 千克级优秀跆拳道运动员比赛站位技术使用情况，在使用率最高之站位技术，运动员由右势开式转变为左势开式站位技术，但两届规则中运动员皆以右势开式站位技术得分率为最高。在新规则下运动员右势开式站位技术使用率有所提升，而左势开式与右势闭式站位技术得分率有所提升，且右势闭式站位技术使得分率有显著提升，说明运动员站位技术无论在使用与得分上仍以开式站位为主。在开式站位技术的使用上，无论自身或对手皆具有相对的危险性，但开式站位技术也相对能够有效吸引对手进攻，位自身在迎击塑造较佳的时机。新规则下运动员以左势开式使用为最高，但在右势开式使用率却有所提升，其主要原因为，当在开式的情况下双方各为左右势站位，因此右势开式在新规则下也有所提升。而在左势开式较高的情况下，当该运动员使用后腿攻击时，双方则转变成右势闭式，此时双方运动员在进行相应的攻击，因此提升了运动员在右势闭式站位的运用。这也说明在新规则下，对峙时间缩短与场地范围缩减对于运动员在连续攻击起到促进的作用，使比赛更加激烈和紧凑，更具精彩性。

新旧规则下女子组 +67 千克级优秀跆拳道运动员比赛站位技术使用情况，在使用率最高之站位技术，运动员由右势开式转变为左势开式站位技术，但两届规则中运动员皆以右势开式站位技术得分率为最高。新规则下运动员右势开式与左势开式站位技术使用率有所提升，而左势开式与右势闭式站位技术得分率有所提升。重量级虽力量较大，但有反应速度慢、动作变化性差等特点，在过去比赛中该量级运动员进攻相对较少，而运动员以开式站位能较有效地引诱对手进攻，促使运动员在开式的运用有所增加。在新规则中对峙时间缩短，逼迫运动员必须不断进攻，但进攻中也容易出现被对手迎击或反击得分的风险，而该量级使用开式站位能较有效地引诱对手，位自身塑造较佳的迎击时机。一般情况下运动员在右腿的运用能力优于左腿，当左势开式时运动员利用左腿动作拉近距离，再以右腿进行攻击得分，而当右势开式时运动员可善用前腿进行迎击，因此该量级运动员在开式站位皆有所提升。此外运动员在左势开式的情况下，采用后腿攻击对手后，以右势闭式接续攻击得分，或当对手攻击后以右势闭式迎击或反击的得分率有所提升。主要因为新规则将场地范围缩减，当对手主动攻击时以退后防守方式应战，容易造成自身出界遭受判罚，因此双方运动员在连续攻击、迎击与反击的情况有所提升，也提高了运动员左势开式与右势闭式站位技术的得分能力。

四、新旧规则下男子组各量级优秀跆拳道运动员站位技术分析

新旧规则下男子组 -58 千克级优秀跆拳道运动员比赛站位技术使用情况，两届规则中皆以左势闭式站位技术使用率为最高，两届规则中皆以左势闭式站位技术得分率为最高，且在新规则下左势闭式站位技术使用率与得分率皆有所提升，而两届竞赛规则下运动员在右势闭式站位技术得分率有显著下降。由上述得知，运动员在站位技术使用与得分皆以闭式为主，在蝇量级运动员速度与反应较快，双方对战激烈、战机稍纵即逝，且一般情况下运动员右腿优于左腿，因此以左闭式应战相对来的安全。运动员可利用前腿进行前导或破坏对手攻击动作，同时取得较佳的攻击距离与时机，再利用后腿进行攻击得分，这样的对战模式相对安全，亦可保护右腿攻击时产生不必要的碰撞或损伤。且运动员在左势闭式站位时，运动员以右腿作为支撑腿，在进攻或迎击时也相对稳固，可较有利于前腿的攻击，甚至达到得分的效果，因此无论在新旧规则下运动员皆以左势闭式为主要的站位运用。新规则下对峙时间缩短，使运动员的攻击更加频繁，比赛更加激烈和紧凑，运动员选择惯用的站位技术应战相对有把握，进而减少了右势闭式站位技术的使用。

新旧规则下男子组 -68 千克级优秀跆拳道运动员比赛站位技术使用情况，两届规则中运动员皆以右势闭式站位技术使用率为最高，得分率则由右势开式转变为右势闭式站位技术为最高，而在新规则下运动员右势闭式与左势开式站位技术使用率与得分率皆有所提升。男子组轻量级兼具速度快与爆发力强的特质，在对战时双方都非常谨慎，运动员使用闭式站位时腹部所暴露的面积相对较小，能降低被对手攻击腹部得分的风险，因此在轻量级运动员中以闭式站位为主。而大多数运动员以右腿为惯用腿，当运动员处于右势闭式站位时，可较好地运用前腿进行进攻与迎击，因此右势闭式为该量级运动员主要使用之站位技术。新规则中将对峙时间缩短，使运动员必须不断地进攻，且新规则将转身技术分值提高，促使运动员不敢贸然使用开式站位，因此站位技术得分率由右势开式转为右势闭式为最高。当运动员处于右势闭式以后

腿进行攻击时，此时运动员呈现左势开式，而新规则下运动员在右势闭式与左势开式站位技术使用与得分皆有所提升，说明新规则中运动员在连续技术的运用也有所提升。

　　新旧规则下男子组 -80 千克级优秀跆拳道运动员比赛站位技术使用情况，在使用率最高之站位技术，运动员由左势开式转变为左势闭式站位技术使用最高，在两届规则运动员中皆以右势闭式站位技术得分率为最高。在新规则下运动员左势闭式站位技术使用率与得分率皆有所提升，而右势闭式站位技术使用率有所提升，右势开式站位技术得分率则有所提升。新规则将转身技术分值提高至中位技术 4 分、高位技术 5 分，在高分值的情况下，运动员使用开式站位时暴露较大的有效得分部位面积，当运动员使用后腿进攻时容易遭到对手后踢与后旋踢技术得分，因此新规则下运动员站位技术使用由开式转为闭式站位。运动员在左势闭式站位技术的使用率为最高，但以右势闭式站位技术的得分率为最高，说明虽然运动员在左势闭式站位技术直接得分的情况有所提升，但得分技术主要非在单一技术直接攻击得分，而是在于连续攻击中的状态下产生有效得分。此外，右势开式站位技术得分率有所提升，说明运动员由左势闭式站位发动后腿技术攻击后，运动员呈现右势开式站位在进行攻击得分的情况有所提升，因此中量级运动员在新规则下在连续攻击得分的情况有所提升。

　　新旧规则下男子组 +80 千克级优秀跆拳道运动员比赛站位技术使用情况，两届规则中皆以左势开式站位技术使用率为最高，而得分率由左势闭式转变为右势开式站位技术最高。在新规则下运动员右势闭式站位技术使用率有所提升，而右势开式与右势闭式站位技术得分率皆有所提升。运动员在站位技术使用率皆以左势开式为最高，但得分率则由左势闭式转为右势开式站位技术，说明在过去重量级运动员由对手右势开式启动后腿攻击后，运动员以左势闭式迎击或反击得分的概率较高。但新规则下运动员以左势开式站位为主，而另一方运动员为右势开式站位技术，且右势开式站位技术得分为最高，说明当运动员在进攻时被对手迎击或反击得分的概率有所提高。此外，新规则将对峙时间缩短至 5 秒，使运动员必须不断攻击，运动员在左势开式站位启动后腿技术攻击后，在双方呈现右势闭式站位技术，此时双方运动员得分的概率也有所提高。

第八节　新旧规则下优秀跆拳道运动员战术特征的分析

一、新旧规则下优秀跆拳道运动员战术变化特征的分析

新旧规则下优秀跆拳道运动员比赛战术的使用情况，在两届规则中运动员皆进攻战术使用率为最高，但在新规则下运动员进攻战术使用率有所下降，而在反击战术、迎击战术使用率则有所提升。在新规则中，为了提高运动员比赛的激烈性与可看性，规则修订为双方对峙时间超过 5 秒必须判罚扣分，并将出界修改为单脚超出界线即为出界，促使运动员必须不断的进攻。在进攻战术的提升下，运动员更加强了反击与迎击战术的使用，使反击与迎击战术呈现上升的趋势，也是进攻战术使用率在新规则下有所下降的原因。刘宏伟研究指出，跆拳道比赛中，必须有一方运动员先发起进攻，才能促成每次的攻防单元，否则双方将处于对峙状态下[①]。但由于规则中对于消极对战的情况有所限制，运动员必须不断打破对峙的情况，采取主动进攻的行为，因此利用反击来应对进攻，不仅能有效地破解和抑制对手的攻击，还可能促成有效得分。其观点与本书结果相符。新旧规则下优秀运动员比赛战术得分率，在两届规则中运动员皆以进攻战术得分率为最高，且在新规则下运动员进攻战术得分率有所提升，而在反击战术、迎击战术、防守战术得分率皆有所下降。新规则将对峙时间缩短至 5 秒，促使运动员必须不断积极进攻，而对手在场地范围限制下，后退反击与防守战术的运用也受到场地的限制，因此运动员在进攻战术的得分率也有所提升。新旧规则下运动员比赛战术得分成功

---

① 刘宏伟. 跆拳道反击战术的结构与应用策略［J］. 成都体育学院学报，2012（8）：56-75.

率，在两届规则中运动员皆以进攻战术得分成功率为最高，但在新规则下运动员进攻战术、反击战术、迎击战术、防守战术得分成功率皆有下降的趋势。虽然新规则下运动员在进攻战术得分率有所提升，但对峙时间缩短的情况下，运动员在进攻、反击与迎击战术的使用次数皆有所提升，促使运动员在得分成功率有所下降。

二、新旧规则下男、女子组优秀运动员战术变化特征的分析

相较于 2017 年规则，男、女子组运动员反击战术使用率与女子组防守、对峙战术使用率及男子组迎击战术成功率皆有所提升；男子组防守、对峙战术使用率有与女子组进攻战术成功率有所下降。在男子与女子组的反击战术使用率中有上升的趋势，其原因为在新规则下，对峙时间与场地范围的缩减，促使比赛更加激烈、紧凑，运动员更加积极进攻，因此运动员更加注重反击的使用。在女子组运动员中防守与对峙战术使用率有所提升，其原因为规则中将转身技术分值提高，运动员在进攻时会顾虑被对手迎击或反击的可能性，因此防守与对峙战术的使用有所提升。而男子组运动员在防守与对峙战术使用率有所下降，其原因为规则中将对峙时间与场地范围的缩减下，男子组运动员除了进攻外，更着重在反击与迎击战术的使用上，因此防守与对峙的使用有所下降。而规则中将对峙时间缩短，促使运动员进攻更频繁，为运动员塑造了良好的迎击时机。且因为场地范围的受限，运动员为了防止后退导致出界遭到扣分判罚，在对手攻击时同时以技术动作进行迎击得分的情况增加，使男子组运动员在迎击战术成功率有所提升。虽然女子组运动员进攻使用率有所提升，但并非每一次的进攻皆是以得分为目的，更可能是为了符合规则中对峙时间不得超过 5 秒的规定，因此女子组运动员在进攻战术的成功率有下降的趋势。

三、新旧规则下女子组优秀跆拳道运动员战术变化特征的分析

相较于 2017 年规则，在 -57 千克级对峙战术使用率、+67 千克级进攻、迎击与对峙战术使用率皆有所提升，-49、-67 千克级对峙战术使用率与 -67 千克级进攻战术成功率皆有所下降。在新规则中对峙时间与场地范围的缩减下，运动员更加积极主动进攻，使 +67 千克级运动员在进攻战术使用率有所提升，也是使 -49 与 -67 千克级运动员对峙战术有所下降的原因。规则中对峙不得超过 5 秒的规定，使运动员增加了进攻的频率，而场地范围缩减的情况下，+67 千克级运动员提升了迎击战术的使用，为避免出界造成失分。在新规则中将转身技术分值提高后，使运动员不敢贸然使用进攻战术，促使 -57、+67 千克级运动员在对峙战术的使用有所提升。

四、新旧规则下男子组优秀跆拳道运动员战术变化特征的分析

相较于 2017 年规则，在 -68 千克级反击、对峙战术使用率有所上升，-58 与 +80 千克级对峙战术使用率和 -58 反击战术成功率有所下降。过去在 2017 年规则下中位技术分值的提升，促使运动员着重在进攻战术的使用，而新规则下对峙时间与场地范围的缩减，并提高转身技术分值，使运动员不敢贸然的使用进攻战术。在 -68 千克级运动员中为防止直接进攻遭到对手的转身技术迎击得分，因此加强了在攻击前的对峙战术，诱导对手进攻后再进行反击，使对峙与反击战术的使用率有所提升。在对峙时间的限制下，-58 与 +80 千克级运动员减少了对峙战术的使用，但在对手强烈的进攻中很难直接反击得分，因此在 -58 千克运动员反击的成功率有所下降。

五、规则演变下优秀跆拳道运动员战术发展趋势

（一）进攻为主反击与迎击为辅的战术运用

新规则中将对峙时间缩短的情况下，运动员必须不断地进攻，而抬脚阻挡与对峙的限制下，运动员必须不断地使用进攻技术，促使运动员在进攻战术的使用有上升的趋势。在对手强烈的进攻下，为运动员提供了更多反击与迎击的时机，进而使反击与迎击战术在新规则下有所提升，且反击战术呈现上升的趋势。运动员在进攻的同时，也让自身投入了被对手迎击或反击得分的困境中，因此，在新规则的条件下，运动员除了进攻战术的使用外，必须加强迎击与反击的运用能力，使战术的应用更加全面。

（二）对峙与防守战术逐渐弱化

新规则在对峙时间的缩短以及"出界"的定义使场地范围缩减的情况下，使运动员的进攻更加频繁、比赛更加激烈和紧凑，在规则的限制下使对峙战术的使用受到限制，使对峙战术呈现下降的趋势。在新规则高分值的情况下，若对手在进攻的状态中，无法做出相应的战术对战，很容易造成失分的可能性提高，因此防守战术的使用在新规则下有所下降。

第九节　提高跆拳道运动员技战术水平的对策研究

一、体能训练

针对本书结果，优秀跆拳道运动员在进攻战术使用率有上升的趋势，因此，新规则下对跆拳道运动员的体能提出了更高的要求，我们必须从体能的角度提升运动员的竞技能力。本书以新规则结合跆拳道运动的项目特征提出以下几点体能训练的对策。

（一）爆发力训练

跆拳道比赛为 3 局每局 2 分钟，每一次攻击时间约 3~5 秒，在每一次的攻击中必须具备速度与力量的要求，在攻击中保持一定的强度，才能达到得分的要件，因此在无氧磷酸功能系统的要求也是不可或缺的。何强、唐丽莉也认为，跆拳道竞赛是以无氧磷酸原供能系统为主导的格斗对抗性项目，且研究指出，优秀跆拳道运动员在磷酸原供能力优于一般运动员，因此加强运动员无氧代谢能力训练是非常重要的[①]。为了因应新规则下攻击频率的提升，运动员必须保证每一次高强度攻击的有效性，应更加重视爆发力的训练，才能保障运动员技术攻击的质量，提高运动员的竞技能力。

......一般的攻击里面顶多在 5 秒内就结束，所以他的无氧，高强度无氧能力他是不是很足够，这就会非常重要（访 C4）。

......如果你没有充沛的肌肉爆发力跟体能，再多的技战术训练，其实效果也会大打折扣（访 H6）。

（二）耐乳酸训练

在新跆拳道竞赛规则中，分值的提升、违规行为判罚的加重、抬脚阻挡与对峙行为的限制、对峙时间的限缩、将推视为合法技术等，使跆拳道比赛更加激烈紧凑，运动员在比赛中更加积极进攻，进而增加了运动员在比赛中的体能负荷。新规则下，无论运动员是否有进攻意识，皆必须在 5 秒内采取进攻的行动，并且在每一次的攻击中保持动作的速度，因此新规则下必须提升运动员的肌耐力与速耐力，也就是乳酸系统的耐受能力。

---

① 何强，唐丽莉.我国优秀男子跆拳道运动员体能特征的研究［J］.中国体育科技，2013（4）：48-54.

　　……新规则下我会把体能量，包含所谓的肌力、肌耐力、速耐力这些会加大一点（访 H6）。

（三）心肺耐力训练

　　虽然在跆拳道竞赛中仅为 3 局每局 2 分钟，但有氧能力的重要性也是不可或缺的体能要素。在跆拳道竞赛中，有氧能力主要是用来负责代谢运动员在局间休息的快速恢复能力。运动员必须在短暂的休息时间中，以有氧代谢系统迅速将肌酸磷酸恢复，并将无氧能量系统的产物代谢。

　　……技战术的训练应该包含，我觉得这个太广泛。如果说运动心理学要、基础的肌力要、心肺耐力要，我觉得这是全部都要涵盖进去。（访 B7）
　　……因为在新规则的比赛中比起防守，需要进行更多的进攻，这会导致体能方面的负担增加，所以我觉得体能是最重要的（访 I2）。
　　……包含比赛训练和体能训练在内，必须要培养足够的体能去支撑那么多场次的比赛（访 J7）。

（四）肌力训练

　　在新规则下，运动员在中位技术使用率有所提升，但其得分率有下降的趋势，在新规则中运动员必须增加中位技术的有效得分能力。促成电子护具有效得分必须具备两种条件，其中一种条件为脚部跟护具的感应与护具感应的力量是否达到得分的磅数。且在新规则中推动作被纳入合法技术，因此应该加强上半身的肌群，才能让运动员增加身体的对抗能力。然而推合法化后，运动员的近身攻击的能力也必须加强，因此在短距离的快速力量训练应该有所增加，才能促成有效得分的机会。在肌力训练中，应针对跆拳道技术动作之作用肌群与节抗肌群作为训练肌肉，且必须依照技术动作的结构加强肌力训练，并利用测速规、测力板等科学仪器，作为训练监控与成效评估的参考依据。

    ……既然诊断的话，那当然可能利用测速规或是利用固定目标，包含他的准确性、包含他的速度、包含他的攻击次数，来评断出他的技能是不是有提升（访 A8）。

    ……你没有基础的肌力，你速度不够快，你还是踢不到人。因为运动员可能不够准确，或者是肌力不够好，对抗性差了，还是没办法执行应该要执行的技战术（访 B6）。

    ……身体对抗变多，近距离踢腿的得分也变多了，所以肌肉力量好的选手更容易获胜（访 J2）。

（五）专项体能训练

在专项体能训练中，最重要的是运动员能够实际的在竞赛中有效的发挥，因此运动员必须借由跆拳道项目的特性，仿真实际赛场情境中的体能负荷，才能够使运动员适应比赛的强度。利用模拟竞赛时的时间、攻击形态、攻击距离、攻击部位及攻击频率，使运动员保持高强度的运动状态，有效地适应其竞赛中的情境，并有效地提高运动员的体能适应与疲劳代谢能力。

    ……体能诊断，因为跆拳道属于格斗性项目，它属于零和游戏，体能只有比对方好，才有办法取得更好的优势。所以在体能的诊断，我个人是比较赞同利用模拟赛场体能，来做诊断（访 A8）。

    ……其实在技战术训练的时候，我们同时也训练体能。比如，赛场体能，因为比赛的时候，当你很喘、很累，但又必须要去做技战术的动作，所以到比赛的时候，等于是体能跟技术有时候会一起练（访 F6）。

二、技术训练

本书研究结果得知，新旧规则下优秀跆拳道运动员，在技术使用率与得分率上有所差异，因此，我们必须针对新规则下，优秀跆拳道运动员技术使用特征加以训练。本书以新规则下优秀跆拳道运动员主要使用技术与得分技术加以探讨，提出以下技术训练对策。

（一）加强前腿技术的运用能力

新规则下运动员在前横踢及侧踢技术使用率，分别占总体运动员前使用技术的前两位，且在总体运动员技术使用率有上升的趋势。在新规则下限制运动员抬脚阻挡与对峙的动作出现，过去的比赛中当对手攻击时，运动员会利用前脚的控腿动作阻挡对手的进攻，而新规则下运动员为了防止被裁判判罚犯规，将过去抬脚动作改为前横踢及侧踢技术攻击。新规则下对峙时间的缩短、场地边界的限制，使比赛更激烈紧凑、运动员必须更积极进攻。总体运动员在前横踢技术使用率与得分率中皆在前三位内，由此得知，新规则下应加强前横踢的训练，才能提高运动员在其技术的有效得分能力。而侧踢在对手攻击时，有较强的防御、阻挡或破坏的特性，甚至是较好的得分时机，因此必须针对侧踢的使用时间、准确性与有效得分能力加以训练，才能在比赛中有效施展与发挥。研究者在录像观察中发现，侧踢技术仍以前脚使用居多，因此在新规则下必须加强运动员前脚运用的能力。而在训练中应该更加多元化及全方位地提升前脚技术运用能力，例如，中位与高位、左脚与右脚、单一与连续、进攻、反击与迎击等技术的运用能力，才能提升运动员在前脚技术的运用能力。

······技术上应该要全面性，所谓的立体化攻击，就是上端、中端、左面、右面、正面、前面，都能够采取攻击。新规则改变之后，横踢得分数提高，可能会百分之七十、百分之八十都以横踢得分为主，所以横踢在攻防、进退的反制跟主动攻击，应该会有发挥的效果（访 A2）。

......左脚在前右脚在后，或是跟对手同面的时候，变右脚在前左脚在后，那形态上对应的技战术就不太一样，所以相对的必须要有全方位的打法，那全方位的打法就是说，左右脚都可以开攻，左右脚都可以反击的，这就是全方位的打法。所以我认为新规则改变下，技战术的要求应该有全方位的，所谓全方位就是左右脚都可以打（访 D3）。

（二）加强后腿技术的得分能力

新规则下运动员在后横踢技术得分率为最高，且总体运动员的后横踢技术使用率、得分率皆在前三位内，说明新规则下后横踢技术得分能力在新规则下具有相当重要的地位。在新规则中改为单脚出边线即为出界，使运动员在竞赛范围缩减、对峙时间缩短的情况下，必须不断地进行攻击，且限制了运动员后退闪躲的范围，更增加了在边角对战的机会。在电子护具的使用下，除了脚部感应芯片与护具的接触以外，还必须达到力量的要求，而一般而言后脚的力量会优于前脚。若当对手在处于边界或双方在互击的状态下，利用后腿技术得分的可能性更大。此外，在新规则中将推列为合法技术，因此也增加了推后，使用后脚技术得分的机会。

......推合法化这个动作，会影响技术层面大概就是连续动作会变多，然后后脚的动作会变多。比如说，侧踢动作或横踢动作进去，就会开始接推击的动作（访 F4）。

（三）加强高位技术的得分能力

在新规则下，总体运动员在高位技术得分率有上升的趋势，且在新规则下高位技术成功率高于中位技术。虽然在新规则下将中位技术分值提升为 2

分，且中位技术使用率、得分率皆高于高位技术，但高位技术分值仍高于中位技术，在竞赛中高位技术仍为关键的得分技术。在研究结果中，下劈技术为总体运动员得分率的第三位，且在三届规则中以新规则最高。因此，新规则下运动员必须加强高位技术的精准度与有效得分的能力，才能提升运动员的竞技能力。

　　……我认为前脚的上端能力，当然他必须包含精准度，就是要在短时间，能踢到对手的头，这个应该是比较制胜的关键（访 B2）。

（四）加强不同站位技术的得分能力

新规则下对峙时间缩短，促使运动员攻击更加频繁、比赛更加激烈和紧凑，且运动员在连续攻击的使用也有所提升。当双方运动员在激烈对战的情况下，战机稍纵即逝，站位技术也难以预判，因此新规则中运动员使用不同站位技术的得分能力相对重要。且站位技术与对手是相对的，选择同一种站位技术应对每一个对手，容易被对手所牵制与掌握惯性，因此运动员在站位技术的选择必须因应对手的改变而有所调整，才能克敌制胜提高有效得分的能力。

三、战术训练

跆拳道竞赛中，运动员必须借由战术运用，才能使技术动作有效施展与发挥。新规则的改变促使跆拳道运动员在战术运用上产生了差异，运动员应该掌握新规则下战术运用的趋势与特征，才能合理、有效地安排技战术的运用，达到有效得分的效果。

（一）加强新规则下的战术观念

新规则下运动员在进攻与反击战术的使用次数皆有上升的趋势，且在进攻战术得分率也有上升的趋势。新规则中在对峙时间缩短、场地范围限制的情况下，有效地提升了运动员积极主动进攻的观念与得分率，因此，新规则下跆拳道运动员进攻战术的使用与得分能力是不可或缺的。反之，虽然反击战术的运用有所提升，但在得分率上却没有提升。因此，应该善加利用规则改变后，运动员在进攻战术使用率有所提升的趋势，加强运动员在反击战术的观念，并提升反击战术有效得分的能力，才能因应新规则下比赛战术应用的需求。

……通常运动员可能做试探完之后直接做攻击，我认为试探同时可以利用假动作的配合或者是骗对方，当对手动作出来的时候在做反击（访 C7）。

……在战术的部分，新规则对于进攻的选手有较大的优势，第一个它推不犯规，第二个它对被动的选手规范比较严厉，包括出界、场地缩小、倒地就会被判罚，所以战术的调整变成攻击比较有利（访 E1）。

……我认为新规则下，应该利用步法以及迷惑，并使对方松懈的动作是最重要的（访 I3）。

（二）加强战术执行的能力

每种战术皆具有不同的应用时机与特点，运动员应该具备各个战术的基本能力，使运动员能够充分理解与掌握各个战术的运用，并且能在竞赛中因应不同运动员的战术特性，灵活发挥与应用各种战术。

进攻战术的使用率，在两届规则下皆为使用率最高的战术，进攻战术的得分率也有上升的趋势，无论使用率与得分率皆能显示出进攻战术的重要性，且新规则鼓励了运动员更加积极进攻。因此，运动员在训练过程中，必须加强进攻战术的运用，并且能搭配各种战术组合应用，在竞赛中根据对手的实际情况选择相应的战术对战，才能在竞争激烈的国际赛事夺得佳绩。

在进攻战术使用率的提升下，运动员若无法在对手强烈的进攻中做出相应的战术，将会造成失分状况提升的可能性，因此反击战术的应用能力也是新规则下运动员不可或缺的战术能力。在反击的训练中，必须配合对手的攻击技术、速度、距离与时机等要素，采用相应的反应时机、步法应用、技术选择等，才能促成有效得分的基本条件。因此，在训练过程中可利用量级、身高或性别的个别差异性进行变换，使运动员适应各种情境与对手的特性，提高反击战术的使用与得分能力。

……可以通过练习赛来确认选手们是否掌握了战术，从中找出缺点并进行优化（访 J8）。

（三）加强战术的主控能力

新规则下运动员在进攻战术的使用率、得分率与成功率皆为最高，当运动员处于被动状态容易造成失分的可能性增加，应加强运动员战术应用的主控权，避免被对手牵绊而乱了思绪，才能较好地将自身的技术有效施展。虽然运动员在反击战术与迎击战术的使用率有所增加，但在得分率与成功率却有所下降，说明进攻战术在新规则中具有重要的地位。而运动员在其他战术的应用上，应加强不同战术得分的能力，才能在比赛中灵活应变与转换，取得战术应用的主控权。

第六章　结论与建议

第一节　结　论

（1）新规则下，优秀跆拳道运动员技术以前横踢、侧踢及后横踢技术的运用为主，但以后横踢、前横踢及下劈技术为主要的得分技术，而直拳、双飞踢及后横踢技术占据成功率的前三位。男子运动员在双飞踢与后踢技术使用率上显著高于女子运动员，而在前横踢、勾踢及直拳技术使用率上女子运动员显著高于男子运动员。

（2）新旧规则下，优秀跆拳道运动员在前横踢与侧踢使用率及直拳成功率上有上升的趋势。女子运动员，在后横踢、直拳使用率与成功率，有上升的趋势。男子运动员，前横踢使用率上，有上升的趋势。

（3）新规则下，运动员技术攻击部位以中位技术为主要使用与得分的技术，不同于规则修订前，除着重于中位技术的使用外，高位技术的成功率也有提升的趋势。而女子运动员在中位技术成功率上，有上升的趋势。

（4）新规则下，优秀跆拳道运动员战术特征有别于规则修改前，运动员转变为以进攻为主、反击为辅的战术应用，且进攻战术得分率与反击战术使用率有上升的趋势。男子运动员在防守战术使用率部分，以 +80 千克级最高，其次依序为 −58 千克级、−80 千克级，以 −68 千克级为最低。

（5）新旧规则下，优秀跆拳道运动员在反击战术使用率、女子运动员的反击战术使用率、男子运动员的反击战术使用率及迎击战术成功率，有上升的趋势。

第二节 建 议

（1）建议运动员应加强前横踢、侧踢、后横踢、下劈、双飞踢及直拳的技术运用能力，并搭配其技术的组合与连续攻击能力的训练，提升运动员在不同攻击部位、攻击时机与战术应用等情况下的得分能力。

（2）建议运动员加强进攻战术与反击战术的训练，提升运动员防守防御的警觉性与反应意识，并加强各种战术的组合运用能力。

（3）建议加强运动员在专项体能的训练，体能为竞赛中有效支配技战术运用的重要条件，跆拳道运动员在新规则下必须加强速耐力、肌耐力与赛场体能的训练，使技战术能在较佳的体能状态下有效施展。

（4）建议运动员积极参与国际性赛事，借由实战比赛提高运动员的实战水平与比赛经验，并从比赛的优缺点加以修正与改进。

（5）建议组织技战术分析小组，掌握国际优秀运动员技战术的使用趋势与特征，使教练员及运动员能适时的调整训练计划，并与国际优秀运动员接轨。

参考文献

［1］AVAKIAN P, MIARKA B, ACHOUR AJ. Análise de frequência das ações técnico-táticas competitivas no Taekwondo: uma revisão［J］. Revista De Artes Marciales Asiáticas, 2016, 11: 83-98.

［2］FALCO C, ESEVAN I, ALVAREZ O, et al. Acical Analysis of the Winners' and Non-Winners' Performances in a Taekwondo University Championship ［J］. International Journal of Sports Science and Coaching, 2015, 10(6): 1407-1416.

［3］KAZEMI M, WAALEN J, MORGAN C, et al. A profile of Olympic Taekwondo competitors［J］. Journal of Sports Sciences and Medicine, 2006, 5(1): 114-121.

［4］ORNELLO F, CAPRANICA L, MINGANI C, et al. Technical-tactical analysis of youth Olympic Taekwondo combat［J］. Journal of Strength and Conditioning Research, 2014, 28(4): 1151-1157.

［5］OUERGUI I, HADDAD M, HAMMAMI N, et al. Time Motion and Technical and Tactical Analysis during Taekwondo Competition［C］. Performance Optimization in Taekwondo: From Laboratory to Field, 2014: 38-45.

［6］SANOS V, OLIVEIRA P, BERUZZI R, et al. Relationship between attack and pause in world Taekwondo championship contests: effects of gender and weight category［J］. Muscles Ligaments Tendons Journal, 2014, 4(2): 127-131.

［7］阿尔帕得·哈纳季.足球战略与战术［M］.北京：人民体育出版社，1987.

［8］安迪龙.2012年奥运会跆拳道男子58千克级技术分析［J］.运动，2015（5）：16-17.

［9］安迪龙.2015年与2013年对比下跆拳道新规则对比赛影响的研究［D］.北京：北京体育大学，2016.

［10］包小锐，郭立平.影响跆拳道运动员反应速度的因素及其训练方法［J］.教育教学论坛，2014（29）：136-137.

［11］卜秀秀.第13届全运会女子跆拳道比赛统计分析［J］.安徽体育科技，2017（6）：34-36.

［12］蔡明志.辅仁大学女子跆拳道选手吴燕妮参加2006年多哈亚运会竞赛理论与实务技术报告［M］.中国台北：辅仁大学出版社，2009.

［13］蔡明志.我国跆拳道选手年度训练计划：以大专甲组跆拳道选手为例［J］.台湾运动教练科学学刊，2002（1）：45-60.

［14］蔡羽翔.跆拳道比赛技术分析：以2016奥运亚洲资格赛女子49千克级金牌选手为例［D］.中国台湾：辅仁大学，2016.

［15］曾栎骋，姚汉祷.女子跆拳道比赛攻击战术类别表之编制［C］.2013年体育运动与休闲学术研讨会论文摘要集，2013.

［16］曾强.基于个体差异的跆拳道战术选择及训练研究［D］.长沙：湖南师范大学，2012.

［17］曾于久.跆拳道运动员的技能及其训练［J］.中国体育科技，2015,51（2）：83-86.

［18］陈补林.2008北京奥运会女子跆拳道比赛技术统计与分析［J］.吉林师范大学学报（自然科学版），2010（2）：146-150.

［19］陈浩.2017年版跆拳道新规则对跆拳道比赛影响概述［J］.当代体育科技，2017（33）：179-180.

［20］陈伟生，阙月清.2012年奥运跆拳道女子49千克级金牌选手攻击躯干

与头部动作得分之分析［J］.跆拳道学刊，2015（2）：51-63.

［21］陈依妹.2012年伦敦奥运会跆拳道男子冠军选手技战术特点分析［J］.
文体用品与科技，2015（16）：166.

［22］陈有忠.电子护具对竞技跆拳道比赛男子运动员技战术的影响研究［J］.
中国体育科技，2010（6）：73-76.

［23］程俊霖.跆拳道场地的变迁对跆拳道运动发展的影响［J］.当代体育科
技，2015（19）：205-206.

［24］戴永丽.前腿横踢技术在跆拳道比赛中运用情况的调查分析［J］.辽宁
师专学报（自然科学版），2013，15（1）：60-67.

［25］丁浩，侯盛明，陈茜.2017全国跆拳道锦标赛犯规行为统计分析［J］.
当代体育科技，2017（20）：205-208.

［26］丁振亮，钟军.跆拳道后踢技术在比赛中的应用与分析［J］.搏击（武
术科学），2011，（1）：86-88.

［27］方伟.跆拳道技战术发展趋势研究［D］.北京：北京体育大学，2011.

［28］付亮.新规则对跆拳道技战术的影响研究［J］.搏击（体育论坛），2014
（8）：71-73.

［29］高谊，陈立人.跆拳道［M］.北京：北京体育大学出版社，1998.

［30］高志红，冯巨涛，任文岗.新规则和电子护具的使用对跆拳道技术应用
的变化与影响［J］.中国体育科技，2010（4）：86-89.

［31］哈雷.训练学［M］.北京：人民体育出版社，1985.

［32］何强，唐丽莉.我国优秀男子跆拳道运动员体能特征的研究［J］.中国
体育科技，2013（4）：48-54.

［33］洪诗涵，蔡明志.2012年伦敦奥运会跆拳道女子组49千克级金牌选手
比赛技术分析［J］.跆拳道学刊，2014（1）：15-30.

［34］侯盛明，赵光圣，刘小城.跆拳道比赛技战术分析系统的设计与应用
［J］.上海体育学院学报，2010（2）：78-84.

［35］黄秀兰.最新国际跆拳道规则（2001年10月公布）修改内容之分析

［C］.大专体育学术专刊，2003：238-245.

［36］江佳臻.跆拳道比赛技术与战术研究［D］.中国台湾：辅仁大学，2016.

［37］江炬.电子护具时代女子竞技跆拳道技战术发展趋势分析［J］.广州体育学院学报，2014（2）：77-80.

［38］鞠杰.现行规则下竞技跆拳道专项特征分析［J］.运动，2014（19）：46-107.

［39］孔硕.2008年跆拳道竞赛规则对跆拳道运动员技术运用的影响研究［D］.西安：西安体育学院，2012.

［40］李大勇.跆拳道竞技比赛中新规则对技战术的影响［J］.体育世界，2014（9）：13.

［41］李德详.跆拳道实战绝技［M］.北京：北京体育大学出版社，2000.

［42］李正，李子林，刘冠男.竞赛规则变化下跆拳道竞赛规则变化分析研究［J］.体育世界，2014（8）：17-19.

［43］梁西淋.论跆拳道技战术的变化对体能训练的新要求［J］.北方文学（下旬），2017（1）：200.

［44］刘宏伟.社会体育指导员国家职业资格培训教材跆拳道［M］.北京：高等教育出版社，2010.

［45］刘宏伟.跆拳道反击战术的结构与应用策略［J］.成都体育学院学报，2012（8）：56-75.

［46］刘宏伟.跆拳道竞赛规则与裁判法变革分析［J］.体育文化导刊，2013（4）：88-91.

［47］刘建.规则演变的外部动因与发展趋势［J］.成都体育学院学报，2002（2）：63-66.

［48］刘建和.运动竞赛学［M］.成都：四川教育出版社，1990.

［49］刘淑英.运动竞赛规则的本质特征、演变机制与发展趋势［D］.苏州：苏州大学，2008.

［50］刘卫军.跆拳道［M］.北京：北京体育大学出版社，2000.

［51］刘文明．乒乓球战术行为博弈分析的理论建构与实证研究［D］．北京：北京体育大学，2011.

［52］刘小娴，熊汉琳．2012年伦敦奥运跆拳道女子组57千克级之技术分析：曾栎骋选手vs.金牌选手［J］．嘉大体育健康休闲期刊，2013（2）：128-139.

［53］刘昭晴，相子元．跆拳道比赛男、女得分动作之成绩分析［J］．中华体育，1997（1）：89-95.

［54］陆文德，吴卫．气排球竞赛规则演变的内外部动因及趋势探究［J］．浙江体育科学，2006（5）：39-52.

［55］毛彦明，陈诗欣，徐台阁．跆拳道规则修订对选手比赛的影响［J］．中华体育季刊，2007（1）：92-99.

［56］朴永焕，汤姆·西伯尔尼．跆拳道［M］．北京：人民体育出版社，2005.

［57］谯伟．第29届奥运会男子跆拳道比赛战术分析［D］．沈阳：沈阳体育学院，2011.

［58］邱共钲，陈淑贞，孟范武，等．2004年荷兰公开赛男子组54-58千克级金牌选手脚部得分技术分析：朱木炎选手之个案研究［C］．94年度大专体育学术专刊，2005：483-495.

［59］申旭．新规则下跆拳道运动员技术运用得分状况分析［J］．体育世界（学术版），2018（6）：106-108.

［60］盛世炳．跆拳道竞赛规则的演变及其发展趋势研究［D］．江西：江西师范大学，2013.

［61］苏兴田，刘大军．从竞赛规则的演变论竞技跆拳道的发展趋向［C］．第十九届全国高校田径科研论文报告会论文专辑，2009.

［62］苏兴田，孙亚敏，周天跃．跆拳道新规则实施影响竞赛因素的相关研究［J］．甘肃联合大学学报（自然科学版），2008（5）：112-114.

［63］孙茂君，赵萍．试论竞技跆拳道技术体系的构成与分类［J］．少年体育

训练，2005（3）：19.

［64］孙茂君，朱海燕. 对跆拳道战术运用的分析［J］. 首都体育学院学报，2001（4）：88-90.

［65］孙茂君. 我国跆拳道竞赛改革研究［J］. 体育文化导刊，2011（10）：50-54.

［66］田麦久. 项群训练理论［M］. 北京：人民体育出版社，1997.

［67］田麦久. 运动训练学［M］. 北京：人民体育出版社，2005.

［68］佟岩. 优秀男子跆拳道运动员使用电子护具技术统计分析［J］. 哈尔滨体育学院学报，2011（5）：101-104.

［69］图多·博姆帕. 运动训练理论与方法［M］. 北京：人民体育出版社，1990.

［70］王德新. 现代男子拳击运动技战术特征研究［D］. 上海：上海体育学院，2010.

［71］王琦，蔡利敏. 跆拳道双飞踢反击在比赛中的运用［J］. 北京工业职业技术学院学报，2007（4）：100-104.

［72］王智慧. 现代跆拳道运动教学与训练［M］. 北京：人民体育出版社，2006.

［73］吴秋诗. 电子护具引起的规则变化对跆拳道技战术的影响［D］. 成都：成都体育学院，2015.

［74］吴燕妮，蔡明志，邱共钲. 女子跆拳道优秀选手比赛之攻击形态与攻击技术分析研究：杜哈亚运女子跆拳道蝇量级金牌选手 KWON E.K. 个案研究［C］. 2007 年度大专体育学术研讨会专刊，2007.

［75］吴燕妮，陈铵淑，许夆池. 跆拳道比赛采用电子护具前、后之技战术探讨［J］. 跆拳道学刊，2014（1）：59-71.

［76］萧婉恬. 2009 世界杯跆拳道赛女子 62 千克级韩国选手林秀贞技术分析之研究［D］. 中国台湾：台湾体育大学，2009.

［77］萧英杰. 2017 年大专运动会跆拳道比赛公开女子组金牌选手技术分析

［D］．中国台湾：辅仁大学，2017.

［78］谢玉辉．跆拳道竞赛规则的修改对比赛产生的影响［J］．成都体育学院学报，2006，32（6）：87-89.

［79］谢云．中国优秀女子跆拳道运动员技战术特征研究［D］．北京：北京体育大学，2005.

［80］徐本力．运动训练学［M］．济南：山东出版社，1990.

［81］徐宜芬．浅谈竞赛规则与运动技战术发展的辩证关系［J］．四川体育科学，2001（4）：26-27.

［82］许红晔．跆拳道后横踢反击技术在比赛中的应用与分析［J］．安徽体育科技，2016（3）：42-44.

［83］杨志军．2008年北京奥运会男、女跆拳道比赛技术统计与对比研究［J］．中国体育科技，2009（5）：50-53.

［84］姚强，高志红．第29届奥运会男子跆拳道技战术特点分析［J］．河北体育学院学报，2009（5）：78-80.

［85］衣起立．跆拳道新规则对运动员技战术运用影响的研究［D］．北京：首都体育学院，2014.

［86］于岩．北京体育大学女子跆拳道运动员后横踢动作结构的特征［D］．北京：北京体育大学，2015.

［87］于镇豪．跆拳道竞赛规则中场地变化对技战术的影响研究［D］．北京：北京体育人学，2017.

［88］虞重干，王斌．竞赛规则与竞技运动之关系［J］．上海体育学院学报，1995，19（4）：88-89.

［89］詹祥粉．田径竞赛规则演变之研究［D］．南京：南京师范大学，2003.

［90］张晨光．2011年世界跆拳道锦标赛女子四个级别前两名技战术运用分析［D］．北京：北京体育大学，2013.

［91］张成龙，黄晓强．篮球规则演变的动因和手段分析［J］．科技信息，2009（18）：204.

［92］张红. 2005—2016 年规则变化对跆拳道技战术影响的研究［J］.运动训练，2017（51）：66-67.

［93］张立燕.论运动竞赛规则演变与运动项目发展的相互关系［J］.科技信息，2009（22）：596-598.

［94］张楠，管健民. 2016 年里约奥运会跆拳道男子 58 千克冠军赵帅技战术特征［J］.北京体育大学学报，2017（2）：95-99.

［95］张帅.跆拳道规则的演变对跆拳道运动发展的影响研究［D］.曲阜：曲阜师范大学，2015.

［96］张婷.跆拳道竞赛规则修改下优秀女子运动员技战术运用研究［D］.北京：北京体育大学，2016.

［97］张悦. 2008 年和 2012 年两届奥运会吴静钰技战术特点分析［D］.北京：北京体育大学，2014.

［98］赵光圣，刘宏伟.跆拳道运动教程［M］.北京：高等教育出版社，2015.

［99］郑洪宇. 2016 年里约奥运会跆拳道比赛女子决赛选手技战术特征研究［D］.北京：北京体育大学，2018.

［100］郑义，豆贝贝.简析新规则背景下对跆拳道技术的影响［J］.运动，2017（2）：17-18.

［101］朱静.世界优秀竞技跆拳道运动员比赛攻防转换过程中技术特征的研究［D］.北京：北京体育大学，2016.

［102］朱霖.跆拳道后踢技术的应用原理与策略研究［J］.体育世界（学术版），2015（12）：34.

附件一　访谈提纲

受访者基本资料

姓　　名：_____

职　　称：_____

单　　位：_____

背景经历：_____

专家及优秀运动员访谈提纲

1. 您认为新规则下对跆拳道运动员技战术应用带来哪些影响？

2. 您认为新规则下跆拳道项目的制胜因素是什么？

3. 您认为新规则下对跆拳道运动员技战术的要求有哪些？

4. 您认为2017、2018年竞赛规则改变下对跆拳道运动员技战术特征产生哪些差异？

5. 您认为新规则下跆拳道运动员应该如何调整技战术训练？

6. 您认为在整个训练计划中跆拳道运动员的技战术训练时数比例是多少较恰当？

7. 您认为跆拳道运动员的技战术训练应该包括哪些内容？

8. 您认为跆拳道运动员技战术训练诊断和评价的内容是什么？

附件二 研究对象名单

2017 年规则女子运动员

量级	2017 世锦赛	2017GP 拉巴特	2017GP 伦敦	2017GP 决赛
-49	STANKOVIC Vanja	So-Hui KIM	WONGPATTANAKIT, PANIPAK	Panipak WONGPATTANAKIT
	WONGPATTANAKIT Panipak	Thi Kim Tuyen TRUONG	BOGDANOVIC, TIJANA	So-Hui KIM
	TOMIC Kristina			
	WENREN Yuntao			
-57	LEE Ah-Reum	Hatice Kubra ILGUN	JONES, JADE	Jade JONES
	ILGUN Hatice Kubra	Jade JONES	LEE, AH-REUM	Marta CALVO GOMEZ
	GLASNOVIC Nikita			
	JONES Jade			
-67	TATAR Nur	Nur TATAR	WILLIAMS, LAUREN	Yunfei GUO
	Mc PHERSON Paige	Hyeri OH	GBAGBI, RUTH	Hyeri OH
	KIM Jan-D			
	ZHANG Mengyu			
+67	WALKDEN Bianca	Bianca WALKDEN	WALKDEN, BIANCA	Bianca WALKDEN
	GALLOWAY Jackie	Milica MANDIC	KOWALCZUK, ALEKSANDRA	Da-Bin LEE
	AN Saebom			
	ZHENG Shuyin			

2017 年规则男子运动员

量级	2017 世锦赛	2017GP 拉巴特	2017GP 伦敦	2017GP 决赛
-58	JEONG Yun-Jo	Tae-Hun KIM	ARTAMONOV, MIKHAIL	Tae-Hun KIM
	ARTAMONOV Mikhail	Carlos NAVARRO	HADIPOUR SEIGHALANI, ARMIN	Farzan ASHOURZADEH FALLAH
	NAVARRO Carlos			
	TORTOSA CABRERA Jesus			
-68	LEE Dae-Hoon	Dae-Hoon LEE	ABUGHAUSH, AHMAD	Dae-Hoon LEE
	HUANG Yu-Jen	Yu-Jen HUANG	SINDEN, BRADLY	Alexey DENISENKO
	DALAKLIEV Vladimir			
	ABUGHAUSH Ahmad			
-80	BEIGI HARCHEGANI Milad	Cheick Sallah CISSE	CISSE, CHEICK SALLAH	Cheick Sallah CISSE
	KOTKOV Anton	Seif EISSA	KHRAMTCOV, MAKSIM	Maksim KHRAMTCOV
	COOK Aaron			
	SANSUM Damon			
+80	ISSOUFOU Abdoul	Mahama CHO	IN, KYO-DON	Vladislav LARIN
	CHO Mahama	Roman KUZNETSOV	AIUKAEV, RAFAIL	Kyo-Don IN
	KUZNETSOV Roman			
	OBAME Anthony			

2018 年规则女子运动员

量级	2018 世界大奖赛（罗马）	2018 世界大奖赛（桃园）
−49	So-hui KIM	Panipak WONGPATTANAKIT
	Talisca REIS	So-Hui KIM
	Jae-young SIM	Kristina TOMIC
	Zeliha AGRIS	Rukiye YILDIRIM
−57	Jade JONES	Irem YAMAN
	Marta CALVO GOMEZ	Raheleh ASEMANI
	Tatiana KUDASHOVA	Inese TARVIDA
	Skylar PARK	Zongshi LUO
−67	Mengyu ZHANG	Paige MC PHERSON
	Magda WIET HENIN	Polina KHAN
	Hyeri OH	Jan-Di KIM
	Lauren WILLIAMS	Hyeri OH
+67	Aleksandra KOWALCZUK	Da-Bin LEE
	Milica MANDIC	Bianca WALKDEN
	Bianca WALKDEN	Nafia KUS
	Da-bin LEE	Shuyin ZHENG

2018 年规则男子运动员

量级	2018 世界大奖赛（罗马）	2018 世界大奖赛（桃园）
−58	Mikhail ARTAMONOV	Tae-Hun KIM
	Carlos NAVARRO	Jesus TORTOSA CABRERA
	Tae-hun KIM	Jun JANG
	Jack WOOLLEY	Mikhail ARTAMONOV
−68	Dae-hoon LEE	Dae-Hoon LEE
	Alexey DENISENKO	Mirhashem HOSSEINI
	Yu-jen HUANG	Edival PONTES
	Bradly SINDEN	Yu-Jen HUANG
−80	Maksim KHRAMTCOV	Maksim KHRAMTCOV
	Raul MARTINEZ GARCIA	Cheick Sallah CISSE
	Toni KANAET	Damon SANSUM
	Julio FERREIRA	Seif EISS
+80	Vladislav LARIN	Vladislav LARIN
	Kyo-don IN	Anthony Mylann OBAME
	Maicon SIQUEIRA	Mahama CHO
	Dmitriy SHOKIN	Hongyi SUN